北京大學 知識產權学院
PEKING UNIVERSITY Peking University Intellectual Property School

北大知识产权评论

Peking University Intellectual Property Review

（2020～2021年卷）

刘银良／主编

知识产权出版社
全国百佳图书出版单位
—北京—

2020～2021

图书在版编目（CIP）数据

北大知识产权评论．2020—2021年卷/刘银良主编．—北京：知识产权出版社，2022.3
ISBN 978-7-5130-8077-4

Ⅰ.①北… Ⅱ.①刘… Ⅲ.①知识产权—研究—文集 Ⅳ.①D913.04-53

中国版本图书馆CIP数据核字（2022）第030773号

责任编辑：刘　睿　刘　江　　**责任校对：**谷　洋
封面设计：杨杨工作室·张冀　　**责任印制：**刘译文

北大知识产权评论（2020～2021年卷）

刘银良　主编

出版发行：知识产权出版社有限责任公司　**网　址：**http://www.ipph.cn
社　址：北京市海淀区气象路50号院　**邮　编：**100081
责编电话：010-82000860转8344　**责编邮箱：**liujiang@cnipr.com
发行电话：010-82000860转8101/8102　**发行传真：**010-82000893/82005070/82000270
印　刷：三河市国英印务有限公司　**经　销：**新华书店、各大网上书店及相关专业书店
开　本：787mm×1092mm　1/16　**印　张：**23.5
版　次：2022年3月第1版　**印　次：**2022年3月第1次印刷
字　数：428千字　**定　价：**128.00元
ISBN 978-7-5130-8077-4

目 录

Contents

知识产权的制度理性与制度建设

刘银良*

【摘　要】作为现代社会的重要无形财产权制度，知识产权的实质是为权利人提供市场垄断权。知识产权的制度理性包括知识产权制度要素设置及其实施的合理性，或称知识产权法律规范的构建与适用的合理性。知识产权的制度理性是知识产权制度存在与运行的基础，维护着知识产权制度的合理性、可行性与有效性。市场理性是知识产权制度理性的基础，无论知识产权制度的构建与实施，还是各市场主体的行为，皆应以市场理性为基础。中国知识产权制度的构建与实施须尊重市场理性基础，审慎处理知识产权政策与法律的关系以及政府与市场的关系。市场规则的提供者与管理者须要最大限度地尊重市场，防止对市场的过度干预，否则就可能不利于知识产权制度的理性构建与实施，使知识产权制度偏离其立法目标。

【关键词】知识产权　制度理性　市场理性　制度成本

一、知识产权的制度理性

知识产权制度是人类制度文明的重要创新，对于工业化社会和信息化社会发展起到了不可替代的激励作用。经济学家诺斯等认为，英国专利法即《垄断法规》的颁布，"使创新收益内在化成为制度"，从而为工业革命准备好了舞台。① 在当今时代，知识产权制度已经成为科技、文化、经济、社会发展不可或缺的基础性支撑制度。

---

* 刘银良，北京大学法学院、知识产权学院教授，北京大学科技法研究中心主任。

① ［美］道格拉斯·诺斯，罗伯斯·托马斯. 西方世界的兴起［M］. 厉以平，蔡磊，译. 北京：华夏出版社，2009：219－221.

现代知识产权体系虽然在各国有多样化的体现，但其制度要素基本统一在《保护工业产权巴黎公约》《保护文学和艺术作品伯尔尼公约》、WTO的《与贸易有关的知识产权协议》（TRIPS协议）等国际知识产权条约框架下，其中尤以TRIPS协议的规定最为系统，涉及知识产权的基本原则及其获得、实施、保护和救济等制度要素。TRIPS协议是由发达国家和发展中国家经过多年谈判而成，其条款经由各方协调折中而成，因此虽然被批评为倾向于保护发达国家的利益，但也基本符合知识产权的制度理性，得到WTO成员的广泛认可。

知识产权的制度理性是指知识产权制度构建与实施所据之为基础的理性，其中包括制度目标、各制度要素以及制度运行的理性。也可把知识产权的制度目标理解为最基础的制度要素，因此可把知识产权的制度理性理解为知识产权的制度要素设置及其运行的理性或合理性。从法律规范角度视之，知识产权的制度理性实质是知识产权法律规范的构建与适用的合理性，涉及立法、执法与司法等方面。

首先，知识产权制度目标的合理性是最为重要且基础的知识产权制度理性。它决定并可以衡量知识产权各制度要素的合理性，决定着知识产权制度的必要性、可行性与正当性。TRIPS协议的“目标”条款规定，知识产权的保护和实施应当有助于促进技术创新，有助于技术转移和传播，有助于技术知识的创造者与使用者的相互利益，并采取有助于社会和经济福利以及权利与义务相平衡的方式。[①] 可见知识产权具有多层次的制度目标，既包括促进知识创新，也包括促进知识的转移、传播和使用，并最终有助于促进社会与经济发展。这既是知识产权的制度目标，也为知识产权制度及其实施奠定了理性基础，即知识产权制度的设置与实施应以促进实现这些目标为宗旨。我国各知识产权专门法以及《反不正当竞争法》分别规定了各自的立法目标，它们与TRIPS协议规定的知识产权总体立法目标实质一致。因此关键问题就是如何保证知识产权立法目标的有效实现。

其次，知识产权制度要素的合理性是知识产权制度的可行性与有效性的基础。知识产权制度要素是支撑知识产权制度的基础因素，包括知识产权的获得、实施、使用与保护，具体涉及可保护主题（protectable subject matter）、客体需满足的条件（可专利性、可版权性、可注册性等）、工业产权的授权与确权程序、权利及其限制、权利保护与侵权救济等。知识产权各制度要素的合理性主要体现为知识产权法

① TRIPS，Article 7 “Objectives”.

律规范的合理性构建。在知识产权法律规范的构建中，研究者或立法者不应无视或超越知识产权的制度目标，更不能与之相违背，否则就很可能丧失合理性，陷入为保护知识产权而保护知识产权的机械逻辑，因对局部目标的追求而有损知识产权制度的整体目标，并因而损及知识产权的制度理性。

最后，知识产权制度实施的合理性是知识产权制度的有效性的基础，保证其制度功能的实现。它主要体现为知识产权法律规范的实施与适用，既包括行政与管理，也包括司法适用过程。合理的法律规范，辅以公平有效的实施机制，其中包括正当的法律解释与司法适用，可保证知识产权制度的有效实施，促进实现知识产权的制度目标和功能。

知识产权的制度目标、制度要素以及制度实施的合理性，互相支持，共同构成知识产权制度的整体理性，维护知识产权制度的合理性、可行性与有效性。知识产权制度理性是知识产权制度存在与运行的基础。

二、知识产权制度的市场理性基础

虽然在民事权利体系下，知识产权被称为“无形财产权”，但在市场视角下，知识产权实质是一种市场垄断权，即垄断经营相关知识产品的专有权利。既然是市场垄断权，对于知识产权的价值及其实现而言，就需存在符合经济理性的“市场”和“市场经济”。这意味着，市场理性是知识产权制度理性的基础。其包括三方面的含义。

第一，理性的市场与市场经济是知识产权制度建立与实施的经济与社会基础。市场经济的基础与知识产权的私权性质相辅相成。如果没有可以自由交易和自由竞争的市场，没有符合经济理性的市场经济，作为市场垄断权的知识产权就没有意义，因为知识产权的制度设置既没有必要性，也难有可行性与有效性。市场经济下的理性行为，基本是以成本与收益的计算作为经营者市场行为的基本准则，这可体现在技术的研发等知识的创新以及知识产权的获得、管理、应用和保护各方面。如果市场主体被政策引导或被非市场因素所激励而无须考虑与知识产权的相关成本（如专利申请等费用）与收益，就可能违背知识产权的市场理性，久而久之，就可能使知识产权的制度建设与实施不再具有理性的基础，也可能让技术等知识的创新者不再具有适应市场或市场经济的能力。

第二，市场理性是知识产权各制度要素设置的基础。从技术等知识的创新、传播和使用，到知识产权的获得、管理、使用、保护等各项事务，相关法律规范的设置皆应符合市场理性。例如，对可保护主题范畴的界定应以其市场价值为基础，并以赋予其相应的知识产权能够促进知识的创新、传播与使用为目标。对于知识产权及其限制、知识产权侵权救济措施的设置等皆应如此。如果为知识产权侵权行为设置过于严格的法律责任，就可能超越知识产权法的目标，有违知识产权制度的市场理性，反而不利于知识产权制度的合理构建与运行。

第三，市场理性是知识产权制度下各权利与义务主体的行为基础。技术等知识的创新者是否需要申请专利等工业产权，知识产权的所有人（自然人或法人）如何管理、使用或保护其知识产权，一般属于市场理性行为，其中包括对于可能的成本与收益的计算。例如，如果其知识产权被侵犯，权利主体可自由决定是否启动知识产权侵权诉讼或其他救济机制，诉求恢复其市场独占状态，并为已经发生的侵权损失主张救济。这也与知识产权的私权属性相对应。市场理性既可帮助各权利义务主体各自做出对其最为有利的行为，也可保证最大化的公共利益。然而在过高的侵权赔偿期待（如最高5倍的惩罚性赔偿）等因素诱导下，知识产权所有人有可能做出有违市场理性的行为，如改变自由许可策略而追求收益可能更高的侵权赔偿策略等。不当的专利经营行为或称“专利蟑螂”（patent trolls）现象可能增多，甚至在国外相当少见的“版权蟑螂”或“商标蟑螂”在国内也可能更为普遍。[①] 随着众多不当的知识产权经营行为的增加，知识产权制度的整体理性将会降低，知识产权的制度目标和制度功能将难以期待。

既然市场理性是知识产权制度理性的基础，它须得到各方主体的充分尊重，其中既包括知识产权法律规范的提供者和适用者，如知识产权的立法、行政和司法机构等，也包括知识产权制度下的各方权利与义务主体，如技术等知识的创新者、传播者和使用者，其中尤以法律规范的提供者和适用者为关键。这就涉及知识产权制度构建与实施中不容回避的两个重要、关键且纠缠在一起的问题，即知识产权政策与法律的关系以及政府与市场的关系。

---

① “版权蟑螂”（copyright trolls）主要指恶意发出侵权警告、提起侵权诉讼并以获得侵权赔偿为基本目的的版权交易、代理或管理行为及其行为主体。“商标蟑螂”（trademark trolls）主要指寄生在商标制度的多类行为主体及其相应的不当商标操作或经营行为，如恶意的商标抢注、商标囤积、商标注册异议、侵权警告或侵权诉讼等行为。非专利领域的知识产权“蟑螂”行为在国外较为少见，但在国内并不少见，其根源可能在于相关知识产权制度或其配套制度的疏漏。

三、知识产权制度中的政策与法律、政府与市场

政府与市场的关系是经济学与管理学领域的基本问题。知识产权制度是现代市场经济下的“产权”制度，赋予权利人的是市场垄断权，因此“市场”是知识产权制度构建与实施的基础与枢纽所在。这至少有两方面的含义：其一，所有市场主体皆应以市场理性为其行为的基本理性。其二，市场规则的提供者与管理者也须最大限度地尊重市场，防止对市场的过度干预。此即知识产权法下政府与市场的关系。此处的政府概念系广义，包括立法、行政与司法机构在内。政府是知识产权法律规范的设置者、实施者与适用者，可概称为法律规范的提供者。

在我国知识产权制度下，政府的概念与含义更为多样。除立法机构外，行政管理机构既包括负责专利、商标等工业产权授权或确权的知识产权局（包括专利局、商标局以及相应的复审或评审机构）或其他管理机构（如负责植物新品种权审查与授权的机构）外，还包括管理专利、商标、著作权等各类知识产权以及处理知识产权侵权纠纷等的各级行政管理机构，其中包括隶属于地方政府的相应机构。知识产权审判机构也有多样化且多层级的设置。众多政府机构可能对于知识产权持有不同的态度或策略，相应的政府与市场、政策与法律的关系也变得尤为复杂多样。

可以用专利制度作为例证说明知识产权制度下政府与市场的关系。专利制度是技术创新激励制度，发明人是技术创新者，如果他（或投资人）认可专利法的规定，便可以就其创新成果提交专利申请，经过审查合格后获得独占性的专利权，借此维护其垄断经营地位，并在专利权受到侵犯后请求法院等予以救济，使之恢复至未被侵权的状态。在专利法的契约下，发明人和社会互为契约方，前者向社会公开其创新成果并可在满足专利法规定的条件下获得专利权，后者在获知创新成果后既可避免重复投入创新资源，又可在其基础上从事持续创新。契约各方各获其利益，又各需支付其对价，从而构成专利制度的契约理性。在此过程中，政府本是社会的管理者或契约一方的代表，但是如果它不再仅仅充当契约一方的当事人，而去主动激励或资助另一方的专利申请等行为，就破坏了该契约机制，打乱了专利法的契约关系，削弱了专利制度的基础理性，专利法下的公共利益亦难以得到保证。这意味着，知识产权制度下政府与市场的关系，是需要谨慎平衡的关系，绝非政府可随意作为而不影响知识产权制度的权利或利益平衡。

在多层次和多样化的政府机构制定和实施知识产权法律规范的过程中，可能需要面对如何处理与知识产权政策的关系问题。在知识产权制度下，政策与法律是不同的行为规范。法律规范具有较高的强制性和稳定性，立法程序较为复杂和漫长，在其过程中各利益方可充分表达利益关切，最终协调固定成为法律规范，并在再次修订前保持相对稳定。相应地，法律调整的是相对稳定的法律关系或社会关系，其制定、实施和适用的机构皆较为固定。与之相比，知识产权政策可能出自多层次的多部门，不仅稳定性不足，甚至各政策之间也难免有不协调乃至冲突之处。就其与法律的关系而言，政策既不能代替法律，也不能直接干预法律规范的基础和内在逻辑。并且，政策目标也不应成为法律所追求的目标，因为法律一旦试图追逐政策，就很可能使法律规范超越其合理性的范畴，不仅合理的制度功能难以实现，还可能违背其立法目标。

中国知识产权制度的建设与实施尤其需审慎对待政策与法律的关系。这与中国社会的治理传统和宏观社会环境有关。自上而下的政策设计可能具有必要的指导意义，但亦不应忽略知识产权制度的市场理性基础，否则就可能有损知识产权制度的功能与目标。域外的直接或间接影响也较为显著，这与中国此前40多年间所处的国际知识产权环境有关。知识产权领域的国际压力一般最先通过行政渠道接收并传导，可能率先反映为政策，并在政策的引导或影响下再固定在法律文本中，或进而反映在更多政策文件中，或在案件判决中得以体现。此种国际知识产权压力传导机制似乎成为中国知识产权制度运行模式之一，即借由政策影响法律，包括立法、管理和司法。该模式的表面有效性也为国际社会所认识，利益团体也积极利用该模式主张其诉求。并且，在意识到国际压力传导模式的有效性之后，国内利益相关方也可能尝试通过此种方式影响立法、行政或司法。在国际、国内多种因素干预或影响下，知识产权制度就有演变为知识产权政策或其载体的风险。概言之，中国知识产权政策对知识产权制度有广泛的影响，两者关系复杂，立法的科学性、客观性乃至司法的公正性亦难免受到影响。

应该理解，对于市场而言，即使政府通过立法程序正式设立相应的法律规范，也属政府对于市场的介入行为，因此应极为审慎，务必保证相关法律规范的科学性、合理性与可行性，以免产生过度干预市场的效果，最终不利于知识产权法目标的实现。例如，我国《商标法》《专利法》《著作权法》和《反不正当竞争法》本轮修订均规定了最高5倍的惩罚性赔偿，此种严厉的惩罚与威慑手段是否满足法律规范应有的科学性与合理性，其实施是否可能造成过度干预市场的效果，就是值得观察和探析的问题。

与法律规范对于市场的影响相比，知识产权政策可能对于知识产权制度及其市场理性产生更为直接且广泛的影响。除知识产权战略等宏观政策外，还有多部门发布或实施的多层次的知识产权管理或激励政策，它们皆可能对知识产权制度及其实施产生影响。例如，各级政府对于多种知识产权费用的资助政策就对知识产权制度产生了短期内看似积极但长期看消极的影响。如在商标法领域，地方政府对于驰名商标的奖励或其他激励措施曾让驰名商标的认证脱离其本来含义，几乎摧毁了正当的驰名商标保护制度。① 在专利法领域，多级政府对于专利申请费、审查费甚至PCT专利国际申请费等的补贴，亦让专利申请脱离了市场理性的支持，充斥着泡沫或假象，专利申请等数据难以成为创新成果的指标。②

从知识产权统计数据亦可观察到相应的非市场理性现象。如在2018年度，中国国家知识产权局受理的发明专利申请共计154万余件，占世界发明专利申请的46.2%，属世界首位，遥遥领先于其他国家，基本等于接下来的美国、日本、韩国、欧洲专利局、德国、印度、俄罗斯、加拿大、澳大利亚、巴西共10国（个）专利局受理的发明专利申请之和。③ 实用新型专利申请，中国国家知识产权局的受理数量达207万余件，占全世界的96.6%。外观设计专利申请，中国国家知识产权局受理的数量达70.8万余件，占全世界的54%。商标注册申请，中国（知识产权局）商标局受理的数量达736.5万余件，占全世界的51.4%。④

这意味着，在专利、商标等工业产权申请领域，中国的受理数量皆居全球之冠，除了发明专利申请数量约等于其后十大专利局受理的发明专利申请之和外，外观设计专利申请数量和商标注册申请数量皆超越了其他所有国家的受理数量之和。这是否意味着中国的技术创新、设计创新或商业活动，皆已达到傲视全球的水平？这显然难以推出此等结论。与之相关，中国的知识产权利用水平和产业贡献，是否也有相匹配的增长？显然也难以得出此等结论。

然而，知识产权制度的运行却需较高成本。工业产权受理数量如此巨大，肯定

① 刘银良. 知识产权法［M］. 2版. 北京：高等教育出版社，2014：215－218.

② 朱雪忠. 辩证看待中国专利的数量与质量［J］. 中国科学院院刊，2013（4）：436－440.

③ WIPO. World Intellectual Property Indicators 2019［Z］. WIPO Publication No. 941E/19：12－13，27，Table A8.

④ WIPO. World Intellectual Property Indicators 2019［Z］. WIPO Publication No. 941E/19：7.

需要高昂的制度成本予以支持。以 2018 年的数据为例，本年度在国家知识产权局提起的发明专利申请、实用新型专利申请、外观设计专利申请共计约 432 万件。相应的高成本即可想象，其中包括专利审查资源、代理资源和管理资源等成本。商标注册审查、代理等成本也是如此。中国的专利审查员和商标审查员规模均居世界首位。基于极高的专利、商标等知识产权数量，下游的专利权纠纷及其处置成本也会随之提高，其中包括行政、司法、法律服务等多方面的资源成本和社会成本。在不能切实反映和保护技术创新知识的情形下，如此高昂的制度成本似乎就缺乏合理性。在上述工业产权申请数据中，有多少是不具有技术创新价值或市场价值的工业产权申请？它们是否与各级政府的知识产权资助费用有关？虽然其中的因果联系难以证明，但人们也显然难以否认其间的关联性。

各级政府的知识产权费用资助政策，可能使专利、驰名商标等知识产权不再是基于市场的创新激励工具或商誉保护制度。而一旦脱离了市场理性的支持与制约，知识产权的市场垄断权就不再有意义，知识产权制度也就失去了激励创新的本来功能与含义。因此，需谨慎处理知识产权法律规范与政策的关系。如果处理不当，就可能让短期的政策影响长期的法律规范，继而影响知识产权制度的理性基础。然而至今，政府不当介入市场的教训似乎没有被认真吸取，这表现为政府仍然试图以多种形式积极影响知识产权制度的合理构建与运行。

四、从“公共地悲剧”到“反公共地悲剧”

中国知识产权制度属于从域外移植的制度，在其本土化过程中不可避免地会出现认识偏差，尤其是在国内传统治理模式和国际压力的双重影响之下。研究者、立法者和裁判者应该对知识产权制度有客观与全面的认识，应坚持知识产权制度理性，从而最大限度地保证知识产权制度目标的实现。

在中国知识产权制度尚未完善的 20 世纪八九十年代，专利等知识产权申请和授权数量较少，且竞争较为无序，多有“搭便车”者恶意抄袭或侵犯他人的专利或其他知识产权，而权利人可能得不到充分的救济。在此情形下，很多技术、文化或商业创新成果得不到合理的知识产权保护，一方面导致创新成果成为业界可自由使用的公共资源，另一方面则可能导致因创新知识减少而致的创新资源枯竭。这可能带来“公共地悲剧”（tragedy of commons），即因为“产权”没有被清晰界定而导致资源的浪费乃至枯竭。①

然而自21世纪初我国加入WTO后，知识产权制度得到全面完善，至少在法律文本上与TRIPS协议和其他国际知识产权条约具有一致性，各制度要素基本具备。较为完备的知识产权制度能够克服“公共地悲剧”的缺陷。然而如上所述，伴随着国际、国内多方面的压力，不当的知识产权政策对于知识产权制度产生了广泛的消极影响，知识产权制度理性被忽略，知识产权制度构建与实施逐渐进入非理性发展时期，专利等工业产权的数量被单纯地追逐，其规模得以急速扩张。随着大量的专利申请与专利授权出现，专利累积现象较为严重。如在芯片、数字通信、互联网商务等领域有数之不尽的专利，其权利范畴可有较大程度的交叉或重合，引发知识产权纠缠与纠纷。因为产权分割太细而导致资源不能被充分利用的现象与困境，属于“反公共地悲剧”（tragedy of anti－commons）。② 进一步地，如果一个技术或产业领域已经累积众多的专利等知识产权，就可能带来知识产权许可费叠加，甚至导致知识产权劫持或其他不当经营行为，阻碍持续创新与产业正当竞争，为后来的竞争者带来较高的乃至不可逾越的介入门槛和风险。③

应该理解，针对中国当前的形势，其中包括远超合理范畴的专利申请或商标注册申请数量，中国已经基本从“公共地悲剧”阶段迅速过渡到“反公共地悲剧”阶段。无论是管理者还是研究者，均应该认识到中国当前知识产权制度构建与实施的主要问题之一，是如何及时制止、防止或减缓可能发生的“反公共地悲剧”现象。这是知识产权制度跃进的消极后果。

质言之，基于市场垄断权性质，知识产权具有两面性，它既可能激励技术或产业创新，也可能阻碍创新，乃至阻碍正当的市场竞争。管理者和研究者不应对此视而不见，而仅知道知识产权的创新激励功能，从而一味鼓励甚至通过非市场手段奖励市场主体尽量多地申请专利、商标等工业产权。过多的知识产权不仅可能对竞争者不利，也可能对创新者不利，因为他人的知识产权也将不利于创新者。这意味着，为知识产权而知识产权的纯粹“知识产权”数量的竞争或相关激励政策，对于产业的创新、正当竞争和整体积极发展均可能产生极为消极的影响，须极力避免。

---

① Garrett Hardin. The Tragedy of the Commons [J]. Science, 1968, 162: 1243－1248.

② Michael A. Heller, Rebecca S. Eisenberg. Can Patents Deter Innovation? The Anticommons in Biomedical Research [J]. Science, 1998, 280: 698－701.

③ Mark A. Lemley, Carl Shapiro. Frontiers of Intellectual Property: Patent Holdup and Royalty Stacking [J]. Tex. L. Rev., 1991, 85: 2010－2017.

五、中国知识产权制度的理性构建与实施

20世纪80年代初至今，中国知识产权制度建设已经走过40年，法律体系、服务体系与教育体系等均已基本完备。法律体系包括立法、行政、司法以及知识产权仲裁等。知识产权制度的支持体系则包括知识产权代理、律师以及各类知识产权人才培养等。在这些方面中国都取得了令世人瞩目的成就。

在立法方面，中国在专利、商标、著作权、商业秘密、植物新品种、集成电路布图设计以及制止不正当竞争等方面，皆有相对系统的立法，符合《巴黎公约》《伯尔尼公约》和TRIPS协议等国际知识产权条约的规定。在行政方面，中国国家知识产权局已成为具有世界影响力的专利局和商标局，在多年前就成为世界五大局（IP5）之一，与美国、日本、欧专局和韩国知识产权局并列，其商标业务也同样具有显著的国际影响力。在司法方面，中国在知识产权侵权裁判的专业机构建设和审判标准等领域都做出了积极探索。在专业审判机构方面，前期主要是各知识产权审判庭（民三庭）的建立，后期则在借鉴他国经验的基础上，分别设立跨区域管辖的知识产权法院、知识产权法庭，乃至设立管辖技术类知识产权案件的统一上诉机构即最高人民法院知识产权法庭。

在立法、行政和司法等制度建设方面，中国注重借鉴相应的国际标准以及相应的经验与教训，如在专利侵权审判实践中引入等同侵权的概念和判断标准，在专利立法中引入药品专利链接制度和专利保护期补偿制度，在著作权法立法和司法实践中引入验证合理使用的“三步检验法”，在知识产权侵权救济中引入惩罚性赔偿，在知识产权专业审判领域引入专业知识产权法院或法庭等。对国际标准和经验的借鉴使中国知识产权制度在较短的时间内达到国际知识产权条约规定的水平，且在某些领域（如对标准必要专利许可事务的司法审查）达到与世界主要国家的知识产权立法与司法实践对话的水平。

然而遗憾的是，在研究不足的情形下，中国也可能把其他国家的带有局限性的制度（如惩罚性赔偿）引入，从而给知识产权制度带来不确定性。也有因研究不足而导致的制度移植或建设偏差，如知识产权专业法院的设置。国外的经验提示应设立专利等技术类知识产权案件的统一上诉法院（如美国联邦巡回上诉法院、日本知识产权高等法院），该法院不仅统一受理来自全国的专利等侵权案件的上诉，还负

责受理来自专利局的确权案件诉讼，因而能够统一确权标准和侵权标准，减少司法过程中的不确定性和不一致性。① 然而中国尝试设立管辖所有知识产权（包括商标权、著作权等）纠纷案件的知识产权法院。仅从中国知识产权诉讼案件的巨大数量就可知，在全国范围内在一审层级设立少数几个知识产权法院负责管辖所有知识产权案件的可能性基本不存在。② 其后的措施又包括设立跨区域管辖的知识产权法庭，并把专利等技术类知识产权纠纷案件的二审机构设立为最高人民法院的知识产权法庭。这虽属创新性的思路，但该路径是否可能实质影响当事人的申诉权等问题则被忽略。

在中国知识产权制度的建设与实施中，也有对于中国特色的知识产权制度的坚持，这主要体现在对于知识产权侵权的行政处理方面。20 世纪 80 年代初至今，行政处理机制一直存在，且随着法律修订呈不断增强趋势。在 TRIPS 协议框架下，WTO 虽然认可行政机构介入的合理性以及行政程序的效率，但也基本视之为具有便利性质的补充性程序，而非司法的替代程序，因此要求在行政程序后设置司法审查程序予以救济。③ 这意味着，在知识产权侵权处理机制中，行政处理机制仅是补充性质的机制，不具终局性，且可能造成行政资源与司法资源的成本叠加。④

综上，中国知识产权制度的建设与实施须遵循基本的市场理性，其中包括对于制度成本与收益的合理计算。在构建合理的知识产权制度以及评价知识产权制度运行的公平与效率时，不应忽视比较高昂的制度成本及其可能的收益。中国知识产权制度业已取得令世人瞩目的成就，来之不易，应加以珍惜。知识产权制度建设应审慎前行，在实施可能的制度创新时尤其需要尊重知识产权制度的基础理性，防止过度干预市场，进而防止知识产权制度偏离其理性的目标。

---

① 刘银良. 从美国知识产权案件之统计分析看联邦巡回上诉法院的角色与功能［J］. 知识产权，2014（12）：86－88.

② 刘银良. 我国知识产权法院设置问题论证［J］. 知识产权，2015（3）：3－13，22.

③ TRIPS，Article 41. 6.

④ 刘银良. 论专利侵权纠纷行政处理的弊端：历史的选择与再选择［J］. 知识产权，2016（3）：33－44.

On the Institutional Rationality and Construction of the Intellectual Property System

Liu Yinliang

Abstract: As an important intangible property right system in the modern society, the essence of intellectual property (IP) rights is to provide market exclusive rights for the right holders. The rationality of the IP system includes rationality of establishment and implementation of the each element of the IP system, or the rationality of the construction and application of the IP legal norms. The rationality of the IP system is the basis for the existence and operation of the IP system, and it helps to maintain the feasibility and effectiveness of the IP system. Market rationality is the basis of the rationality of the IP system. Either of the construction and implementation of the IP system, or the behavior of the market entities, shall be based on the market rationality. The construction and implementation of the IP system in China should respect the rational basis of the market, and prudently handle the relationship between the IP policy and IP law, as well as the relationship between government and market. Suppliers and administrators of the market rules need to respect the market and prevent excessive intervention into the market. Otherwise, it may be detrimental to the rational construction and implementation of the IP system and may drive the IP system off its legislative goals.

Key Words: Intellectual property; Institutional rationality; Market rationality; Institutional cost

重论美国版权侵权判例中的“微量原则”

尹子尤*

【摘　要】“微量原则”作为一项历史悠久的法谚和衡平法则，以维护无害行为自由和节约司法成本为目的，意指法律须对轻微的不法行为予以容忍，常用于被告的不侵权抗辩和法院的不侵权判决。以美国版权侵权判例为典型，法院在*Ringgold*案中对微量原则的“三分法”提供了关于微量原则在版权侵权判例中适用的类型化思路：除与法谚一脉相承、可以发生独立效果的“狭义微量原则”外，“微量”（de minimis）亦可因其独特的描述特性构成“与实质性相似有关的微量原则”和“与合理使用有关的微量原则”。三分法下的适用状况各具特色：传统的“狭义微量原则”仅有*Knickerbocker*案一案成功适用；反观之，“与实质性相似有关的微量原则”不断由个案发展为自足的Newton型、Ringgold型范式和结合范式；“与合理使用第三因素有关的微量原则”“与合理使用或第四因素有关的微量原则”始终分别在逻辑上存在和“与实质性相似有关的微量原则”以及“狭义微量原则”的冲突和混淆。因此，应当保持微量原则在实质性相似的技术理性，摒弃微量原则在合理使用及四因素中的描述性适用以复归其实践理性，并发扬狭义微量原则的衡平理性，各司其职才能将微量原则的价值发挥最大。综观美国版权侵权判例中适用微量原则的经验与教训，在中国规范法语境下，应当为实质性相似吸收更为全面的技术理性，为革新的合理使用灌输更为开放的实践理性，并慎用狭义微量原则与衡平理性。

【关键词】微量原则　实质性相似　合理使用　狭义微量原则　不侵权

* 尹子尤，北京大学法学院2018级法律硕士。特此感谢刘银良教授、刘东进教授对本文的指导。

一、问题的提出

“索尼案”大抵是美国版权侵权判例中较为有代表性的一例：该案以日本索尼公司在美国销售名为 Betamax 的录像机为起因，由于该录像机具备通过电视机、自带的接收器或者信号器对任何频道、任何时段的电视节目进行录制的“时移”（time - shifting）功能，原告美国环球电影制片公司和迪士尼制片公司于 1976 年起诉索尼公司构成对消费者擅自复制侵权行为的帮助侵权。该案的一大核心在于认定个人消费者使用录像机在家庭中录制电视节目是否构成侵权，从另一个角度来说即实质上是否构成《美国版权法》第 107 条所规定的“合理使用”。在历经地区法院驳回动议、作出判决、第九巡回上诉法院作出相反判决后，联邦最高法院最终通过对“合理使用四因素”的严格论述，形成 5∶4 的多数意见，最终认定合理使用的成立。

联邦最高法院认定第四个因素“使用对版权作品之潜在市场或价值所产生的影响”时，原告提出了其授权电视台播放的费用是基于广告商根据对收视率的统计支付的，而时移录制导致原告作品的观看直播、重播以及前往电影院的人数减少，进而将导致原告收入下降。少数意见认可这种“潜在的损害”（potential for harm）拒绝适用第四因素，但多数意见认为原告并未证明“非微量损害的可能性”（likely-hood of nonnominal harm），时移录制使原本无法收看电视直播的人能够通过录像观看，反而会提高收视率，对观众、电影公司、电视台和广告商而言可能是有利的。[①] 同时系在判决书脚注 34 中对学者莱特曼（Latman）的论著中的观点进行引述：在某些情形下，对版权人作品的使用并不会使版权人遭受非微量的损害，在此情形下合理使用规则和微量原则构成“局部结合”（partial marriage）。[②] 笔者的理解在于，一种可能被认定侵权的使用行为，由于不会对原作的市场产生足以显著的损害，从而加强第四因素的该当性以加强对构成合理使用的判断；也可能由于这种行为或后果的性质极其轻微以至于可以忽略不计，支持一般意义上的狭义微量原则的适用。至于微量原则和合理使用规则将如何予以适用，抑或两种规则在法效果上是竞合还是聚合的关系，以“局部结合”而论似也难从文义理解上达成共识。

---

① *Sony Corp. v. Universal City Studios*, 464 U. S. 417（1984）. 又见：李明德. 美国知识产权法［M］. 2 版. 北京：法律出版社，2014：384；王迁. “索尼案”二十年祭——回顾、反思与启示［J］. 科技与法律，2004（4）：61.

② Note［34］of *Sony Corp. v. Universal City Studios*, 464 U. S. 417（1984）.

相比于合理使用研究的汗牛充栋，理论界似乎对版权判决中出现并使用不在少数的另一拉丁语词汇 de minimis 的适用规则与相关意涵鲜有著述。就该拉丁词汇而言，其全称常以“de minimis non curat praetor”（裁判不干涉琐事）和“de minimis non curat lex”（对屑事法律不以为意）两种形式存在；① 美国版权领域的相关学者也有类似论述；② 我国民法学者王利明也曾以“法律不理琐事”为题著文，③ 亦有学者在论述域内外著作权问题时采用“不计琐细”④“微量使用”⑤ 的表述。但至于何谓“琐事”或者“微量”，该原则在版权法领域能否适用、何种情形下适用、如何适用、发生何种法律效果，以及其本身与实质性相似以及合理使用判断上的逻辑关系为何，都值得探讨。

二、微量原则的一般法律适用

法律作为抽象性原则和普遍性规范，规范的对象具有抽象性、一般性和非个别性。情况特殊且十分具体的琐事，难以纳入法律规范的视野。正是从这个意义上来讲，法律不理琐事，也一直成为法律界普遍的共识。⑥“微量原则”的历史悠久，无论是在大陆法系还是普通法系均有沿革。在罗马法文本下，优士丁尼《学说汇纂》（*Justinian's Digest*）中的记载便有这种观点的端倪，如法学家卡里斯特拉特、乌尔比安和保卢斯都有过诸如“当某人要求对一个几乎微不足道的物或金额进行恢复原状

---

① Garner, Bryan A. Black's Law Dictionary (7th ed.) [Z]. St. Paul, Minnesota: West Publishing, 1999: 443. 又见：薛波，主编. 潘汉典，审. 元照英美法词典 [Z]. 北京：法律出版社，2003：395－396.

② 其他类似英文表述诸如“the law takes no account of trifles”，“the law doth not regard trifles”，“the law cares not for small things”. See: Caroline H. Fischer. It's De Minimis, But Wait; It's Also Fair Use: Faulkner v. Sony Pictures and Why Courts Should Focus on Developing the De Minimis Doctrine to Streamline Copyright Infringement Analysis [J]. Tulane Journal of Technology and Intellectual Property, 2013, 16: 301; Andrew Inesi. A Theory of De Minimis and a Proposal for its Application in Copyright [J]. Berkeley Technology Law Journal, 2006, 21 (2): 945; Julie Cromer. Harry Potter and the three－second crime: Are we vanishing the de minimis defense from copyright law [J]. New Mexico Law Review, 2006, 36 (2): 261; Pierre N. Leval. Nimmer lecture: "Fair use rescued" [J]. UCLA Law Review, 1996, 44: 1449; Max L. Veech, Charles R. Moon. De minimis non curat lex [J]. Michigan Law Review, 1947, 45 (5): 537.

③ 王利明. 法律不理琐事吗？[J]. 法制资讯，2014（3）：8.

④ 张广良.“不计琐细原则”在侵犯著作权案件中的适用研究 [J]. 法学家，2008（4）：87.

⑤ 该概念常出现于对音乐采样案例司法适用的分析，例如：鲁甜. 音乐采样法律规制路径的解析与重构——以美、德规制路径为视角 [J]. 法律科学（西北政法大学学报），2019（4）：130；游宛儒，阮开欣. 音乐取样侵犯版权吗？[N]. 中国知识产权报，2016－08－12（010）；许炳华. 数字取样容许性之著作权争议——以美国联邦巡回上诉法院相关判决为探讨核心 [J]. 真理财经法学，2016（16）：111.

⑥ 王利明. 法律不理琐事吗？[J]. 法制资讯，2014（3）：8.

的时候，如果这样做会危及相当大价值的物或金额，那么，不得对其进行救济”的类似论述。① 进一步具象化的表述最早可以追溯至1644年奥古斯丁·巴尔博扎（Augustinian Barbosae）的《杂论》（*Tractatus Varii*）一书中，该法谚也由此正式被提及并进入现代化民法的视野。②

在英美法域，微量原则的盛行与衡平法体系的发展有着密切关系。由于成文法律的僵化适用常导致当事人无法获得充分救济，当时国王的皇家法院（King's Royal Courts）及其调查委员会（King's Select Council）面对过多的当事人请愿，将部分裁判权责下放给御前大臣（Chancellor）。这也促进了御前大臣从行政官到司法官的演进，而御前大臣的行政机构也逐渐发展成为衡平法院（Chancery）。随着请愿书数量的增加，司法官也开始基于诚实、公正、良心、善意原则进行裁决，而不是技术性地遵守令状文书。所以，衡平法院也称为“良心法院”（the Courts of Conscience），赋予司法官在特定情形下衡平司法（*do equity* in a particular situation）的权力。而微量原则这一衡平法则之所以能够脱颖而出并固定流传，更多是基于与衡平法院的发展脉络和其孕育的政策理念的一致性：通过将实体和程序上的琐事诉诸经验法则和实质正义，以规避既不能给当事人和公共带来利益、又对司法产生昂贵成本和拖延诉累的诉讼。③

从实践来看，早在14世纪的英国法院中便体现出了这样一种尚不成文的判例精神。④ 在1796年美国联邦最高法院仅成立5年后，帕特森（Paterson）大法官就在并存意见（concurring opinion）中引入并讨论起了“微量原则”。⑤ 尔后，由于微量原则的高度弹性，法院逐渐将其扩展适用于以寻求救济为目标的财产、合同、侵权、行政违法及刑事领域。适用微量原则的情状很难类型化，也并不是所有看似微量的后果都可以适用微量原则。在一些特定语境，个别法院判决还是会存在是要基于衡平考量还是要贯彻严格司法的适用争议。⑥ 但更近的判决认为国会并未赋予“微量

---

① ［古罗马］优士丁尼．学说汇纂（第4卷）恢复原状与责任的承担［M］．窦海阳，译．北京：中国政法大学出版社，2012：3，53.

② Max L. Veech，Charles R. Moon. De minimis non curat lex［J］. Michigan Law Review，1947，45（5）：537－539.

③ Jeff Nemerofsky. What is a “Trifle” Anyway［J］. Gonzaga Law Review，2001，37（2）：316－322.

④ Max L. Veech，Charles R. Moon. De minimis non curat lex［J］. Michigan Law Review，1947，45（5）：540.

⑤ *Ware v. Hylton*，3 U. S.（3 Dall.）199，268（1796）.

⑥ 不得或争议适用微量原则的特定情形大抵包括直接和暴力的侵害（Trespass）、宪法权利的侵害、集体诉讼、轻微犯罪、违反“零容忍”的政策法规、违反信义义务等。参见：Jeff Nemerofsky. What is a “Trifle” Anyway［J］. Gonzaga Law Review，2001，37（2）：330－340.

原则”任何相反的指示，则应当接受适用这一基于充分沿革与发展的原则。[①] 在商标法和专利法领域，亦有适用“微量原则”的判例和独特情形，[②] 可见其在知识产权法领域适用的可行性与广泛性。

与版权限制的合理使用规则不同，微量原则由于是一个在各个法域广泛适用的衡平法则，既未有（也不可能有）实体的成文依据，司法实践的态度和标准亦有分歧，更鲜有法官在裁判理由中发表对微量原则的适用意见，所以很难对微量原则提炼出一个类似于“合理使用四因素”的系统性规则。不过亦有学者曾综合各个法域判例进行了因素归纳的尝试，值得借鉴，笔者称为“微量原则五因素”[③]。(1) 行为损害的规模和类型。如果一项行为的绝对损害规模较小、相对损害规模较小，或是损害难以计算，可能会落入微量原则的规制范畴。(2) 司法成本。因为司法资源属于公共利益，其并不鼓励或允许权利人以孰高的诉讼代价获取孰低的胜诉收益，否则便是对司法资源的“绝对浪费”。(3) 义务之目的。行为之所以不法，是因为违反了某种法定义务，而该义务之设立一定是用以实现某种目的，诸如行为自由与权益保护，填补与预防损害。若微量原则的适用会导致义务之目的实质不达，则不应适用。(4) 对第三方合法权利之影响。当案件相关争议的判决将会对第三方的合法权益产生重大的政策性影响时，法院往往会限制该案件中对微量原则的适用。(5) 不法行为之意图。不应当容忍具有主观故意的不法行为，因为其具有天然的可谴责性，行为人的主观故意会阻却微量原则的适用。

三、微量原则在版权法域适用的三分法

正如上文所述，微量原则在一般法域中多以一种法院衡平或者当事人抗辩的功能存在。但是在美国版权法域中，尤其是侵权纠纷中，“微量”（de minimis）一词

---

① *Wis. Dep't of Revenue v. William Wrigley, Jr., Co.*, 505 U. S. 214, 231 (1992); *Alabama v. Bozeman*, 533 U. S. 146, 153 – 154 (2001).

② 在商标案件中，微量原则常用以描述消费者混淆的盖然性。参见：*Savin Corp v. Savin Group*, 391 F 3d 439, 459 (2d Cir. 2004). 在专利案件中，多有意见认为未经许可的专利微量非商业使用属于侵权例外情形。如参见 *Roche Products v. Bolar Pharmaceutical Co.*, 733 F. 2d 858 (Fed. Cir. 1984); *Medtronic Vascular, Inc. v. Boston Scientific*, 348 F. Supp. 2d 316 (D. Del. 2004). 但也有法院认为，在专利案件中是否可以援引微量原则抗辩属于一个“悬而未决的问题（unsettled question）”。参见：*Smithkline Beecham Corp. v. Apotex Corp.*, 247 F. Supp. 1011, 1051 (N. D. I11. 2003).

③ Andrew Inesi. A Theory of De Minimis and a Proposal for its Application in Copyright [J]. Berkeley Technology Law Journal, 2006, 21 (2): 951 – 956.

衍生出了不同的语言功能和法律功能。由于常常作为“法律不理琐事”这一法谚的缩写形式出现，该词汇也易被理解为英文语境下的“微量”（细小、琐碎、微小）或者是“关于琐事的”，在语义上亦可作为一种纯粹的形容词或名词性定语，用于描述某种作为要件事实的情状的程度。

早在 1847 年的 *Webb* 案中，原告作为一本花卉词典的作者，指控被告的《植物大词典》未经许可复制其作品中关于“花的类别、名称顺序和解释”的一页内容，共计 156 个单词。法院认为，也许被告所复制的部分是有独创性的，但该部分是十分琐碎的，相对于整个原告作品而言在数量和价值上如此之少，仅仅是承担一个表达有限的索引功能。但是被告的作品将植物学理论和诗歌相结合，赋予了一种新的情感表征功能。在这个层面上，一些相似性和使用，甚至是少量部分的复制，都是可容忍的，应适用微量原则。① 从这一点来看，一方面，版权法域适用的微量原则还是有别于一般法域适用。微量原则是以使用的量、质量、目的和价值为判断基准，而并非一种直觉价值。另一方面，微量原则有着与实质性相似以及合理使用发生联系的可能性，即通过构造出非实质性相似或者合理使用成立的有利情状，发生侵权抗辩的功能和效果。这一点在 1997 年 *Ringgold* 案的判决论述中有所体现。在该案中，联邦第二上诉法院将微量原则在版权法域的适用归纳为三个方面：第一，这一概念便是同一般法域适用一致，非常微量的狭义侵权并不会招致法律后果；第二，其可以用于描述“复制”的程度极其微小，以至于无法满足实质性相似在量上的必要要求，即无法满足“可诉复制”（actionable copying）之构成要件；第三，其可能与合理使用有关，因为合理使用分析中需要评估的一项法定因素便是“所使用的部分的质与量与作为整体的版权作品的关系”。如果作品被使用的部分是微量的，那么这种使用行为便显得微不足道，进而支持合理使用成立。② *Ringgold* 案为理论界理解微量原则提供了体系化和类型化视角，多数学者遂提出了“微量原则三分法”，即“与实质性相似有关的微量原则”“与合理使用有关的微量原则”，以及基于一般法理和适用的“狭义微量原则”。③

① *Webb v. Powers*, 1847 U. S. App. LEXIS 595, 29 F. Cas. 511, 10 Law Rep. 152.

② *Ringgold v. Black Entertainment Television*, Inc., 126 F. 3d 70, 74 (2d Cir 1997).

③ Caroline H. Fischer. It's De Minimis, But Wait; It's Also Fair Use: Faulkner v. Sony Pictures and Why Courts Should Focus on Developing the De Minimis Doctrine to Streamline Copyright Infringement Analysis [J]. Tulane Journal of Technology and Intellectual Property, 2013 (16): 301; Andrew Inesi. A Theory of De Minimis and a Proposal for its Application in Copyright [J]. Berkeley Technology Law Journal, 2006, 21 (2): 970.

(一) 与实质性相似有关的微量原则：体系自足

一般认为版权侵权的构成要件有二：(1) 权利人拥有某项合法版权权利；(2) 侵权成立，即被告复制了原告作品中受保护的因素。① 关于第二个要件的认定，常常要求证明侵权作品的诉争部分与版权作品的相关部分达成"实质性相似"的要件，这在中美著作权法的学理和司法实践中已成为共识。② 所谓实质性相似，包含两种类型：整体非字面相似（comprehensive nonliteral similarity）和局部字面相似（fragmented literal similarity）。前者要求两作品在处于思想主题和表达细节之间的内容，如情节、结构、设计等抽象表达范畴上构成整体相似。由于受保护客体的模糊性以及相似要求的整体性，"微量原则"似乎难有用武之地。而后者要求两作品在字面的表达细节上构成局部相似。③ 而一旦涉及对"局部"的量化分析，就有了适用微量原则的空间。由此，微量原则有时会被描述为实质性相似分析的"定量要素"（quantitative component）或"定量门槛"（quantitative threshold）④，一旦这种使用和复制是微量的，便不足以构成实质性相似。随着判例的发展，法院潜移默化地将定性分析一并纳入定量分析，微量原则也演变为实质性相似的否命题⑤，构造出被告实质性相似不达→未构成侵权行为的抗辩事由。

在实质性相似层面适用"微量原则"的判例中，又有两种类型化的判例。一种认为侵权作品对原作品的复制是否构成"微量"，要看所复制的部分在原作品而非侵权作品中的比重，即被复制的部分是否在原作品中构成实质性部分。典型案例如 *Newton* 案，被控侵权人在其所原创的一首单曲中对权利人某一单曲唱片录音中出现

---

① *Feist Publications*, *Inc.* *V Rural Telephone Service Company*, *Inc*, 499 U. S. 340, 361 (1991).

② 实际上，美国版权侵权主要思路模式有二：以谢克特（Schechter）和托马斯（Thomas）教授为代表的"事实复制"（copying）加"不法挪用"（improper appropriation）二要件说认为"不法挪用"要件包含对"实质性相似"的证明要求；以尼莫（Nimmer）教授为代表的"未经同意复制权利人具有原创性的著作成分"的一要件说认为该要件包含事实和法律两个层面，其中法律层面要求"实质性相似"。二者在逻辑上略有差异，但在对"实质性相似"的认识上殊途同归，参见：Schechter E. Roger, Thomas R. John. Intellectual property: The Law of Copyrights, Patents, and Trademarks [M]. West Group, 2003; Nimmer B. Melville, David Nimmer. Nimmer on Copyright [M]. LexisNexis, 2013. 而我国通说多认可"接触"加"实质性相似"的判定方法，亦有此旨趣。

③ Part 13. 03 [A] [1]. Melville Nimmer, David Nimmer. Nimmer on Copyright [DB]. Lexis Advance Database, 2020.

④ Julie Cromer. Harry Potter and Three - Second Crime: Are We Vanishing the De Minimis Defense from Copyright Law [J]. New Mexico Law Review, 2006, 36 (2): 271 - 274.

⑤ Andrew Inesi. A Theory of De Minimis and a Proposal for its Application in Copyright [J]. Berkeley Technology Law Journal, 2006, 21 (2): 961.

的共计 6 秒且仅出现一次的 3 个连续音符进行了循环式“采样”。法院认为即便被采样部分具有可版权性，但在整体构成上，3 个连续音符仅在原告作品即兴表达的部分中出现 1 次，在长达 4 分半的作品时长中仅占据 6 秒，不具有量上的实质性；此外，这三个连续音符没有任何明显的旋律、和声、节奏及结构特点，仅是非常普通的音乐序列，是作曲家的惯用手法，在本曲中也并不出彩；由此，从一般听众的角度而言很难认为是不法挪用，而应适用微量原则，阻却实质性相似，侵权不成立。[①] 之所以将权重的分子和分母分别限缩于“被复制之表达”和“原作品之表达”的范围，而不是对两个作品进行整体性对比，源于早期 *Sheldon* 案中汉德法官的论述：“抄袭者不能通过证明自己作品中存在多少非抄袭内容的方式来为自己辩解。”否则将会带来被控侵权人的道德风险——“不择手段的被告会通过复制大量其他作品的实质性部分，并以此将原告作品中被复制之表达稀释为微量，进而逃避侵权责任。”[②] Newton 型认定范式较为简单，也得到了诸多判例的青睐，主要用于音乐采样和图文摘引等场景[③]，因为只有原作品本身具有局部可复制性的情形下，才具有可能寻求“被复制之表达/原作品之表达”之微量的意义。

而 *Ringgold* 案发展了另外一种似乎偏离 Newton 型范式的思路。在 *Ringgold* 案中，权利人主张被控侵权人在其制作的情景喜剧节目中将权利人艺术海报的整个部分悬挂在教堂的墙上当作后置布景。法院认为，对于视觉艺术作品而言，实质性相似在量上的要求须考量被复制之表达在被控侵权作品中的“可见度”（observability），因此在该案中需要考虑被复制之表达在被控侵权作品中出现的时长，以及对其所赋予的焦点、光线、镜头角度、突出程度等因素，如果可见度过低则构成微量。在可见度的判定方面实际上并无争议，因为在海报出现时间最长的一幕中，至少 80% 的海报内容是可见的；而摄像头正好对准的是观众的视线，因此虽然挂在观众左边墙上的海报并没有被精确聚焦，相对于观众而言该海报也可以被清晰地观察到；虽然无法观察到该海报细节的视觉性要素，但是人物的二维外观和醒目的色彩足以

---

① *Newton v. Diamond*, 349 F. 3d 591（9th Cir. 2003）.

② *Sheldon v. Metro – Goldwyn Pictures Corp.*, 81 F. 2d 49（2d Cir 1936）.

③ 如认为“从人力资源指南中复制两个句子是微量的复制”，参见：*Neal Publications v. F & W Publications*, *Inc*, 87. 307 F. Supp. 2d 928, 930 – 932（N. D. Ohio 2004）；*Werlin v. Readers Digest Ass'n*, 528 F. Supp. 451, 463 – 464（SDNY. 1981）；“从计算机人体工程学手册中复制一些短语是微量的复制”，参见：*Compaq Computer Corp. v. Ergonome Inc*, 137 F. Supp. 2d 768, 778 – 780（S. D. Tex. 2001）；“从小册子中复制 12 张照片中的 2 张并非微量的复制”，参见：*Epic Metals Corp. v. Candee, Inc.*, 867 F. Supp. 1009, 1013（M. D. Fla. 1994）.

显现出作者的风格，足以使一般非专业观察者感知到这一绘画形象；更重要的是，海报和这次布景存在质的联系（qualitative connection），完全契合了在教堂聚会这一主题；其他的几幕虽然海报出现的时间和内容更为模糊，但是一定程度上强化着海报的视觉效果。最终法院判定，制作方的使用并未构成微量原则抗辩，侵权行为成立。[①] 虽然该案未能成功适用微量原则抗辩，但是其可取之处在于，能够结合作品和使用的语境进行分析。该案被复制作品客体为“艺术海报”，而被控侵权作品客体为“电视节目”，因此提出了表达之“可见度”的基准，即以“被复制之表达/被控侵权作品之表达”的使用呈现度为权重，较为科学。实际上，在戏剧、舞蹈、影视节目等作品中对视觉作品素材的使用与上文所提出的图文摘引和音乐采样的使用是不同的。因为视觉素材常常会以整体或者绝对数量形式呈现于被复制的作品上，那么在做定量分析的时候，若再机械适用 Newton 型范式之“被复制之表达/原作品之表达”这一公式，则很容易达到近乎 100% 的实质性相似，微量原则抗辩便可能因此失灵。因此，该案的微量原则基准在视觉作品借用相关判例中得到广泛采纳，[②] 成为一种 Ringgold 型范式。

微观地讲，两种范式基于对个案使用和复制行为的方式和语境作出了区分，由于参照基准不同，在定量和定性分析中的考量因素又略有差异。在 Newton 型范式下，问题转化为对被复制之表达在原作品之表达中所占的比例和重要性的分析；而在 Ringgold 型范式下，问题转化为对被复制之表达在被控侵权作品之表达中所占比例、突出性以及功能性的分析。但宏观地讲，两种范式本身是具有逻辑一致性的，其都以考察被复制之表达为核心，首先以定量门槛作为出发点，然后天然地结合定性分析进行考察。基于二者逻辑的一致性，亦有判例在分析微量原则时，似乎选择了对二者的结合适用，即兼顾考虑被复制之表达同时之于原作品和被控侵权作品中的量和性，以此综观是否构成实质性相似。

如最近在游戏圈很热门的“2K 文身案”，原告是拥有若干 NBA 球星文身版权的独家许可方，而被告是 NBA 2K 系列篮球模拟游戏的开发商，其每年都会根据联盟球队现实的状况作出更新，对各队球员甚至是其身上的文身作出逼真的设计。原告

---

① *Ringgold v. Black Entertainment Television, Inc.*, 126 F. 3d 70, 74 (2d Cir 1997).

② 如认为“被告在其商业广告中所使用原告的牙科插图呈现时长足够短暂且没有聚焦，因可见度较低而属于微量”，参见：*Gordon v. Nextel Communications*, 345 F. 3d 922, 924 –925 (6th Cir. 2003)；“原告的照片曾完整出现在被告电影的背景中，但是由于完全不起眼，因此属于微量”，参见：*Sandoval v. New Line Cinema Corp.*, 147 F. 3d 215, 218 (2d Cir. 1998).

于2020年指控被告曾在过去多款版本游戏中侵犯了其所拥有的3名运动员的文身版权。被告提出微量原则抗辩。法院认为，需要考虑三点：（1）被复制的表达在两作品中的占比；（2）可见度，即被复制的表达在被告作品中的时长；（3）突出性等因素。在游戏过程中呈现的文身相比于现实生活中的纹身作品要小很多，仅占4.4%～10.96%，而且细节上并不清晰；在游戏里400多名可用球员中只有3名球员附有纹身；而该游戏又是以成群、快速和不稳定的人物移动为视觉特征，这使普通游戏用户只能观察到球员手臂上的深色阴影，而且会受到摄像机视角和其他游戏元素的干扰而变形；被告公司从未以文身为该游戏的营销手段，游戏玩家也并不是冲着文身去的。最终认可了被告的抗辩。[①] 此案便是以两种范式结合适用的框架展开分析。

美国学界常对“与实质性相似有关的微量原则”持谨慎和批判态度。有学者认为Newton型范式才是普遍意义上的“与实质性相似有关的微量原则”。之所以出现Ringgold型的例外是因为对视觉作品构成实质性相似但可见度低的复制行为带来的后果是极其微小的，属于狭义微量原则独立的效果——Ringgold型范式实际上是两种微量原则的合并适用。[②] 而另有学者认为Newton型范式仅仅用于认定“事实复制”（actual copying）中的“初步性相似”（probative similarity），而Ringgold型范式才应用于认定“可诉复制”中的“实质性相似”。Newton型范式并不能必然推导出实质性相似，是“相似”概念混淆下的错误产物。[③] 绝大多数学者也曾引*Bridgeport*案中第六上诉法院“除非取得授权，否则不能采样”（Get a license or do not sample）的观点来否定微量原则的适用[④]，因为采样是一种物理性、有目的的挪用，就算样本再小，均具有价值，一旦发生采样行为便构成当然侵权（*per se* infringement）。[⑤]“实质性相似”本身应当设计为一种“模糊界限”（blurred lines）以适应各种不确定性的语境，而微量原则限缩了这种不确定性空间，致使“实质性相似”整个制度

---

① *Solid Oak Sketches*, *LLC v.* *2K Games*, *Inc.*, 449 F. Supp. 3d 333 (S. D. N. Y. 2020).

② Andrew Inesi. A Theory of De Minimis and a Proposal for its Application in Copyright [J]. Berkeley Technology Law Journal, 2006, 21 (2): 965－966.

③ Alan Latman. “Probative Similarity” as Proof of Copying: Toward Dispelling Some Myths in Copyright Infringement [J]. Columbia Law Review, 1990, 90 (5): 1187.

④ *Bridgeport Music*, *Inc. v.* *Dimension Films*, 410 F. 3d 792, 796 (6th Cir. 2005).

⑤ Lucille M. Ponte. The Emperor Has No Clothes: How Digital Sampling Infringement Cases Are Exposing Weaknesses in Traditional Copyright Law and the Need for Substantive Statutory Reform [J]. American Business Law Journal, 2006, 43 (43): 518－519.

根基险些被 *Bridgeport* 案摧毁。[1] 笔者认为，虽然学理探讨的启发性极大，但大可不必执着于对学理概念的机械争论。因为此二范式的逻辑已经被用于认定实质性相似的基本方法，如抽象—过滤—比较法、整体对比法、普通观察者测试法、外部内部测试法[2]所吸收且已为司法普遍所用，则应当保留其作为“与实质性相似有关的微量原则”的体系自足性，否则将带来无谓的司法成本，与微量原则的原生理念背道而驰。

（二）与合理使用有关的微量原则：剪不断，理还乱

正如本文开头所言，“索尼案”脚注中对合理使用规则和微量原则“局部结合”的关系描述像是谜语一般。而在其他的一些判例中也出现了一些含糊的表述，如“在权利人不会遭受显而易见的损害的情况下，合理使用规则会与微量原则发生重叠（overlap with…）”[3]“这种场合下属于合理使用，或者换言之（alternatively），不会受到保护的微量侵害”[4]“二者相互协力（in conjunction with…）”[5]等。相比于“与实质性相似有关的微量原则”体系的自足性和稳定性，“与合理使用有关的微量原则”本身的存废都具有极大的不确定性。这种不确定性具体体现在“与合理使用第三因素有关的微量原则”和“与实质性相似有关的微量原则”，以及“与合理使用第四因素有关的微量原则”和“狭义微量原则”这两对串联概念。

Ringgold 案提出了“与合理使用第三因素有关的微量原则”，却引发出第一对串联概念的混淆。起码从逻辑来看，合理使用第三因素指的是“所使用的部分的质与量与作为整体的版权作品的关系”。但如果在侵权发生的实质性相似阶层已经通过定量和定性分析判定不微量时，那么在合理使用阶层这种要求是否是一种重复的分析呢？该案判决书脚注 4 处通过隐喻的方式给了一定暗示：如果一种复制行为已经超越实质性相似阶层中的微量原则构成侵权，那么它是否还有可能通过合理使用第三因素的检验，这个问题就像计算“一根针尖上能容下多少天使跳舞”（angelic

---

① Oren Bracha. Not de Minimis:（Improper）Appropriation in Copyright［J］. American University Law Review，2018，68（1）：186－192.

② Kevin J. Hickey. Reframing similarity analysis in copyright［J］. Washington University Law Review，2016，93（3）：681.

③ *Amsinck v. Columbia Pictures Industries*，*Inc.*，862 F. Supp. 1044（S. D. N. Y. 1994）.

④ *Mihalek Corporation v. State of Michigan*，9 F. 3d 1548（6th Cir. 1993）.

⑤ *Hustler Magazine*，*Inc. v. Moral Mojority*，*Inc.*，796 F. 2d 1148（9th Cir. 1986）.

terpsichore on the head of pins）一样，没有任何意义。[①]

继续循着 *Ringgold* 案判决书，可以发现，法院对第三因素的定性为“定量连续（quantitative continuum）[②] ——合理使用的任何一个因素都不是决定性的因素，合理使用也不会为参考任何一个因素设定限值”。这个结论一方面印证了四因素相对于合理使用的不可要素性，即四因素仅是合理使用分析中一种类型及须填补和归属的评价性标准，不能构造出“微量原则→四因素/第 X 因素→合理使用→不侵权”的涵摄推论进路，而仅能在某一或某几因素下进行讨论，以增强诉讼各方形成或阻却合理使用的盖然性；另一方面也指示了四因素内部此消彼长的伴随性和协同性。以第三因素为例，除了其像实质性相似的逻辑一样通过对使用的量和质进行考察以评价是否构成合理使用时，其还承载着两种功能。一个是影响对第一因素正当性的考量。一般而言，一种正当的转换性使用仅会对原作中微小的量和质进行使用。反之，使用目的越不正当，则会在使用数量和内容的实质性方面表现不合理。另一个是辅助对第四因素“潜在市场或价值所产生的影响”的评估。一般来说，大量的使用或进行实质性内容的使用，将会对原作品构成不正当竞争，影响原作品的销售市场和存在价值，从而最终损害著作权人的利益。[③] 但是勒瓦尔（Leval）法官认为如果仅将第三因素对第一、第四因素的伴随作用理解为是正相关的，不仅会带来危险的误导，也会完全扭曲合理使用的裁判理由。一个历史学家或者新闻工作者为了表明事实的真实性或者区别性，都可以正当地使用该作品的核心部分甚至是全文。由此，如果被告所使用的原作部分的质与量过高，则需要在第二性使用（secondary use）和对原作的现实损害风险的合法性考量基础上，谦抑地重新评估第三因素在合理使用中的权重。[④]

因此，笔者认为，构建与第三因素有关的微量原则是没有意义的。一方面，其与实质性相似有关的微量原则的判定标准过于重合，非常容易造成一种重复分析；另一方面，第三因素定量连续的作用又不甚明确，并没有微量原则在实质性相似上的可涵摄性。一旦构成微量原则抗辩，则不构成实质性相似，法院不需要考虑合理使用和第三因素；而一旦不构成微量原则抗辩，则构成实质性相似，也会随之减弱

---

① Note［4］of *Ringgold v. Black Entertainment Television*, Inc.，126 F. 3d 70，74（2d Cir 1997）.

② 我国学者梁志文将其翻译为“累积效应”，指的是采用定性与整体判断的方法来评估所复制的部分是否构成原告作品的实质性部分。参见：梁志文. 版权法上实质性相似的判断［J］. 法学家，2015（6）：42.

③ 吴汉东. 著作权合理使用制度研究［M］. 3 版. 北京：中国人民大学出版社，2013：EPUB 版本.

④ Pierre N. Leval. Toward a Fair Use Standard［J］. Harvard Law Review，1990，13（5）：1122－1124.

合理使用第三因素及其伴随因素的该当性，但又同时增强了法院在判定合理使用中对第三因素权重的谦抑性，正反作用的净叠加并不能完全指示合理使用抗辩是否成立。所以 *Ringgold* 案也提倡，如果所使用的部分的质与量与作为整体的版权作品的关系是微小的，那么最好直接在实质性相似层面适用微量原则阻却，以规避在合理使用第三因素中适用微量原则的复杂分析。①

“索尼案”主要体现出第二对串联概念的混淆。相较于具有“定量连续”性质的第三因素而言，第四因素在合理使用中的地位是为特殊，通过其与其他因素的协同以及之于合理使用构成更高的盖然性，大抵形成了“第四因素→合理使用”的推演路径：第一因素中使用目的属于主观范畴，其主观方面是否正当，往往依赖于对客观市场影响的考察或是进行主观目的与客观后果有机的综合分析；第二因素作品性质也在作品功能主义上决定着使用原作的实际获利；第三因素无论是“量”还是“性”的状态评估，最终应落脚到对该作品是否产生侵害市场影响的结论上。因此，遇有其他标准不足以判断合理使用时，司法多倚重于作品市场后果的分析。② 在这个层面上，虽然第四因素是通过描述微量加强该当性促成合理使用成立，而狭义微量原则是通过法谚的一般适用直接发生侵权阻却的效果，但二者均以行为造成的损害和影响定量，并有阻却侵权的法效果，具备极强的相似性和混同性，尔后的案例也似乎并没有解决这一歧义。因此，有必要率先展开对狭义微量原则理论和实践讨论。

（三）狭义微量原则：惊鸿一瞥

Ringgold 案将“非常微量的狭义侵权并不会招致法律后果”这种一般法理意义上的微量原则称为“狭义微量原则”（technical *de minimis*），其所适用的行为客体称为“微量的狭义侵权”（*de minimis* technical violation）。在笔者的检索过程中，似乎仅发现一例成功适用狭义微量原则的侵权案件，可谓惊鸿一瞥。在 *Knickerbocker* 案中，被控侵权人在一些吸塑卡包装上使用了权利人生产的玩具赛车广告插图。而被控侵权人声称该吸塑卡仅在公司内部出现过，其并未对外进行任何的公开使用行为，且表示若他要进行公开使用，一定会更换插图。法院认为权利人主张的侵权行为完全落入“微量”的范围，最终适用了狭义微量原则，驳回了其诉讼请求。③ 虽然裁

---

① *Ringgold v. Black Entertainment Television*, Inc. , 126 F. 3d 70, 74 (2d Cir 1997).

② 吴汉东. 著作权合理使用制度研究［M］. 3 版. 北京：中国人民大学出版社，2013：EPUB 版本.

③ *Knickerbocker Toy Company*, *Inc.* , *v. Azrak - hamway International*, *Inc.* , 668 F. 2d 699 (2d Cir. 1982).

判意见仅是一言以蔽之，没有就狭义微量原则发表更多看法，但可喜的是，司法还是承认了狭义微量原则的存在。

在后续的相关案例中，多数法院又在一些类似情形下拒绝适用狭义微量原则，但一反常态地在判决意见中给出了明确的说理，主要以 *Knickerbocker* 案的相关情节为参照，认为该案情形并非可以得到法律和事实上的类比。[①] 这其中以 *Davids* 案和 *Walker* 案的说理最为充分。在 *on Davids* 案中，被控侵权人使用了权利人眼饰设计进行广告拍摄。被控侵权人声称模特佩戴该眼饰设计并非强制而只是出于自愿，以正常地展现自己的个人形象。但法院认为由于权利人的眼饰设计过于独特，即便是在广告中自愿使用也是“高度显而易见”（highly noticeable）的，具有意图的不正当性，很难归为微量之事；[②] 在 *Walker* 案中，被控侵权人创作了权利人具有版权保护的喷雾装置模型，且还未有售出获利行为。但法院认为微量原则从不豁免商业不成功或者不获利的侵权，被告的使用在效果上具有不正当性，难谓微量。[③] 两案的论述暗含着对“行为损害的规模和类型”“对第三方合法权利之影响”“不法行为之意图”等因素的考量，而不依托实质性相似或者合理使用的框架详尽分析。

两案的论述一方面揭示了案件拒绝适用的原因，另一方面又承认了狭义微量原则的法律意义和适用语境：虽然版权领域的微量侵权诉讼较为罕见，但是不能忽略（狭义）微量原则在版权法的重要意义。尤其是在现代社会，多数人可能会无意识地进行着某种微量的侵权行为，比如复印别人给自己写的信并展示给其他人，将自己喜欢的卡通元素贴在公司的冰箱上（映射 *Knickerbocker* 案），父母利用独特的建筑背景给孩子照相并发布到网上，在闲暇时对节目进行录制以便后续观看（映射“索尼案”），服务员为用餐的顾客唱生日祝福歌……如果没有狭义微量原则，那么这些使用行为都会构成可诉侵权。但考虑到普遍且高昂的诉讼成本，都不会将其视为侵权。这也强调了“司法成本”因素对该原则的支撑。

由于 *Knickerbocker* 案的惊鸿一瞥，学者尼莫（Nimmer）曾认为，除了 *Knickerbocker* 个案以外，狭义微量原则可能不会在版权领域具有法律约束力，因为当事人

---

① 如认为“未经许可销售12个塑料娃娃”不适用微量原则，参见：*Warner Bros. v. Dae Rim Trading, Inc.*, 877 F. 2d 1120, 1126 (2d Cir. 1989)；“对一首歌曲侵权获益仅有75.87美元”亦不适用微量原则，参见：*Repp v. Webber*, 914 F. Supp. 80, 83 - 84 (S. D. N. Y. 1996).

② *On Davis, v. the Gap, Inc.*, 246 F. 3d 152 (2d Cir. 2001).

③ *Walker Mfg., Inc. v. Hoffmann, Inc.*, 261 F. Supp. 2d 1054 (N. D. Iowa 2003).

和法院会更青睐诉诸微量相似和合理使用。① 但亦有学者认为尼莫言过其实。第一，诸如 *Davids* 案和 *Walker* 案等很多判例都意图适用狭义微量原则，但是由于结论性事实和证据的不足导致无法成立；第二，国会从未给予微量原则以相反或者排除性的指示，并没有任何证据证明该原则的失效。②

在梳理完狭义微量原则在版权法适用的历史情境后，需要回归“索尼案”中所遗留的串联概念。由于“de minimis”一词具有描述某种情状程度的语义功能，不妨通过列举并分析构造微量原则描述性适用于合理使用各因素的可行性，以评判“与合理使用有关的微量原则”的制度取舍（见表1）。

表1 对“与合理使用有关的微量原则”的构造

四因素的法定表述	微量情状的描述性适用	存在的问题
使用的目的与特性，包括使用是否具有商业性质，或是否为了营利的教学目的	①微量的（商业）性质； ②微量的（营利）目的	非定量因素
版权作品的性质	微量的作品性质	非定量因素
所使用的部分的质与量与作为整体版权作品的关系	①微量使用/复制； ②微量的量和质	①与未构成实质性相似的适用前提相矛盾； ②与实质性相似有关的微量原则相重复； ③定量连续的局限性将合理使用分析复杂化
使用对版权作品之潜在市场或价值所产生的影响	微量的后果、损害或影响	①与狭义微量原则混淆； ②致使合理使用与狭义微量原则混淆； ③挤占狭义微量原则的适用空间

对第三因素的描述性适用及其问题已在前文有所分析，不再赘述。第一因素实际上是与《美国版权法》第107条第1款相呼应的。一种使用目的，无论是明文提到的批评、评论、新闻报道、教学、学术研究、商业性、非营利性，还是经由判例发展的诸如“讽刺”“戏仿”等“转换性使用”都是定性判断，它们既无法定量自身，又无法通过定量辅助定性。第二因素有同样的问题。对作品的性质多以作品类型及其特点定性，而非以其呈现的内容来定量。③ 一般来说，未发表作品和已发表

① Part 8. 01. Melville Nimmer，David Nimmer. Nimmer on Copyright ［DB］. Lexis Advance Database，2020.

② Andrew Inesi. A Theory of De Minimis and a Proposal for its Application in Copyright ［J］. Berkeley Technology Law Journal，2006，21（2）：972 –974.

③ L Ray Patterson，Stanley W Lindberg. The Nature of Copyright：A Law of User's Right ［M］. The University of Georgia Press，1991：202 –203.

作品的分野、虚构作品和纪实作品的分野、视听作品和印刷作品的分野、为特定对象创作作品和为非特定对象创作作品的分野，都是前者的类型在适用上要严于后者的类型,[①] 这也不是通过描述该作品是否为微量能够解决的。

而对第四因素的描述性适用带来的最大后果便是其自身以及整个合理使用与狭义微量原则的适用混淆，进而导致合理使用制度对狭义微量原则适用空间的挤占，这其中以第五上诉法院管辖的系列案件为典型。如在 *Triangle* 案中，地方法院认为被告的侵权行为仅给原告作品带来了微量的影响，遂驳回了原告的诉讼请求。但上诉法院认为，虽然地方法院的结论是正确的，但是当一种行为造成微量的损害和影响时，应当将其纳入合理使用第四因素的分析中来，地方法院的裁判逻辑是不对的。[②] 又如在 *Faulkner* 案中，地方法院认为，第五上诉法院从来没有具体地阐明在版权领域适用微量原则的恰当方式。[③] 基于匮乏适用微量原则的先例，不妨将与实质性相似有关的微量原则和狭义微量原则的分析完全纳入（wholly encompassed）合理使用分析中来。[④]

由此，笔者坚持认为，狭义微量原则和合理使用规则这种“剪不断、理还乱”的状态，只会愈加无益于微量原则的逻辑体系和司法适用。从根本上看，第一，二者的设立宗旨便不一致：微量原则立足于“法律不理琐事”的法谚和衡平法则，具有普遍适用性，其目的在于规避对所有轻微或无害的不法行为进行追究将带来的沉重的司法成本和社会成本，因而形成了一种司法上的容忍义务；而合理使用以《伯尔尼公约》、TRIPS、WCT 中的“三步检验法”为法源，其立法目的在于基于适当的公共政策考量，降低交易成本，避免市场失败，避免过度增加后续创作的成本，避免损害言论自由、教育发展、市场竞争等其他重要法律价值，并将权利人对有益或非市场性损害的默示许可法定化。[⑤] 第二，二者的司法逻辑也不同：对合理使用的认定已经走向了一个相当复杂化、精细化、核心化、灵活性的趋向。每级法院、每名法官在每次个案审判均会对合理使用的适用进行纷繁且严谨的论述，对包括合理使用的宪法意义和制度本质、一般条款、四因素的性质以及每个因素的重要性、

---

① William F. Patry. The Fair Use Privilege in Copyright Law [M]. Bna Books, 1986: 419.

② *Triangle Publications, Inc. v. Knight-Ridder Newspapers, Inc.*, 626 F. 2d 1171, 1177 (5th Cir. 1980).

③ *Compaq Computer Corp. v. Ergonome Inc.*, 387 F. 3d 403, 406 (5th Cir. 2004).

④ *Faulkner Literary Rights, LLC v. Sony Pictures Classics Inc.*, 953 F. Supp. 2d 701 (N. D. Miss., 2013).

⑤ 王迁．著作权法 [M]．北京：中国人民大学出版社，2015：321-322；崔国斌．著作权法：原理与案例 [M]．北京：北京大学出版社，2014：578-579.

旨趣、适用与否、逻辑关系、认定标准等都有着不同但深刻的理解，因此从未产生过一个真正的有关合理使用的“二阶理由”，而仅仅是始终处于强论证力度下的“一阶理由”。这就需要不断通过实践理性进行打磨，在个案先例中不断精进对《美国版权法》第107条的理解；而对狭义微量原则的适用和认定往往较为简单，尽管学者意图尝试构造出一般适用的五因素说，但是其更考究的是法院、当事人和公众对事实问题和法律问题的衡平理性。因此，不妨借鉴*Ringgold*案曾经对与实质性相似有关的微量原则以及与第三因素有关的微量原则的脱节论，让狭义微量原则与合理使用规则各司其职，让“上帝的归上帝，恺撒的归恺撒”。

四、微量原则的经验与反思

*Ringgold*案中的微量原则三分法，在梳理微量原则在版权法的适用之余，也重新审视了实质性相似以及合理使用的性质与构造。区分之余，可以发现三者的共性，即以“微量”之描述构造出狭义微量原则之要件抗辩、实质性相似之要素抗辩、合理使用之因素抗辩，以发生不侵权的法效果。若以“不侵权”为逻辑起点重新对美国法下微量原则的适用体系进行梳理（见图1），也许更为清晰。

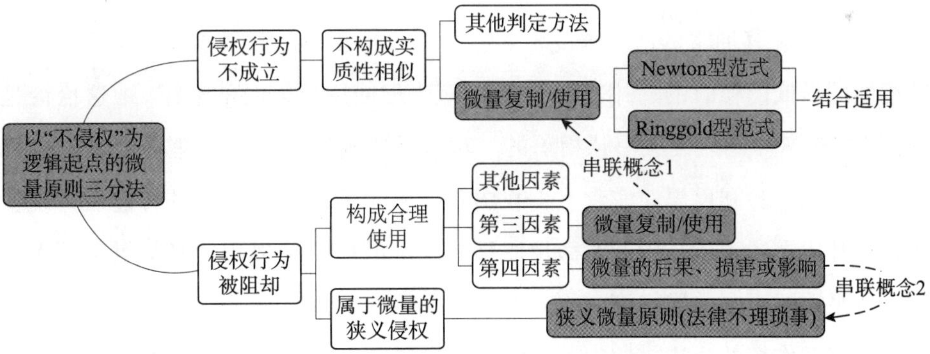

图1　以“不侵权”为逻辑起点的微量原则三分法

而针对当前微量原则三分法的困境，学者伊内西（Inesi）倡议，不应再将“de minimis”一词描述性适用于实质性相似和合理使用，而是应当尝试采用其他表述来构造相应的要素或因素形态以规避混淆，强调狭义微量原则独立化以唤醒其生命力。①

① Andrew Inesi. A Theory of De Minimis and a Proposal for its Application in Copyright [J]. Berkeley Technology Law Journal, 2006, 21 (2): 995.

而笔者认为“de minimis”一词已经和实质性相似耦合在一起，甚至已经成为“非实质性复制/使用”的同义词和实质性相似的否命题，从一种事实性描述独立为一种更加上位的概念。所以，唯一需要倡议的仅是将合理使用和狭义微量原则脱节（见图2），以解决两对串联概念的混淆。

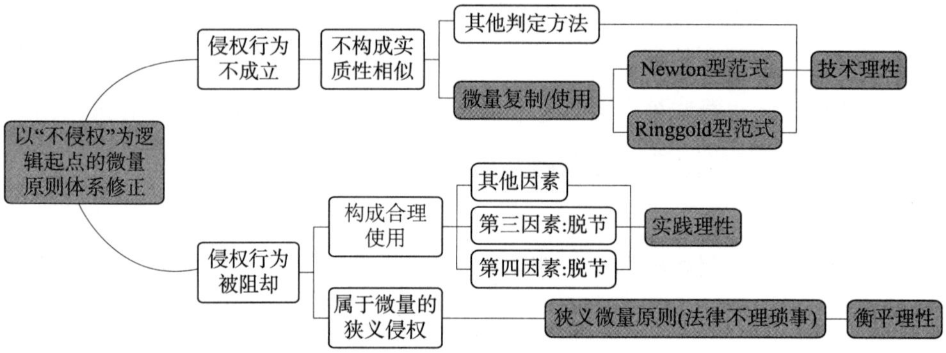

图2　以“不侵权”为逻辑起点的微量原则体系修正

五、微量原则在中国语境下的启示

学者张广良曾经在其著述中提出了“不计琐细原则”的三种中国著作权侵权适用路径：（1）在其通常的法律语境下的适用；（2）复制的数量很少，达不到认定实质性相似的最低门槛时的适用；（3）在行使合理使用抗辩时的适用。[①] 这恰恰是与*Ringgold*案微量原则三分法一脉相承的。对微量原则三分法的梳理和修正也为我国提供了相关的经验和反思。实际上，我国并无关于适用微量原则的普通法传统、衡平法精神和成文法规范，因此对微量原则在我国的构造和适用，既提供了更大的灵活性，也平添了更多的谨慎度。

在侵害著作权的公法规制中，常常有对微量原则的体现。例如我国《刑法》中对“侵犯著作权罪”的犯罪成立就要以“违法所得数额较大”或者“有其他严重情节”为构成要件，而情节显著轻微危害不大的，不认为是犯罪，不发生刑事责任。[②]《著作权法行政处罚实施办法》规定“违法行为轻微并及时纠正，没有造成危害后

---

① 张广良．“不计琐细原则”在侵犯著作权案件中的适用研究［J］．法学家，2008（4）：90－92．

② 《中华人民共和国刑法（2020修正）》第217条，《最高人民法院、最高人民检察院关于办理侵犯知识产权刑事案件具体应用法律若干问题的解释》第5条。

果的，不予行政处罚”。[①]《著作权法》和《著作权法实施条例》对于著作权侵权行为是否承担民事制裁或者行政责任，也需要根据行为“是否损害公共利益”“涉及多少非法经营额”等损害和情节轻重程度作为依据，若是轻微则不受到公权力规制。[②]

在违反著作权法的私权领域，《著作权法》（2020）第52～53条规定“有下列侵权行为的，应当根据情况，承担停止侵害、消除影响、赔礼道歉、赔偿损失等民事责任”。其中“应当根据情况”便可能给予微量原则的适用空间。笔者认为，根据字面解释，“应当根据情况”这一情状可能会导致对“是否构成侵权/承担责任”“承担哪种或者哪些责任形式”以及“如何承担该种或该些责任形式”三个层面的影响。关于对后两个层面的影响，确有很多司法规定的佐证和细化。前者如《北京市高级人民法院侵害著作权案件审理指南》关于赔礼道歉适用条件的规定，“侵权行为情节轻微的，可以判令被告书面道歉”；后者如《北京市高级人民法院关于侵害知识产权及不正当竞争案件确定损害赔偿的指导意见及法定赔偿的裁判标准》关于文字作品法定赔偿的酌定标准，“被告侵权情节轻微的，可以按照40元～80元/千字酌情确定赔偿数额。”而关于是否涉及“是否构成侵权/承担责任”这一层面，笔者认为，虽然我国《著作权法》的侵权责任条款是对具体侵权行为的列举，较为清晰地明确了侵权行为的积极范围，但是第52条第11款规定了“其他侵犯著作权以及与著作权有关的权利的行为”这一兜底条款，实际上还是趋向于美国版权法的“具体权利内容加一般侵权规则”的立法模式，使适用于著作权侵权的侵权责任规范一般化。[③]而一般的侵权责任规范都需要回应上述三个层面，才得为规范著作权侵权责任之构成要件和法律后果的法律规范。[④]进一步讲，民事责任是违反民事义务时应承担的民法上的不利后果，是以民事义务为基础的法律责任，民事义务是承担民事责任的前提和基础，没有需要履行的民事义务，也就没有承担相应的民事责任。[⑤]换言之，没有侵权行为就谈不上承担侵权责任。[⑥]因此“应当根据情况”须指向所有法定或者酌定不构成著作权侵权的事由，那么中国语境下的“微量原则”

---

① 《著作权行政处罚实施办法》第29条第2款。

② 《中华人民共和国著作权法（2020修订）》第53条，《中华人民共和国著作权法实施条例（2013修订）》第36条。

③ 崔国斌. 著作权法：原理与案例［M］. 北京：北京大学出版社，2014：654.

④ 程啸. 侵权责任法［M］. 北京：法律出版社，2011：4－5.

⑤ 吴高盛. 中华人民共和国著作权法释义及实用指南［M］. 北京：中国民主法制出版社，2015：245.

⑥ 王利明. 侵权责任法研究·上卷［M］. 2版. 北京：中国人民大学出版社，2016：20.

便是基于特定情况下的“酌定不侵权”，而法定规范中时常出现的“情节轻微”又可以作为“酌定不侵权”的显性化表述。

确有个别案例会出现因“情节轻微”直接阻却侵权责任的情形。如在中国音乐著作权协会与福建周末电视有限公司、福建电视台电视剧制作中心、北京图书大厦有限责任公司侵犯著作权纠纷案[①]中，被告未经许可在制作的22集电视连续剧《命运的承诺》第10集中对原告享有著作权的歌曲《一无所有》中一句7秒的歌词进行了使用。法院认为，虽未征得该作品的词曲作者或原告的许可，但因被告在涉案电视剧中对该作品的使用仅有短短的7秒钟，且在剧中仅演唱了“我曾经问个不休，你何时跟我走”这一句歌词、弹奏相应的曲子，被告的使用行为对该作品的正常使用不产生任何实质不利影响，也未实质损害该作品的权利人的合法权益，因此，被告行为的情节显著轻微，故不构成侵权，无须承担侵权责任。学者张广良也在其论著中引用此例，将其视为“微量原则”在通常的法律语境下的适用。[②]

笔者认为，虽然在该案中，法院以“情节轻微”来将一项已经落入“未经许可使用作品”的行为酌定为不侵权，但是其所蕴含的逻辑是类似于美国语境下的“与实质性相似有关的微量原则”或“合理使用”：前者体现在Newton型范式下的微量原则分析，首先认定的是被复制之表达（7秒）/原作品之表达（整首歌）之微量，不可能形成实质性相似；后者实质上是利用了“第三＋第四因素”或“三步检验法”下的合理使用分析框架。法院本可以通过既有技术或法定制度——非实质性相似或者合理使用来实现判定不侵权的效果，却遗憾地采取了酌定不侵权的方式，仅以通过描述轻微情状实现不侵权的法效果，不免有僭越正当依据径行滥用裁量权的嫌疑。

在美国，微量原则在实质性相似的判定上开辟了一套自足的技术体系，四因素在合理使用原则中展现着激励创作和利益平衡的实践理性，狭义微量原则业已作为衡平法则在各个法域大施拳脚。三者有着十分显性的制度基础，即便微量原则在各个制度的适用会产生若干串联概念上的困境，但在最终作用于“不侵权”的法效果上，哪一条路径都是畅通的。但我国始终秉承规范法前提，理应在规范法的有效边界内解释和裁判，在个案中仅仅依靠一种轻微的情状便可以阻却违反著作权专有权利行为的违法性和责任，又未有对于任何技术性思维、价值衡量或政策导向等规范

---

① 北京市第一中级人民法院（2003）一中民初字第11687号民事判决书。

② 张广良．“不计琐细原则”在侵犯著作权案件中的适用研究［J］．法学家，2008（4）：87.

属性的表露，只会导致诸多“创造性司法”。

总结中美微量原则的经验和反思，笔者提出以下建议。第一，为实质性相似吸收更为全面的技术理性。我国在整体的非字面相似侵权语境下，诸如琼瑶诉于正案①、庄羽诉郭敬明案②中已经相对成熟地借鉴并适用实质性相似的判定技术，但是一旦涉及局部的字面相似侵权语境，就会出现判断侵权基准的缺失。既有珠玉在前，当师夷长技，以吸收技术理性支撑起实质性相似的核心地位。第二，为革新的合理使用灌输更为开放的实践理性。由于我国《著作权法》(1990) 始终是以封闭式的立法例且没有附加开放式条款，致使合理使用的弹性丧失。一旦某种使用语境不能被涵摄到某种封闭情形中来，便难以适用合理使用规范。实际上，我国实务界已经出现相关案例选择主张和适用“合理使用四因素”的方法来判断合理使用是否成立。如在央视诉 PPTV 欧足联赛转播侵权案③中，法院就以四因素来判断某一行为是否属于《著作权法》第 22 条规定的为介绍、评论某一作品而适当引用他人作品的合理使用行为。可喜的是，《著作权法》(2020) 第 24 条是合理使用制度的最新规范，在明确纳入三步检验法和修正细化部分情形之余，允许法律和行政法规增加权利限制。④ 寄希望于相关配套规范的修订，实践理性之补充会为合理使用框架分析提供更为开放的空间。第三，慎用狭义微量原则与衡平理性。争议解决是司法职能的基本定位，在纠纷中应当尽量促成当事人争议的实质性解决。除了完善立法和司法的实质性内容以外，多元化途径和创新机制亦应积极探索，如将调解、和解、ADR 机制等优化衔接和前置，以保障权利救济和司法成本的平衡。总而言之，构建空中楼阁的衡平理性总不如发挥和优化现有制度更为正当而经济。

（责任编辑：吴柯苇）

① 北京市高级人民法院（2015）高民（知）终字第 1039 号民事判决书，北京市第三中级人民法院（2014）三中民初字第 07916 号民事判决书。

② 北京市高级人民法院（2005）高民终字第 539 号民事判决书，北京市第一中级人民法院（2004）一中民初字第 47 号民事判决书。

③ 上海市浦东新区人民法院（2017）沪 0115 民初 88829 号民事判决书。

④ 王迁.《著作权法》修改：关键条款的解读与分析（上）[J]. 知识产权，2021（1）：28－35.

Restatement of "De Minimis" in US Copyright Infringement Cases

Yin Ziyou

Abstract: As a long – standing legal maxim, the "de minimis" doctrine is aimed at maintaining freedom of insubstantial behaviors and saving judicial costs. It must tolerate minimal infractions and it is often used in defense of non – infringement by the defendants and non – infringement judgement by the courts. Taking the US copyright infringement cases as a typical example, the tripartition of the "de minimis" doctrine in the Case of Ringgold provides a typological idea on the application of the "de minimis" doctrine into copyright infringement cases: apart from the "technical de minimis" which is in the same line as the legal maxim and can produce independent effects, the term "de minimis" can also constitute "de minimis related to substantial similarity" and "de minimis related to fair use" due to its unique descriptive characteristics. According to the relevant cases, the application status under the three rules show different features: Only the Case of Knickerbocker has been successfully applied the traditional "technical de minimis"; the "de minimis related to substantial similarity" has continuously developed from individual cases to self – sufficient paradigms of the Case of Newton and the Case of Ringgold, and the Combined Paradigm; the "de minimis related to the third factor of fair use" and "de minimis related to the fourth factor of/or fair use" always respectively produce logical conflicts and confusions with the "de minimis related to substantial similarity" and "technical de minimis". Therefore, it is necessary to maintain the technical rationality of the substantial similarity on the application of "de minimis" as a whole, and get rid of the descriptive application of "de minimis" into fair use (with its four factors) in order to recover practical rationality, and develop the equitable rationality of the "technical de minimis", and each perform its duties to maximize the value of the "de minimis". Through the experience and lessons of the application of the "de minimis" doctrine to the US copyright infringement cases, combined with the context of statute law in China, it is necessary to absorb the more technical rationality for the substantial similarity, instil the more open practical rationality into the revised fair use, and the equitable rationality of the "technical de minimis" shall cautiously apply.

Key Words: De minimis; Substantial similarity; Fair use; Technical de minimis; Non – infringement

数字化孤儿作品版权保护的内在张力与制度调适

——基于区块链技术的分析

王　颖*

【摘　要】数字化孤儿作品版权保护既有版权与代码规则的张力，又受版权理论预设与版权实践脱节紧张关系影响。区块链分布式分类账、不可篡改性、准匿名性特征能够纾解前述张力所涉公示、验证、安全问题。其部分回答了现有研究反复提及的作品类型、合理勤勉检索标准等问题。美国、北欧和加拿大的孤儿作品版权保护范式有其自身的适用限制，宜从微观层面借鉴域外经验，遵循“技术—法律”路径创新数字化孤儿作品版权保护制度调适路径。须由“代码之治”向“技法共治”转向，坚持政府主导下的去中心化原则，明确数字化孤儿作品的基本范畴，构建合理勤勉检索的评价标准，统一区块链电子存证的裁判逻辑，尊重著作权人层级化样态，注重技术与规范调适的再平衡。

【关键词】孤儿作品　区块链　数字化　版权保护　电子存证

一、引　　言

版权制度的创设及发展是孤儿作品（Orphan Works）现象产生的结构性因素。① 随着数字技术的大规模运用，并在版权自动取得原则、保护期延长、知识产权非物质性特征等因素的综合作用下，潜在的传播者通过合理勤勉检索获得版权授权并使用数字化孤儿作品的方法开始很难奏效。此时，传播者处于两难的境地——要么未

---

* 王颖，北京大学法学院 2021 级博士研究生。

① 郑建滨. 孤儿作品使用制度研究［D］. 重庆：西南政法大学，2011；赵锐. 论孤儿作品的版权利用——兼论《著作权法》（修改草案）第 25 条［J］. 知识产权，2012（6）：58－62；王迁. “孤儿作品”制度设计简论［J］. 中国版权，2013（1）：30－33.

经授权冒险使用这些作品，并在使用时常怀可能被提起侵权之诉的疑虑和担忧；要么弃之不用，放任其闲置一隅，眼见优质的文化资源为市场所遗忘。在这一场景下讨论数字化孤儿作品的版权保护问题，其实质是为促进文化资源的盘活利用，促成作者、传播者、公众等市场主体间的利益平衡。

就我国理论研究而言，以往对数字化孤儿作品版权保护问题的探讨多局限于选择何种保护模式、登记制度、著作权集体管理方案等，且尚未形成共识。尤其以区块链技术变革为线索，探析数字化孤儿作品版权保护的法理念和制度变化的研究少之又少。① 实际上，区块链实践能够有效纾解数字化版权权属公示不足、确保版权数据安全、辅助证据查验等，在数字作品创建、归属、传播，乃至版权侵权救济环节扮演积极角色。随着区块链的战略意义提升及其技术落地实践不断深入，以此为契机，孤儿作品版权保护进入技法融合的新阶段。

“技术—法律”路径根植于技术实践、法律规范、社会意识之土壤，生发于域外模式与理论的检视与反思之中。如能以该路径推行，可革新法律路径和治理结构，降低搜索和授权成本，为设立面向未来的数字化孤儿作品版权保护体系提供制度和理论支撑。本文通过解构数字化孤儿作品版权保护的内在张力，阐明数字化孤儿作品版权保护困境的内生逻辑。选取涉数字化孤儿作品版权保护的区块链技术特征，分析孤儿作品版权保护实践变化。同时，考察域外孤儿作品版权保护范式和适用限制，比较域外保护模式所依附的制度土壤及我国实践的本土特点。进而，围绕规范与技术的互构关系，提出链上数字化孤儿作品版权保护的基本原则、制度设计和法律风险。

对前述议题的描述和提示意在揭示数字化孤儿作品版权保护问题之全景，以期进行较为全面的解读和调整思路的重塑。

二、数字化孤儿作品版权保护的内在张力

数字化孤儿作品版权保护既受到版权法律与代码规则间的张力，② 也受到版权

---

① 吕炳斌. 区块链技术能否解决“孤儿作品”版权难题［J］. 人民论坛·学术前沿，2020（5）：82－91，99；袁满. 区块链技术视角下孤儿作品利用的解决路径［J］. 南海法学，2020（5）：115－124；陈舒婷. 区块链技术在孤儿作品问题中的应用［J］. 传播与版权，2020（12）：169－171；吉利. 区块链技术驱动下孤儿作品登记制度的重构［J］. 社会科学论坛，2019（6）：234－240.

② 1937 年美国新批评理论家艾伦·泰特（Allen Tate）《论诗的张力》一文中将“tension”（张力）一词用到文学理论研究领域。本文借用这一概念来表达数字化孤儿作品版权保护内在要素间的相互抗衡、牵制、依托、映衬的复杂关系。

基本理论和版权保护实践之间的张力，这些内在张力在一定程度上揭示了版权法调整数字化孤儿作品所面临的复杂困境。

（一）版权法律与代码规则间的张力

网络环境下，基于拓扑结构的代码治理与基于地理边界的法治产生了根本性的张力。[①] 网络版权法位于这两个系统之间的交界，其对数字化孤儿作品的保护受到版权法律与代码规则两大板块的作用力。

1. 代码规则的规范功能

劳伦斯·莱斯格（Lawrence Lessig）指出，如使法律达到它所预期的效果，理解法律和技术架构（technical structures）间的交互关系至关重要。[②] 尤其是，知识产权的保护不仅取决于知识产权法的规定，而且取决于知识产权所依附的技术基础设施。[③]

代码规则在网络空间无处不在。代码规则是互联网空间的重要架构，关系到网络空间的体系结构和基础设施的稳定性和安全性。不同于现实世界，虚拟空间通过代码搭建算法、程序、应用，并以不可见的代码规则影响、调整和规制人的行为。通过代码规则所实现的区块链治理具有较高的透明度，能够克服自然语言所固有的模糊、歧义等缺陷。并且，区别于法律规范要素的“假定条件—行为模式—法律后果”，利用代码规则进行版权保护不再需要事后的惩戒机制，而是直接在条件中规定了可以为的行为与不得为的行为，进而对符合条件的操作内容进行执行。

基于代码规则的演进，区块链融合了多种数字技术手段。在网络层面上，区块链的每一节点都参与消息转发和保存；在数据层面上，区块链通过共识算法、数字签名、哈希算法、工作量证明等确保账本数据库的一致性；在应用层面上，区块链可以解决双重支付问题（“双花”），大大降低业务成本。[④] 这一技术架构在既有的法律框架之外产生规范效果，为解决数字化孤儿作品难题提供了技术规制的新思路。首先，区块链技术可围绕版权权属、交易、管理、救济等环节实现有效规范功能，

---

① Primavera De Filippi, Aaron Wright. Blockchain and the Law: The Rule of Code [M]. Harvard University Press, 2018: 206.

② Lawrence Lessig. Law Regulating Code Regulating Law [J]. Loyola University Chicago Law Journal, 2003, 35 (1): 1.

③ Lawrence Lessig. Code and Other Laws of Cyberspace [M]. Basic Books, 1999: 122-124.

④ 邹均，张海宁，唐屹，等. 区块链技术指南 [M]. 北京：机械工业出版社，2016：32.

在源头上降低数字化孤儿作品产生的可能。其次，区块链技术应用有望减少数字作品交易环节隐含的作者不明问题。例如，区块链智能合约可以实现将数字版权的有关作者信息储存在区块上，通过算法控制访问权限，并依智能合约自动执行符合合同条件的交易。数字化版权交易可以借由区块链实现全过程的追踪和溯源。最后，发生孤儿作品侵权纠纷时，若该作品已经区块链存证，区块链可以帮助确认上链作品权属，并提供不可篡改的使用人检索记录，为孤儿作品勤勉合理查找标准的确定提供参考和方向。在版权维权方面，我国司法实践亦有许多区块链电子存证帮助版权维权的典型判例。

在网络环境下，代码规则相较由系统性强制力保障的法律而言具有更为直接的规范功能，其效力等同于软法。用户在使用互联网传递信息时虽没有直接接触到代码、算法等，但其行为时刻受到代码规则的约束和规制。“信息的快速传递不是互联网所做的唯一事情，它还使人们有可能消解所有的规则和惯例。”① 代码规则的规范功能一定程度上会抑制被规制行为向网络空间扩张，也为传统网络版权法带来冲击和挑战。同时，区块链实践是代码规范版权保护的冰山一角，随着区块链技术在数字版权领域的充分应用，技术发展有望进一步改变数字版权的保护和利用方式。

2. 版权法律的制度惯性

以代码规则为核心的版权治理并非尽善尽美。其相较于法律之治而言，前者存在僵化、难理解的弊端，② 对技术本身的要求较高，需要其具备较高的防御力来保障版权信息和个人隐私的安全。我国区块链技术仍处于发展阶段，尚在探索推广应用的着力点，其充分应用于版权保护领域之前，版权法律仍会保持着巨大的制度惯性并维持既有的孤儿作品应对方案。

我国数字化孤儿作品版权保护相关规范呈现碎片化特征，缺乏对数字化实践问题的回应与引导。通览我国著作权法，其并未引入“孤儿作品”这一核心法律概念，而仅在《著作权法》第 10 条③明确复制权的控制范围包括“数字化”，并在《著作权法》第 21 条、《著作权法实施条例》第 13 条、《民法典》第 1160 条等规定了权利主体消灭或变更后著作权的归属、作者身份不明的作品著作权如何行使、无

---

① 博西格诺，等. 法律之门［M］. 邓子滨，译. 北京：华夏出版社，2017：775.

② Filippi P D，Hassan S. Blockchain technology as a regulatory technology：From code is law to law is code［J］. Social Science Electronic Publishing，2018，21（12）：10.

③ 本文所引《著作权法》均为 2020 年新法，在此一并说明。

人继承和受遗赠的财产的归属等。除此以外，有些作品基于其产生、保存、传播的特点易被“孤儿化”，如民间文学艺术作品，但此类作品是否适宜纳入著作权法进行保护存在理论争议。①

法律概念是学习和描述法律关系的地图，它在宏大的法律世界中提供了明确指引。法律概念的确定有助于在学理和实践论争中统一讨论前提和基本预设，将对话拉至同一维度。遗憾的是，虽然孤儿作品在网络和现实中广泛存在，并被《欧盟孤儿作品版权指令》（Orphan Works）、《加拿大版权法》（Owners Who Cannot be Located）、《日本著作权法》（“著作权人不明之著作物”）等固定为明确的法律概念，但我国对这一概念的探讨仍停留在学理研究阶段，并未上升至法律的高度。

不唯如此，既有规范（“无人继承和受遗赠的财产”“作者身份不明的作品”）未能延及孤儿作品的全部范畴。一方面，“作者身份不明的作品”虽表面与日本版权法之措辞近似，实则内涵和外延不清，未配套相应的体系化保护机制，与各国孤儿作品意涵相隔甚远；另一方面，无人继承且无人受遗赠的著作财产权归于国有是否为最好的制度安排，这在学理上存在争议。② 在数字化环境下，既有规范难以解决孤儿作品版权保护问题。以《著作权法实施条例》第 13 条为例，由“作品原件”所有人行使权利的规定有利于借助著作权载体的物质形态起到权利推定作用，推动作品传播利用及纠纷解决。但这一规定延伸至网络空间调整数字化孤儿作品争议时恐难以实现立法目的。

在《著作权法》第三次修改过程中，立法者曾在修改草案第一稿、第二稿、第三稿对孤儿作品版权保护作出尝试，但新《著作权法》最终颁布时均未予采纳。立法者的踌躇与迟疑在《著作权法》第三次修改过程中表露无遗。有理由认为，立法层面已经意识到孤儿作品是版权实践中广泛存在且有待解决的重要问题，但其在版权法解决孤儿作品版权保护困境上所作出的努力并未取得实质进展。

概念上的含混不清使得学理研究难以突破，相关法律版权保护体系的建设更无从起步，数字化孤儿作品版权保护的问题趋于复杂化。囿于碎片化应对方案，立法上未有创新突破之端倪，如此强大的制度惯性招致数字化孤儿作品版权保护体系化工程进展缓慢。

---

① 李琛. 著作权基本理论批判［M］. 北京：知识产权出版社，2013：145－163.

② 李琛. 论无人继承之著作财产权的处理［J］. 电子知识产权，2008（1）：10.

3. 版权法律与代码规则间的博弈

在版权法的历史上，版权法律和代码规则相互影响、挑战、融合的情景屡见不鲜。对此种博弈关系的描述对揭示数字化孤儿作品版权保护的内在张力具有重要意义。二者的博弈集中体现在“数字技术的功能性”，[①] 即规制性和规避性。代码规则可以轻松实现如法律一般的广泛、系统、强制地规范各种行为，还可以影响特定行为向网络环境中逃逸，由此形成了版权法的替代和补充。

有两则最为明显的例证。一是技术措施和版权管理措施的出现及它们的广泛应用。一方面，建立技术保护和版权管理措施可以事先防范、警示用户的复制和传播行为，昭示作者信息，控制作品网络传播；另一方面，技术措施和版权管理措施的目的实现离不开法律保障，前者虽可依靠强有力的代码规则实现效率，但若欲推进一种可持续的代码规制，必定需要版权法的充分固定和特别保护。

二是规定网络服务提供者的平台责任。法律在规制大众违法方向上的无力迫使其转向作品的中间传播媒介，通过对网络传播渠道的控制进而影响代码规制的一般方式和具体策略，有效遏止版权侵权。网络平台时刻处于版权法律与代码规则博弈的角斗场。在其他变量保持不变的情况下，如果数字技术保持原有水平，强化版权法就会增大版权保护力度；如果版权法律保持不变，数字化技术的发展会使版权保护相对削弱。[②] 从这一规律来看，版权法与技术的博弈贯穿制度演进过程，尤其在数字化技术出现和发展以后，各种冲突不断加剧。

同样地，区块链版权保护的应用及发展或会加剧版权法律和代码规则间的张力。区块链平台是由各个节点共同参与的，并不存在更为集中、更有权威的传播节点，这与淘宝、京东平台有着明显的差异。可以认为，区块链平台主要负责网络基础设施的维护和调整，而信息的交流和价值的流转是自主实现的，那么，在这种情况下，技术中立原则能否为区块链平台可能发生的侵权现象提供有效辩护？这是运用区块链技术进行版权保护有待进一步明确的问题。

（二）版权基本理论与版权保护实践间的张力

版权理论的基本规定与多变的版权保护实践交织在一起，有时会产生理论上的

---

① 吴伟光. 网络环境下的知识产权法［M］. 北京：高等教育出版社，2011：176.

② 劳伦斯·莱斯格. 代码 2.0 网络空间中的法律［M］. 李旭，沈伟伟，译. 北京：清华大学出版社，2018：573.

偏离或者实践的错位。由数字化孤儿作品版权保护问题观之，前述二者最显著的张力集中体现在版权权属公示和“先授权再使用”两大部分。

1. 版权权属公示不足

版权基本理论与版权保护实践之间似乎存在不可调和的张力。版权制度以制造稀缺性为手段来保护作者权益和激励创新，促进实现“社会主义文化和科学事业的发展与繁荣”这一基本目标，但版权基本理论与数字版权实践的结合又最终与版权保护的法律目的相背离。

版权对象的非物质性特征决定了其无法如物质财产一般发生现实占有而产生权利外观。这是数字化孤儿作品产生的现实根源。物质财产由于稀缺性而产生竞争性(rivalrous)，进而形成市场；而作品或信息，其本质上是非竞争性的。这也是经济学理论将信息归属于公共产品的原因之一。① 版权的创设，尤其是著作财产权的设置，更多的是出于结果主义的考量。这在美国版权法中体现得尤为明显。正如兰德斯和波斯纳在《著作权法的经济分析》中提到，“版权法的核心问题是获取与激励间的平衡问题。为使版权法提高经济效率，其法律理论须（至少）让创作更多作品的利益最大化，并减少限制获取的损失和版权管理的成本。”② 这段经典文本阐释了知识产权制度理论发展的源泉（功利主义），其揭示了建构版权制度的正当性在于结果的正当性。为作者利益赋予版权的主要目的在于，以此来鼓励人们追求能够产生效用的表达，推动社会利益最大化。不同于物权法“由物及心”的建构，对版权制度“心物一元”③ 的本质的理解能够帮助我们更清晰地发现这样一种事实：在天然缺乏权属公示的信息上构建版权制度及理论带来的副产品之一，就是实践中孤儿作品的广泛存在。质言之，孤儿作品是版权理论设计不可避免的产物。

又受到《伯尔尼公约》版权自动取得原则的影响，作者一旦完成作品即自动取得版权并获得法律保护，不以是否发表或登记为转移，这一规则加固了版权权属信息公示上的缺陷。在《伯尔尼公约》订立之后，其他国际条约亦遵循同一立场，如TRIPS、WCT、WPPT等。我国《著作权法实施条例》第6条也作了一致规定。版权自动取得消除了版权登记注册的烦琐和不便，但从制度层面促成了数字作品的孤儿

① Robert Cooter, Thomas Ulen. Law And Economics [M]. Pearson Press, 2012: 40.

② William M. Landes, Richard A. Posner. An Economic Analysis of Copyright Law [J]. The Journal of Legal Studies, 1989, 18 (2): 325-326.

③ 李琛. 著作权基本理论批判 [M]. 北京：知识产权出版社，2013：2.

化。在网络环境下，大量的用户生成内容（User－Generated Content，“UGC”）在创作完成时即在网上传播，密集的信息制造与较长的版权保护期、不规范的网络复制行为、署名权的消极行使相结合，增大了数字化孤儿作品产生的可能。随着人工智能技术进一步发展，有学者提出，“人工智能创作物将成为新类型的‘孤儿作品’”。①

在我国，作品版权权属信息公示不足的问题未能通过版权登记制度得到改善，因为非强制性的版权登记没有从根本上对版权权利状态产生决定性影响，而仅作为版权侵权诉讼中证明权属的证据存在，这使得该制度未能直接激发一般公众的版权登记热情。② 即便是作品已经进行版权登记的情况下，我们也会发现，真正占有市场份额的作品仅占一小部分，大量登记的却是一些市场价值较低或几乎为零的作品。这既浪费了公共资源，增加制度运行成本，亦未能辅助解决复杂多变的孤儿作品版权侵权纷争。

2. “先授权再使用”的异化

网络复制和传播的成本低、效率高，加之公众版权意识淡薄，亦受到行业惯例和公众对不同类型作品使用习惯的影响（如摄影作品为保持艺术性一般在图片之外备注作者信息），致使本应附着数字化作品上的权利人信息经常丢失。由此，形成数字化作品授权使用的鸿沟。

同时，随着信息教导作用不断增强，版权保护实践倾向于将“先授权再使用”等同于必须付费使用，进而削弱了人们对“容忍性使用”的认同。“容忍性使用”是指在大规模低价值版权侵权的情形下，容许使用受版权保护的作品。③ 这一理论在网络空间数字化版权侵权纠纷方面有着丰富的价值意蕴和适用基础。在此引一则经典示例作为说明：美国广播公司曾播出一档电视节目《迷失》（*Lost*），名为“迷失百科”（*Lostpedia*）的粉丝网站发布了节目剧本（script），这种发布行为几乎可确认为侵权行为，但美国广播公司未采取诉讼措施。因为版权人认为这种侵权使用行为可与主要的版权产品相辅相成（complementary），况且，这种使用行为会使节目粉丝数量增加，而非减损节目需求。④

---

① 易继明．人工智能创作物应受版权保护吗［N］．中国科学报，2019－10－08（8）．

② 2020年，全国著作权登记总量达5 039 543件。国家知识产权局．国家版权局关于2020年全国著作权登记情况的通报［R/OL］．（2021－03－18）［2021－05－09］．http://www.ncac.gov.cn/chinacopyright/contents/12228/353816.shtml.

③ Tim Wu. Tolerated Use［Z］. Columbia Law and Economics Working Paper，no. 333，2008：2－3.

④ Tim Wu. Tolerated Use［Z］. Columbia Law and Economics Working Paper，no. 333，2008：4.

反观我国实践，在直播、短视频、重混创作方兴未艾的情境下，作者版权利益的实现已经较少依赖版权许可。不可否认的是，数字作品被网络媒介广泛传播带来的荣誉、知名度、流量、广告等已经成为更有效的版权利益变现方式和途径。与此同时，著作权授权使用模式的异化使得作者或其他著作权人经自愿、协商、调解而容忍他人使用作品的情形不断减少，反而是趋向于和使用者建立紧张的对立关系。在这种情势下，数字化孤儿作品版权保护的背后充斥着各方主体的激烈冲突。

法律意识有时会遮蔽其他的可能的社会伦理行为与实践，这反过来又会激化人们对现代法律权利话语的质疑。① 在版权意识的教导阶段，过度强调版权的专有性和付费使用理念实际上不当挤压了“容忍性使用”的发展空间，造成版权权利体系失衡。在机械的权利话语驱使下，争议方优先选择诉诸法律解决版权纠纷的，也可能因为诉讼效率、诉讼成本、信息不对称等因素最终对司法公正产生负面情绪。

版权法及其他法律的相关条款应当成为版权侵权纠纷处理的底线，而非唯一使用的工具，否则，“工具理性的越位”和“价值理性的缺位”问题将长期存在。②进一步来说，更有学者提出公众使用权的概念，③ 这对于深入理解版权人、邻接权人和公众之间的紧张关系及由此产生的版权理论和版权保护实践间的张力提供了理论支撑。在现行版权体系下，版权、邻接权分别保护作者及传播者的利益，但公众作为消费者、再创作者或信息提供者的角色常被忽略。④ 尽管版权法对公众的合理使用行为作出例外规定，但此种规定落入版权权利限制及其例外的范畴，很难使一般公众的使用行为与作者、传播者的创作、传播行为生成对等关系。公众对作品的使用不应完全困于“先授权再使用”机制异化产生的牢笼。至少在社会观念层面，须倡导版权权利人通过协商、和解、调解进行事后授权来容忍一些不损害（包括损害微乎其微情形）公共利益和个人利益的使用行为，这对于有效疏导版权纠纷、保障司法权威和推进文化繁荣发展有着极为重要的作用。

综上，在代码之治与法律之治的张力下，贯穿着代码规则的规范效力、版权法律的制度惯性及二者的博弈。同时，版权法律与版权保护实践的张力集中体现在版权权属公示不足、“先授权再使用”的异化等方面。这是数字化孤儿作品产生的深层根源，也是笔者力图清晰描述的现实剖面。遗憾的是，我国现行版权法既未引入

① 胡凌. 探寻网络法的政治经济起源［M］. 上海：上海财经大学出版社，2016：105.

② 吴汉东. 知识产权法的制度创新本质与知识创新目标［J］. 法学研究，2014（3）：102.

③ 刘银良. 著作权法中的公众使用权［J］. 中国社会科学，2020（10）：183.

④ 刘银良. 著作权法中的公众使用权［J］. 中国社会科学，2020（10）：184－187.

新的调整思路应对网络版权领域的突出问题，亦未有效结合新的技术特征解决现有的矛盾，均反映出现行版权法应对数字化孤儿作品版权保护的观照不足、治理滞后、思路模糊。

三、涉数字化孤儿作品版权保护的区块链技术规则

前述版权法律和代码规则的张力、版权理论与实践的张力，似乎都可以在技术变迁中找到新的应对逻辑。区块链被认为是天然适合版权保护的技术，其在网络版权注册、作品交易、电子存证领域灵活适用，很大程度上纾解了数字化孤儿作品版权公示不足、授权使用机制异化带来的对立，亦有助于革新数字化孤儿作品版权保护模式和治理结构。

（一）强化版权公示的分布式分类账

区块链的核心技术特征在于它是一种分布式分类账（Distributed Ledger，DL），即每个用户都拥有一个不断更新的权威副本，有权访问这一分类账的用户也可以访问完整的交易记录并验证交易的有效性。[①]

区块链技术应用是对应用层 HTTP 协议的补充，而非根本性地推翻前述技术。分布式分类账特征有助于强化网络版权信息公示，最大限度保证版权信息透明化。作为没有中心节点的分布式数据库存储，其技术设计中嵌入的规则旨在确保不信任场景下交易主体的诚信最大化。权力下放的结构在版权信息的公示性、稳定性方面作出了突出贡献。

在实践中，Ujo Music 音乐版权管理平台的运作正是依托区块链完成的，其技术架构主要包括核心层、服务层、应用层、空间层。在 Ujo Music 平台上，作者可以创建、许可、传播其音乐作品同时直接获得相应报酬。在平台的核心层上，COALA IP 以开放、免费和易于使用的方式来记录关于作品的出处信息和其他元数据，调解争

① Arvind Narayanan, et al. Bitcoin and Cryptocurrency Technologies: A Comprehensive Introduction [M]. Princeton University Press, 2016. cited in: Bala'zs Bodo', Daniel Gervais, João Pedro Quintais. Blockchain and smart contracts: the missing link in copyright licensing? [J]. International Journal of Law and Information Technology, 2018, 26 (4): 314.

议及鉴定他人主张的真实性。① 结合区块链技术的应用，音乐版权管理平台在帮助固定作者身份和推进作品许可及报酬获得等一系列版权事项上取得了显著进展。

根据这一特征，有学者认为，可以将区块链应用于执行勤勉检索人的搜索行为，记录勤勉检索的过程，并配合法律机制促进孤儿作品合法使用。② 通过这种方式，潜在的使用者在区块链平台完成每一次搜索都会被记录在案，这些搜索记录可以为孤儿作品侵权纠纷提供证明材料。勤勉检索系统还可与区块链注册系统产生交互，达成更有效、便捷的版权保护，以此来回应数字化孤儿作品的合理勤勉检索标准的法律认定难题。

（二）辅助证据查验的不可篡改性

区块链不可篡改性是指“在区块链网络中，节点通过使用共识算法来维持网络中账本数据的一致性。同时采用密码学的签名和哈希算法来确保这个数据库不可篡改，不能作伪，并且可追溯”。③ 区块链保障网络社区中用户的交易信息在该社区共享，一旦发布账本信息则不可被篡改，④ 这一特征为数字版权管理、版权纠纷电子证据查验提供了新方法。

不可篡改性有助于创建有效的链上争议解决机制，⑤ 从源头破解数字化孤儿作品确权、维权之困。基于这一特征，可进行多样化的链上操作，促进在线交易，实现版权有效管理。例如，Mattereum 智能合约生态系统⑥旨在管理链上版权，并将区块链应用于作品存储、验证及在线取得。不仅在版权领域，区块链同样可应用于其他重要信息的存储。又如，我国台湾地区建立了小学毕业证书区块链应用，毕业生经电子申请并由验证单位验证后，可将毕业证书数据记录到区块上，产生相应的

---

① Ujo Music official website. ［2021－05－10］. https://blog. ujomusic. com/the－ujo－platform－a－decentralized－music－ecosystem－e530c31b62bc.

② Jake Goldenfein, Dan Hunter. Blockchains, Orphan Works, and the Public Domain ［J］. Columbia Journal of Law and the Arts, 2017, 41 (1): 11－13, 17－22.

③ 邹均，张海宁，唐屹，等. 区块链技术指南［M］. 北京：机械工业出版社，2016：32－33：

④ NISTIR. Blockchain Technology Overview ［EB/OL］. ［2021－05－10］. https://nvlpubs. nist. gov/nistpubs/ir/2018/NIST. IR. 8202. pdf.

⑤ Fran Casinoa, Thomas K. Dasaklisb, Constantinos Patsakisa. A systematic literature review of blockchain－based applications: Current status, classification and open issues ［J］. Telematics and Informatics, 2019, 36: 64.

⑥ Fran Casinoa, Thomas K. Dasaklisb, Constantinos Patsakisa. A systematic literature review of blockchain－based applications: Current status, classification and open issues ［J］. Telematics and Informatics, 2019, 36: 64.

QR Code，供毕业生自主取得电子证书。[①]

不可篡改性可帮助查验版权侵权纠纷中电子数据的真实性，确认版权权属、授权交易的基本情况，促进智慧司法。在网络版权权属、侵权纠纷中，电子数据本身易灭失、修改、损毁，其内容真实性很难被司法确认。当争诉一方提出的版权权属证据系以数据电文形式呈现时，法庭采信的标准更为严格。例如，截图形式提交的电子证据必须连贯、清晰，以邮箱提供的电子邮件往来则需为保存在公共平台服务器上的原始状态，且比对无误、符合证据关联性、合法性、真实性等。另外，实践中电子证据通常需进行公证固定和补强证明力，以便在法庭展示。但实践中公证环境的清洁性、公证人员的专业性等因素都会影响证据效力，容易造成证据瑕疵。相较而言，区块链电子存证具有技术优势。

早在 2020 年 1 月 17 日，上海市即推出了全国首个由公证处和区块链技术服务公司合作的区块链公证存证平台。在平台上，随手拍摄形成的电子数据可实时上链，后台则会准确记录数据上传的时间、地点，并产生唯一对应的编码。区块链不可篡改使“一文件一编码”[②] 具有法律意义：一旦文件内容遭到修改，编码内容亦会随之变动，仅唯一对应的原始编码可被法院确认为有效。

（三）确保版权数据安全的准匿名性

准匿名性（pseudo - anonymous）是指，区别于传统的第三方认证中心颁发数字证书的认证形式，区块链网络中的用户无须表明真实身份，只要提供地址进行链上交易。用户的地址可以进行更换，由此体现了区块链的准匿名性特征。

在网络版权领域，用户经常出于隐私、数据安全等原因而不愿留存真实的作者信息，这种对信息安全的担忧不利于作品的授权使用和有效传播。相应地，区块链可在源头上防范版权信息等泄露和丢失的风险，在实现版权信息安全、版权权利保护方面发挥重要作用。例如，在我国台湾地区建置的小学毕业证区块链应用中，“在区块链上传输的每一笔资料，都经过加密混淆，使他人无法看到传递的内容，再者，教网中心为证书发行人，他人无法追溯到发行的学校单位，而区块链证书检

① 何维涓. 区块链应用实例 免除繁杂审核和发放流程 数位“国小”毕业证书明年登场［EB/OL］.（2017 - 12 - 17）［2021 - 05 - 11］. http://www. ithome. com. tw/news/119252.

② 全国首个区块链公证存证平台上线［EB/OL］.（2020 - 01 - 18）［2021 - 05 - 11］. http://www. ce. cn/xwzx/gnsz/gdxw/202001/18/t20200118_34150877. shtml.

验平台也采用分散的方式”。[①] 准匿名性缓解了数字化作品本身和交易过程中涉版权信息、个人信息、隐私安全的法律保护压力，在加强版权信息公示、版权权利溯源的同时，亦在维护版权信息安全问题上取得了较好的平衡。

传统互联网技术解决了信息传播问题，也衍生出数字化作品权属不明的困境，区块链技术却可以利用虚拟系统实现价值转移，[②] 通过运用经济学原理引入新的激励机制，为完善网络版权保护转换新视角。区块链的准匿名性回答了人们对数字化网络版权流转过程中个人信息保护和隐私安全的普遍忧虑，提出了兼顾各方利益的版权保护方案。

分布式分类账、不可篡改性和准匿名性是区块链技术的基础特征，也是与数字化版权保护实践联系最为紧密的三大特征。基于对前述技术特征及实践分析，数字化版权保护的实践场景和基本理念已经发生具有时代意义的新变化，部分版权保护理论与规范已经不能适应技术发展的现实需要，亟须结合新的技术发展要求拓展理论和制度疆界。

四、域外数字化孤儿作品版权保护范式及适用分析

我国数字化孤儿作品版权保护立法缺位，未能形成孤儿作品版权保护制度体系，而技术实践提出了新的解决方案，这是既往研究所未能全面涵盖的新领域。数字化孤儿作品版权保护问题是一项全球问题，对数字化孤儿作品版权保护制度与理论研究既须关注本土实践，亦须综合分析域外保护范式与适用情况，从而合理取舍与建构。

（一）域外数字化孤儿作品版权保护范式

数字化孤儿作品的确定与保护的关键在于作者的寻找。以此为中心，版权保护有两种不同的方向：一是加强作品的可识别性；二是建立无法识别情形下的作品版

① 何维涓. 区块链应用实例 免除繁杂审核和发放流程 数位“国小”毕业证书明年登场［EB/OL］.（2017-12-17）［2021-05-11］. http://www.ithome.com.tw/news/119252.

② Filippi P D, Hassan S. Blockchain technology as a regulatory technology: From code is law to law is code［J］. Social Science Electronic Publishing, 2018, 21（12）: 序三.

权利用机制。① 世界范围内，美国、北欧、加拿大已探索出体系化的孤儿作品版权保护范式，分别形成限制救济模式、延伸集体管理模式、强制许可模式。

1. 美国：限制救济模式

在大规模数字化背景下，谷歌数字图书馆案曾引起立法对孤儿作品数字化问题的调查和关注。此后，针对这一问题，《2006年孤儿作品法案》②《2008年孤儿作品法案》（均未通过）及《孤儿作品与大规模数字化报告》（2014）搭建了美国限制救济模式的基本框架，产生了较为深远的影响。

在限制救济模式中，善意使用者须符合法定条件方可使用孤儿作品，③ 包括进行符合法案规定的勤勉合理查找、事先通知、标识来源及信息等。从程序上看，限制救济模式无疑罩染了美国判例法的底色，其突出表现为富有灵活性的个案处理方式。尤其是，孤儿作品有关条文均规定在“版权侵权及救济”一章，这意味着依前述要求使用孤儿作品的一方仍然是处于侵权者的法律地位，而仅在版权人的金钱救济和禁令救济方面作出了一定的限制。

不仅在行为要件和程序设计方面具有鲜明特色，美国孤儿作品法案在使用主体及使用目的上亦作了区分规定，并与救济限制的差异性相对应。例如，其规定非营利性的特定主体（教育机构、图书馆、档案馆、公共广播机构）利用孤儿作品，在接到版权人通知后迅即停止侵权的，可以不支付合理补偿金。但“版权所有人证明，并且法庭认定，侵权者获得了可直接归因于侵权的收益”的情形除外。④

就版权体系而言，孤儿作品法案语义模糊，救济规则过于宽松。以禁令限制条款为例，简·金斯伯格指出，禁令限制会引发其他问题：扰乱作者对后续创作作品的控制；无期限的禁令限制消解了衍生作品的授权机制；未鼓励后续创作者尊重原作者。⑤ 随着这一议题的广泛讨论，隐私问题、反垄断问题不断牵涉其中，重大利

---

① Séverine Dusollier. Scoping Study on Copyright and Related Rights and the Public Domain [A]. CDIP/7/INF/2, 2011: 10－11.

② 《2006年孤儿作品法案》因缺乏合理勤勉检索的构成细节而遭到利益天平两端主体的共同反对。用户认为法案未能达到更高的确定性，版权人则担心数字化作品难以溯源而易受孤儿作品规定的限制。Ginsburg, C. Jane. Recent Developments in US Copyright Law: Part I－‘Orphan’Works [Z]. Revue Internationale du Droit d'Auteur, Columbia Public Law Research Paper no. 08－183, 2008: 5－6.

③ 韩莹莹.《2006年孤儿作品法案》议案及《2008年孤儿作品法案》议案 [J]. 环球法律评论, 2009(1): 151－160.

④ 韩莹莹.《2006年孤儿作品法案》议案及《2008年孤儿作品法案》议案 [J]. 环球法律评论, 2009(1): 153.

⑤ Ginsburg, C. Jane. Recent Developments in US Copyright Law: Part I－‘Orphan’Works [Z]. Revue Internationale du Droit d'Auteur, Columbia Public Law Research Paper no. 08－183, 2008: 9－10.

益纠葛使最终决定很难推进。尽管法案力图帮助善意使用者破除制度藩篱并极力兼顾作者的创作利益，但相关制度设计未能在当时之情境下迅速取得共识。

美国限制救济模式采取了泛化的孤儿作品保护方案，体现了更多的不确定性，因此受到视觉文化产业的激烈反对。这一模式虽未在美国产生实效，但其孤儿作品立法运动迅速波及其他国家及地区，尤其引起中国立法和学理的积极探讨。

2. 北欧：延伸集体管理模式

著作权延伸集体管理（Extended Collective Licensing，ECL）又称著作权集体许可，是指“在法律规定的情况下，允许将著作权集体管理组织与作品使用者达成的一揽子作品使用许可协议延伸适用于非会员著作权人，使用者签约后可以依法使用非会员的作品，但应通过著作权集体管理组织向非会员支付使用作品的相应报酬”。[①]

北欧是著作权延伸集体管理模式的发源地，瑞典最早建立这一制度。起初，延伸集体管理只适用于无线广播，之后扩展到学校和公司的影印，直至1974年协调使用ECL规则成为北欧版权法的一部分。[②] 延伸集体管理模式的创制并非专门为解决孤儿作品问题，但其实施一定程度上缓和了孤儿作品版权保护困境。我国《著作权法》修改草案亦曾借鉴延伸集体管理模式（最终未予采纳），因此有必要深入研究。

延伸集体管理模式的特点在于：首先，延伸集体管理模式是以自愿为基础的制度体系，建立在意思自治的基础上。即用户和权利人均同意合同条款，非成员权利人适用此类集体权利许可协议时有权选择退出。有学者认为，延伸集体管理属非自愿许可，[③] 这是对制度本质的误读。非成员权利人在这一模式下有表达个人意志的自由和权利，其许可利益获得制度保障，通过制度设计有助于权利人实现作品权利有效运用。“如果没有相应的制度保障非成员的权利人，则延伸性集体许可在本质上就是法律规定的强制许可了。”[④] 应当认为，延伸集体管理模式因法律规定而无须使用人直接寻求权利人授权，表面来看具有强制许可的特征，但管理基础、组织代表性、非成员退出机制的设置等使得该制度本质上与强制许可模式相区别。

其次，版权管理组织（Copyright Management Organization，CMO）必须在一定领

---

① 胡开忠．论著作权延伸集体管理的适用范围［J］．华东政法大学学报，2015（2）：6．

② Thomas Riis，Jens Schovsbo. Extended Collective Licenses and the Nordic Experience：It's a Hybrid but is It a Volvo or a Lemon?［J］. Columbia Journal of Law and the Arts，2010，33（4）：3.

③ 胡开忠．构建我国著作权延伸性集体管理制度的思考［J］．法商研究，2013（6）：20．

④ 梁志文．著作权延伸性集体许可制度的移植与创制［J］．法学，2012（8）：125．

域具有代表性和透明度，能够从事高效的授权管理活动。此类管理组织应当受到专门的国家机关定期监督。并且，管理机构应当平等对待会员成员和非会员成员，对非会员成员作品使用费一时难以转付的，予以代管。

最后，延伸集体管理模式并非覆盖所有作品类型、全部权利内容，而是适用于授权问题较为突出（如孤儿作品）和大规模利用且搜寻成本较高的领域。一般包括广播、联播（simulcasting）、广播的转播、影印、用于教学或科研目的的音乐或视听材料的复制、对图书馆馆藏进行数字化，以及按需流转的档案作品、可访问外部资源印刷书籍等。

延伸集体管理模式为法国、德国、俄罗斯普遍借鉴，但该模式的制度属性尚有争议。尤其，2019年欧盟《单一数字市场指令》（the Directive on Copyright in the Digital Single Market，CDSM）第12条引入了“促进集体许可的措施”，该条从权利人保障措施、版权管理组织资格条件、通知规定、退出机制等方面作出详细规定。但是，第12条第2款并未将ECL模式与三步测试明确关联。①

3. 加拿大：强制许可模式

在加拿大规定的强制许可模式中，使用者须向专门机构提出使用孤儿作品的申请，提供尽力查找权利人无果的证明材料，并经审批依法获取使用授权后方能利用孤儿作品。② 该模式通过行政权力的介入来化解孤儿作品许可困境，明确当事人之间的权利与义务关系，具有较高的确定性。

强制许可模式适用于无法定位作者的单位和个人。根据《加拿大版权法》第77条，使用者针对作品的复制、出版、表演、发行向加拿大版权局提出个案申请，如果其经努力寻找仍未找到权利人，版权局将依法授予附条件的非排他许可。③ 尤其是，加拿大强制许可制度的适用范围较其他国家更为广泛，④ 不仅适用于已发表作

---

① Johan Axhamn. The New Copyright Directive：Collective licensing as a way to strike a fair balance between creator and user interests in copyright legislation（Article 12）[EB/OL].［2021－05－11］. http://copyrightblog.kluweriplaw.com/2019/06/25/the－new－copyright－directive－collective－licensing－as－a－way－to－strike－a－fair－balance－between－creator－and－user－interests－in－copyright－legislation－article－12/.

② Copyright Board of Canada [EB/OL].［2021－05－11］. Decisions－Unlocatable Copyright Owners－Decision/Licences Issued to the Following Applicants.

③ United States Copyright Office. Orphan Works and Mass Digitization：a report of the register of copyrights [R]. 2015：30.

④ Canada's "Orphan works" Regime：Unlocatable Copyright Owners and the Copyright Board.

品[①]，而且适用于表演、录音和通信信号。

据加拿大版权局官网所示，孤儿作品强制许可的申请流程为：符合法定条件的使用者向版权局提出许可证在线申请—委员会原则上在45天内审查并作出决定—签发许可证（载明授权使用的基本情况、起止日期、付款详情、其他条件等）—申请人向集体组织提交使用费。

世界范围内，采强制许可模式的国家或地区制度设计理念基本相似，具体制度细节上偶有差异。例如，《日本著作权法》第67条规定了强制授权的作品范围还包括已在相当长的一段时间内提供给公众的作品。我国台湾地区“文化创意产业发展法”第24条可见强制许可的影子，2021年3月11日颁布的“著作财产权人不明著作利用之许可授权及使用报酬办法”进一步完善了孤儿作品利用机制。

（二）域外数字化孤儿作品版权保护范式的适用分析

现有研究对孤儿作品版权保护范式的考察多着眼于移植具体制度设计，忽略了特定模式建立和发展时所处的历史方位、制度基础、运行实效，而仅以规范分析不足窥得制度全貌。

1. 限制救济的立法背景

限制救济模式的优点在于经济性（无须事前审批和专门机构管理）、包容性（不排除任何类型的作品）、灵活性[②]（采个案裁判方式）等。但限制救济方案未能全面回应我国数字化孤儿作品问题的主要矛盾，基于立法背景的差异，这一饱受争议的异国提案同样难以在中国适用。

美国孤儿作品保护范式的主体划分不符合我国版权保护实践需求。限制救济模式将主体区分为营利性主体与非营利性主体（图书馆、档案馆、教育机构、公共广播机构），与特定历史时期美国文化产业发展和知识产权保护的基本诉求紧密联系。正如一些学者所言，落入知识产权范畴（尤其是版权和专利）的复制规则是持续创新的基础，这种笃定知识产权力量的信念早于互联网、计算机，甚至电灯泡。[③] 因此不难理解，在美国孤儿作品保护范式中暗含新兴技术发展和稳固的知识产权保护

① Copyright Board Canada [EB/OL]. [2021 - 05 - 11]. https://cb - cda. gc. ca/en/unlocatable - owners/general - information.

② 邵燕. 孤儿作品著作权问题研究 [M]. 北京：法律出版社，2017：109.

③ Kal Raustiala, Christopher Sprigman. The Knockoff Economy: How Imitation Sparks Innovation [M]. Oxford University Press, 2012: 7.

制度的对抗。

相较而言，我国文化产业正处于发展期，图书馆建设亦由公共财政负担。孤儿作品大规模数字化并非我国孤儿作品版权保护体系构建的主要矛盾，亦未呈现如美国数字图书馆与出版商的激烈冲突。因此，我国解决数字化孤儿作品版权保护体系构建时，不应过度区分使用性质（商业性使用与非商业性使用）、主体资格（图书馆、教育机构等），而要以更开阔的视野看待个人和机构使用数字化孤儿作品的侵权界定及潜在风险。原因在于：一方面，网络环境下，营利性使用与非营利性使用实难区分，[①] 二者经常混淆；另一方面，商业化是版权制度激励作者进行创作的重要手段。版权制度正是通过赋予作者专有权、促进作品商业化，最终促进整体公共利益的发展。因此，数字化孤儿作品版权保护立法不应聚焦非商业目的，商业化利用应当作为立法规制更为本质的面向。

因技术发展的客观限制，美国限制救济范式未能涵盖区块链技术的考察，移植此类方案不符合版权保护的时代性要求。我国是较早进行区块链国家战略布局的国家之一。2016 年《国务院关于印发“十三五”国家信息化规划的通知》（国发〔2016〕73 号）中提到将区块链技术作为战略性前沿技术超前布局。直至 2021 年年初，“区块链”重点专项列入“十四五”国家重点研发计划。目前，我国多个省、市出台了区块链相关政策积极推动区块链与产业相结合，致力于区块链技术标准化、产业化。区块链技术在政策层面受到高度重视并在短时间内大量建设，促生了新型网络空间关系。相应地，我国数字化孤儿作品版权保护应与区块链技术相结合，构建技术导向型互补性法律模式和治理结构，这是更为可取的时代选择。

2. 延伸集体管理的组织基础

北欧国家拥有长期集体管理的经验和传统，其著作权集体管理组织在代表性、权威性、竞争性方面符合北欧国家的社会共识。延伸集体管理模式的基础在于丰富的集体管理经验和凝聚充分社会共识的集体管理组织，因此，这一模式不适用于组织基础不足的国家或地区。

在北欧国家的社会环境中，存在依靠高水平组织、代表雇员和雇主的集体协议来处理劳动法问题的传统，集体管理组织的生长背景是独特的同质型社会。[②] 信任、

---

① 赵力. 数字化孤儿作品版权保护问题研究［M］. 北京：经济日报出版社，2015：16.

② Thomas Riis, Jens Schovsbo. Extended Collective Licenses and the Nordic Experience: It's a Hybrid but is It a Volvo or a Lemon?［J］. Columbia Journal of Law and the Arts, 2010, 33 (4): 23－24.

透明、合作的集体管理传统能够催生出高水平的集体管理组织，同时影响着版权立法和实践。

相较而言，我国集体管理组织成立时间不长、规模较小，缺乏代表性。以中国音乐著作权协会为例，截至 2021 年 5 月，音乐著作权协会共有会员 10 633 人，管理音乐 1 400 万首。① 相较数量庞大的音乐创作市场和创作者总数而言，这一会员库和音乐总数难以代表非会员收取并转付使用费。会员数量较小和音乐授权不足的整体情况一定程度上可说明我国版权集体管理尚缺乏信任和共识。

我国集体管理组织因授权内容过多、曲库不透明、维权专业性低在行业内多受诟病，其管理活动有时会超出法定界限而减损其权威性。例如，2018 年“音集协”曾发布公告，要求 KTV 经营者下架 6 000 余首曲目。这本是集体管理运行中正常的维权行为，但经报道核实“音集协宣布下架的 6 000 余首歌曲不在音集协的管理范围之内，即不在音集协曲库内”。② 非但如此，“音集协”有权管理的曲库到底包含哪些曲目，KTV 经营者无从获知。

我国集体管理组织的竞争机制缺失，不利于促成多元协调的权利授权机制。一家独大场景下，集体管理组织更容易发生权利滥用，如不合理收取管理费、不公开作品库、单方面制定格式合同等。缺乏竞争的情况下，集体管理组织的运行常有垄断之嫌。③

延伸集体管理的基石是稳定高效的著作权集体管理组织，要求长期的著作权集体管理实践经验和社会文化传统依托。在集体管理较为完备的国家和地区，延伸集体管理制度才有扎根生长的可能。现阶段，我国集体管理经验不足、体制机制尚不健全，无法妥善承担起孤儿作品版权保护的重任。

3. 强制许可的运行实效

在加拿大、日本等实行强制许可的代表性国家，官方数据显示孤儿作品版权授权申请量年均十余件，这与庞大的孤儿作品数量和利用需求不成正比。可能的解释是，层层审批未能真正激发潜在使用人通过强制许可途径获得作品，反因程序烦琐遏制了经合法途径获得使用的需求。

---

① 中国音乐著作权协会［EB/OL］.［2021－05－11］. http://www.mcsc.com.cn/.

② KTV 歌曲下架暴露线下音乐版权“糊涂账”［EB/OL］.［2021－05－11］. http://www.xinhuanet.com/2018－11/23/c_1123755539.htm.

③ 邓志松. 音集协与 KTV 删歌纠纷背后：音乐作品集体管理如何走出垄断困境［EB/OL］.［2021－03－15］. https://www.yicai.com/news/100097227.html.

从日本文化厅、加拿大版权局公布的数据（见表 2）来看，1972～2016 年，日本孤儿作品许可申请总量达 329 件，① 年均申请量约 7.48 件。1990～2021 年，加拿大孤儿作品许可申请总量为 354 件，② 年均申请量约 11.42 件，其中批准申请 318 件，驳回申请 34 件。

表 2　孤儿作品强制许可申请总量

国家/地区	申请量（件）	申请时间（年份）	年均申请量（件）
日本	329	1972～2016	7.48
加拿大	354	1990～2021	11.42

以上数据中，日本文化厅官网申请数据仅公布至 2016 年，部分年份数据未上载。日本孤儿作品的申请人一般为学校、科研机构等，由单位统一申请多件孤儿作品符合大规模授权需求。从加拿大版权局公布的数据来看，加拿大 1990～2003 年、2011～2015 年的全部申请（共 168 件）均获批准授权，无一驳回；而 2016～2021 年的申请每年均有驳回案例，驳回申请量约占申请总量的 50.98%（见图 3）。可见，2003 年以前，获得孤儿作品核准使用较为容易，2016 年以后申请核准的难度增加，不予核准的可能性较以往有所增大。

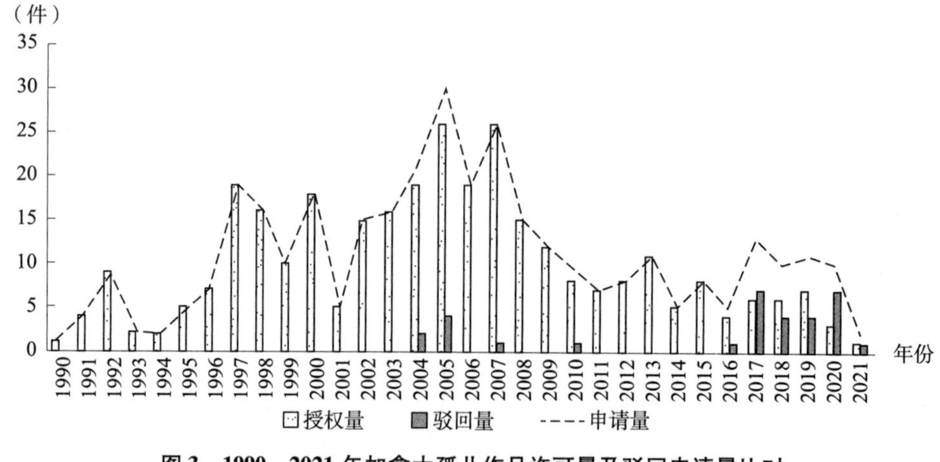

图 3　1990～2021 年加拿大孤儿作品许可量及驳回申请量比对

经分析，强制许可模式所接收的孤儿作品使用申请与现实中孤儿作品的数量和

① Agency for Cultural Affairs（Japan）[EB/OL].［2021-03-15］. https://www.bunka.go.jp/seisaku/chosakuken/seidokaisetsu/chosakukensha_fumei/saitei_data_base.htm.

② Copyright Board of Canada［EB/OL］.［2021-03-15］. https://decisions.cb-cda.gc.ca/cb-cda/refusees-other-autre/en/nav_date.do.

规模远不成正比。从总体申请量来看，强制许可制度的激励不足，未能真正激发公众合法使用和传播孤儿作品。不仅如此，从公开数据呈现的核准趋势来看，代表性国家近几年驳回申请的比例所有提升。严格的审批趋势不利于强制许可制度下进一步释放孤儿作品价值，增益社会文化发展。

综上所述，可将域外孤儿作品版权保护范式划分为事前方案（如延伸集体管理、强制许可）与事后方案（如限制救济），分别对应财产规则（property rules）与责任规则（liability rules）。这些范式一度影响我国孤儿作品理论研究的基本架构和方向。如何界定孤儿作品的基本范畴？如何设定合理勤勉检索的具体标准？孤儿作品的保护以司法判断为主还是采行政认定的模式更为妥当？我国对前述问题的回答多受到域外版权保护范式的影响。但有一点可基本确定——孤儿作品版权保护制度的基本制度目标会直接左右前述问题的路径选择。以鼓励传播、保障公共利益为制度目标的立法者，明显偏重第二作者和衍生作品的保护，更偏好合理补偿、限制金钱及禁令救济的策略；以作者权利本位奉为制度根基的立法者则把孤儿作品权利清算的渠道牢牢限制在有利于作者的框架内，只允许部分作品、经严格审查、提存费用后才可利用。当然，即便存在前述明显差异，由于制度构建的共通之处是促进作品传播利用，其或多或少都会表现出对版权的限制。

数字化孤儿作品版权保护体系建立的必要性并不等同于引入域外经验的合理性、可行性，直接引入域外模式亦存在诸多局限。考虑到限制救济的立法背景、延伸集体管理的组织基础和强制许可的运行实效，我国数字化孤儿作品版权保护不应囿于前述典型范例的制度逻辑，确有必要结合技术发展，提出符合时代特征的综合保护框架。

五、基于区块链技术的数字化孤儿作品版权保护制度调适

移动互联网时代，我国网络版权法的应对路径不能完全寄希望于发达国家的成熟经验，因为其本身依托于传统版权产业结构，与网络技术的结合已是矛盾重重。况且，“我国互联网产业已走上不同于发达国家的发展道路而必须进行本土创新”。[①] 在宏观的维度上，须处理好代码之治与法律之治的关系，不应人为地割裂、制造二者的对立。在微观设计上，须明确域外经验的可取之处，结合区块链技术应用，迈

① 熊琦．移动互联网时代的著作权问题［J］．法治研究，2020（1）：57．

向规范化的“可视正义”，注重技术与规范调适的再平衡。

（一）基本立场：由“代码之治”向“技法共治”转变

对知识产权的有效保护取决于法律和技术保护之和。同样，版权保护之变取决于法律之变与技术之变。[①] 在较为宏观的层面上，须明确一些基本立场作为体系化构建的指引。

1. 重塑技术导向的网络版权法

“版权从一开始就是技术之子”。[②] 随着现代数字技术不断更新，版权法律不应当成为一栋老房子，而要成为流动的艺术建筑。诚如李琛教授所言，“与想象性规则设计相比，对讨论方法本身的先行批判、对现有制度回应新技术之潜力的发掘，更具理论意义与实践价值”。[③]

网络版权法对数字化孤儿作品的版权保护应当以技术为导向，采取温和的“技法共治”方案。随着区块链技术落地实践，脱离技术变化谈论网络版权保护、作品登记制度、著作权集体管理组织等议题是不够全面的。当然，这并不意味着版权法律需要采取激烈的调整手段或过于保守的立场。因为在区块链技术高速发展和落地应用阶段，过于激进的法律调整也许会抑制新的技术应用场景的实现，而过于保守的立场又会损害版权主体的利益，导致长期的利益失衡。基于前文涉及数字化孤儿作品的区块链技术特征分析，可以看到当前数字化作品版权实践的现实变化，以及这种变化对解决数字化孤儿作品的版权保护产生的实质影响。并且，构筑在区块链技术发展的现实基础上，数字化孤儿作品的侵权评价标准、保护理念、治理逻辑随之变动，须要建立不同的法律模式和治理结构。

“生成合理的法权关系，让算法合乎法理、用法理引导算法、以法律规范算法”[④] 不仅是构建智能社会法律秩序的核心，也符合数字化孤儿作品版权保护的最终愿景。网络版权法治理数字化孤儿作品难题应以技术规则为补充而非替代选项，这应当是治理的基本规则之一。重塑技术导向的网络版权法仍是以版权法律为中心

---

① Lawrence Lessig. Law Regulating Code Regulating Law [J]. Loyola University Chicago Law Journal, 2003, 35 (1): 5.

② 保罗·戈斯汀. 著作权之道——从古登堡到数字点播机 [M]. 金海军，译. 北京：北京大学出版社，2008：22.

③ 李琛. 论人工智能的法学分析方法——以著作权为例 [J]. 知识产权，2019 (7)：14.

④ 张文显. 构建智能社会的法律秩序 [J]. 东方法学，2020 (5)：4－19.

的、以技术治理为参照的优化路径。这不仅需要继续深入发掘技术规则的潜力、优势、理念，并在版权法中回应、吸收、引导技术实践变化，也应廓清数字化孤儿作品版权保护困境的深层逻辑，并在现实中寻找可行的技术实践经验，在制度设计时予以固定和参照。

2. 确立政府主导下的去中心化

技术导向并不意味着算法统治一切，“技法共治”的根本在于政府主导下的去中心化。以技术为导向、增强适应性的版权法律仍应在政府等中心权威机构的监管下进行数字化版权信息公示、作品交易、版权维权等，并依据中心化机构的规范措施对区块链技术规则进行矫正和监管。

区块链技术本身是为了解决中心化系统的不完备和用户的不信任问题，需要符合前述条件的实践场景才能更好地发挥价值。这正好契合当前孤儿作品数字版权保护中著作权集体管理组织功能缺失、版权登记制度运行低效导致的版权信息不流通、不对称等问题，并提供了互补性的技术解决方案。但业务上的去中心化并不意味着法律监管的去中心化。区块链技术在版权领域的应用仍需要政府监管和法律规制。失去政府主导和法律控制的区块链版权实践，或会沦为失灵僵化的算法机器，难以真正解决数字化孤儿作品的保护问题。因此，基于区块链技术的孤儿作品版权保护应以技术规范和法律规范的合作、共治为出发点，在政府主导的体系框架下发挥其独特价值。

（二）制度细化：迈向规范化的“可视正义”

“技法共治”和政府主导原则在宏观维度为数字化孤儿作品版权保护设定了基本架构。在此基础上，制度细化须以“可视正义”① 的规范化、科学化为目标，并综合考量网络版权相关的立法、司法、社会观念等要素，从而有效地促进区块链技术为数字化孤儿作品版权法律保护服务。

1. 明确数字化孤儿作品的基本范畴

不同国家、地区都曾界定孤儿作品的基本范畴。一般认为，“孤儿作品”是指根据法律规定必须获得授权的情况下，准使用者无法轻易识别或定位版权所有者的

① 马长山. 司法人工智能的重塑效应及其限度［J］. 法学研究，2020（4）：23－40.

原创作品。[①] 欧盟高级别专家组小组报告同样作出前述相似定义。在我国，孤儿作品学理概念基本表述为“经过尽力查找，仍无法找到著作权人的作品”。[②] 可见，孤儿作品的特征可归纳为以下两点。其一，作者身份不明。身份不明的原因很多，包括在特定作品和作品相关环境中没有附注、不完全附注或附注以后难以辨别作者身份等。其二，作者身份明确，但无法联系到作者。前者症结在于识别机制的不完善，而后者更多涉及许可障碍的清除。因此，“数字化孤儿作品版权保护”应采广义解释，即网络环境下与孤儿作品版权相关的保护措施和保护理论，不限于版权侵权救济范畴。这亦构成本文研究的默认点。

相应地，以数字化或将以数字化形式出现的，作者信息不明且经潜在使用者合理勤勉查找仍不能找到作者的作品可称为“数字化孤儿作品”。明确数字化孤儿作品定义至少有三点必要。一是孤儿作品问题出现在音乐、绘画、电影等不同类型的作品中，亦出现在传统媒介和数字媒介场景中，明确数字化孤儿作品的概念有利于将部分孤儿作品版权保护问题限定在数字化环境下，便于统一学术讨论。二是以往对孤儿作品版权保护问题受到域外立法经验和司法判例的影响，多提及孤儿作品的大规模数字化利用问题，通过重新界定数字化孤儿作品的概念可明确本文和现有研究的区别。即本文关注的主题实际上涵盖数字化孤儿作品过程和结果意义上的版权保护问题，而非限于图书馆等机构的大规模数字化问题。当然，论题涵盖孤儿作品本身在数字环境下的保护，亦可形成孤儿作品大规模数字化问题的有益参照。三是明确概念界定是产生分配规则的前提。只有讨论对象的范围明晰化时，才可能寻求稳定的分配规则，这也是明确数字化孤儿作品基本范畴的目的所在。在这一层面上，亦有学者试图将孤儿作品置于民法基本理论和传统制度体系框架下进行体系化研究。例如，有学者提出整合民商法、民诉法等多部法律中的无主物规定，建立统一的无主物制度，这其中就包括将孤儿作品纳入无主物制度的设想。[③] 本文认为，无论采取何种进路，均有必要明确数字化孤儿作品的基本范畴，因为无主物制度毕竟是以有体物为逻辑始点搭建体系，而作品有其独特品格，须有特殊的权属、流转和救济规则。

---

① United States Copyright Office. Orphan Works and Mass Digitization: a report of the register of copyrights [R]. 2015: 30.

② 王迁. “孤儿作品”制度设计简论［J］. 中国版权，2013（1）：30.

③ 徐国栋. 罗马法中的无主物制度与中国民法典中无主物概念的丢失与寻回［J］. 社会科学辑刊，2020（6）：127.

2. 建构合理勤勉检索的评价标准

合理勤勉检索（reasonably diligent search）[1] 是使用孤儿作品的一般前置程序。无论是采取限制救济还是强制许可模式，多数国家均将勤勉检索作为合法使用孤儿作品的基础条件。但我国版权法中并未确立这些标准，亦没有将区块链技术对合理勤勉检索标准的潜在影响和优势作用考虑在内。

我国版权法应在明确界定孤儿作品概念的基础上，积极探求合理勤勉寻找的评判标准和具体要求。合理勤勉检索应至少包括以下基本意涵：一是使用人应当具有一般理性人所应具备的基本注意义务，不仅在主观上认识到孤儿作品的使用需要符合特定规范，还应在客观上作出详尽检索的行为；二是检索过程应当符合民法上的善意、诚信原则，即勤勉检索原则要求以客观检索行为为判断依据，并将全面、真实、准确作为勤勉检索的内在限度。

具体而言，根据作品多样性，应当建立差异化的作品来源检索清单；检索报告应当体现翔实性、确真性、差异性。[2] 其一，以区块链的查找和注册记录作为辅助判断的工具，对检索行为进行全过程综合判断。上链版权作品在技术条件下充分公示、不易篡改、安全性高，与司法实践的结合较为紧密，以区块链检索记录作为检索依据不仅会有效降低搜寻成本，而且能帮助化解孤儿作品证据查验难题。对一些显而易见的上链数字化作品，使用者主张经勤勉查找未能发现作品权利人的，法律应对此不予认可。其二，以专门孤儿作品数据库检索[3]和协会组织检索为参照，建立不同类型孤儿作品检索清单。根据我国作品登记信息数据库、版权保护中心等数据库上的登记信息、公示公告信息，可检索到特定权利人、特定作品的相关信息。相应地，可仿照英国孤儿作品授权方案，建立文学作品、视觉艺术作品、照片等不同类型作品合理勤勉检索清单，[4] 便利作品检索及授权传播。其三，灵活调整单位使用孤儿作品时勤勉检索评价标准。例如，学校、博物馆、文化机构等在教育、科研、公益活动中使用孤儿作品时，若该引用部分没有产生实质性商业价值，则可考虑在合理范围内放宽勤勉检索的评价标准。

---

① 宋海燕．娱乐法[M]．2 版．北京：商务印书馆，2018：117.

② 赵力．孤儿作品合理勤勉检索规则研究［J］．图书馆论坛，2015（12）：86－87.

③ 2012 年 10 月欧洲联盟知识产权局创建了专门的孤儿作品数据库，作为欧洲议会指令 2012/28/EU 的一部分。Jacqueline Crispino. Deconstructing “Orphan Works” ［EB/OL］．［2021－05－15］．https://itsartlaw.org/2019/08/14/deconstructing－orphan－works/.

④ UK Intellectual Property Office ［EB/OL］．［2021－05－15］．https://www.gov.uk/government/publications/orphan－works－diligent－search－guidance－for－applicants.

另外，有学者也曾建议将孤儿作品保护纳入合理使用制度进行调整，[①] 而无须建立新的制度。这一思路运用在我国制度构建确有理论上的可能，但尚不具备现实意义。我国《著作权法》（2020）增加了合理使用兜底条款，并以“法律、行政法规规定的”作为兜底条款的限制，事实上把合理使用其他情形认定牢牢把握在立法者手中，未能充分解放司法能动性，亦未完全走向更为开放的合理使用模式。而且，由于转换性使用规则承载了太多的灵活性，易导致行为人难以作出侵权可能的基本预判，这在美国的司法实践中尚存在诸多争议。因此，本文更倾向于在现有的规则、技术、经验的基础上，探索技术规则的扩展空间，结合区块链治理建立版权法的合理勤勉检索标准。

3. 统一区块链电子存证的裁判路径

“中国著作权制度三十年来——尤其是近二十年最深刻的变革，不在于文本的更新，而在于司法诠释对文本的改造。”[②] 遵循前述论断，除运用解释方法来约束司法任意性外，也应总结和吸收司法裁判的有益经验，或至少以指导性判例的形式固定孤儿作品的类案司法裁判逻辑。

如果版权权利人无法提出有效的侵权证明，数字化孤儿作品的版权保护将无从谈起。以“区块链电子存证”为关键词，在科威先行数据库进行法律案例检索，共检索到文书 269 份。进一步限缩检索范围至“民事”“知识产权权属、侵权纠纷”“判决书”，符合条件的判决书共 177 例。其中，著作权权属、侵权纠纷 148 例，约占知识产权案件总量的 84%。

调研结果显示，区块链电子存证集中运用于知识产权权属、侵权纠纷，尤其著作权权属、侵权纠纷占比最多，此类案例基本认可区块链电子存证的法律效力。《最高人民法院关于互联网法院审理案件若干问题的规定》亦提道：“当事人提交的电子数据，通过电子签名、可信时间戳、哈希值校验、区块链等证据收集、固定和防篡改的技术手段或者通过电子取证存证平台认证，能够证明其真实性的，互联网法院应当确认。”调研情况与这一规定基本一致。

但区块链电子存证的效力判断在版权侵权个案认定时存在差异。例如，在区块

---

① J M. Urban. How fair use can help solve the orphan works problem [J]. Berkeley Technology Law Journal, 2012, 27: 1379.

② 李琛. 文本与诠释的互动：回顾《著作权法》三十年的新视角 [J]. 知识产权，2020 (8): 9.

链电子存证第一案中，[①] 法官全面审查了区块链存证服务机构的资质、存证数据来源真实性、内容完整性、侵权网页取证技术手段的可信度等，对区块链电子存证效力进行综合认定。但亦有部分调研案件仅审查取证环境的清洁性、证据完整性，忽略了对区块链存证机构的资质审查和说明（见表3）。由于区块链电子存证服务机构良莠不齐，审理法院实应逐案审查区块链服务机构的中立性、权威性、安全性，包括前述机构是否存在安全隐患记录、是否发生过数据泄露事件等。在个案认定时，依照最高人民法院发布的《关于统一法律适用加强类案检索的指导意见（试行）》，落实类案检索的基本要求，对基本事实、争议焦点、法律适用基本一致的案件，进一步统一区块链电子存证的司法裁判逻辑。

4. 尊重著作权人层级化样态

正如前文所述，“先授权再使用”的异化一方面体现了版权权利意识的觉醒，另一方面，过分强调权利话语无形中诱导和激化了作者、传播者、公众之间的矛盾。“当下创新主体已经发生变化，‘合作’与‘竞争’共同构成创新的动力，在通过市场竞争实现创新的同时，还存在着知识共享带来的合作创新。”[②] 除在立法和司法层面回应技术变革带来的版权保护制度调适，亦须遵从版权人的内心真意，尊重和接纳“著作权人层级化”样态。

在数字化时代，人人可以成为作者，信息爆炸一定程度上冲淡了作品的稀缺性。为缓和数字化版权保护中的紧张关系，一方面，并非用户创作的内容都可以落入著作权的保护范围，就内容本身而言，须审慎甄别内容表达的独创性，作出正确的可版权性判断；另一方面，一些著作权人本身对于数字资产的私有观念较强，而另一些著作权人主观上更希望其作品广为传颂而不计得失，这是否需要设计更精细的版权规则以满足不同的版权保护需求？对于不同的层级样态而言，法律保护不应一刀切地对数字化孤儿作品进行强制保护，而要使作者获得更多的选择和实现利益的自由。

① 杭州互联网法院（2018）浙0192民初81号民事判决书。

② 吴汉东．知识产权法的制度创新本质与知识创新目标［J］．法学研究，2014（3）：102.

表3　版权侵权纠纷中区块链电子存证的司法运用

序号	案　　号	区块链电子存证的法律效力认定情况（摘录）	判决结果
1	（2018）浙0192民初81号	（1）保全网具备作为第三方电子存证平台的资质； （2）技术抓取形成的网页截图、源码信息、调用日志能相互印证，可清晰反映数据的来源、生成及传递路径； （3）采用符合相关标准的区块链技术对上述电子数据进行了存证固定，确保了电子数据的完整性	被告深圳道同公司赔偿原告杭州华泰一媒公司经济损失4 000元； 驳回原告杭州华泰一媒文化传媒有限公司其他诉讼请求
2	（2018）京0491民初965号	（1）映脉公司对所用计算机操作环境及相关网络环境进行了标准化清洁性检查，最大限度地排除了干扰因素； （2）每个电子数据文件申请时间戳时自动产生唯一对应的数字指纹和认证电子证书，案涉电子数据文件具有完整性	被告千钧万博公司赔偿原告上海映脉公司经济损失1 500元； 驳回原告上海映脉公司其他诉讼请求
3	（2019）皖15民初364号	根据《可信时间戳认证证书》的记载，该证书验证的证据文件是由“权利卫士”客户端产生，“权利卫士”使用自带的拍照、录像、录音功能对客观事实进行取证并实时进行可信时间戳电子证据固化保全，在无相反证据推翻的情况下，该证据的真实性应予确认	被告创想公司赔偿原告音著协经济损失61 400元； 驳回原告中国音像著作权集体管理协会其他诉讼请求
4	（2018）黑民终762号	（1）整个操作过程由录屏软件和外录设备同时进行记录，且取证方对所用计算机的操作环境等进行了标准化清洁性检查； （2）电子数据文件在申请时间戳时自动产生唯一对应的数字指纹和认证电子证书，数据文件内容完整； （3）可信时间戳服务是国家授时中心时间戳服务中心通过我国法定时间源和现代密码技术相结合而提供的一种第三方服务，保证了电子数据形成时间的准确性	驳回上诉，维持原判

鉴于此，可考虑在法律层面引入CC协议[①]并结合区块链智能合约进行落地实

① Creative Commons 创建于2001年，旨在促进使用者获得复制和传播受版权保护作品的基本自由。Séverine Dusollier. Scoping Study on Copyright and Related Rights and the Public Domain [A]. CDIP/7/INF/2, 2011: 50－51.

践。通过 CC 许可，作者可基于真实意愿自由授权不特定人非商业用途使用其作品。不同类型的 CC 协议使网络版权授权使用变得更加灵活，既满足权利人的多元需求，从根源上缓和传播难题，减少数字化孤儿作品的产生；亦有利于减少网络版权纠纷中司法资源的浪费，平衡公有领域和著作权专有权利之间的矛盾。可见，引入 CC 协议的基础上配套区块链智能合约版权保护，并落实在法律条文中，这是更加值得期待的版权保护方式。

（三）风险规避：技术与规范调适的再平衡

区块链技术尚处于发展阶段，结合技术变革进行网络版权法调整须立足于既有的技术实践。一味鼓吹区块链的颠覆性作用并非理性选择，更应关注技术实施中或会遇到的法律风险，防范由法律调整不足或调整过当引发新困境。

1. 上链数据错误的法律风险及应对

不可篡改性作为区块链的显著优势，如运用不当亦会带来法律调整风险。在上链数据错误的情形下，相关预防措施如有偏误可能招致更多损害。

在区块链网络版权交易中，版权信息必须保持真实有效，一旦出现由于故意、过失或其他原因不当录入错误数据的情形，这些已上链数据将很难获得更正。[①] 错误的上链数据不仅不能为孤儿作品的权属信息提供线索，还会造成混淆和误认。而权利人如果采取链上和链外转让版权的综合方式，那么区块链上的版权数据可能因为只有部分的买卖信息而变得不够全面和准确。[②] 脱离法律调适的情况下，区块链版权保护实践或会走向僵化，最终减损了版权所有者的自由。

在去中心化的结构框架下，责任主体的确定难以遵循原有的中心化的主体责任机制，而过度设置错误录入数据的法律责任可能会引起更大的不确定性。故结合区块链的不可篡改性特征，须对行为人因主观恶意错误录入区块链数据的情况建立相应的规制手段，以弥补现有技术对数字化孤儿作品保护的不足。这种规制需要依据技术实践现状，既要补充法律调整的空白，又要使区块链技术在版权领域的运用不至陷入僵化。

---

① M. Kiemle. Blockchain and Copyright Issues [EB/OL]. (2019 - 01) [2021 - 05 - 15]. https://www.4ipcouncil.com/research/blockchain - and - copyright - issues.

② M. Kiemle. Blockchain and Copyright Issues [EB/OL]. (2019 - 01) [2021 - 05 - 15]. https://www.4ipcouncil.com/research/blockchain - and - copyright - issues.

2. 搜索标准失衡的法律风险及应对

结合区块链分布式分类账、准匿名性特征及其在数字化作品版权保护方面的应用，可以在法律层面将技术搜索的普遍标准固定下来，以增强勤勉寻找规则的确定性。但此种调整如若超过必要限度，亦会损害版权权利人的合法利益。

由于技术的进步，传播者可以凭借在公共平台的检索记录主张自己已经尽到合理勤勉寻找义务，从而成立有效的不侵权抗辩。当然，著作权人发现作品未经授权传播以后，即便提起诉讼，也会面临使用者尽到合理调查义务而免责的情形。因此，为降低各方成本，版权法需要明确设置合理勤勉检索的最低检索门槛，即使用者的搜索状态达到何种标准或程度时可以被司法确认为有效的、符合条件的合理勤勉检索。

若版权法依区块链技术规则设置了较低的搜索门槛，导致使用者轻易达到合理、勤勉的判定条件，那么著作权人的权利将无从保障。若为勤勉检索设置较高的检索门槛，则会加重潜在使用者的搜索成本，消减其合法使用闲置文化资源的热情，最终减损公共福祉。可见，检索标准过高或过低都将难以达成制度目的。鉴于此，应从检索作品类型、检索范围、检索方式和条件等方面划定最低勤勉搜索标准，又应遵循技术规律，在规范中落实技术惯例。在具体的规范设计中，应以法律调研获得的实际情况为基准，综合考量法律要素和人文要素，谨慎设定检索标准、监管措施和责任规则。

总体而言，数字化孤儿作品版权保护的制度调适重在谋求作者权利和公共利益、版权公示和数据保护、科技发展和版权法律之间的动态平衡。但信用主体的去中心化、数据信息的修正、私钥安全的保障亦在网络版权治理中制造了新的难题，使法律调整稍显无所适从。就上链数据错误和检索标准失衡问题而言，法律风险的规避须注重区块链技术规则的分析和法律调研实际结果的产生。只有在这一方向上，数字化孤儿作品版权保护体系的重塑才是有意义的。

六、结　　论

随着网络数字技术的进一步发展，用户创作的效率和意愿大大提升，网络空间中产生了更多的作品，而伴随着法律、文化、社会要素相互交织，数字化孤儿作品不断增加。从版权法角度而言，对版权登记制度、著作权集体管理制度、合理使用制度的重构或会产生巨大的法律成本，却未能提出有效率的数字化孤儿作品版权保护方案。与此同时，区块链技术在版权公示、证据查验、数据安全环节发挥重要作用，为解决数字化孤儿作品困境提供了新视角。

为化解孤儿作品版权保护的内在张力，亟待反思现有研究的舍与得，立足本土的技术和法律实践，建构面向未来的数字化孤儿作品版权保护体系。为此，版权制度调适应确立技术导向、政府主导的基本原则，落实域内外有益经验。同时，在技术落地和赋能的必要限度内更加谨慎地谋求技术与规范的再平衡，规避法律风险。与以往孤儿作品研究不同，本文选取了网络版权的复杂场景，并以区块链技术在这一场景中的实现为线索，创新了观察视角。遗憾的是，对其中体系化构建所涉细微之处未能展开充分论述。即便如此，仍希望这一阶段性成果对现有问题的研究有所裨益。

（责任编辑：吴柯苇）

Tension and Reconciliation in Copyright Protection of Digital Orphan Works: A Blockchain – Based Analysis

Wang Ying

Abstract: There exists the tension between rules of copyright and that of code in the copyright protection of digital orphan works, which is as well influenced by the dislocation between the existing copyright theoretical system and copyright practices. The characteristics of blockchain, such as distributed ledger, immutability, and the quasi – anonymous can alleviate publicity, verification, and security concerns involved in the aforementioned tensions. These features also partly solve the repeated disputes in nowadays researches which include types of orphan works and criteria of reasonable and diligent search. The paradigms of copyright protection of orphan works in the United States, Nordic countries and Canada have their own limitations of applicability with regard of China. It is advisable to learn from foreign experience from the micro – level and to adopt an approach of "tech – law" to innovate the copyright protection system for digital orphan works. It is necessary to change from "code governance" to "co – governance of technology and law", to adhere to digital decentralization under the government, to redefine the boundaries of digital orphan works, to construct criteria for measuring reasonable and diligent research, to unify the judgment logic regarding blockchain electronic deposit, to distinguish the needs of copyright owners into hierarchies, and to pay attention to rebalance technical and normative adjustment.

Key Words: Orphan works; Blockchain; Digitization; Copyright protection; Electronic deposit

商标法道德规制的公法反思：美国道德条款的宪法争议透视

李浩田*

【摘　要】具有特定内容的商标不可注册，为商标管理之立法通例；其中一种常见规定是，有违道德之内容或“不良”内容不得注册，此即所谓“道德条款”“道德规制”。由于道德要素的不确定性，此类规制常陷于争议并有滥用之嫌，因而须对其加以限制。近年来，美国最高法院先后判决 *Matal v. Tam* 案和 *Iancu v. Brunetti* 案，宣告美国商标法中的道德条款因违宪而无效，实质上是通过宪法审查的方式加以限制。通过引介该二案例的争议详情以及美国学界之论争，我们将能重新反思商标的本质属性和道德规制的规范目的；此外，结合我国公法诉讼的实际，这也可为我国《商标法》上的道德规制条款之适用及其限制提出具有参照意义的分析和建议。

【关键词】商标法　不可注册　道德规制　兰姆法案　公法审查　宪法

一、引论：商标法中的道德规制

（一）商标注册中的道德条款

作为商标法的一般模式，商标注册后乃获得法律上的完整保护，这要求商标具有“可注册性”,[①] 其目的是确保商标功能的发挥；基于公共利益等因素，立法者又会对可注册主题进一步限制。我国《商标法》第 10 条第 1 款第 8 项规定：“下列标

* 李浩田，北京大学国际法学院在读 J. D.，法律硕士研究生。

① 刘银良．知识产权法[M]．2 版．北京：高等教育出版社，2014：185.

志不得作为商标使用：……（八）有害于社会主义道德风尚或者有其他不良影响的。"① 由于该条所带有的显著的道德判断性质，这也就是本文关注的"道德规制"，以下称为"道德条款"。此处所称"道德"为广义，包含两类直接的价值判断情形，即"有害道德风尚"与"不良"。

诚然，法条本身既是对商标审查部门的授权，也构成权力的边界。然而，由于道德判断的考量总是模糊而复杂的，因而此类道德条款便可能成为一个无限的"接口"，为不确定内容的引入大开方便之门。当然，并非所有不够精确的法条都是糟糕的，立法者有可能针对无法确定的问题进行刻意留白。然而，道德条款作为行政部门针对私主体所申请商标进行实质审查的权力依据，其模糊性必然也会导致执法者裁量权的扩大，从而危及法律的确定性。

除此之外，"兜底条款"的设置，还关乎权力的配置问题。② 如果作为权力依据的法条无限地允许执法者之裁量，这或构成立法对行政和司法的"空白支票式授权"，事实上导致立法权力的萎缩。

（二）道德条款的实践争议

实践中，我国道德条款确有泛用倾向。首先，就该条的"第一适用者"，即行政部门来看，前国家工商总局商标局所制定的《商标审查及审理标准》（以下简称"《审查指南》"）对道德条款的适用情形，以列举加兜底式的规定，作出了极其广泛的细化。③ 其中囊括的情形包括：有害社会主义道德风尚，政治上的不良影响，含有国家名称，有害种族尊严或感情，有害于宗教信仰、宗教感情或民间信仰，与各党派、政府机构、党政机关职务等名称相同或相似，与各国法定货币相同或相似，不规范的汉字或成语使用，涉及政治、宗教、历史等公众人物姓名，以及"具有其他不良影响的"。④ 这些项目与《商标法》第 10 条下其他项多有交叉，这似乎意味着对法律规定情形的扩大。此外，尽管《审查指南》对各项目进行了细化说明和示例，然而由于这些分类自身即含有较多不确内容，因而细化的意义亦有限。如"埃

① 《中华人民共和国商标法（2019 修正）》，中华人民共和国主席令第 29 号。

② 刘银良．著作权兜底条款的是非与选择［J］．法学，2019（11）：133.

③ 国家工商总局商标局．国家工商总局商标局关于公布新修订《商标审查及审理标准》的公告（2017）［EB/OL］．［2021－06－27］．http://sbj.cnipa.gov.cn/tzgg/201701/t20170104_233075.html.

④ 国家工商总局商标局．国家工商总局商标局关于公布新修订《商标审查及审理标准》的公告（2017）［EB/OL］．［2021－06－27］．http://sbj.cnipa.gov.cn/tzgg/201701/t20170104_233075.html.

博拉”牌热水器、“实事求是”牌肥料等，其选入“其他不良影响”的标准就无从得知。

其次，从司法解释来看，《最高人民法院关于审理商标授权确权行政案件若干问题的规定》第3条以道德条款“兜底”近似但不符合《商标法》第10条第1款第1项的商标，第5条则用道德条款囊括对“公共利益和公共秩序产生消极、负面影响”的商标以及“公众人物姓名”商标。[①] 不过，最高人民法院对于该条的滥用也提出了警示，体现于《最高人民法院印发〈关于审理商标授权确权行政案件若干问题的意见〉的通知》第3条：“如果有关标志的注册仅损害特定民事权益，由于商标法已经另行规定了救济方式和相应程序，不宜认定其属于具有其他不良影响的情形。”[②]

在相关案件纠纷中，尽管存在上述司法解释的强调，但在仿冒纠纷中，引证商标权人往往都会采取诉争商标因仿冒、误导等理由而具有“不良影响”，从而适用道德条款的“策略”——尽管部分此类案件中，行政部门和法院未予认可；[③] 然而在另一些案件中，引证商标权人的这一策略却取得了“成功”。[④] 诚然，由于道德条款对个案事实的敏感性，不能认为这些判决是相互矛盾的；但无疑，道德条款为商业竞争者提供了一条免于证明近似商标、在先权利等的“捷径”，客观上为竞争者更多诉诸道德条款提供了激励。

此外，部分案例显示，行政部门对道德条款的适用亦有过泛之嫌。在国家工商行政管理总局商标评审委员会与古露丹宁公司商标申请驳回复审二审［(2016) 京行终495号］一案中，商标评审委员会认为商标中含有“信仰”二字便是与宗教、教派等相联系，因而具有“不良影响”，而法院则指出“信仰”在当代的含义并不限于宗教信仰，判决撤销了商评委裁定。又如国家工商行政管理总局商标评审委员会与安徽省亳州华夏第一井酒厂商标申请驳回复审行政纠纷上诉案［(2012) 高行终字第1923号］中，商评委认为，道德条款还包括商标易“使消费者对商品的品质、级别等产生误认”的情形，这一理解事实上混淆了《商标法》第10条第7项

---

① 《最高人民法院关于审理商标授权确权行政案件若干问题的规定》（法释〔2020〕19号）。

② 《最高人民法院印发〈关于审理商标授权确权行政案件若干问题的意见〉的通知》（法发〔2010〕12号）。

③ 北京市高级人民法院（2017）京行终2097号行政判决书，北京市高级人民法院（2016）京行终3817号行政判决书，北京知识产权法院（2020）京73行初2700号行政判决书等。

④ 北京知识产权法院（2020）京73行初9327号行政判决书，北京知识产权法院（2020）京73行初7768号行政判决书。

与道德条款间的差异，并被法院推翻。甚而，实践中还出现了商评委越过异议当事人所提出的复审理由，直接适用道德条款宣告商标不予注册的情形，似乎以此作为某种“捷径”；这一做法同样被法院否决。①

同样的问题也发生于法院的裁判中，如在广州医药集团有限公司与国家工商行政管理总局商标评审委员会案［（2017）京行终 3692 号］中，北京高院认为商标“怕上火喝王老吉”构成《商标法》第 10 条第 7 项上的误导性而无效；但王老吉有限公司与国家工商行政管理总局商标评审委员会案［（2015）京知行初字第 5460 号］中，北京知识产权法院认为商标“怕上火喝加多宝”具有误导性而具有“不良影响”，应当适用道德条款而无效，这一结论不仅与广药一案不相一致，更与前述“华夏第一井”案中北京高院的论述具有直接矛盾。

甚而，由于侵犯特定民事权利的情形属于“相对无效”，存在 5 年的保护期限限制，因而在特定情形下，适用道德条款有可能成为民事主体维护权益的唯一手段。例如维纤宝（北京）食品有限公司诉国家知识产权局［（2018）京 73 行初 10297 号］一案中，原告维纤宝公司注册商标“卤西西”用于猪肉食品，皮皮鲁公司认为其攀附郑渊洁笔下童话人物“鲁西西”，对公共文化有消极影响。北京知识产权法院判决“卤西西”商标“会给相关童话作品的读者带来不适”，有违公德，维持了商评委的无效决定。虽皮皮鲁公司亦提出该商标侵犯在先权利，但法院因“节约诉讼程序，及时定纷止争”，未对该点作出评述。尽管本案中，申请期限尚未届期，但据此逻辑，即便申请期限届期，皮皮鲁公司仍能通过道德条款获得救济，从而避开相对无效期限约束。

由此来看，无论是对纠纷中的民事主体，还是行政部门或法院，道德条款都提供了某种证明和说理“成本”更低廉，甚至期限限制更小的“捷径”。那么，这种泛用是可欲的吗？对这一问题的思考，有待于更进一步的深入讨论。

（三）美国道德条款争议简介

在美国联邦商标法中，也规定了不可注册主题，包括贬损性（disparaging）、不道德（immoral）和丑恶（scandalous）的商标（以下统称为“美国道德条款”）。②

---

① 北京市高级人民法院（2016）京行终 2493 号行政判决书。

② 15 U.S.C. §1052（a）（2018）；李明德．美国知识产权法［M］．2 版．北京：法律出版社，2014：490. 美国商标法又被独立地称为《兰姆法案》，但鉴于本文直接引用美国法典，故不采此独立称呼。

具体地，在美国的审查实践中，贬损性条款一般被作为单独的检验标准，而不道德和丑恶条款则往往并用。首先，贬损性条款的审查遵循“两步法”：第一，商标的可能含义，此须结合商标的字面含义、各要素间关系、适用的商品或服务等综合考量，并确定该含义是否指向特定的人物、组织等；第二，如果指向，则该商标之含义对所指向的主体是否具有贬损性。① 其次，不道德和丑恶条款的审查标准并不确定，一般包括“是否会有相当一批社会公众认为该商标会冲击人们的真实（truth）、体面（decency）或合宜（propriety）感”，或“冒犯良心和道德情感”，或“不光彩”（disgraceful），等等。②

这样的规定与我国道德条款具有相类似性——二者同样基于道德考量而对商标的内容进行审查和阻断。同样不难想象的是，与上节类似的问题也会出现在美国。对于这些问题，美国联邦最高法院（以下简称“美国最高法院”）以宪法审查相应对。在马塔尔诉塔姆案③（以下简称“塔姆案”）与伊安库诉布鲁内蒂案④（以下简称“布案”）中，美国最高法院基于第一修正案对美国道德条款进行了审查，并对商标法的性质进行了深入考量。

二、案例引介

如上，美国道德条款包括贬损性条款（Disparagement Clause）和“不道德与丑恶”条款（Immoral and Scandalous Clause）。二者分别在以下案例中被宣布违宪无效。在引介案例前，有必要先行介绍案例中所涉及的美国宪法基本权利的审查框架。

（一）基本权利审查简述

1. 审查强度与基本权利

在美国宪法下，针对政府行为的违宪审查有两种方式。其一是“字面审查”（Facial Challenge），即审查制定法自身是否违反宪法；其二是“适用审查”（As Applied Challenge），即对某一法条在个案中的适用是否违反宪法。对前者审查的结

---

① *Matal v. Tam*, 137 S. Ct. 1744, 1753 - 1754 (2017).

② *Iancu v. Brunetti*, 139 S. Ct. 2294, 2298 (2019).

③ *Matal v. Tam*, 137 S. Ct. 1744 (2017).

④ *Iancu v. Brunetti*, 139 S. Ct. 2294 (2019).

果是宣告法条违宪，后者则仅宣告该适用行为违宪。

以下两案例都是第一种审查模式。这意味着，两案判决并不意味着系争商标从此“免于违法”，只是宣告涉案法条违宪无效。

在违宪审查中，法院首先应当确定审查标准（level of scrutiny），包括严格审查（Strict Scrutiny）、中度审查（Intermediate Scrutiny，又名加强审查，Heightened Scrutiny）和合理审查（Rational Basis），三者严格程度递减，换言之，对政府行为的“友好”程度递增。在多数案件中，审查标准的确定即决定了政府行为或法条合宪与否之命运。如果触及美国宪法修正案中的基本权利（如言论自由权），法院推定适用严格审查，这突出了基本权利的重要性。①

严格审查要求：第一，存在压倒性利益（compelling interest）以为政府之手段辩护；第二，政府之手段对实现该利益之目的为必要（不存在损害更小的方式实现其目标）。不满足二者则违宪。中度审查更为宽松，只需存在实质性利益（substantial interest）、该利益和手段存在充分联系（substantially related）。② 合理审查则意味着法院对行政部门的服顺。

但随着绝对权利观念的消解和公共因素考量，法院也为政府裁量行为创造出“例外”。所谓例外者，即法院偏离通常的审查强度，而适用更为低档的标准。

2. 言论自由的宪法审查

美国宪法第一修正案明确规定了言论自由权这一基本权利，因而对政府限制言论自由的法律，法院适用严格审查。但是，什么是对言论自由的限制？毕竟，许多法律都可能影响到个人言论。这里，美国最高法院对影响言论的法律作出了一组区分：基于内容的（content - based）法律和中立于内容的（content - neutral）法律，前者受到严格审查，后者则受中度审查。③ 此二分法所担忧的是政府压迫少数意见、在公众辩论中施加强迫而非以理服人。④ 最直接的一种内容歧视，就是观点歧视（viewpoint - discrimination），即政府对表达特定观点的言论进行管制。⑤

言论自由权的严格审查制度亦有其例外。与本文相关的，包括以下三种。

其一，政府言论（government speech）例外。政府虽不得管制私人言论，但可

---

① Erwin Chemerinsky. Constitutional Law：Principles and Policies［M］. Wolters Kluwer，2019：858 - 863.

② Erwin Chemerinsky. Constitutional Law：Principles and Policies［M］. Wolters Kluwer，2019：587 - 589.

③ Erwin Chemerinsky. Constitutional Law：Principles and Policies［M］. Wolters Kluwer，2019：1014.

④ Erwin Chemerinsky. Constitutional Law：Principles and Policies［M］. Wolters Kluwer，2019：1014.

⑤ Erwin Chemerinsky. Constitutional Law：Principles and Policies［M］. Wolters Kluwer，2019：1014.

以管制可归属为“政府言论”的内容。

其二，政府补贴（government subsidy）例外。政府对表达特定观点的言论给以补贴不违反第一修正案，因为政府虽不得因他人言论而拒绝其本应获得的利益，但也无义务为不支持的言论提供补助。①

其三，商业言论（commercial speech）例外。“商业言论”主要体现为广告，美国早期判例不承认其受第一修正案保护；但此后的判例中，商业言论也被纳入言论自由的范畴，并适用中度审查。② 这看似是对言论自由保护的“例外”。但第一修正案最初仅仅关注政治和公共言论，因而并不将商业言论纳入保护之列；以此观之，商业言论的纳入，也是对言论自由内涵的一种扩张，背后是“言论自由”这一通道容纳了更多受保护利益的考量。

（二）塔姆案简要

1. 案件事实

当事人塔姆是亚裔美国人乐队 The Slants 成员之一。“Slants”在美国文化中属于对亚裔的辱称，但该乐队使用此名称的目的恰是消解其贬损性含义。③ 然而，乐队将该词注册商标的尝试遭到了美国专利商标局（PTO）的拒绝，其依据即为“贬损性条款”：PTO 认为，由于“Slants”具有贬损性，因此不得注册为商标。④ 复审委维持了该决定，当事人向联邦法院提起诉讼。联邦巡回法院认为，贬损性条款因违反第一修正案而无效。⑤

2. 美国最高法院意见

该案大法官一致同意贬损性条款违反了第一修正案，但具体意见上有分歧。

大法官阿利托（Alito）呈递了法庭意见。阿利托意识到，商标的功能是帮助消费者识别和区分商品，充当商誉累积的载体。即便不注册，商标依然可用并受一定保护，但注册商标无疑带来更广泛的利益。⑥ 尽管如此，政府方所主张的政府言论、

① Erwin Chemerinsky. Constitutional Law: Principles and Policies [M]. Wolters Kluwer, 2019: 1175.

② Erwin Chemerinsky. Constitutional Law: Principles and Policies [M]. Wolters Kluwer, 2019: 1187.

③ *Matal v. Tam*, 137 S. Ct. 1750 (2017).

④ *Matal v. Tam*, 137 S. Ct. 1750 (2017).

⑤ *Matal v. Tam*, 137 S. Ct. 1754 – 1755 (2017).

⑥ *Matal v. Tam*, 137 S. Ct. 1752 (2017).

政府补贴两例外仍应被拒斥。①

政府方认为，既然商标使用不以注册为前提，准予注册的行为就是政府对商标内容的赞同，从而注册商标属于政府言论；或者，由于联邦注册商标将获得更多利益，这属于政府对符合商标法要求的言论的补贴。然而，全体大法官一致否认了商标注册属于政府言论，因为商标本身非政府所创造，且诸注册商标之间的内容冲突使其更缺乏言论性质（言论应保持一致）。不过，包括阿利托在内，仅4位大法官明确否认商标注册属于政府补贴，认为现行判例中的“补贴”仅限于现金及其等值物，且不应扩展这一先例的适用范围，否则任何政府行为都有可能被描述为“补助”，反而为政府限制言论开方便之门。

阿利托随后讨论了商业言论例外：商标是否属于商业言论而适用更宽松的中度审查。② 然而，阿利托并未就此作出裁断，而是认为，贬损性条款因其措辞过于宽泛，即便适用中度审查也无法通过。大法官肯尼迪（Kennedy）的附随意见认为，该案核心只在于贬损性条款是否因构成观点歧视而违宪，而贬损性条款拒绝为贬损性商标注册，合乎观点歧视的定义。肯尼迪也对商业言论发表了评论，认为商业言论仍应受到中度审查；这体现了其对商业言论例外的承认。大法官托马斯（Thomas）附随意见则强调第一修正案保护的绝对性，即便构成商业理论亦当适用严格审查。该案共识仅在于商标与商标法的一般功能以及贬损性条款因观点歧视而无效。对商标是否构成商业言论等问题，未形成有拘束力的多数规则。

（三）布案简要

1. 案件事实

布鲁内蒂设计并生产衣物品牌“F. U. C. T”（英语辱骂用词的变体），并试图注册商标。PTO认为该商标违反了不道德与丑恶条款，拒绝予以注册。复审委作出了维持决定。联邦巡回法院宣布该条款违宪。③

2. 美国最高法院意见

该案形成了有拘束力的多数法庭意见，由大法官卡根（Kagan）呈递。卡根指出，首先，“不道德”与“丑恶”在法条上是两项，但实践中二者始终被合并使用，

---

① *Matal v. Tam*, 137 S. Ct. 1757－1763 (2017).

② *Matal v. Tam*, 137 S. Ct. 1754 (2017).

③ *Iancu v. Brunetti*, 139 S. Ct. 2298 (2019).

因此应予合并审查。① 其次，该案唯一争议焦点是系争条款是否构成观点歧视。从文义解释出发，该二词项都依据社会主流道德观对思想观念作出区分，因此是观点歧视。实效上，这种歧视导致了不平等的适用，如 PTO 批准了反吸毒、反恐和宣扬宗教商标，却拒绝了宣扬毒品、讽刺宗教等商标。结论是“该条款违宪”。

不过，卡根承认，如果美国国会通过新的、针对“冒犯性表达模式”（Mode of Expression），如“粗俗（Vulgar）、亵渎（Profane）、下流（Obscene）”类语词（以下以“VPO”代称此类语词）的法条，则不构成观点歧视，且系争商标在新的法条下仍可以被拒绝注册。阿利托对此表示赞同，并在附随意见中解释了该判决意图：并非拥护道德相对主义，而是为防止政府官员滥权。

该案的几个反对意见都认为，应当将“丑恶”和“不道德”分开对待，并对前者作限缩解释，从而使其仅针对“表达模式”而不构成违宪。大法官索托马约尔（Sotomayor）担心的是，宣告所有道德规制条款无效，会使政府无法管理 VPO 商标，影响公众秩序。随后，她通过言论自由保护的例外制度论述了禁止 VPO 商标之合宪性。例如，“政府补贴”等例外的核心精神在于，政府有权支持某一类表达（如对某些商标予以注册），只要不同时限制其他表达；由于商标不注册也可以使用，并受一定保护，商标注册行为应当视为政府对特定商标授予了额外利益，因而应适用这些例外。

大法官布雷耶（Breyer）反对将范畴分析绝对化（如“观点歧视”），认为应从规范目的出发，观察政府管制带来的损益是否具有成比例性（proportionality），② 以此论证 VPO 商标规制的合宪性。首先，限制 VPO 商标的危害不大，因未注册商标亦可使用。其次，商标的目的是保障区分功能、帮助消费者作出选择，因此对其内容的限制是必然的（如欺诈商标），本就不是绝对的自由言论领域。最后，规制 VPO 商标存在其他利益：由于商标注册是授予利益的政府行为，政府具有“不鼓励 VPO 商标”的利益；科学证据显示，VPO 语词对消费者会有特殊的生理和情感影响，可能扰乱商业秩序；保护儿童；等等。总之，限制 VPO 商标仅对第一修正案利益产生微末影响，但切实促进政府与公共利益。

总的来看，该案形成的多数规则是，不道德与丑恶条款因观点歧视而违宪无效；但同时，无论多数意见还是少数意见，都认可对 VPO 商标的限制，区别仅在于多数

① 李明德. 美国知识产权法[M]. 2 版. 北京：法律出版社，2014：490 - 491.

② “成比例性”虽与所谓“狭义比例原则”类似，但二者语境不同，此处刻意以不同翻译区分。

意见认为应当通过新的法条，少数意见则认为可以通过限缩解释现有法条来实现。不过，论者指出，该案的规则可能产生滑坡效应，危及其他限制性条款，甚至包括反淡化法中对淡化行为的限制。①

从实效看，布案判决后，尽管 VPO 商标的申请量确有上涨，但政府对其拒绝的比率反而远高于此前时期，这似乎意味着政府并不像索托马约尔所担心的那样无计可施。② 此外，法院仍未就商标是否构成“商业言论”给出回应。最后，一点宪法上的问题是：即便采用严格审查，也只是意味着“政府行为很难通过审查”，而非直接得出“政府行为违宪”的结论。如果政府证明存在压倒性利益，且其行为符合必要性，则仍然可以认定合宪。两案中，法院都没有就“是否存在压倒性利益”进行考虑。一种可能的解释是：由于本案法条语言之宽泛，因而必定无法通过严格审查或中度审查。即便如此，部分意见对“观点歧视”和“内容歧视”的区分仍有令人不解之处：如内容歧视可以适用言论自由例外，为什么观点歧视却不可以？

其实，布雷耶之所以认为不可将范畴分析绝对化，正是认为仅仅关注范畴就会忽视完整的宪法分析框架，将宪法审查变成答案确定的选择题。因此，他所提出的成比例性理论和利益衡量，应当视为对个案之下利益衡量的倡议。诸般意见的交汇处，往往产生巨大的反思空间。以下，笔者将从商标自身的角度，揭示此类案件冲突存在的必然性，并发掘两案为我们带来的深层启示。

三、道德条款的公法反思

（一）商标的再认识

1. 商标的二重属性

如上述意见中所指出的，贸易、标志和商誉及其连接所产生的商誉累积功能、

---

① 15 U. S. C. §1125（c）–（d）（2018）；Meaghan Annett. When Trademark Law Met Constitutional Law：How a Commercial Speech Theory Can Save the Lanham Act［J］. Boston College Law Review，2020，61：259.

② Jeffrey Greene，Rose Kautz. The State of Scandalous Trademarks Post – Brunetti［EB/OL］.［2021 – 03 – 25］. https://www.cooley.com/ – /media/cooley/pdf/reprints/2020/the – state – of – scandalous – trademarks – post – brunetti. ashx.

识别功能等，是商标的经济价值所在。① 这是商标的经济属性及其作为智力成果值得保护的依据。

商标的经济属性乃其首要属性。如非为累积商誉、铸造品牌，商标本非必要。在此意义上，商标具有鲜明的财产性。论者拉斯·维斯提格（Russ VerSteeg）将“财产性”作为商标的第一原则，通过考察早期英美文献对商标的论述，指出人们很早就将财产保护的原则适用于商标，如将“无形权利”视为财产权、适用先占制度（商标使用取得制）等。② 此外，美国的商标取得制虽已有所放宽，但仍处在此类原则可解释的范围内。③

上述两案例还揭示了商标的另一属性——表达性。商标只有可被认知时才能发挥功能，因此商标必有“内容”，而内容即表达；因此，商标亦必然是表达的载体。事实上，许多商标并非纯为商业，而是许多群体进行公共表达的方式。④ 肯尼迪犀利地指出了这一点：“在商标领域，‘思想市场’的隐喻变为了有形且强力的现实。”⑤ 这种表达性虽似从属，亦为必然。这使商标不再是单纯的经济工具，同时也进入了意见的公共领域，甚至成为公共文化的一部分。其实，在消费社会的语境下，商标同时作为表达、传播之手段和符号消费之对象，必然表现出经济和表达的二重性，且二者紧密结合。例如，著名钻石商戴比尔斯公司在大力塑造“钻石即永恒”的公众文化过程中，也将此含义固定在商标上向市场推广。⑥ 此外，就消费社会这一语境而言，有论者甚至指出，“商业”除了经济交往，也是文化和社会的交往，是“文明的对话”（civil dialogue）。⑦ 这也佐证了商标已不仅仅是单纯的经济标志。

2. 商标法的目的

商标既兼具经济性和表达性，且二者对商标而言都具有至关重要的意义，那么商标法也就必须兼顾之，而不能只从其一端。诚然，商标法的首要目的是确保商标

---

① 刘银良. 知识产权法[M]. 2 版. 北京：高等教育出版社，2014：166 - 168.

② Russ VerSteeg. Historical Perspectives & Reflections on Matal v. Tam and the Future of Offensive Trademarks [J]. Journal of Intellectual Property Law，2017，25：132.

③ Russ VerSteeg. Historical Perspectives & Reflections on Matal v. Tam and the Future of Offensive Trademarks [J]. Journal of Intellectual Property Law，2017，25：132.

④ *Matal v. Tam*，137 S. Ct. 1768（2017）.

⑤ *Matal v. Tam*，137 S. Ct. 1768（2017）.

⑥ 例如，商标：“FOREVERMARK 钻石恒久远 一颗永留传”，注册号 21669879，注册人戴比尔斯英国有限公司，检索于中国商标网。

⑦ John Langworthy. A Slanted View on the Morality Bars：Matal v. Tam，in re Brunetti，and the Future of Section 2（a）of the Lanham Act［J］. The Business，Entrepreneurship & Tax Law Review，2018（2）：487.

的经济功能，欲完全做到这一点，避免仿制等行为带来的劣币驱逐良币问题，则商标注册制就成为一项应手且必要的工具。但是论者维斯提格指出，从商标的财产性质出发，不能得出道德规制的必要性。[①] 市场是一个风险场所，那些选择冒犯性商标的人自将承担更多风险，这意味着市场可以发挥自生的规制力量。[②] 唯一可欲的规制是对欺骗性、误导性商标的限制，因为二者直接影响了商标之识别功能的发挥。

但商标注册的意义不止于此。既然商标内容必然借由市场进入公共领域，商标人、公众和政府也就与注册行为有了另一种联系。借由商标的表达是商标权人表达利益的一种体现，尤其在商标的表达功能日益被认识的今天。特定内容之商标还可损害公众的情感利益。政府也因注册职能而有两类利益：公序良俗的管理利益和政府不与特定内容“相联系”的利益（以下简称“政府利益”；该词仅在此意义上使用，无其他含义）。显然，这些利益都是重大的，以至于商标法需要对这些利益作出妥当的安排，一方面要保护商标权人私益（经济与表达利益）和市场发展之公益；另一方面要考虑政府与公众的其他利益。这是塔姆案和布案所揭示出的、内在于商标法的深层张力。

在此视域下，我们得以重新描述道德条款的实质：多元利益冲突的例示和一种尝试性的解决方案。一方面，它将特定内容排除于可注册范畴之外，以维护公众和政府利益；另一方面，这种排除必须特定，以尽可能减小对私益与市场公益之侵害。显然，实定法未必总能达到此种理想，因此以上两案通过公法审查来反思道德条款是否达到了适当的平衡。当然，该二案例中的合宪审查制，与我国制度有所不同；不过，以公法规制公权力的行使，以达“限制之限制”的功效，却是通例。即便不是对法条的审查，而是对法律适用的检讨，这种审查的实质并无根本差异。因此，两案价值尚可深入发掘。

（二）商标注册行为与公法反思

1. 公法反思何以可能

尽管我国法院并没有对法条的合宪审查权，甚而宪法本身亦不得作为具体个案

① Russ VerSteeg. Historical Perspectives & Reflections on Matal v. Tam and the Future of Offensive Trademarks [J]. Journal of Intellectual Property Law, 2017 (25): 134.

② Russ VerSteeg. Historical Perspectives & Reflections on Matal v. Tam and the Future of Offensive Trademarks [J]. Journal of Intellectual Property Law, 2017 (25): 125.

的裁判依据，但公法上的反思仍然可以在具体的个案中展开。换言之，对道德条款的适用审查依然是可能的。另外，尽管这种审查并不能以宪法诉讼的形式展开，然则宪法诉讼于我国而言是否可欲尚有争议，但如有的学者所预言的那样，行政诉讼在我国事实上负担了调整公共机构与公民权利的重要公法功能。① 由此，公法的反思，也可以且应当以行政诉讼为核心展开。

这首先要求区分：谁在适用法律？根据现行《商标法》第 2 条，商标注册或不予注册的决定由商标局作出，并由商标评审委员会进行复审；根据第 35 条第 3 款，对复审决定不服的，可以向法院提起诉讼。由此，道德条款的适用，先后涉及两大主体：首先是行政部门，基于行使其商标注册职权的需要而适用；其次是司法系统（法院），其适用法律的目的恰恰是对政府部门法律适用行为的合法性监督。

（1）行政行为与司法审查。

就行政部门而言，商标注册之决定属于具体行政行为，因此也应受制于法律对具体行政行为所作的种种限制。尽管具体行政行为种类繁多，不可一概而论，但考虑到商标的可注册性审查是一种实质而非形式审查，因而这种行为也应受到公法上的实质性限制。《国务院关于印发全面推进依法行政实施纲要的通知》提出了合法行政、合理行政等基本原则，② 这更具体地体现在《中华人民共和国行政诉讼法》（2017）（以下简称《行政诉讼法》）第 70 条下所列举的 6 项司法审查标准。③ 亦即，行政部门的法律适用必须遵循依法行政的基本要求，体现为合法行政、合理行政等基本原则，这要求在合理限度内行使职权、作出裁量。④ 在这一意义上，尽管道德条款本身看似赋予了行政部门宽泛的裁量权，且《审查指南》对该条款作出了极为宽泛的细化，但行政法的基本制度与原则依然决定了行政部门裁量权的受限。

对行政部门的限制，可由司法审查实现。在行政诉讼中，法院对行政部门之具体行政行为进行合法性审查，且这种审查具有独立性，不受行政部门对法律之理解的拘束。⑤ 在司法审查中，尤其值得注意的是对合理性的审查。尽管《行政诉讼法》

① 陈端洪. 对峙——从行政诉讼看中国的宪政出路［J］. 中外法学，1995（4）：7.

② 《国务院关于印发全面推进依法行政实施纲要的通知》，国发〔2004〕10 号。

③ 《中华人民共和国行政诉讼法》（2017 修正），中华人民共和国主席令第 71 号。

④ 蔡小雪. 行政行为的合法性审查［M］. 北京：中国民主法制出版社，2019：196 - 197；何海波. 论行政行为“明显不当”［J］. 法学研究，2016（3）：72 - 73；王东伟. 行政裁量行为的合理性审查研究［J］. 北京理工大学学报（社会科学版），2018（6）：147.

⑤ 《行政诉讼法》第 4 ~ 6 条；姜明安. 行政法与行政诉讼法［M］. 7 版. 北京：北京大学出版社，2019：399.

第70条上的“滥用职权”与“明显不当”之区别尚有争议，但此二项关注行政行为之合理性，包括裁量的合理性，则为共识。就合理行政的基本内涵，学者多认为，这至少包含将公益与私益相衡量的比例原则等。① 简而言之，尽管道德条款措辞宽泛，政府的裁量权力却须服从依法行政的基本要求；这种要求借由司法审查来集中体现，往往以合理行政为归终；在合理性的判断中，则应当通过公法上的利益衡量，观察其裁量是否合理，从而达到“反思”之目的。

（2）法律适用与合宪性解释。

然而，尽管司法审查在理想上充当了对行政部门裁量权的反思与限制，但这必然要求法院进行独立的法律适用判断。这种判断也是道德条款适用之一种；问题在于，此种判断的限制又由何而来？在此问题上，塔姆案与布案提供的启发是：应当回到宪法。这带来的首要问题是：依据何在？前述两案例通过美国言论自由条款进行审查，但言论自由关注的难道不仅仅是表达利益么？第二个问题是，在我国实践中，宪法又如何发挥功能？

对前一个问题的回答是，言论自由条款的适用确有偶然性。在美国，该条款最初仅保护政治言论，② 但在今天，不仅言论自由权主体扩展到了法人，其保护客体也扩展到了商业言论：经济利益由此被言论自由条款所吸纳。③ 这也意味着，对我国而言，言论自由条款并非唯一答案；最终的答案，尚应结合宪法在我国法院审查中所能发挥的功能，亦即对第二个问题的回应。

对第二个问题的回答无疑更为复杂。抽象而言，宪法作为法体系中的最高法，其同时负担起对法体系的自我反思之功效，此非美国所独有。在具体的制度上，一方面，我国业已将“合宪性审查”提上日程，④ 这为道德条款的宪法审查提供了可能；不过，由于审查主体并非法院，且该制度之效能亦尚未展开，本文存而不论。另一方面，宪法对法院的法律解释工作本身形成了边界和指引，这集中体现在“合

---

① 何海波. 论行政行为“明显不当”［J］. 法学研究，2016（3）：81；杨登峰. 从合理原则走向统一的比例原则［J］. 中国法学，2016（3）：105.

② *Valentine v. Chrestensen*, 316 U. S. 52 (1942).

③ *Citizens United v. FEC*, 558 U. S. 310 (2010); *Central Hudson Gas & Electric Corp. v. Public Service Commission of New York*, 447 U. S. 557 (1980).

④ 全国人大常委会法制工作委员会法规备案审查室. 规范性文件备案审查理论与实务［M］. 北京：中国民主法制出版社，2020：192；朱宁宁. 中国法治步入合宪性审查时代［EB/OL］.（2019－02－26）［2021－03－25］. http://www.npc.gov.cn/npc/c723/201902/afbb32fd3303446aa865725500b7807e.shtml.

宪性解释”上。[①] 合宪性解释本质上是一种法律解释方法，其目的在于将宪法中的基本价值，尤其是基本权利，引入法律解释之中，并据此对特定规范的解释加以调整和矫正，以使对具体规范的解释与宪法价值不相冲突。[②] 从国家权力配置层面，由于宪法对一切国家权力主体具有拘束力，因而法院遵循合宪性解释框架亦为必须。[③] 最后，合宪性解释的具体方法论定位尚有争议，但论者多不否认其与目的解释的紧密联系；[④] 只不过，合宪性解释的特殊性在于其论辩效力上的优先性。[⑤]

合宪性解释不仅存在于学者的论述中，法院实际上已有“合宪性解释”作为法律解释方法的自觉。[⑥] 更有学者发现，合宪性解释在司法实践中其实早已“在场”且普遍。[⑦] 事实上，在我国的司法审查过程中，遵循比例原则的合理性审查，实质上也是宪法性原则的运用；[⑧] 而在商标授权确权行为审查中，最高人民法院也确实将合理性审查纳入了考量。[⑨]

总之，如上所述，对特定法律适用的公法性反思，实质上是对不同利益进行合理的权衡，在合宪性解释的语境下，宪法上的基本价值也参与这种权衡之中。既然如此，那么问题并不在于具体地适用哪一宪法条款甚至哪一部法，而在于应当将哪些价值纳入考量。本文不意图深入宪法的教义学争论，仅在初步意义上，一方面，我国《宪法》第13条第1款保护公民的私有财产权，而上文述及商标的二重属性时已论明商标的财产性质，因而商标的财产价值无疑能够得到充分支持；第35条则囊括了表达自由，这至少意味着表达利益也是宪法所尊重的价值，应予重视；另一方面，第51条则明确强调了国家、社会、集体和其他公民等主体之利益所组成的公共利益。

2. 塔姆案与布案重述

由上可知，道德规制问题的公法反思不仅是可能的，而且是必要的。比较法的

---

① 张翔. 两种宪法案件：从合宪性解释看宪法对司法的可能影响［J］. 人民司法，2008（3）：110；上官丕亮. 当下中国宪法司法化的路径与方法［J］. 现代法学，2008（2）：3.

② 刘召成. 法律规范合宪性解释的方法论构造［J］. 法学研究，2020（6）：81－82.

③ 刘召成. 法律规范合宪性解释的方法论构造［J］. 法学研究，2020（6）：81－82.

④ 刘召成. 法律规范合宪性解释的方法论构造［J］. 法学研究，2020（6）：87；蔡小雪. 职工外出开会休息期间受到意外伤害应认定工伤［J］. 人民司法·案例，2009（24）：15－16.

⑤ 刘召成. 法律规范合宪性解释的方法论构造［J］. 法学研究，2020（6）：88.

⑥ 蔡小雪. 职工外出开会休息期间受到意外伤害应认定工伤［J］. 人民司法·案例，2009（24）：15－16；（2018）粤03民终473号。

⑦ 杜强强. 合宪性解释在我国法院的实践［J］. 法学研究，2016（6）：108.

⑧ 梅扬. 比例原则的适用范围与限度［J］. 法学研究，2020（2）：57－69；杨登峰. 从合理原则走向统一的比例原则［J］. 中国法学，2016（3）：105.

⑨ 刘晓军. 商标授权确权行政行为的司法审查［J］. 人民司法，2012（15）：11.

意义正在于此：它为我们提供了一套权衡方案，为自我反思提供了灵感。

首先，两案都未能决断“商标是否为商业言论”，从而未能终局性地决定对商标限制的审查强度。该问题的实质是：在商标法的可注册性主题之道德规制中，法院应当给予表达利益以何等权重？

如上所述，托马斯主张言论自由的强保护、拒绝“商业言论”例外，亦即对一切侵害言论自由的，统施以严格审查。这套方案意味着对商标的表达利益给予绝对权重。然而，这一立场并没能反映出当代绝对权利观念的消弭；换言之，这种观点在赋予（经济性的）表达利益以优先地位的同时，几乎不对其他相关利益如公众情感等进行考虑，似有失偏颇。至少，如布案中多名附随和异议法官所指出的，对于几无表达意义的VPO语词，并没有施以重点保护的充分理由。

相比之下，肯尼迪认可对“商业言论”进行放宽审查，这意味着对商标的表达利益仅赋予相对高的权重，是对上述言论自由的强立场之放松。在这一方案下，公共利益乃至于政府利益都可被纳入考量；但是，由于表达利益来自宪法上的基本价值（表现为基本权利；尽管如前所述，这一利益已经是对第一修正案进行扩张解释的结果），因而其并不能轻易被公共利益与政府利益所压倒，相反，中度审查的标准仍应当被满足。

其次，布雷耶的“成比例性”标准则并不给表达利益以特殊权重。布雷耶反对对道德条款问题套用第一修正案的范畴分析，而是主张进行损益对比，这意味着表达利益在这里与公共利益、政府利益是齐平的。这一方案并没有完全泯灭宪法的基本价值，因为商标上的表达利益能够被承认为法律所保护的利益，仍需要宪法为其“背书”；但可以说，这亦使宪法价值不再具有特殊性。反而思之，言论自由深植于美国文化传统中，因而多数法官都对表达利益进行了特殊强调；但如前所述，传统政治言论与商业表达之间毕竟存在差异，因而对商标表达利益的强调，同时也是对言论自由内涵的扩张。由此来看，或许布雷耶的方案根本上是对这种扩张解释的一种回退。

最后，问题似乎落在了谁的方案更具有借鉴意义？由这一问题出发，似乎布雷耶的损益衡量方案，更能够给予我国以参照。这是因为，其他方案的可借鉴性很大程度上依赖于这样一个前提，即我国宪法与美国宪法中言论自由条款的意涵是相似的；然而，考虑到中美司法体制殊异和我国合宪审查制度方才起步的现实，这一前提很难成立。不过，这并不意味着我国宪法不具有司法适用可能；相反，上文已经释明，宪法在法院的法律适用中仍然有着重要意义，从而也对行政司法审查具有重要意义。因此，布雷耶方案与这样一种宪法适用的“最小可能性”相洽和，即将那些可能为宪法所承认的利益纳入司法审查的利益权衡之中——而这将最终落实到比例原则的运用上来。

（三）《商标法》道德条款的再观察

基于上论，尽管道德条款本身是司法系统所“不容置喙”的，然而法院作为法律的解释者和适用者，在道德条款的个案适用中，仍应当遵循特定的约束，包括考虑经由合宪性解释引入的宪法价值，以及对具体行政行为的合理性审查和比例原则的适用要求。

不难发现，无论是布雷耶的成比例性分析，抑或前所引述的比例原则，都能得出这样几点结论：首先，管制目的应为正当性，且手段可以达成目的；[①] 其次，成比例性的要求也蕴含了手段应具有必要性，即为实现公共利益而对私益之侵害应当控制在最小可能范围内；最后，所实现之公益应当远大于所损失的私益，或者二者至少应当成比例。由此，不难得出一些具有指导意义的推论。

1. 适用之限制

首先，在法条语言过泛时，法院应当有意识地限制其适用范围。道德条款不仅在文义上极为宽泛，实践中亦成为“向一般条款逃逸”的捷径，这无疑是危险的：正如本章所揭示的，道德条款是多方利益权衡的尝试；换而言之，道德条款本身的规范目的为保护公共利益和可能的政府利益，但对这些利益的保护必须与所涉的私益和其他公益相平衡。诚然，在涉及利益多元时，一方之进益便是另一方之退却，故其平衡必须精细。那么，无论是比例原则之要求，还是上述两案中审查强度的借鉴，都意味着法院不能接受一种“不计代价”的保护方式。个案审查在这方面是有优势的：它允许法官将尽可能多的事实细节纳入考量，以求公允。此外，正是在文义解释无法得出明确答案的地方，法官才必须探究规范目的以作出合宜解释。因此，滥用道德条款同时违背了该规范之目的和法律适用的基本法理。

具体到司法实践中，道德条款的适用应当关注如下几个方面。其一，如司法解释所强调的，道德条款不应用于对特定民事权益的保护。这是因为，《商标法》已

---

① 尽管布雷耶没有直接指出这一点，但这显然构成私益与公益具有“成比例性”的逻辑前提。

经对值得保护的特定民事权益作出了完整的安排，包括保护期限等“限制保护”的制度；由于道德条款的绝对无效效力，一旦其被滥用于特定民事权益的保护，则会打破此种立法上的平衡，使得特定权益保护制度的安排沦为具文。另外，从纠纷当事人的角度，一旦允许适用道德条款保护特定民事权益，则会由于道德条款的“便捷性”而为其提供激励，这已经体现在了大量案例中——无论行政部门或法院是否认可，当事人都将道德条款作为“进攻手段”之一。

其二，道德条款应当坚持“内容审查”原则，即商标是否违反道德条款仅取决于商标自身内容，而不考虑商标是否系属仿冒、抢注以及用于何种产品等情节。例如，北京市高级人民法院在纪某某诉商标评审委员会及莱雅公司商标异议复审行政纠纷案［（2012）高行终字第1402号］中即作此强调。这一立场的考虑是，一方面，《商标法》第10条各项都是对于商标自身内容、要素的审查，因而作为其中一项的道德条款也应针对商标内容自身，此为体系解释的应有之义。另一方面，对于有问题的情节，首应适用与其相适宜的保护制度，而不应当将道德条款作为兜底和论证捷径；且如超出商标内容本身，而考虑注册情节等，将会导致道德条款进一步工具化、扩大滥用倾向，与该条所欲保护之利益不相符合；此外，这也会导致一种悖谬的结论：内容要素完全相同的两商标，在情境1下具有不良影响，但在情境2下则没有不良影响；这也对“同案同判”的原则提出了直接挑战。①

其三，即使在《商标法》第10条之下，道德条款也应列后适用，以避免“向一般条款逃逸”倾向、将道德条款作为判案捷径。诚然，第10条诸项，都可以解释为有害于社会主义道德或具有“不良影响”，实质上都对公共利益和政府利益有所侵犯；这使得道德条款带有了某种“一般法”的性质，因而应当列后于特殊法而适用。前述案例中，有法院将本应适用第10条第1款第7项的情节，却径行认定为“不良影响”，亦有不当。

其四，参见上述两案对美国道德条款的批评，法院还应着重审查行政部门所作的“公共利益”判断是否具有合理性。显然，道德条款的适用离不开社会主流道德的判断，但如上所述，由于判断者是行政部门而非真正的公众，这必然导致滥权的风险。前所引述的云南铜业（集团）有限公司案中，商评委超越职权适用道德条款，可为一例。此外，如布案之法庭意见所指出的，观点歧视本身蕴含了不平等适

① 本段论述仅针对一般情形；无疑，在法律漏洞的情形下，为实现个案正义，法律续造总是可能的，但法律续造本身也受严格限制，此处不作深入。

用的风险。诚然，我们不能因此而完全拒斥主流价值观在法律适用中的地位和意义，否则便可能陷入道德相对主义、虚无主义的旋涡；但由于此处权力的行使事关同样重大之私益，因而司法之审慎有其必要性。

2. 适用之可能

“道德条款不可滥用”只是一种消极结论；什么是道德条款可以规制的对象？如前所述，道德条款的规范目的在于保护公共利益和政府利益，那么，在一方利益较强的情境下，规制便为可能。以下试举数例。

首先，在私益较弱而公众道德情感和公序良俗之利益较强的场景下，对非以观点表达为目的的粗俗言论和性暗示等内容，可以适用道德条款。前述大法官们认可对 VPO 词语的规制，很大程度在于其不能传递实质性观点，因而不具有表达利益；此外，如布雷耶指出的，此类语词会产生不当的生理性影响，进而影响商标经济功能的发挥；在公益方面，此类商标对儿童、一般公众都有较大的负面影响，可以说对公序良俗利益具有较大损害。因此，此类规制应被允许，这也是典型意义上的“道德规制”。

其次，在政府利益较强的场景下，亦可进行规制。例如商标包含国家、政府机关名称等，但又不能适用《商标法》第 10 条第 1 款第 1 ~ 3 项的情境；此亦为司法解释所强调。此情形下，政府不与特定商标相联系的利益最为突出；且避免政府背书的误导也有利于维护市场秩序这一公共利益。因此，将该类商标归入第 10 条的“不良影响”亦非过当。

最后，参照美国学者对塔姆案和布案的论述，有限的语境主义是个案审查中值得考虑的一种思路。① 所谓的有限语境主义，即在利益的界定上，考虑到商标申请人的身份等情节要素。尽管上小节指出，原则上，道德条款仅应关注商标内容本身；这里则不妨作为该原则的例外。内容审查原则的考量，在于内容之外的情节往往可由其他制度处理，而那些不能解决的也可能是立法者有意为之，故在此情形下适用道德条款或构成滥用；换言之，此类情境下的主要问题并不是利益如何权衡，而是法律制度的选择。然而，有限语境主义例外，则是在界定具体利益层面，例如涉及公众情感或者相关集体的利益时，考虑到申请人自身身份以及相关公众的意见。例如在塔姆案中，尽管涉案语词是对亚裔的辱称，然而申请人自身也是亚裔，且能够

① John Langworthy. A Slanted View on the Morality Bars: Matal v. Tam, in re Brunetti, and the Future of Section 2 (a) of the Lanham Act [J]. The Business, Entrepreneurship & Tax Law Review, 2018 (2): 489.

证明其目的在于消解这一语词的侮辱性含义，那么，此时对亚裔群体利益的考虑就应当与通常情形相区别；如能证明多数亚裔群众对这一行为也是支持的，此时的集体利益就变得极弱了。

事实上，这种有限的语境主义在《审查指南》中亦有体现：尽管其中明确排除了涉及宗教的商标，却允许宗教团体以“专属于自己的宗教活动场所名称”注册商标。① 尽管这一例外只在宗教相关规定中出现，但如果采取语境主义考量，则在涉民族或种族等事项上都可以作类似考虑。这也有利于避免道德条款的武断适用和“一刀切”所带来的不合理的实际，例如商标因包含民族名称而不可注册（如云南阿佤姑娘生物科技有限公司案，② 涉案商标“阿佤姑娘”），包含种族名称的却可注册（如陈某某案，③ 涉案商标“黑人”）。

上例皆为相对明确的情形。《审查指南》还作出了其他规定。依据上论，这些都应当经受法院的审慎审查；对其中一些一概否定式规定，应尤作慎重考虑；而上述的利益衡量框架，则提供了法院审查的基本前提。当然，《审查指南》并非具有拘束力的法律文件，法院本无义务对其规定进行适用。

四、结　论

塔姆案和布案启发我们重新反思商标的本质属性和商标法的目的。要言之，经济属性和表达属性都是商标的必然属性，商标法的目的不仅在于保障商标经济功能，也在于特定情形下，对由商标的二重性导致的公益与私益之冲突作出衡平的安排。这就是商标内容规制的根本。对此类规制的反思，即引动公法上的审查。因此，本文所涉争议并非偶然的部门法交叉，而是内生于商标法的必然产物。即便是美国道德条款的宪法争议，也并非从塔姆案开始，④ 只不过美国法院作出了不同的抉择。

重新认识道德条款的规范性质，有助于反思我国实践中的问题。目前《商标法》的道德条款因其文义宽广，被作为兜底条款、论证捷径，违反了该条款的根本目的，也违反了法律适用的一般原则。考虑到我国个案审查的公法传统，法院应对道德条款抱持审慎态度，在充分考虑个案事实和语境基础上适用，从而对其范围加

① 《商标审查及审理标准》第40页。

② 北京知识产权法院（2020）京73行初7768号行政判决书。

③ 北京市高级人民法院（2017）京行终2097号行政判决书。

④ 李明德. 美国知识产权法[M]. 2版. 北京：法律出版社，2014：491.

以限制。此为社会主义法治建设的应有之义。

（责任编辑：王颖）

Reflection on the Moral Restrictions in Trademark Law: In Light of Two Constitutional Cases over The Lanham Act

Li Haotian

Abstract: One general practice in trademark law is that trademarks containing certain elements shall be denied registration, and one of the commonly barred elements is immoral or bad content, which is the so - called "moral restrictions". Due to the uncertainty brought by such restrictions, worries and controversies arise on potential misuse of such restrictions, and it seems necessary to limit its use. In the U. S., two newly - ruled constitutional cases, *Matal v. Tam* and *Iancu v. Brunetti*, declared unconstitutional the moral restrictions in American trademark law, which in nature is to put limit by the judicial review power. By introducing the arguments and rationales of the two cases, along with the law reviews of them, we shall be able to reflect on the nature of trademarks and the legislative purpose of moral restrictions. Besides, combining the practice in China, such reflection shall also be helpful to provide for inspirations concerning the application, and the limit of it, of the moral restriction clause in Chinese trademark law.

Key Words: Trademark Law; Bar on Registration; Morality Restrictions/Bars; the Lanham Act; Public - Law Review; Constitution

论自利背景下的知识产权代价

曾　田*

【摘　要】自利是人的一种心理，几乎占据了人内心的主要部分，在自利背景下，知识产权人将以自我利益最大化的方式行动。本文从人自利心理与行为的角度，展示知识产权所有者在自利心理驱动下将不可避免从事的行为，以及这些行为可能造成的代价。一方面，抽象物财产权具有独特的阻止权能，自利知识产权人将利用抽象物财产权的特性采取一系列行为策略，包括扩张策略、阻止策略、争夺策略、诉讼策略、合谋策略等，这些策略可能对创新与市场竞争秩序产生损害。另一方面，基于公共选择理论中的集体行动逻辑，在自利心的驱使下，占据大量知识产权资源的少数垄断企业将积极组成小集团游说政府扩大知识产权保护边界，受损害的社会公众却难以组织起来发声，最终导致的结果是：知识产权将不断依照利益集团的游说扩宽保护范围，知识产权逐渐成为服务于少数利益主体的制度。本文论证并不旨在反对知识产权制度本身，而是客观展示知识产权人基于自利心理将如何利用知识产权，以帮助立法者和司法者在市场竞争环境中谨慎划定知识产权的边界。

【关键词】自利　抽象物财产权　行为策略　集体行动逻辑

一、引　　言

虽然对知识产权设立的原因不同学说有不同的解释，但是大家普遍接受的原因是：知识产权的设立可以激励智力成果的创作和投资，从而促进国家科学和艺术的

* 曾田，法学博士，对外经济贸易大学讲师。

发展，所谓“给天才之火浇上利益之油”。[①] 然而，在知识产权制度建立近400年后的今天[②]，越来越多的人开始对知识产权的设立产生怀疑。许多学者认为，知识产权制度给社会带来了过高的成本。具体而言，他们认为，知识产权客体的本质是信息，其抽象物的特性使知识产权的界权成本与交易成本高昂。与有形物不同，抽象物没有自然的界限，因此在确定知识产权保护客体方面会产生许多成本。同时，知识信息具有“公共物品”属性，只要知识信息公开，知识产权所有人就难以排除他人接触和使用其智力成果，多个使用者可以同时自由使用该信息，知识产权人寻找并许可知识产权的交易成本高昂。除此之外，知识产权的保护还将带来高昂的司法成本和寻租成本。

近年来，反对知识产权制度的呼声越来越高，在著作权法领域，虽自著作权诞生之初法学家就对于在文学领域设立财产权争议不断[③]，但是随着现代互联网技术的发展，著作权的合理性受到了更严峻的挑战。美国哈佛大学劳伦斯·莱斯格教授是著作权弱保护的主要支持者之一，他主张在现代共享文化下，坚持传统的著作权保护模式并不是在保护创作者，而是在保护特定的生意。如果在网络版权保护争议中固守传统强保护理念，将会最终伤害创作和文化本身。[④] 在专利领域，詹姆斯·贝森（James Bessen）和迈克尔·穆勒（Michael J. Meurer）在《专利失灵》（*Patent Failure*）一书中指出，自1990年开始，专利制度运行的成本就超过了其收益，专利不再是鼓励创新，它们更多的是提供给专利权人阻碍他人进入市场的作用，专利甚至阻碍了创新。[⑤] 在反对知识产权保护的学者们看来，知识产权成为一个让大家都不快乐的制度，甚至有学者认为知识产权正逐渐消亡[⑥]，知识共有[⑦]才是未来的发展趋势。

尽管反对知识产权保护的呼声高昂，但是支持者仍占大多数，支持知识产权保护的学者们认为，最大化的社会效率并不是知识产权制度的首要目标，保护知识产权的根本原因在于它是人们基础性的权利，基于一些数据的实证性成本收益分析并

---

① Abraham Lincoln. Discoveries, Inventions, and Improvements [A] //Abraham Lincoln. Complete Works of Abraham Lincoln. John G, Nicolay, John Hay, eds. New York: Tandy - Thomas, 1905: 113.

② 自1623年英国颁布世界上第一部专利法《垄断法规》开始起算。

③ 马克·罗斯. 版权的起源［M］. 杨明，译. 北京：商务印书馆，2018：9 - 18.

④ Lawrence Lessig. Free Culture [M]. New York: The Penguin Press, 2004.

⑤ James Bessen, Michael J. Meurer. Patent Failure [M]. Princeton: Princeton University Press, 2008.

⑥ 冯象. 丧钟为知识产权而鸣［J］. 中国企业家，2012（11）：44 - 45.

⑦ 支持知识共有的著作如，彼得·德霍斯. 知识财产法哲学［M］. 周林，译. 北京：商务印书馆，2017.

不能动摇知识产权保护的根基。① 知识产权的正当性在于它可以激励成本高昂的研发投入②，在后工业化的信息时代，有形商品的重要性让位于信息③，知识产权已经成为企业的重要资产④，保护知识产权具有重要性。此外，知识产权的交易成本并不高，可通过制度与管理模式创新避免一些成本，例如建立有效集体管理制度⑤或专利池机制以降低交易成本⑥等。

知识产权保护的利弊之争从未间断，但是没有任何一方能够完全说服对方。可以说，再精确的经济学工具也不能计算出人们没有知识产权制度会比有知识产权制度更好，知识产权制度带来的成本高于或小于收益是一个不可能回答的问题。本文并不意图对知识产权制度进行成本与收益的衡量，只是从人自利本性出发，展示知识产权所有者在自利心理驱动下将不可避免从事的行为，以及这些行为可能造成的代价。笔者以为从心理与行为的角度分析知识产权所有人可能引起的代价是有意义的，现阶段关于知识产权制度成本的研究主要是基于实证性分析或者结果性推断，所得出的结论将随着数据和条件的不同而改变。然而，自利是经济人的主要心理，市场中知识产权所有人基于自利产生的行为是不可避免的，所造成的代价也是相对确定的。本文论证并不旨在反对知识产权制度本身，而是客观展示知识产权人基于自利心理将如何利用知识产权，以帮助立法者和司法者在市场竞争环境中谨慎划定知识产权的边界。

二、自利与自利人的假设

自利是人的一种心理，指人对实现自我利益的需求和渴望。自利几乎占据人内心的主要部分。在自利心理下，人通常会依照自己的利益做出行为选择，换句话说，每个人的行为都是源自追求自我利益。自17世纪开始，大量哲学、心理学和经济学理论都在检验自利心理对人行为的影响和激励。托马斯·霍布斯在《利维坦》中写

---

① Robert P. Merges. Justifying Intellectual Property［M］. Boston：Harvard University Press，2011.

② Friedrich List. The National System of Political Economy［M］. London：Longmans，1885：307.

③ R. K. Salaman，E. C. Hettinger. Policy Implications of Information Technology，NTIA Report 84－144［R］. U. S. Department of Commerce，1984：28－29.

④ Esteban Burrone. Why Intellectual Property Matters［EB/OL］.［2019－11－18］. https://www. wipo. int/export/sites/www/sme/en/documents/pdf/ipmatters. pdf.

⑤ 熊琦. 论著作权集体管理中的私人自治——兼评我国集体管理制度立法的谬误［J］. 法律科学（西北政法大学学报），2013（1）：142－149.

⑥ 钮京晖. 专利池对降低交易成本的价值［J］. 电子知识产权，2007（12）：1.

到，每个人自愿做出的行为，都是对自己有益的行为①，“现代经济学之父”亚当·斯密在《国富论》中指出，我们每天所需的食物和饮料，不是出自屠夫、酿酒师和面包师的恩惠，而是出于他们自身利益的打算。② 托马斯·威尔斯认为，带走了利益的希望，你将承受无比的痛苦。③ 英国历史法学家梅因认为，契约的重要性在于，它使得人们可以抛开家庭和阶级带来的身份限制，为自己的利益做出选择。④

（一）心理学与哲学上的自利论证

自利是否是人的主要心理呢？从进化论的角度看，人主要由自利心引导行为是有道理的。物竞天择、适者生存，在自然演变的规律下，趋利避害是人与其他生物能够生存在世界上的原因，在与自然和其他物种的抗争中，如果人类不追求自利，就无法生存下来。人类的一切行为都可以看作为了追求生存和繁衍利益的最大化，自利是人类得以存在的前提。

在心理学上，自利是人的本性，利己是一种客观存在的人的心理现象。心理利己主义支持者认为，任何人最终所能欲求或需求的东西只能是他自己的个人利益。⑤这里的个人利益包括物质上的利益与精神上的愉悦和满足。正如美国前总统林肯曾说的，他救小猪虽然不是为了追求名利，但是为了追求内心的舒适，救小猪后他的心将得到安宁和满足，而不救则会让他内心内疚挣扎。⑥ 所以救小猪行为本质上也是利己的，追求内心的满足。

在哲学上，伦理利己主义支持者不仅认为自利是人的本性，而且主张每个人都应当依照自利引导行为。具体来说，不同文化背景的人有不同的道德准则，一个群体中习以为常的想法，可能在另一个群体中看来非常恐怖。例如，虽然现代大部分人都是一夫一妻制，但是仍然存在许多一夫多妻、一妻多夫的国家和群体，对于坚持一夫一妻制的人来说，一夫多妻和一妻多夫都是难以接受的，反之亦然。另外，不同宗教的信仰不同，人们的观念也不同。可以说，没有一个统一判断伦理或道德

---

① 霍布斯. 利维坦［M］. 黎思复，黎廷弼，译. 北京：商务印书馆，1985.

② 亚当·斯密. 国富论［M］. 郭大力，王亚南，译. 北京：商务印书馆，2014.

③ Thomas Wilson. The Art of Rhetorique［M］. Oxford：Clarendon Press，1909.

④ Jack Barbalet. Self – Interest and the Theory of Action［J］. The British Journal of Sociology，2012，63（3）：412 –429.

⑤ Joel Feinberg. Psychological Egoism［M］//Russ Shafer – Landau，Joel Feinberg. Reason and Responsibility. Wadsworth，2001：183.

⑥ 詹姆斯·雷切尔斯，斯图尔特·雷切尔斯. 道德的理由［M］. 杨宗元，译. 北京：中国人民大学出版社，2014：70.

对错的标准，因为每个判断标准都是与文化紧紧相连的。[①] 在民俗中，不管什么都是对的，因为它们是传统的，代表着祖先灵魂的权威。[②]

由此，不同的社会或者群体将会有不同的道德准则，而不同的道德准则决定着这个社会或群体的是非观，决定哪些行为是对的，哪些行为是错的。不存在一个统一的标准可以判断不同社会或群体的行为。[③] 在此背景下，我们对他人的欲望和需求并不了解，我们意图去满足他人需求时往往会适得其反。与此同时，我们每个人都非常熟悉我们自己的个人欲望和需求，每个人自己追求这些欲望和需求才是最有效的。[④] 所以，在伦理和道德上，人们应该去从事任何有利于自己的事情。即使人们从事利他行为，最终也是为了服务于自己的利益。正所谓“我为人人，人人为我”。

但也有学者反对利己主义，认为人们对利益的追求只是其中一个部分，当利益得到满足后，个体就会转向更高的尊重需求和自我实现需求。对于自利的争议很大程度上是由于对“自利”概念的不同解释，无论如何，自利也许并不能解释人们所有的行为，但是自利确实在大部分时间影响着一个人的言行。尤其在市场环境中，人们在做出行为时总是会考虑成本与收益，争取实现最大化的利益。

（二）经济学上自利的假设

经济学上的“经济人”假设是现代经济学分析的基本假设，所谓经济人是指从事经济决策的主体都是具有理性的，他们进行行为选择的最终目标是使自己的利益最大化。经济人假设最初是由亚当·斯密关于自利人的论述中发展而来的，经过后续经济学家的完善和补充形成一个独立的经济学概念。

相比于其他环境，为什么市场中的行为人更多是以追求自我利益为目的行为的呢？从市场起源出发，人的自利之心是劳动分工与交易市场形成必不可少的关键元素，利己主义是人们经济生活的原动力。动物擅长用讨好的手段从同伴处获得食物，

---

① James Rachels. The Elements of Moral Philosophy ［M］. New York：McGraw－Hill，2008：16. 这也是文化相对论者支持者的主要观点。

② William Graham Sumner. Folkways：A Study of Mores，Manners，Customs and Morals ［M］. NewYork：Cosimo Classics，2007.

③ William Graham Sumner. Folkways：A Study of Mores，Manners，Customs and Morals ［M］. NewYork：Cosimo Classics，2007.

④ William Graham Sumner. Folkways：A Study of Mores，Manners，Customs and Morals ［M］. NewYork：Cosimo Classics，2007.

但它们并不会进行协作与交易。换言之，善意和施舍并不能够促使人类社会建立市场，只有以利换利的观念才能促进劳动分工与交易市场的形成。正如亚当·斯密所言，在市场交易中，如果人们能够刺激他人的利己之心，使有利于他，并告诉他们，给他做事，是对他们自己有利的，他要达到目的就容易得多了，[①] 这就是每一项交易的主旨所在。自利引导着屠夫、酿酒师和面包师提供人们每天需要的食物，自利使劳动产品交易成为可能，促进了人类文明中劳动分工的形成。

在现代发达的社会中，劳动分工使人们不仅可以让各行各业的产量倍增[②]，而且可以使人们专注于某一项具体的劳动之中。劳动分工制作面包的工人可以通过专心制作面包，换取生活所需的其他必需品。换句话说，劳动分工可以使人们用自己消费不完的剩余劳动产品，换取自己需要的别人的剩余劳动产品。而不同剩余劳动产品的交易正是个人自利所引导的。

另外，市场参与者的自利是市场资源进行合理分配的重要条件。亚当·斯密在其著作《道德情操论》与《国富论》中共同描述了在行为人自利的背景下个人利益与社会利益的协调，这种协调是通过自然和谐或“看不见的手”实现的。亚当·斯密认为，经济活动参与的个人都倾向于追求他们的个人利益，在此过程中，“看不见的手”引导个人的自利行为实现社会整体利益，即使这不是个体的本意。在自利的引导下，生产者期待利润最大化，消费者追求效用最大化，劳动者将寻求最高的工资，等等。在此背景下，每个个体都是理性的，每个人都在个人利益最大化的情形下做出选择，而这些选择将会相互作用，最终推动整个团体达到某种均衡。

社会中的每个个体追求最大化个人利益的行为将驱使社会整体利益的实现。每个人都追求自己的利益，往往使他能比真正处于本意的情况下更有效地促进社会的利益。[③] 正如哈耶克将“看不见的手”视为一种自发的秩序，虽然每个人都无意于追求社会整体利益，但是有一只“看不见的手”引导每个人的自利行为，最终形成社会福利。市场交换中的这种自愿和互利使行为人只有重视他人利益的情况下才能实现个人利益，从而使社会实现某种繁荣、和谐的状态。市场中个体的自利是实现社会整体福利的重要条件，某种程度上，市场的特性要求市场的参与者追求个人效用最大化。

---

① 亚当·斯密. 国富论［M］. 郭大力，王亚南，译. 北京：商务印书馆，2014.

② 亚当·斯密. 国富论［M］. 郭大力，王亚南，译. 北京：商务印书馆，2014.

③ Thomas Wilson. The Art of Rhetorique［M］. Oxford：Clarendon Press，1909.

综上所述，自利是人们的主要心理，尤其在市场环境中，自利是实现劳动分工与资源合理配置必不可少的要素。虽然自利不能解释人们所有行为，但是对于市场中的知识产权人而言，自利心主要引导他们的行动策略选择，在自利背景下解析知识产权人的行为具有现实意义。

三、抽象物财产权特性与知识产权人的行为策略选择

知识产权是随着技术与知识市场的发展而形成并不断丰富的权利，在某种程度上，知识产权是解决智力成果所产生利益分配问题的制度选择。虽说知识产权是为了激励创新而给予创作者的权利，但实际上，知识产权的拥有者往往并不是发明人与作者本身，而是利用知识产权谋取商业利益的市场主体。该现象在权利诞生之初就有所体现，在18世纪催生著作权的几个著名案件中，出席诉讼力争著作权保护的并不是作者，而是大的出版商，他们争取“文学财产”的同时也主张作者可以把权利转让给他们。[①] 自利可以很好地解释这一现象，只有财力雄厚的市场主体才有能力与动力投入成本进行知识产品的生产与知识产权运营，对于创作者与发明者个人而言，收取一次性的权利转让费或固定劳务费往往是利益最大化的选择。

随着知识市场的壮大，这种趋势越来越明显，知识产权越来越集中于市场中的几个主体手中。以音乐作品为例，无论是乐谱、唱片还是数字音乐，其版权都集中在音乐出版公司、音乐唱片公司与网络音乐平台手中。在中国，腾讯公司拥有中国音乐市场上90%的音乐版权。[②] 而在专利领域，有价值的专利都集中于大型科技公司，以高通为首的通信巨头们控制了通信市场中所有强专利，每一个进入通信市场的企业都必须获得他们的专利许可。可以说，现代知识产权市场中，发明人与创作者更像是智力劳动者，真正拥有并运用这些知识产权的是版权与技术市场中的市场主体，知识产权的策略博弈是强大市场主体的专属游戏。

正如上文所述，自利是人行为的主要动机，尤其在市场环境中，市场主体的行为很大程度上是为了追求个体利益最大化。在自利的引导下，市场中的知识产权人将不可避免地采取一系列策略以实现知识产权最大化收益。不同于一般的有形财产，

---

① Lawrence Lessig. Free Culture [M]. New York: The Penguin Press, 2004: 15.

② 腾讯音乐占有中国总曲库的90% 但版权垄断将彻底毁掉音乐市场 [EB/OL]. [2020－12－20]. http://www.sohu.com/a/190597481_452858.

知识产权客体的抽象物特性为知识产权所有人带来了更多的策略选择，笔者下文将结合抽象物财产权的特殊功能对知识产权行为人可能采取的策略展开介绍。

（一）抽象物财产权的独特性

随着不动产物权与抽象物财产权的出现，以及现代经济学与哲学对财产权问题的分析与研究，以美国霍菲尔德为代表的现代学者们对财产权概念的理解从绝对的“对物性”转向了“权利束”的观点，从强调“对物”转向了强调“对人”，即财产权控制的法律关系不再是纯粹的人与物的关系，而是控制人与人的关系。[①] 对于土地等不动产来说，其是一种“物”但又不同于传统的物，权利人并不能实际上对该“物”进行占有。对此，法律拟制出“不动产物权”，令除权利人本身以外的其他人普遍负担了相关的消极义务，即不得干涉权利人的行为，通过强制此义务从而在法律上确立并保障了不动产物权。同样，对于抽象物财产权而言，其并没有一个对应的“实物”，而是基于一个想象实体上法律拟制的“抽象物权”，此时抽象物所有人的权利正是通过他人履行不得干涉的消极义务所实现的。

与普通有形物不同，抽象物没有物理意义上的实体，他人无法对抽象物的使用进行干涉，也无法破坏抽象物，在此情况下，抽象物财产权的内容更多表现为对他人某种行为的阻止或控制。在知识产权领域，权利客体为抽象的信息，知识产权人有权阻止他人未经许可使用与此相同或相类似的信息。如果说，普通财产权上的排他权能是对他人妨害的积极防御，那么抽象物财产权上的阻止权能就是对他人行为的积极控制，其对他人行为的影响程度与影响范围都超越了普通财产权的界限。以樱桃种植为例，樱桃所有人只能排除他人采摘樱桃，但是不能禁止他人种植樱桃，若樱桃所有人享有对樱桃上某种改良基因的专利权时，其可阻止其他种植者种植这种改良樱桃。[②]

由此，彼得·德霍斯教授认为，抽象物财产权超越一般财产权的具有主权的效果，尤其当他人对抽象物的使用产生依赖关系时，权利人可基于依赖关系对其进行

---

① Wesley N. Hohfeld. Some Fundamental Legal Conceptions as Applied in Judicial Reasoning [J]. Yale Law Journal, 1913, 23: 16; Wesley N. Hohfeld. Fundamental Legal Conceptions as Applied in Judicial Reasoning [J]. Yale Law Journal, 1917, 26: 710 - 733; 转引自：冉昊. 财产权的历史变迁 [J]. 中外法学, 2018 (2): 379 - 392.

② 彼得·德霍斯. 知识财产法哲学 [M]. 周林, 译. 北京: 商务印书馆, 2017: 192 - 193.

威胁或强迫。① 另外，抽象物的无形性为财产权边界划定增加了困难，权利边界的模糊性给了权利人寻租和游说的空间，也给他人的行为与计划增加了不确定性。

（二）博弈视角下的知识产权人行为策略选择

20世纪70年代后，经济学家开始将注意力由价格制度转向非价格制度，关注市场参与者之间行为的相互作用，博弈论逐渐成为现代经济学的基石②，个体在经济生活中的博弈策略选择也越来越受关注。如果说市场是一局棋，每个市场主体都是棋手，那么立法者就是这盘棋的规则制定者。法律设置的规则为个体提供了其行为的结果预期，并且提供个体预测他人的行为的可能性，此时，市场主体在法律背景下，市场主体将综合行为结果预期与他人行为预测做出收益最大化的策略选择。

在知识产权的相关市场中，知识产权法赋予知识产权人对抽象物（知识信息）的财产权，自利的知识产权人将结合抽象物财产权的不确定与阻止特性，采取一系列博弈策略，以争取市场竞争的优势地位以及最大化知识产权带来的市场收益。如上文所述，抽象物财产权具有超越一般财产权的特性，在市场竞争中，这些特性将为抽象物财产权利人带来更多策略选择的空间。在知识产权领域，这些策略包括但不限于：扩张策略、阻止策略、争夺策略、诉讼策略、合谋策略等。笔者下文将对此展开说明。

四、知识产权人的具体行为策略

（一）扩张策略

市场环境中，知识产权人的所有行为目的都是实现利益最大化。强大的知识产权不仅使权利人可以阻止竞争者的模仿，保持自身独特的竞争优势地位，还可通过许可交易使权利人获得大量的经济报酬。不同于有形物，知识产权客体具有无形性，这意味着知识产权的权利边界模糊，具有很大的可变空间。此时，扩张策略成为自利知识产权人的自然选择，其将采取一切办法扩宽知识产权的保护范围。知识财产抽象物的保护范围是由立法与司法共同确定的，立法决定知识产权的种类和内容，

① 彼得·德霍斯．知识财产法哲学［M］．周林，译．北京：商务印书馆，2017：225－227．

② 张维迎．博弈论与信息经济学［M］．上海：上海人民出版社，2012．

司法在个案中对权利范围进行自由裁量。一方面，自利的知识产权人将利用一系列诉讼机会扩宽现有权利可及的范围；另一方面，知识产权人将不惜花费高昂成本对政策制定部门进行游说，要求在立法上扩宽知识产权保护。

在实践中，知识产权人采取扩张策略的例子不胜枚举。以迪士尼公司为例，迪士尼公司的米奇老鼠由华特·迪士尼创作于1928年，为了阻止包括米奇、唐老鸭、高飞等著名角色版权失效，迪士尼公司不惜花费巨资通过两次游说国会成功修改了版权法，分别从作品发表之后56年延长至75年，又延长至95年。除了不断为新角色进行版权登记外，迪士尼还将著名角色形象注册了全类商标保护，商标权无保护期的限制，这意味着在版权过期后，迪士尼公司仍可利用商标权阻止他人使用米老鼠等角色形象，变相延长了知识产权的保护期限。

除此之外，在诉讼方面，迪士尼公司也不断利用版权诉讼扩宽知识产权保护，正如迪士尼发言人欧文·奥肯在采访中所言，我们总是在打官司。例如，在1954年文学人物形象版权保护受到拒绝时①，迪士尼通过诉 Air Pirates 一案确立了卡通人物形象受版权保护的规则②；又如在1986年，迪士尼公司通过诉 Filmation Associates 一案扩宽了复制权的含义，法院在判决中指出，版权赋予的复制权，可以让版权所有人防止他人未经许可的任何复制行为，即使侵权人没有完成最终的电影，没有从事发行的行为，仍然构成侵权。③

（二）阻止策略

正如前文所述，知识产权具有超越一般财产权的阻止权能，其不仅能够阻止他人的干涉，还对竞争者市场行为与计划策略产生直接的影响。对于自利的知识产权人而言，阻止策略成为排除竞争与获取利益的最有效手段。所谓阻止策略就是知识产权人在市场竞争中利用知识产权阻止竞争对手进入市场，或者利用知识产权的阻止功能进行讨价还价，迫使交易相对方接受不合理的交易条件，例如接受垄断性要价、搭售等，使知识产权带来的利益最大化。

---

① 在华纳公司诉哥伦比亚广播公司案中［216F. 2d 945（1955）］，美国第九巡回上诉法院指出，如果人物仅仅是讲故事中的一枚棋子，他就不在版权保护范围内，参见：李明德. 美国知识产权法[M]. 2版. 北京：法律出版社，2014：283.

② *Walt Disney Productions v. Air Pirates*, 581 F. 2d 751, 199 USPQ 796（1978）. 参见：李明德. 美国知识产权法[M]. 2版. 北京：法律出版社，2014：285.

③ 李明德. 美国知识产权法［M］. 2版. 北京：法律出版社，2014：305；*Walt Disney Productions v. Filmation Associates*, 628 F. Supp. 871（1986）.

一方面，阻止策略可阻碍他人对其智力成果的接触与使用。知识产权保护的初衷在于促进智力成果的创作与传播，尤其在专利领域，申请人获得知识产权的前提是公开其智力成果，使竞争者与社会公众可尽早地接触与学习，促进累积性创新。然而，为了维护自身竞争优势地位，申请者与其委托的代理人常常利用一系列撰写技巧将核心权利要求与技术信息巧妙隐藏于文书复杂而琐碎信息中，增加了相关公众获取核心技术信息的障碍与成本。除此之外，在版权领域，自利的权利人将利用技术措施阻碍社会公众对智力成果的合理使用，以捆绑销售等方式获得超法律保护范围的市场收益。①

另一方面，自利的知识产权人还将利用强知识产权设置市场准入门槛，阻止有威胁的竞争者进入市场。这里的强知识产权包括标准必要专利或某领域替代性低的核心专利或版权，例如接口专利或流行金曲版权。在美国柯达案中，被告柯达公司拒绝许可ISO使用其专利零部件，阻碍ISO在市场中与之竞争。第九巡回法院指出，柯达公司的专利零部件在维修服务市场上构成了一种关键设施，柯达公司的拒绝交易行为无正当理由，并且在客观上阻碍了ISO公司开展业务，具有维持垄断地位、阻碍竞争的主观意图，予以禁止。②

除此之外，权利人还可能基于强知识产权在交易中的较高谈判优势地位对被许可方进行挟持，强迫其接受不合理的交易条款，迫使使用者接受垄断性高价或搭售等不平等规则。在针对高通标准必要专利的全球范围诉讼中，争议焦点就在于高通公司就标准必要专利制定许可费的方法是否超过了法律允许的范围。理论上，强知识产权人可挟持的最高要价为使用者的沉没成本加上其可获得的预期利润③，当被许可人不进入市场所带来的损失大于其支付高昂许可费带来的损失时，知识产权人将有动力采取阻止与挟持策略获得超竞争水平下的市场收益。

在专利领域，知识产权人还利用一系列防御性专利阻止竞争对手进入相关领域。防御性专利是指权利人申请的与其核心技术有关的相关专利。为了防止竞争对手进入，知识产权人常常利用防御性专利编制一个专利网，防止竞争对手在相关领域开

① 北京精雕科技有限公司诉上海奈凯电子科技有限公司侵害计算机软件著作权纠纷案，（2006）沪高民三（知）终字第110号。

② *Image Technical Service, Inc. v. Eastman Kodak Co.*, 125 F.3d 1195（1997）.

③ 假设某生产者为了进入市场投入的沉没成本为50，成功进入后可带来180的预期利润，理论上，权利人可挟持的最高要价为130，此时，生产者拒绝接受高价不能获得知识产权的话，其就不能进入市场，就亏损了50的沉没成本，而若其接受高价进入市场，将利润与成本相抵，其收益为0，0大于－50，此时被许可人会选择接受该不合理高价条款。

展研发活动。总的来说，基于抽象物财产权独特的阻止功能，自利的知识产权人将利用阻止与防御策略获取更多收益。

（三）争夺策略

除了扩宽知识产权保护范围外，自利的市场主体还将采取策略竭力争夺市场价值高的知识产权资源，并不断提高其拥有的知识产权数量。一方面，市场主体将不惜高价竞购强知识产权。强知识产权可替代性低，能够有效排除竞争，为知识产权人带来较高的预期收益。另一方面，自利的市场主体还将通过收购、兼并等方式聚合知识产权资源。通过对其拥有的知识产权进行数量上的扩张，以扩大在市场竞争中可阻止的范围，获取更多垄断性的市场收益。

知识产权的争夺与聚合在网络内容平台市场最明显，自2013年11月开始，购买和聚集优质知识产权成为内容平台的“军备竞赛”。在影视剧领域，乐视视频以单集过千万元的独家版权费购买了电视剧《芈月传》的网络独家版权，腾讯公司拿下美剧《权力的游戏》的独家网络版权，PPTV聚力拿下电影《魔兽》的独家网络版权；在体育赛事领域，乐视视频以27亿元购买了中超体育赛事的2年独家版权，腾讯视频以31.2亿元获得美国篮球职业联赛未来五个赛季的网络独家直播权，苏宁旗下PPTV聚力体育以3年7.21亿美元总价拿下了2019～2022赛季英超中国大陆及澳门地区的独家全媒体版权，爱奇艺视频与国际网球协会签约拿下未来3年的独家网络版权。除了视频平台之外，音乐平台的版权争夺也非常激烈。近几年，QQ音乐、虾米音乐、网易云音乐、百度音乐等音乐平台都在纷纷收购独家版权，对于内容平台而言，知识产权聚合能够吸引更多消费者，更好地排除竞争者进入市场。

（四）诉讼策略

权利人还可能采取诉讼策略，利用高昂的诉讼成本强迫小企业和解，并通过诉讼与禁令对竞争对手进行打压。

随着知识产权商业化的不断深入，市场催生了以诉讼和阻止为生的非执行实体，NPE（Non-Practicing Entities）企业，又称“专利蟑螂”或“版权蟑螂”。在购买与聚集大量知识产权后，NPE专门通过诉讼的方式赚取巨额和解或赔偿金。由于知识产权诉讼周期长、成本高，对于小企业而言，高昂的诉讼成本常常迫使其接受不公平和解条款，而对于大公司而言，尤其是高新技术型的科技企业，其所在领域技术更新速度快，产品生命周期短，知识产权诉讼以及相应的禁令裁定很可能延误其新产品销售最佳时期，造成无法弥补的惨痛损失，因此其也很可能被迫与 NPE 达成和解协议，支付高昂的和解费用，即使他们可能并没有侵犯 NPE 的知识产权。诉讼策略成为 NPE 的主要获利手段。

除此之外，司法诉讼能够有力打压竞争对手，因此诉讼策略成为市场主体进行市场竞争常用的有效手段。近年来，通信领域的专利诉讼频发，并且集中于几家大型通信技术公司，包括苹果、三星、微软、英特尔等通信巨头。围绕这些主体的大量诉讼中，往往伴随着双方侵权、禁令以及违约等一系列争议。对于这些通信巨头而言，诉讼不仅是因为受到了侵害，更体现为一种知识产权竞争中的诉讼策略，通过诉讼打压竞争对手，阻止竞争对手新产品上市或者扰乱竞争对手的研发节奏与市场布局。除此之外，诉讼还成为这些市场主体之间的谈判筹码，通过知识产权诉讼提高知识产权许可中的交易谈判地位。总的来说，诉讼策略已经成为自利知识产权人获利与竞争的常用手段。

（五）合谋策略

自利的知识产权人还有可能采取合谋策略，垄断市场或者延长垄断市场的时间。以药品专利为例，为了阻止药品专利过期后廉价仿制药上市，延长昂贵专利药品在市场中销售的垄断期间，药品专利权人将有激励采取合谋策略，对仿制药厂商进行反向支付，要求其延迟仿制药入市。在美国 HMR 公司与 Andrx 公司的诉讼中，法院认为，药品专利权人 HMR 公司与仿制药 Andrx 公司达成的协议旨在延迟 Andrx 进入市场，并对其他药品竞争者产生消极影响，其协议核心是为了消除该领域药品市场竞争的横向协议，属于本身违法性质的反垄断行为。①

除此之外，为获取高额的垄断利润，处于知识产权许可市场的权利人有动力与下游市场的市场主体，例如产品市场主体达成共谋，要求其拒绝生产竞争对手的相关产品，或者以固定高的价格销售含其专利技术的产品。该现象常常出现于新技术挑战现有市场的时期，正如卡斯特罗指出，当一项突破性技术发明动摇现有的市场结构时，可能的结果是以专利许可为工具进行合谋而非竞争。②

---

① *Louisiana Wholesale Drug Co. v. Hoechst Marion Roussel, Inc.*, 332 F. 3d 896 (2003).

② Peter M. Costello. The Tetracycline Conspiracy: Structure, Conduct and Performance in the Drug Industry [J]. Antitrust Law & Economics Review, 1968, 4: 13-44.

以上就是知识产权人可能采取的市场策略。对于市场主体所采取的策略而言，有些是市场竞争所允许的正常商业策略，有些是损害市场竞争秩序的行为策略，可能违反反垄断法，对此，法律必须进行区分，哪些是法律所允许的策略，哪些不是。然而，由于集体行动逻辑，知识产权人在进行行为策略时往往忽略损害创新带来的社会损失，以自我利益最大化为导向的行为选择将损害集体利益，笔者将在下文结合集体行动的逻辑对此展开。

五、知识产权人行为策略的代价：集体行动的逻辑

亚当·斯密认为，“看不见的手”会引导个人自利行为实现社会整体利益。但是在知识产权领域，由于抽象物财产权的模糊性与强大的阻止权能，自利心理使知识产权拥有者总是意图利用权利获得更高的收益，这可能使社会在利用知识产权时付出代价，最终导致知识产权拥有者个人利益与集体利益分道扬镳。[①] 这里的原因在于集体行动的逻辑。

（一）自利与集体行动的逻辑

每个人都是追求自我利益的，根据卢梭的社会契约论，为了实现个体利益，每个人让渡一部分自由和权利给国家，由国家来保护个人的财产与自由[②]，此时国家是公民为了实现共同利益而组建起来的大集体。确实，当个人利益与集体利益相同时，人们会为了实现个人利益组成集团增进共同利益，但是这并不代表集团中每个自利的个体都会采取行动增进共同利益的实现，即使他也是从共同利益中获益的。换句话说，亚当·斯密“看不见的手”失灵了，除非一个集团中人数很少，或者除非存在强制或其他某些特殊手段以使个人按照他们的共同利益行事，有理性的、寻求自我利益的个人不会采取行动以实现他们共同的或集团的利益。[③] 这正是奥尔森在《集体行动的逻辑》中的主要观点。

奥尔森的《集体行动的逻辑》一书颠覆了传统的个人与集体行动观念，成为现代公共选择理论的奠基之作。传统公理性的理论认为，出于自利心理，具有共同利

---

① Robert P. Merges. Justifying Intellectual Property [M]. Boston: Harvard University Press, 2011: 173.

② 卢梭. 社会契约论 [M]. 李平沤，译. 北京：商务印书馆，2011.

③ 曼瑟·奥尔森. 集体行动的逻辑 [M]. 陈郁，郭宇峰，李崇新，译. 上海：上海人民出版社，2018: 3.

益的人们一定会自愿地组织起来，为实现共同利益而行为。然而，奥尔森推翻了传统公理，提出新的集体行动的逻辑。奥尔森按照集团规模的不同，将集团划分为大集团与小集团，这里没有一个明确的界限，由不同集团设立的目的、领域与成员类型等综合区分。奥尔森对集体行动的研究也是基于自利的“理性经济人”的基本假设，即所有行为人都具有使自己利益最大化的倾向，不同规模的集体行动逻辑不同，原因就在于理性的、追求自我利益的个人。

在一个集团中，集团所获得的收益是公共的，即集团中每一个人都可以共同且均等地分享它，无论该个体是否付出了成本，例如国家在一国之内设置警察局等安防机构，无论公民是否缴纳税款，其都可以享受安防机构带来的安全保障。集团收益的公共性催生了个体“搭便车”的激励，尤其是在大集团中，没有一个个体的贡献会对集团整体或对集团中的任何一个个体的收益与成本产生很大影响。而且集团越大，每个个体所能分享的利益只占集团整体利益的很小一部分，此时，对于自利理性的成员个体来说，其将产生强烈的激励选择搭便车，不对集体利益做出贡献，当搭便车成为自利成员主要行为方式时，集体利益将不会实现，或者集体产品的供给将不足。[①] 由此，奥尔森认为，如果大集团的作用仅仅只有提供某种公共利益，不存在其他强制或激励的话，个体搭便车的倾向将导致大集团不会组织起来，正如国家不能靠自愿捐款或在市场上出售其基本服务来维持一样。[②]

相比于大集团，小集团更容易组建起来增进其共同利益。奥尔森认为，集团成员是否愿意付出成本提供集体物品的关键在于，他提供一定量的集体物品而得到的总收益是否超过他为那一定量的物品所付出的成本。由此，在任何一种情况下，规模是决定对个体利益自发、理性的追求是否会导致有利于集团的行为的决定性因素。[③] 此时，集团越小，成员数目少，每个成员都可得到总收益的相当大部分，此时，集体物品常常就通过集团成为自发、自利的行为提供。对于以商业利益为驱动的市场主体而言，其往往会自动组织起来，为实现共同商业利益而努力。

总的来说，奥尔森认为，小集团比大集团更容易组织起来为实现集体目标而行

---

① 假设没有法律强制力，每个人都不缴纳投资安防的税款，而选择搭便车，最终导致的结果是安防机构不能建立，或安防机构的数量不足以保障每个个体的安全。

② 曼瑟·奥尔森．集体行动的逻辑［M］．陈郁，郭宇峰，李崇新，译．上海：上海人民出版社，2018：9-22.

③ 曼瑟·奥尔森．集体行动的逻辑［M］．陈郁，郭宇峰，李崇新，译．上海：上海人民出版社，2018：48.

动，大集团成员往往需要强制或者需要特殊激励才会这样做，归根结底的原因在于个体的自利性。正是这种自利背景下的集体行动的逻辑，使知识产权人个人的行为策略将导致社会集体的代价。笔者下文将对此进行详细阐释。

（二）集体行动逻辑与知识产权人行为代价

1. 知识产权与大集团：公共利益的搭便车

美国经济学家熊彼特早在19世纪就提出了技术变革与创新对经济增长的革命性变化。[①] 创新对于经济增长与社会发展有巨大的推动力，为了促进创新投资，知识产权制度孕育而生。然而由于集体行动逻辑，知识产权制度促进创新目的实现将遇到阻碍。

若以国家为一个大集团，则创新与市场自由竞争带来的经济增长效率属于集团内的公共物品，每个个体都能够从技术与经济的发展中获得收益，技术的革新将为社会中每个成员带来利益。然而，正如奥尔森在集体行动逻辑的分析中所言，并不是所有成员都将采取行动实现创新与市场自由竞争，对于在大集团内的自利个体而言，创新与市场自由竞争秩序将为其带来利益，但是每个成员能够分享的利益微乎其微，技术创新确实能够带来个人购买商品价格的降低，生活质量的提高，但是每个个体所能感受到的利益是很小的。与此同时，拥有知识产权的少数市场主体还能从阻碍他人创新、损害社会竞争秩序中获得垄断性收益，此时，虽然其同样也能从社会整体创新水平的提高与竞争秩序中获得利益，但是分得的集体利益要小于其能够快速实现的个人利益。趋于自利心理下，知识产权人并不会在促进创新和维护竞争中付出，而是选择做一个搭便车者，从创新提高中获取收益，但是并不为此付出行动。

除此之外，自利的知识产权人在选择行为策略时，并不会考虑该策略对创新与市场竞争秩序的消极影响，为了最大化个人利益，其将采取破坏创新与竞争秩序的行为策略，通过阻碍创新、维持垄断的策略获得个人利益。虽然某些行为策略的选择将损害创新与竞争的集体利益，但是在一个国家或领域的大集团中，集团成员数量多，集体利益的损失分摊到每个个体中，损失就变得微乎其微，个人将很难有动力付出较高成本阻碍这种损失的发生，尤其是当损害集体利益能够获得高昂的个人

---

① 约瑟夫·熊彼特. 经济发展理论［M］. 郭武军，吕阳，译. 北京：华夏出版社，2015.

利益时，自利的个体将选择实现自我利益的最大化，牺牲集体利益。由此，自利的知识产权人将懈怠于促进社会创新与发展的立法目的，并利用知识产权的特殊性，采取各种策略实现自我利益最大化，最终导致的结果是知识产权在运行中逐步背离设立初衷，损害社会整体利益。而且，由于知识产权小集团的存在，知识产权所有者的个人利益将不断凌驾于集体利益之上，最终损害社会整体福利。

2. 知识产权与小集团：少数利益影响政策制定

马克思将社会划分成两个互相斗争的阶级，而麦迪逊认为社会不是两个阶级的对立，而是由不同利益集团组成的。[①] 现代民主国家存在许多不同利益集团的斗争。在传统的压力集团理论中，不同利益集团的斗争将有利于促进政策制定的公平与效率。压力集团理论认为，不同利益集团给政府施压，能够平衡各方利益，促进政策公平。压力集团理论受到许多美国学者的支持，例如政治学家阿瑟·本特利指出，集团压力的结果，不仅始终是社会政策的决定因素，而且是最公平合理的决定因素。[②] 制度经济学家约翰·康芒斯认为，市场机制本身并不会给经济社会中各个集团带来公平的结果，压力集团是实现公平合理的经济秩序不可或缺的工具。各个利益集团之间的冲突是改革和进步的媒介。[③]

然而，根据奥尔森所提出的集体行动逻辑，社会中各集团之间的政治斗争结局并不对称，压力集团理论将由于小集团的出现而失败，政策制定掌握在小集团的手中，最终个人利益将凌驾于集体利益之上，损害社会整体福利。

在知识产权领域，知识产权的特殊性使得其在商业竞争中至关重要，现实中知识产权成为一项重要的独立资本。一方面，国家知识产权政策的变动将会对大的知识产权所有者，即大型的商业主体的利益，产生重大的影响，此时，重大商业利益驱使着大型市场主体，尤其是垄断型产业的市场主体，将组织起来采取游说手段以强化其共同的商业利益。例如，药品市场巨大的商业利益驱使着药品专利的所有者常常联合起来要求扩大对药品专利的保护、以迪士尼为代表的文化产业巨头不断向政府部门游说要求扩大版权保护。另一方面，除了商业利益驱动外，只有大型的商业主体，尤其是垄断型的小部分市场主体，才有能力和动力负担高昂的游说成本进

① 汉密尔顿，等．联邦党人文集［M］．程逢如，在汉，舒逊，译．北京：商务印书馆，1980.

② Arthur F. Bentley. The Process of Government—Evanston，III［M］. Principia Press，1949；转引自：曼瑟·奥尔森．集体行动的逻辑［M］．陈郁，郭宇峰，李崇新，译．上海：上海人民出版社，2018：143.

③ 曼瑟·奥尔森．集体行动的逻辑［M］．陈郁，郭宇峰，李崇新，译．上海：上海人民出版社，2018：138.

行政策游说。

关于游说成本，奥尔森在书中描述道，一个游说组织将开展相当规模的活动，如果遇到很大阻力的话，还需要一大笔钱。需要公共关系专家来影响报纸舆论，并且还要进行广告宣传。也许还需要职业组织者组织忧心忡忡的产业中的生产者召开“自发的基层”会议，并让产业中的人士写信给他们的国会议员。① 这一争取政府帮助的活动不仅要花费时间，还要花费巨额的金钱。由此，对于自利的个体而言，其愿意为集体利益付出成本的唯一原因在于其付出的成本可以带来更高的收益。此时只有重大商业利益驱使的少数大企业才有动力这样做。

在知识产权领域，知识财产小集团的出现使得知识产权政策掌握在少数利益主体手中，占据大量知识产权资源的少数垄断公司，会有强大的动力组成小集团对政府进行游说，要求扩大知识产权的保护范围。目前，国内外科技文化企业不遗余力耗费巨额成本组建公关部门、公关团队，对政府部门进行游说，并且还积极参与影响政策制定的各类学术活动，扩大自身影响力。

而作为普通智力成果的使用者，虽然每个人都会从知识共有中获益，但是由于自利心的存在，大家很难组成一个大集团支持知识共有所带来的利益。最终导致的结果是：知识产权不断依照利益集团的游说在扩宽保护范围，受损害的社会公众却难以组织起来发声。知识产权逐渐成为服务于少数利益主体的制度。

3. 小　　结

综上所述，由于集体行动逻辑的存在，自利的知识产权人将积极组成小集团游说政府扩大知识产权保护边界，而怠于促进社会创新或市场自然竞争秩序，导致知识产权人个人利益与社会化整体利益的分道扬镳。此时，自利知识产权人的一系列行为策略将给社会整体带来损失。这些损失包括阻碍信息的传播、阻碍自由竞争秩序，阻碍累积性创新、服务于少部分垄断型市场主体的利益等。

六、结　　语

在自利背景下，知识产权行为人将以自我最大化利益行动，在集体行动逻辑框架内，知识产权被控制在小集团手中，自利的知识产权人行为将损害知识产权法设

---

① 曼瑟·奥尔森. 集体行动的逻辑［M］. 陈郁，郭宇峰，李崇新，译. 上海：上海人民出版社，2018：170.

立的初衷，带来社会利益的损失。自利与集体行动逻辑背景下产生的知识产权代价一直存在，而且将随着时间的推移持续增长。不幸的是，这种代价还未被社会完全认识，或被公众忽视。

对于立法和司法者而言，应当重视知识产权小集团的存在，了解知识产权人自利背景下的行为策略选择，不能轻易因劳动理论、激励理论等说辞扩大知识产权权利边界，否则最终将导致知识产权服务于少数市场巨头，导致知识产权个人利益与集体利益分道扬镳，背离了原有的立法初衷。除此之外，笔者认为有必要对知识产权人自利心理与行为策略进行深入研究，只有这样才能更好地利用法律规则引导行为人的行为，实现促进创新与竞争的整体利益。

（责任编辑：孙子涵）

Intellectual Property Cost in the Context of Self – Interested Psychology

Zeng Tian

Abstract: Self – interest is a kind of human psychology, which occupies almost the main part of the human heart. In the self – interested background, intellectual property people will act in a way that maximizes self – interest. From the perspective of self – interested psychology and behavior, this paper demonstrates the behavior that intellectual property owners will inevitably be driven by self – interested psychology, and the possible cost of these behaviors. On the one hand, abstract property rights have a unique ability to block others, and self – interested intellectual property owners will take advantage of the characteristics of abstract property rights to adopt a series of behavioral strategies, including expansion strategies, prevention strategies, competition strategies, litigation strategies, collusion strategies, etc. , damaging to innovation and market competition order. On the other hand, based on the logic of collective action in public choice theory, under the self – interest, a few monopoly enterprises occupying a large amount of intellectual property resources will actively form small groups to lobby the government to expand the intellectual property protection boundary, and the injured public, however, is difficult to organize and speak out. As a result, intellectual property rights continue to broaden the scope of protection according to the lobbying of interest groups, and intellectual property rights gradually become a system that serves the small group. The argument in this paper is not intended to oppose the intellectual property system itself, but to objectively demonstrate how intellectual property rights people will use intellectual property based on self – interested psychology to help legislators and the judiciary carefully delineate the boundaries of intellectual property rights in a market competitive environment.

Key Words: Self – interest; Abstract property rights; Behavioral strategy; The logic of collective action

功能主义视域下专利间接侵权的规则再造

——基于德日制度体系的比较研究

白睿成　蔡元臻*

【摘　要】从专利间接侵权规则形成的视角看，德日之间内生制度的差异，使两国分别选择了建构性的功能主义立法模式和填补性的工具主义立法模式。不同的立法模式既造就了差异化的规范体系，也在制度发展的过程中呈现出一定的趋同。考虑到我国既有制度的样态与专利侵权判定的规则，功能主义立法模式更加契合我国实际，在规则的设置上应摒弃法定拟制，选择为专利权人赋权的立法技术。基于专利法具有的技术品格，间接侵权仅指为他人提供专利物品的行为，而不包括教唆侵权行为。专利物品包括专用于侵权的物品，以及特殊情形下被认定为专用于侵权的一般流通物。不应盲目地支持权利人的损害赔偿请求权，应在发展规则的过程中审慎地论证其合理性。

【关键词】专利间接侵权　功能主义立法　共同侵权　帮助侵权

一、引　　言

专利间接侵权发端于美国判例法，并于1952年成为美国专利法中的成文规则。此后，世界众多主要法域也相继建立专利间接侵权制度，以期强化本国专利权的保护。就我国而言，专利间接侵权规则在2016年最高人民法院出台《关于审理侵犯专利权纠纷案件应用法律若干问题的解释（二）》（以下简称“《解释二》”）后开始有据可循。但是，《解释二》第21条的问世仍然没能消解专利间接侵权在我国理论定

---

* 白睿成，法学硕士，上海财经大学知识产权法研究中心助理研究员。蔡元臻，法学博士，上海财经大学法学院讲师。

位和司法适用的许多争议。与学界总体上支持引入专利间接侵权的态度不同，司法解释以共同侵权作为规范基础的做法，在理论和实务界都引起了相当的分歧：支持者坚信共同侵权足以为间接侵权提供理论和规范的支持，① 反对者则认为间接侵权已经极大地剥离了自身共同侵权的属性。② 无论何者，都将域外国家在专利间接侵权规则上的实践经验作为主要论据，并在规则解释的层面上讨论专利间接侵权在我国的发展动向。③

不可否认，就专利间接侵权而言，中国是制度后发的国家，域外经验的汲取于我国具有相当的意义。总体来看，域外经验主要涉及两类：一为以何种模式引入专利间接侵权规则，在引入后与其他规范如何形成体系化互动；二为如何构造专利间接侵权的构成要件，司法在适用的过程中又如何发展其内涵。既往研究多以后者为切入点，对我国规则的解释及改善做出了相当的贡献，然而前者却鲜有研究提及。围绕专利间接侵权问题，我国亟待回应和澄清的主要问题包括：当前的专利间接侵权规则尚由司法解释在共同侵权的基础上规定，此举是否合理？如果不合理，专利间接侵权应以何种模式加入我国法体系？如何界定其与其他相关规则制度间的关系？

本文拟将同为大陆法系国家的德国、日本作为参考对象，考察其专利间接侵权的立法模式与规范体系，以此来探究上述问题。第一部分以专利侵权在侵权认定上的特殊性为抓手，界定“间接侵权”的概念与类型。第二部分考察德日如何在本国法体系中吸纳专利间接侵权，重点关注立法模式及相关规范之间的互动。第三部分以德日经验为样本，比较不同立法模式间的差异、制度发展过程中展现的趋同及暴露出的问题。第四部分面向我国专利间接侵权现实情境，进行规则的修正与重塑。

二、范围界定：专利间接侵权的旨意

间接侵权在中国的含义是多元的，传统民法的语境下间接侵权与直接侵权相对，

---

① 何培育，蒋启蒙. 回归抑或超越：专利间接侵权与共同侵权理论之辨［J］. 知识产权，2019（5）：55－57；熊文聪. 被误读的专利间接侵权规则［J］. 东方法学，2011（1）：150－158.

② 吴汉东. 专利间接侵权的国际立法动向与中国制度选择［J］. 现代法学，2020（2）：32－34；王国柱. 我国知识产权间接侵权行为的立法构造——兼论知识产权间接侵权与多数人侵权的差异［J］. 东北大学学报（社会科学版），2015（3）：296－302.

③ 朱冬. 知识产权间接侵权中停止侵害适用的障碍及克服［J］. 法学家，2012（5）：90－92；张其鉴. 我国专利间接侵权立法模式之反思［J］. 知识产权，2017（4）：36－41；闫文军，金黎峰. 专利间接侵权的比较与适用——兼评2016年最高人民法院司法解释的相关规定［J］. 知识产权，2016（7）：47－51.

划分的标准是侵害行为与结果之间因果关系是否直接。① 从这个角度看，间接侵权在民法上指向的范围是很广的。当谈及专利法时，间接侵权的内涵与民法有所不同。把握专利间接侵权的旨意可通过专利侵权独有的特性来实现。

第一，在单一主体侵权的场景中，专利侵权的判定异于一般侵权。虽然不能脱离侵权行为的构成要件，但是专利侵权认定更加偏重行为的样态，这是专利权的自身特性导致的。一般民事权益受到侵害时，侵害行为、损害结果及主观过错都是比较容易甄别的，唯有因果关系的认定是构成要件中的难点，为此学理上发展出了近因原则，用以明确行为人承担责任的范围边界。但是，专利侵权认定侧重于对侵害行为进行甄别和判断，这源于专利权具备的技术要素特征和作为专有权的权利性质。

专利权的客体是技术方案（发明、实用新型）与设计方案（外观设计），② 是否构成侵权须着重考察在缺乏授权时，受控行为是否实施了专利技术方案和设计方案。为此，专利侵权判定的方法围绕侵害行为的认定展开，例如，全面覆盖原则和等同原则都以受保护的技术方案为参照，通过逐个比较两个方案中的特征检视受控行为是否侵权。如果认为专利间接侵权是侵犯行为，以其与专利直接侵权之间的关联为出发点，那么技术要素参与侵权行为认定的特点，在逻辑上也应当及于间接侵权的认定。相应地，间接侵权行为的认定同样围绕技术方案的实施来展开，虽然行为人提供的物品无须和技术方案相对应，但该物品一定是实施技术方案不可或缺的。

第二，在复数主体侵权的场合下，专利间接侵权缺乏与之对应的类型构造。共同侵权包括一般共同侵权与准共同侵权（共同危险行为），前者的"共同"要件已经逐渐从"主观关联共同"走向"客观关联共同"，前者强调意思联络而后者强调行为关联。③《民法典》在共同侵权的规则设置上基本延续了《侵权责任法》的做法，但是各规则之间的关系依旧不明朗。从法律效果的角度看，共同侵权使各行为人之间承担连带责任。连带责任意味着行为人须对与自己行为无关或超出自己行为贡献范围的损害结果负责，从责任的外部形态上看，各行为人其实是被视为一体的，这种一体化的事由可以成为证成连带责任的基础。循此，连带责任的正当化基础有二：基于意思（共同过错）形成的一体性、基于因果关系不明（可能因果关系）形

---

① 杨立新. 论竞合侵权行为［J］. 清华法学，2013（1）：121－122.

② 《专利法》第2条，《专利审查指南2020》第6.3条。

③ 张新宝. 中国民法典释评·侵权责任编［M］. 北京：中国人民大学出版社，2020：24.

成的一体性。① 前者要求各行为人在事前形成共同为特定行为的合意，共同的合意在法律评价上被视为一体；后者则指当因果关系不明时，由于行为人的行为造成因果关系不明的后果，因此该后果应由其承担，如果使受害人承担，则会实质性地剥夺受害人的赔偿请求权。

以上述分析为基础，我们可以对共同侵权的类型作出一种二元化的构造：基于意思形成一体性的主观关联共同，以及基于因果关系形成一体性的客观关联共同。在这个层面上，共同侵权的两种类型均无法兼容专利间接侵权的行为构造。一方面，在专利间接侵权的语境下，基于意思而形成的一体性是不存在的，虽然提供专利物品的行为可能会导致侵权结果，但提供者首要的目的是通过专利物品而获利。相比之下，物品受让方（假使构成侵权）的侵权目的更加昭然若揭，如果将双方基于合同的交易行为解释为形成一致意思的通道，显然有牵强附会之虞。另一方面，如果认为侵害专利权的结果由提供专利物品的行为与实施专利的行为共同造成，那么两个行为之间也不存在因果关系不明的情形，因为提供物品的行为与侵害结果间的因果关系完全是可以量化计算的。

通常来说，“间接侵权”指的是共同侵权行为下的帮助侵权及教唆侵权，因帮助、教唆行为对侵害结果的促成起到的是间接作用。但从专利侵权的特性及其与侵权责任构成要件之间的关系看，间接侵权的含义已经发生变迁，专利语境下的间接侵权与民法理论中的间接侵权并不一致。专利间接侵权针对的是行为人提供特定专利物品的行为，提供物品对最终侵害结果而言，是一种定型化的帮助手段，这种帮助对于技术方案的实施是不可或缺的，但是其构成不以基于意思形成的一体性为要件，这是本文探讨的对象。而民法上的间接侵权，指向的是在基于意思形成的行为一体下，行为人对实行行为提供的任何实质性的帮助，以及对实行行为人侵权意图的引诱和促成。

三、域外经验：德国、日本对间接侵权的引入及其规范体系

（一）德国：通过扩充权限的独立制度建构

专利间接侵权进入立法前，德国法院基于下述理念建立起了一种补充性的保护

① 叶金强. 共同侵权的类型要素及法律效果［J］. 中国法学，2010（1）：67－73.

措施：行为虽不满足侵权构成要件，但作为侵权的手段而存在，那么行为人也应承担责任。[①] 由此，向他人提供专利物品被视为一种参与侵权的特例，类推适用《德国民法典》第830条共同侵权的规定。这表明，德国判例已经在专利间接侵权规则出台前发展出了与其对应的内生基础。共同侵权只是规则缺位时法官参照适用的对象，并未实质性地参与专利间接侵权的规范构造。此外，就权利保护的角度而言，由于立法对侵权构成进行了封闭性的规定，提供专利物品的行为难以被作为一种独立的情况来处理，权利人仅可在发现直接侵权发生前，持充分的证据通过禁令诉讼制止直接侵权的发生。[②] 同时，由于法官受到依法裁判原则的约束，专利间接侵权规则的缺位导致权利人无法寻求司法保护（直接侵权人难以查明时），这在一定程度上掣肘了法律对专利权人的保护。

在上述背景下，1981年《德国专利法》以《欧洲共同体专利条约》第30条（26）为蓝本，于第10条规定了专利间接侵权："（1）此外，专利权还有这样的效力：禁止第三人在没有得到授权的情况下，在本法的适用范围内，向无权使用发明的第三人许诺销售或提供涉及发明主要要素相关的物品，如果该第三人知道或者客观情况清楚表明，该物品适合于且确定用于发明专利的实施的；（2）当上述行为涉及日常交易中可以获得的普通商品时，不适用第（1）款的规定，但第三人诱导被供给人实施第9条第二句所禁止的行为的除外；（3）实施第11条第1项至第3项行为的人，不属于第（1）款规定的有权实施专利的人。"[③] 该规则针对的是行为人提供专利物品和犯意引起的行为，因而不以他人直接侵权行为的存在为必要。至此，专利间接侵权的制度雏形已经在德国基本建立，其发展也顺势进入了解释论的时代，到今天已经建立了独立而完备的规范体系。

在立法表述上，德国采取了赋权的立法技术吸纳专利间接侵权进入既有法制，即通过扩张专利权的内容使间接侵权行为可被禁止。《德国专利法》第10条言明："此外，专利权还有这样的效力：……"，这种表述方式说明追究间接侵权行为系专利权人的排他权之一。也有学者认为这种规定系对德国法上侵害概念的扩大解释，

---

① ［德］鲁道夫·克拉瑟. 专利法［M］. 6版. 单晓光，张韬略，于馨淼，等译. 北京：知识产权出版社，2016：992－993.

② BGH 30. 4. 1964（FN 310）.

③ 张韬略. 德国专利法第10条：专利权效力——禁止间接侵权［EB/OL］.［2020－07－01］. http://blog.sina.com.cn/s/blog_4d7d209301000ck4.html.

进而将间接侵权也视为侵害专利权的行为。[①] 本文认为，扩张专利权内容更加符合立法用语，且与知识产权的性质也更为契合。

从规范解释的角度看，共同侵权和间接侵权间的统辖关系是泾渭分明的。《德国民法典》第830条规定了共同侵权制度，教唆人和辅助侵权人被视为共同侵权人。就如何解释“共同”二字，德国判例与学说均认为其指“共同的故意”，即行为人之间存在意思联络。[②] 除此之外，构成共同侵权的各方主体须负连带责任，法律对各行为人造成的损害只进行统一的评价，不再将某一部分损失归咎于个人。[③] 专利间接侵权在构成要件和责任形态方面与共同侵权存在明显差异，二者在德国私法体系中管控着各不相同的疆域。

从体系化的视角看，德国专利间接侵权是由多个条文共同组建的规整。第一，德国联邦最高法院在早期判决中就发展出“发明功能个性化”理论，[④] 用以要求行为人许诺销售或提供的物品必须涉及发明的一个关键要素，而这种要求在《德国专利法》第10条第1款中得以延续，以明确物品的性质。第二，第10条第2款针对日常交易中可获得的产品规定了不同的规则，据德国立法者的设想，日常交易中可获得的产品在某些情况下也会成为一项发明的主要要素，例如某种可以在日常交易中获得的化学物质，可以成为某种具有治疗目的的特定专利的关键要素，因此有特别规定的必要。[⑤] 物品是否在日常交易中可获得，是第1款和第2款界分的首要标志。第三，第10条第2款援引了该法第9条第2款，被援引的条文涉及的是禁止直接或间接侵害方法专利的行为。[⑥] 同时，德国专利法将方法专利的保护延及方法产品之上，故在实际生产时对方法专利的保护相当于对实物专利的保护。[⑦]

综合来看，当许诺销售或所提供物品满足“涉及发明主要要素”的要求，而且非属日常交易可获得时，涉及产品专利与方法专利的间接侵权行为都可以适用第10条第1款；当行为指向的是日常交易可获得且行为人存在诱导侵权时，只有针对方

---

① 朱冬. 知识产权间接侵权中停止侵害适用的障碍及克服［J］. 法学家，2012（5）：82.

② 叶金强. 共同侵权的类型要素及法律效果［J］. 中国法学，2010（1）：65.

③ ［奥］肯·奥利芬特. 损害的合并与分割［M］. 周学峰，王玉花，译. 北京：中国法制出版社，2012：240－242.

④ ［德］鲁道夫·克拉瑟. 专利法［M］. 6版. 单晓光，张韬略，于馨淼，等译. 北京：知识产权出版社，2016：996.

⑤ Singer，GRUR Int. 1976，203.

⑥ 《德国专利法》第9条（2）。

⑦ ［德］鲁道夫·克拉瑟. 专利法［M］. 6版. 单晓光，张韬略，于馨淼，等译. 北京：知识产权出版社，2016：915.

法专利的间接侵权可以适用第 10 条第 2 款。一言之，德国专利法以行为人提供物品的类型为基点，构建了对产品专利和方法专利存在保护梯度的间接侵权制度。

（二）日本：通过法定拟制的规则漏洞填补

早期日本法院通过共同侵权制度来规制制造、销售专利产品零部件的行为，根据日本法的规定，即使无法要求行为人直接承担专利侵权责任，相关行为在大多数情形下仍然构成教唆、帮助专利侵权的行为。但是，构成共同侵权需要直接侵权行为的发生，因此当权利人发现间接侵权行为但直接侵权尚未完成时，无法请求法院判令间接侵权人停止侵害。

鉴于此，1959 年《日本专利法》修订时增加了第 101 条视同侵权行为的规定，本条历经 2002 年和 2006 年两次修改，目前涉及间接侵权的条文共有四款。第一款：专利为物品发明的，以构成业务的方式，进行仅在该专利物品的制造中用到的物品的制造、转让等、进口或为转让等而许诺的行为；第二款：专利为物品发明的，明知发明为专利发明且物品是实施发明所用到的物品的情况下，仍然以构成业务的方式，进行制造专利物品所使用的（在日本国内广泛流通的物品除外）且为解决发明的问题必不可少的物品的制造、转让等、进口或为转让等而许诺的行为。① 第四、第五款中仅将第一、第二款中的物品发明替换为方法发明，其他内容均一致。

在规则设立后，日本判例极大程度地发展了间接侵权制度，历次修法的推动中均有其身影。此外，判例和学理还对构成要件的精细化有所助益，例如其他用途未实际投产时能否推翻“唯一用于”的要求、其他用途的证明责任分配等。② 同样，专利间接侵权在日本也与其他规范互动形成有其特色的规范体系。

首先，日本通过法定拟制的立法技术设置了专利间接侵权规则。法定拟制系有意地将明知为不同者，等同视之。③《日本专利法》第 101 条规定：“下述行为视为侵犯专利权的行为……”，“视为”一词已明示采用的立法技术为拟制。

其次，间接侵权与共同侵权在日本法下协同发挥作用。共同侵权规则位于《日本民法典》第 719 条，虽然本条基本上照搬了《德国民法典》的规定，但是日本学界在解释本条的构成要件时却深受法国法的影响，将共同过错的问题与因果关系相

---

① ［日］青山纮一. 日本专利法概论［M］. 12 版. 聂宁乐，译. 北京：知识产权出版社，2014：24.

② ［日］增井和夫，田村善之. 日本专利案例指南［M］. 4 版. 李扬，等译. 北京：知识产权出版社，2016：212－215.

③ 卡尔·拉伦茨. 法学方法论［M］. 陈爱娥，译. 北京：商务印书馆，2004：142.

关联。[①] 对于第719条中“共同”的旨意，日本判例与主流学说均采客观关联说，[②] 行为人之间无须存在事前的意思联络，只要各行为与损害间具有相当的因果关系便可构成共同侵权。当教唆、帮助行为被拟制为共同侵权行为时，用共同侵权规则惩治专利间接侵权行为在日本自然是可行的。但是，第719条在创设时是为了解决损害赔偿及责任承担的问题，预防侵权的发生是该当条款的疏漏之处，当本条被用于规制专利间接侵权时，这一不足显得尤为突出。

再次，《日本专利法》第100条规定，权利人有权向专利侵权人请求停止侵害及销毁物品等，因此以立法将向他人提供专利所需物品的帮助行为拟制为专利侵权行为后，就可以纾解这一缺憾。从法条间的逻辑结构看，共同侵权在直接侵权已完成的场合惩治专利间接侵权行为，专利间接侵权负责阻却直接侵权的发生。因此，认为日本专利间接侵权规则设立后共同侵权逐渐充当补充功能的观点有待商榷，[③] 因为从规则的功能来说，日本专利间接侵权的工具性、补充性更浓。

最后，专利间接侵权行为类型以物品类型作为划分依据。第一款和第四款规制的行为被称为“唯一型间接侵权”，第二款和第五款规制的行为是“多机能型间接侵权”。[④] 就“唯一型间接侵权”而言，疑似侵权物品须为用于实施发明专利的物品且不无其他用途；而构成“多机能型间接侵权”，疑似侵权物品须为解决发明课题不可欠缺的物品，并且没有在日本国内广泛流通，此外，行为人须满足“明知”的主观要件。值得注意的是，2002年修法时引入了主观要件来判断多机能型间接侵权，但据《日本专利法》第103条，侵害专利权行为被推定为存在过失，而在案件事实审中辩论终结前证明行为人是“明知”，仅需警告信或诉状的送达就可实现，因此可以说，对于权利人请求停止侵权而言，主观要件尚未发挥实际的作用。总体来看，虽然两种间接侵权行为在主观要件上存在差异，但其类型的构造还是以被控侵权物品的种类作为基础的。

（三）小　结

德国专利间接侵权制度的历史表明，在早期缺乏直接可适用规则的情况下，德国法院自20世纪初就已通过判例形成间接侵权的内生性基础。1959年规则的成文

---

① 程啸．论意思联络作为共同侵权行为构成要件的意义［J］．法学家，2003（4）：95－96．

② 包俊．共同侵权行为解释论［M］．北京：法律出版社，2015：31．

③ 何培育，蒋启蒙．回归抑或超越：专利间接侵权与共同侵权理论之辨［J］．知识产权，2019（5）：51．

④ ［日］田村善之．日本现代知识产权法理论［M］．李扬，等译．北京：法律出版社，2010：124．

化是对判例和习惯的吸纳，这种吸纳借扩充专利权人的排他权来实现。赋权的立法技术使间接侵权最终实现自我制度的体系化，其在德国私法体系下具有其他制度难以替代的功能。专利间接侵权在德国的立法模式，表现出了极强的功能主义。

在日本法的语境下，共同侵权制度虽然可以规制间接侵权行为，但这种规制预防不足、惩治有余，故日本将根据“全面覆盖原则”不构成专利侵权的提供物品行为拟制为侵权，权利人即可依据拟制的条款请求行为人停止侵害。日本专利间接侵权规则的创立之初，就是为了填补共同侵权规制间接侵权能力不足的漏洞，具有浓厚的工具主义立法的特征。

四、两种模式：功能主义立法和工具主义立法的比较分析

宏观地看，两种立法模式均以引入专利间接侵权规则为目的，但是德日既有法制体系中的差异使不同的模式应运而生。立法模式的差异一定程度上引发了连锁反应，这种反应对规范体系的融贯与制度运行的实效有所影响。

（一）规范体系的融贯性

首先，法律规则的设置应便于适用法律者寻找和定位规则。① 从外部体系的视角看，对某一问题的重复规定或冲突规定都是法体系中不合理的存在。功能主义立法下，间接侵权和共同侵权分别对应不同的侵权行为类型，二者在构成要件与责任形态上已经各自分野，各行为人间存在意思联络时便可排除间接侵权的适用可能，一行为不会同时构成共同侵权和间接侵权。而在工具主义立法下，间接侵权与共同侵权需协同配合才可发挥立法所预期，在特定情况下目标行为不可避免地面临重复评价的问题。例如，日本法官就时常面临如下难题：一行为不构成间接侵权时是否可以追究其共同侵权的责任？东京地方法院认为，只要能确定直接侵权行为的存在，基于制造、销售供直接侵权人使用的部件与材料，就可以通过构成直接侵权的帮助行为为由要求承担共同侵权责任。② 同时，如果仅向直接侵权人供货就有承担损害赔偿责任的风险，会阻塞所销售部件在市场上的正常流通，并且不当地扩大销售者的责任范围。

---

① 许德风. 法教义学的应用［J］. 中外法学，2013（5）：956.

② 东京地方法院平成3年2月22日判决·判例工业所有权法［2期版］2247之3页［假发片Ⅱ］。

虽然工具主义立法下间接侵权需与共同侵权协同发挥作用，但当目标行为不满足间接侵权要件时，还有可能因共同侵权而承担责任，进而形成重复评价的情形。后续的实践中，日本法院又通过认定行为人间有无共同实施的意图限制共同侵权的构成，以期消解重复评价带来的负面影响。[①] 就是否便于法律适用者找法而言，工具主义立法有所欠缺，还带来了法条上重复评价的问题。

其次，不同立法模式下权利人的请求权基础的考察也是重要的问题，其理由在于，满足间接侵权规则的构成要件后，最终发生何种法律效果还需请求权基础规范的参与。功能主义立法模式下，涉及专利间接侵权的请求权通常包含不作为请求权、[②] 告知请求权、[③] 补偿请求权、不当得利返还请求权[④]等。工具主义立法和功能主义立法的差异主要体现在停止侵害请求权的强度上。在日本，专利权人依《日本专利法》第100条向间接侵权人请求停止侵害外，还可以主张废弃侵权物品、清除用于侵权的设备以及其他为预防侵权所必需的行为。[⑤] 根据《日本专利法》第100条的逻辑结构，废弃侵权物品、清除侵权设备等是行为人请求停止侵害时可以选择的具体手段。

而依《德国专利法》，请求销毁侵权物品的权利属于排除妨害请求权的范畴。可请求销毁的对象被限定为属于发明主题的产品或由专利方法制造的产品，以及制造产品的设备和原材料，[⑥] 而且请求排除妨害需要侵害行为已经产生实害结果。这样一来，专利权人无法请求销毁间接侵权人占有或所有的、适合于实施专利的物品。[⑦] 如果从法律效果的层面来考虑，德国法上排除妨害请求权与停止侵害请求权在适用效果上并无差异，二者均以制止正在发生或已经完成的侵权行为为目的，但是日本法上防御请求权的强度显然更大。如果权利人仅能请求行为人负不作为义务，对无其他用途的侵权产品无计可施，停止侵害请求权的行使效果必将受到减损。

---

① 大阪地方法院平成3年9月30日判决·知裁集23卷3号711页［蓄水罐］；名古屋地方法院平成10年3月6日判决·判夕1003号277页［温度指示材料］。

② 《德国专利法》第139条第1款。

③ 《德国专利法》第140b条第（1）项。

④ ［德］鲁道夫·克拉瑟. 专利法［M］. 6版. 单晓光，张韬略，于馨淼，等译. 北京：知识产权出版社，2016：1049.

⑤ 《日本专利法》第100条。相关判例，参见东京地方法院昭和43年9月4日判决·判夕229号第242页［尼龙肠的生产方法］。

⑥ 《德国专利法》第140a条。

⑦ BGH 22. 11. 2005 extracoronales Geschiebe 2006, 570 m. Anm. Aronold/Tellmann GRUR 2007, 353.

（二）制度发展的趋同化

尽管两种模式在立法导向及规则设置上有所差异，专利间接侵权制度在不同国家走向成熟与完备的过程中却显现出了相当的一致。

第一，这种一致首先表现在规则自身的构成与表达上。如何圈定间接侵权的范围才能最小限度地影响国民的行为自由，在任何国家的立法选择中都至关重要。鉴于此，日本 1959 年首次立法时仅规定“唯一型间接侵权”，只对在制造专利产品时用到的物品进行限制，并且没有明确行为人过错的内容。毫无疑问，这种规定对国民的日常生活和商业交易产生的影响最小。但由于适用效果不佳，2002 年日本修法时引入“多机能型间接侵权”，对广泛流通的物品附加条件地限制以填补规则存在的漏洞。而德国 1959 年立法已将日本专利间接侵权行为的两种类型予以规定。值得注意的是，日本虽将在国内广泛流通的物品排除在多机能型间接侵权物品之外，但若以文义解释为限，则会产生产品在市场上流通的多少决定是否构成间接侵权的结果。因此，日本判例通过着眼于被控侵权物品的构造，认定特别定制的产品即使在市场上流通也不具备多种用途。① 一言之，即使疑似侵权物品在日常交易中可以轻易获得，但在特定情况下可以认定其只会被用于侵犯专利权时，那么提供物品的行为仍可构成间接侵权，这种认定方法与德国的规定有异曲同工之妙。

此外，日本设置专利间接侵权规则最初的目的系赋予专利权人请求停止侵害的权利，但由于使用了法定拟制的立法技术，导致权利人缺乏正当的权利基础，权利人受到侵害的权利类型以及遭受的具体损害欠缺根本的规范基础。因此，在日本法上专利权人能否请求损害赔偿至今是一项未决的难题，但日本法院在诸多案例中支持了原告损害赔偿的诉求。② 反观德国，虽然将制止专利间接侵权行为规定为排他权的内容，但是对待损害赔偿其态度谨慎而克制。成功主张一项损害赔偿请求权，须对权利人产生一项典型的损害，③ 只有当直接侵权出现时，权利人才能对间接侵权人主张损害赔偿。值得注意的是，近年来德国判例有认可权利人基于间接侵权而

---

① 日本知识产权高等法院平成17 年9 月30 日大合议判决・判时1904 号第47 页［一太郎］；东京地方法院平成 22 年 6 月 24 日判决・平成 21（ワ）3529［液体容器及含有该容器的液体供给系统］。

② 大阪地方法院平成元年 4 月 24 日判决・无集体 21 卷 1 号第 279 页［制砂机铁锤］。相似的判决还有名古屋地方法院平成 11 年 12 月 22 日判决・判例工业所有权法［2 期版］2293 之 415 之第 2 页［中芯保持装置］、东京地方法院平成 6 年 7 月 29 日判决・判时 1513 号第 155 页［混水精米法］。

③ BGH 27. 11. 1969 Allzweck – Landmaschine GRUR 1970，196，298.

主张损害赔偿的倾向。例如，德国卡尔斯鲁厄高等法院认为，若许诺销售专利物品已被法律规定为侵权行为，那么无论销售是否实际发生，权利人均有权主张损害赔偿。① 专利间接侵权制度发展至今，不同模式下都有支持损害赔偿请求权的趋势。

第二，相同制度在不同国家的发展轨迹亦有所重合。专利间接侵权正式进入立法前，德国与日本均长时间地借助共同侵权制度来处理专利间接侵权案件，正是在上述过程中混同二者的弊端才得以显现。在日本，弊端表现为权利的无法行使——停止侵害请求权的缺位使得权利人无法预防直接侵权的发生；在德国，则表现为规则的无法适用，法官须通过扩大解释或类推适用的法学方法，才能将间接侵权行为涵摄到共同侵权的规则之下，缺乏间接侵权的规定构成一个开放的规整漏洞。这表明，尽管德日两国在共同侵权的构造上存在差异，但间接侵权并未毫无瑕疵地融入任何一国之内。德日在设置规则前的历史表明，以共同侵权规制间接侵权时总有难以消弭的不兼容问题，而且这种不兼容并非特例。

当专利间接侵权正式进入立法后，尽管立法模式有异，通过对基本问题的澄清以形成立法、判例和学理的良性互动却是通行的经验。德日专利间接侵权的制度实践均表明，立法应为专利间接侵权的基本问题圈定框架，以明确判例和学理可讨论与发展规则的边界。例如，立法应明晰何种物品在国民日常交易中受到间接侵权规则的限制，如何通过具体事由认定疑似侵权物品应受限制则由法院通过个案进行阐释。若基本问题的规定不明，则会出现司法代替立法、引发学理不必要争论的现象。例如，在日本学界争论不休的“从属论”和“独立论”等，德国早在立法之初就已经明确。当然，这种争论在某种意义上也是日本工具主义立法模式带来的衍生品，学术争论当然对规则的发展有所裨益，但意见的不统一同样会在宏观上对规则的适用效果产生负面的效果。

五、中国立场：专利间接侵权的规则再造

德日迥异的立法模式，让我们不得不反思专利间接侵权在中国的困局。由于《解释二》的制定主体是司法机关，第 21 条的规定无法突破原有法律的框架，因此其在外观上更似是将间接侵权的部分内容，嫁接到共同侵权规则上的结果。学界基

① 卜元石．德国专利间接侵权制度与判决解析［J］．知识产权，2018（10）：95.

于第21条所讨论的间接侵权构成要件，实际上是《侵权责任法》第9条第1款下帮助行为和教唆行为类型的示例，其明确的是专利侵权场域下何种行为属于侵权法中的帮助行为和教唆行为。如何使专利间接侵权在我国真正落地，两种立法模式对纳新和吐故的平衡之道提供了值得借鉴的思路。

（一）立场：功能主义立法论

无论是《解释二》第21条在我国的实践情况，还是专利间接侵权具备的特殊性质，均表明在我国通过共同侵权来规制间接侵权是行不通的。我国需要对专利间接侵权实现制度上的独立架构，单一地填补规则漏洞不能让间接侵权发挥作用，还有可能对产业经济造成负面的限制效果。总体来看，建构性的功能主义立法较填补性的工具主义立法在专利间接侵权规则的再造上更契合我国实际。此外，德日两国相关经验表明不同的立法模式会对规则的体系地位与规则的具体适用产生影响，于此需要考察的是立法技术的问题。

在立法技术上，德国通过赋权使专利权人的排他权及于制止他人未经许可提供专利物品的行为，而日本则通过法定拟制达到相同的效果。基于法定主义立场，知识产权的专有权利特征决定了赋权较拟制是更为适切的立法技术，只有目标行为通过立法受到专利权控制，权利人追究该当行为才具有正当性基础。同时，赋权使专利间接侵权行为成为德国法体系中的一般侵权行为，彻底结束了间接侵权与共同侵权混同规制的局面，专利间接侵权的发展得以摆脱共同侵权的桎梏。

而就法定拟制而言，其目标通常在于将针对A构成要件的规定适用于B构成要件，法律作此规定并非立法者认为A和B在事实上相同，其目的只是希望将B赋予和A相同的法效果。① 同时，长久地看，拟制在规范的适用过程中会产生负面效果，例如A和B在事实上的差异会被忽略，从而致使拟制的范围被扩张至立法原意之外。这一点在日本法上便有所体现，日本将提供专利物品行为拟制为侵权行为之初只为解决预防侵害，但当前规则发挥的作用已经远不止此了。虽然赋权和拟制在最终的效果上都实质性地扩张了专利权人的权利范围，但是拟制始终不能赋予权利人禁止间接侵权行为正当的法理基础。

功能主义立法论较工具主义立法论更契合我国的现实需求，我国当前专利保护

① 卡尔·拉伦茨. 法学方法论［M］. 陈爱娥，译. 北京：商务印书馆，2004：142.

实际是间接侵权上的缺口，呼唤独立而完备的规则体系。赋权的立法技术也与功能主义立法相辅相成，功能主义立法催生了独立的专利间接侵权规则，赋权又为其走向独立扫清了权源上的障碍。此外，赋权还会避免日本法上争执不休的“独立论”“从属论”等问题，虽然这关乎法律上必要的价值判断，但立法技术的选取也在这个问题上相当地影响了规则的解释。在条文的规范位置上，我国《专利法》接纳间接侵权规则比较适切的位置是第 11 条，可以通过增加第 11 条第 2 款，或在第 11 条之后增设新条款来规定间接侵权规则。

（二）范围：专利间接侵权的界限

知识产权权利范围的增减会极大地影响国民的行为自由，专利权限的实质性扩张很可能会对市场交易中的商业来往造成负面影响。因此，选择赋权的立法技术还必须考虑如何在保护专利权人的同时避免殃及正常商业往来。

从逻辑的角度看，达到强化权利保护与维护商业自由间的平衡，将商业行为中损及专利权的行为认定为间接侵权便可以实现精确打击。在具体认定时，专利侵权判断中的技术要素可以帮助我们界定间接侵权的范围——行为人提供的物品必须是实施专利技术方案时不可或缺之物。就实施技术方案时不可或缺的物品而言，如果该物品只用于实施目标专利，除用于侵权外在日常交易中甚至不会出现其身影，那么该物品缺乏授权时的流通理应受到法律的规制，行为人提供专利物品的行为在专利间接侵权范围之列。除上述情况外，域外立法和我国实践都表明，如果日常交易中的普通商品在特定条件下定型化为侵权物，也有可能成为实施技术方案中必不可少的物品。

具体来说，一般流通的商品可能借助外部因素被认定为除侵权无其他功能之物。这种认定由法官在个案中根据案情和行为人主观意图，对普通物品中的非侵权特征作否定性的评价。受控专利物品的判断以是否专门用于实施技术方案为核心，再辅以物品在市场流通中显现的特质，可使专利间接侵权规则控制的对象避开正常流通的物品。综合来看，德日专利间接侵权中的物品种类均走向趋同有其合理性所在。除物品种类的界定外，还需注意的问题是规则应如何界定行为人的主观状态。侵权法以过错为一般构成要件，而间接侵权属一般侵权的一种，理应以过错为主观要件。无论德国还是日本，专利间接侵权的主观要件都是过错。

如果以技术要素作为界定专利间接侵权范围的主线，一个不得不面对的问题是教唆行为在法律评价上的技术无涉。教唆指向的是行为人的造意行为，只有当教唆行为诱发的专利侵权行为才关乎技术因素的判断，单纯的教唆行为中并无技术因素。因此，有学者认为教唆侵权应交于民法管制。①《德国专利法》所规定的间接侵权却包括教唆侵权，这又该作何解释？从文义解释的角度看，《德国专利法》第10条第2款规定的教唆侵权针对一般在商业交易中可获得的产品，相关物品一般意义上的用途并不局限于侵权使用。但是，当行为人存在故意指使的造意行为时，法条要求其必须知道相关物品对于实施专利而言是必不可少的，还必须有意愿或自愿地接受收货方以侵权的方式实施专利。②

笔者认为，在德国专利间接侵权的构造中，教唆行为的含义已经脱离了单纯的造意，毋宁是通过对行为人过错内容的识别，以实现对所提供专利物品中普通商品属性的剥离，使相关物品在个案中被评价为只用于实施侵权。因此也有观点认为，《德国专利法》第10条第1款规定了帮助侵权，而第2款规定的教唆侵权仅起到对第1款的补充作用，进而将德国的规定总结为“非并列的二元立法”。③

值得注意的是，日本专利间接侵权中虽然没有直接规定教唆、诱导等字眼，但是针对行为人提供一般流通商品时的过错内容有明确要求：当一行为满足《日本专利法》第101条第2款和第5款的构成要件时，行为人须对专利发明及将该物品用于实施专利的情况是知晓的。④ 当目标物品对于实施专利而言不可或缺时，日本法上对行为人主观状态的要求同样可以发挥《德国专利法》第10条第2款的功能，二者在实际效果上是殊途同归的。

我国司法实践也有相似的做法，在“新原兴公司诉诺瓦提斯公司专利侵权纠纷案”中，重庆市高级人民法院认为，即使疑似侵权物品被证实存在其他用途，但当行为人通过网站广告、书面宣传材料以及实际销售中明确将疑似侵权物品作为涉案专利的中间体进行销售和许诺销售，那么行为人销售和许诺销售的行为就是为了诱导直接侵权的发生，其行为构成间接侵权。⑤

整体来看，专利间接侵权控制的两类物品在逻辑上是周延的。就如何规定普通

---

① 刘筠筠，张其鉴. 侵权责任法视角下我国专利间接侵权的规制审视与立法设计［M］. 北京：法律出版社，2016：73-76.

② ［德］鲁道夫·克拉瑟. 专利法［M］. 6版. 单晓光，张韬略，于馨淼，等译. 北京：知识产权出版社，2016：1001.

③ 吴汉东. 专利间接侵权的国际立法动向与中国制度选择［J］. 现代法学，2020（2）：34.

④ 蔡元臻. 论日本专利间接侵权构成要件及其对我国的启示［J］. 河北法学，2017（1）：137.

⑤ 重庆市高级人民法院（2008）渝高法民终字第230号民事判决书。

商品被认定为侵权物品的条件，日本直接言明行为人主观内容的做法更适合我国，共同侵权与间接侵权的概念在我国一直处于粿合的状态，如果还继续将二者在语义上不做区分，势必会使间接侵权的判断受到概念模糊的侵扰。因此，较为合适的做法是在规则中明确行为人在何种情形下提供商品构成间接侵权，避免使用诱导、教唆行为等字眼。

（三）强度：通过请求权基础的调控

知识产权的保护力度与强度，事关权利人与产业经营者间的利益平衡。专利间接侵权加大了专利权的保护，但是仍应保持适当的保护强度，否则会对产业经济产生负面的影响。笔者认为，与专利间接侵权相关的请求权基础规范可被用于调节专利保护的强度。

首先，间接侵权规则会直观地影响专利侵权场合中的防御请求权。正是由于既有的专利保护在预防侵权层面的不足，才使专利间接侵权有了存在的必要。我国《民法典》第 179 条规定了承担民事责任的方式，其中停止侵害、排除妨碍及消除危险均以预防和止损侵权结果为主要功能，它们是权利人防御请求权的规范基础。在权利的行使层面，德国法上权利人无法请求销毁侵权物品，日本法则不作此限。笔者认为，对所有构成侵权物品均支持销毁可能会使专利权的保护力度过强，反之又可能弱化了间接侵权的制度目的，对不同类型的物品分别讨论更为适切。

就专用于侵权的物品而言，应支持权利人销毁侵权物品的请求，作为非日常交易中可获得的专用物品，其只有用于侵权一项功能，若权利人无法主张销毁恐有继续侵权之虞。就日常交易中可获得物品来说，由于其仅在特定情形下被认定为具有专用性的侵权物品，因此请求销毁的范围也应限于已特定化的侵权物品，未被定型化为侵权物品者仍然有让其正常流通的价值。例如，已经完成许诺销售但尚未交付者，具体销毁物品的范围有赖于法官对案情的查明与认定。

其次，是否支持权利人基于专利间接侵权的损害赔偿请求权，应当采取审慎的态度。传统上，损害的概念以“差额说”为基础构建，即损害事实发生前之状况，与损害事实发生后之情形两相比较下被害人所受之损失。① 只有当权利人遭受了一项典型的损害才可主张赔偿，间接侵权人所提供的手段确实被用于专利侵权，而且

① 曾世雄. 损害赔偿法原理［M］. 北京：中国政法大学出版社，2001：118.

在供货时存在专利保护和侵权使用的可能性认识错误，才可以向间接侵权人要求损害赔偿。[①] 同时，间接侵权的独立决定了其在民事责任评价上的单一性，让间接侵权人为直接侵害结果负责有违传统侵权法上间接侵害不予赔偿的原则。[②] 一言之，赋予权利人基于专利间接侵权的损害赔偿请求权在理论上是存在障碍的。

值得注意的是，随着“规范的损害”概念对传统“差额说”的损害有所修正，[③] 以及赔偿主体向间接侵害人的扩张，[④] 损害赔偿的范围已经有逐步扩大的趋势。相应的，德国和日本对基于专利间接侵权的损害赔偿请求权也都表现出支持的态势。但是上述理论在我国还没有形成充分的讨论，而且法院在审判实践中对于损害赔偿总体呈现保守的态度，贸然赋予专利权人对间接侵权人的损害赔偿请求权有可能会使专利保护的强度过高。因此，应对损害赔偿的问题有《民法典》中的请求权基础就已经足够，目前不宜将之作为专利间接侵权的配套规范一并规定。是否进一步强化专利权的保护，有待于法院在司法实践与社会发展中进行充分论证。

六、结　　语

我国《专利法》第四次修订已经完成，遗憾的是，即使修订案草案中曾经存在的间接侵权条款与《解释二》第21条无根本性差别，也最终被删去。专利间接侵权规则的重要性与我国私法体系中的既有规定，决定了司法解释难以作为其存在的容器。专利间接侵权条款在修订案草案中被删去的原因，想必也与如何处理其与共同侵权条文关系的考虑有关。在这样的背景下，讨论专利间接侵权规则进入《专利法》的模式与途径更能彰显学理对推动立法的价值。当然，在对《解释二》第21条重塑与再造的背景下，规则的表达和用语也至关重要。考虑到我国立法表述的习惯，专利间接侵权规则可以呈现如下：“（1）发明和实用新型专利权被授予后，除本法另有规定的以外，任何单位或者个人未经专利权人许可，都不得为生产经营目的制造、许诺销售、销售、进口专门用于实施专利的物品；（2）实施专利的物品属

---

① ［德］鲁道夫·克拉瑟．专利法［M］．6版．单晓光，张韬略，于馨淼，等译．北京：知识产权出版社，2016：994－995．

② ［德］冯·巴尔，乌里希·德罗布尼．欧洲合同法与侵权法及财产法的互动［M］．吴越，王洪，李兆玉，等译．北京：法律出版社，2007：101．

③ ［德］迪特尔·梅迪库斯．规范的损害［M］．徐建刚，译//陈小君．私法研究（第21卷）．北京：法律出版社，2017：219－221．

④ 姜占军．损害赔偿范围确定中的法律政策［J］．法学研究，2009（6）：101－102．

于在中国市场中广泛流通物的，不适用前款规定；行为人知道相关物品可用于实施专利，且知道物品受让人将实施本法第 11 条所禁止的行为的除外。”上述规定可以比较准确地划定专利间接侵权行为的范围边界，并且不影响商品在我国市场中的自由流通。而场景化的专利间接侵权行为具体应如何认定，则有赖于判例与学理在解释论的层面上为发展规则内涵而共同努力。

（责任编辑：吴柯苇）

Reengineering Indirect Patent Infringement with Functionalism: A Comparative Study of Germany and Japan

Bai Ruicheng　Cai Yuanzhen

Abstract: From the formation of indirect patent infringement, the differences in domestic legal systems between Germany and Japan made them choose a constructive functionalist legislative model and a complementary instrumental legislative model respectively. Different legislative models not only create a different system, but also show the convergence from the system development. Taking into account the state of existing systems, the functionalist legislative model is more in line with China's reality. In the setting of rules, legal fiction should be discarded, legislative techniques which empower patentees is better. Based on the technical character of the patent law, indirect infringement only refers to the act of providing patented items to others, and does not include instigating infringement. Patented items mean dedicated to infringe, and general items that are proved to be dedicated to infringe. The right to claim damages should not be blindly supported, which should be carefully demonstrated in the future development.

Key Words: Indirect patent infringement; Functionalism legislation; Joint infringement; Contributory infringement

植物新品种保护中权利用尽原则的适用

陈泽宇[*]

【摘　要】权利用尽原则是知识产权法中非常重要的一个原则。从知识产权法的理论分析和植物新品种的司法实践来看，我国植物新品种领域应当适用权利用尽制度。由于植物品种具有自我复制的特性，兼顾我国的种子生产经营管理制度基本国情，权利用尽原则在植物新品种领域的适用和其他知识产权法相比，需要作特殊的考量。

【关键词】品种权　权利用尽　自我复制　地域限制

权利用尽原则是知识产权法上的一个重要原则，该原则是指知识产权所有人或许可使用人一旦将知识产品合法置于流通以后，知识产权权利人所有的一些或全部排他权因此而用尽。在植物新品种保护领域，我国的司法实践中一直有关于权利用尽能否适用的探索，但法律法规并无关于权利用尽原则的明确规定。2021 年 7 月 5 日，最高人民法院发布《最高人民法院关于审理侵害植物新品种权纠纷案件具体应用法律问题的若干规定（二）》（以下简称《植物新品种权司法解释（二）》），第 10 条规定了权利用尽原则。这一规定完善了品种权保护的法律制度，有利于稳定市场交易秩序。本文将结合我国的实际情况，探讨权利用尽原则适用于植物新品种保护的理论基础及权利用尽原则的具体适用问题。

---

* 陈泽宇，法学博士，最高人民法院民三庭法官助理。

一、权利用尽原则在知识产权相关法律中的应用

（一）权利用尽原则的起源和发展

德国学者最早提出了现在意义上知识产权权利用尽的理论内容。[①] 1873 年，美国联邦最高法院在 *Adams v. Burke* 案[②]中最早使用了权利用尽原则，美国联邦最高法院认为，该案中的棺木盖虽然是专利产品，但被告合法购得该产品后，专利权人或者其他合法权利人就不能再限制被告使用或销售。1908 年，美国联邦最高法院也开始对著作权案件采用这一规则。[③] 权利用尽原则现在已经成为知识产权领域一个非常重要的原则，用以平衡权利人和社会公众的利益。

由于权利用尽原则和平行进口问题有关，TRIPS 协议对权利用尽问题采取了一种中立的态度。TRIPS 协议第 6 条规定："就本协定的任何规定而言，在遵守第二条和第四条规定的前提下，本协定的任何规定不得用于处理知识产权用尽问题。"因此，各国可以根据本国情况自行规定权利用尽的适用。

（二）我国的相关法律规定

我国《专利法》《集成电路布图设计保护条例》明文规定了权利用尽原则。2020 年修改的《专利法》第 75 条规定，专利产品或者依照专利方法直接获得的产品，由专利权人或者经其许可的单位、个人售出后，使用、许诺销售、销售、进口该产品的，不视为侵权。按此规定，平行进口同样不构成侵权。《集成电路布图设计保护条例》第 24 条规定："受保护的布图设计、含有该布图设计的集成电路或者含有该集成电路的物品，由布图设计权利人或者经其许可投放市场后，他人再次商业利用的，可以不经布图设计权利人许可，并不向其支付报酬。"我国《商标法》和《著作权法》均未对权利用尽作出明确规定。对于商标的使用而言，在国内，如果商品合法投入市场后，商标权人一般情况下无权干涉商品的后续流通，在司法实

---

① 陶钧. 对商标侵权纠纷中"权利用尽"制度的探析［EB/OL］.（2015－02－26）［2021－05－20］. https://mp. weixin. qq. com/s/5ZZ－1n3bJsm_NmUuAbi8QQ.

② *Adams v. Burke*, 84 U. S. 453 (1873).

③ 陶钧. 对商标侵权纠纷中"权利用尽"制度的探析［EB/OL］.（2015－02－26）［2021－05－20］. https://mp. weixin. qq. com/s/5ZZ－1n3bJsm_NmUuAbi8QQ.

践中也有相应体现。但对于商标平行进口，由于法律或相关司法解释都没有对该问题予以明确，实践中仍有不少纠纷。对于著作权，有学者认为，我国法律未明确规定首次销售原则的原因在于发行权用尽原则并不是立法者创造出来的主要针对发行权适用的一项新规则，而是在解释发行权的含义与调整范围的过程中必然推导出的结果。①

可见，对于不同的知识产权客体，权利用尽原则的适用范围、适用的权利内容都存在一定的差异，这既是由知识产权客体的差异造成的，也与国家的政策、产业发展等其他情况密切相关。

（三）我国植物新品种保护中的权利用尽原则

首个为植物品种创新创立育种者保护的国际公约是《国际植物新品种保护联盟公约》（UPOV）。② 截至2021年2月22日，共有77个国家加入UPOV，其中17个国家加入的是UPOV1978文本，60个国家加入的是UPOV1991文本。③

UPOV1978文本中没有规定权利用尽。UPOV1991文本第16条规定了育种者权利用尽："受保护品种的材料或第十四条第五款所指品种的材料，已由育种者本人或经其同意在有关缔约方领土内出售或在市场销售，或任何从所述材料派生的材料，育种者权利均不适用，除非此类活动：（1）涉及该品种的进一步繁殖；或（2）涉及能使该品种的繁殖材料出口到一个不保护该品种所述植物属或种的国家，但出口材料用于最终消费的不在此列。"根据UPOV1991文本的规定，授权品种的繁殖材料，在由品种权人或经其同意出售后，除繁殖以及出口的情况，适用权利用尽原则。

我国的《种子法》《植物新品种保护条例》未对品种权的权利用尽进行规定，由于我国加入的是UPOV1978文本，故UPOV1991文本的相关规定亦不能在我国适用。《植物新品种权司法解释（二）》第10条规定："授权品种繁殖材料经品种权人或者经其许可的单位、个人售出后，权利人主张他人生产、繁殖、销售该繁殖材料构成侵权的，人民法院一般不予支持，但是下列情形除外：（一）对该繁殖材料生产、繁殖后获得的繁殖材料进行生产、繁殖、销售；（二）为生产、繁殖目的将该繁殖材料出口到不保护该品种所属植物属或者种的国家或者地区。"这是植物新品

---

① 王迁. 网络环境中的著作权保护研究［M］. 北京：法律出版社，2011：105.

② 李菊丹. 国际植物新品种保护制度研究［M］. 杭州：浙江大学出版社，2011：245.

③ Members of the International Union for the Protection of New Varieties of Plants［EB/OL］.［2021-07-05］. https://www.upov.int/edocs/pubdocs/en/upov_pub_423.pdf.

种领域关于权利用尽原则的首次明文规定。

对植物新品种领域能否适用权利用尽原则，学术界研究不多，观点各异。史平臣认为，"现阶段，我国植物新品种权侵权纠纷中适用权利用尽原则缺乏法律依据和现实条件，但在该领域引入权利用尽原则是必然的发展趋势"。[①] 李建宇认为，"我国目前不应在品种权中适用权利用尽，应对品种权人提供有力保护，在时机成熟时果断加入 UPOV1991"。[②] 贾新静认为，"在种子行业不应适用专利权用尽原则"。[③] 武合讲认为，"由于植物品种的特性，所以权利用尽原则用于品种权时，必须受到限制，且目前品种权的权利用尽原则为我国现有法律所不容"。[④] 李瑞则认为，"基于知识产权法相关规定和实践，我国植物新品种领域同样适用权利用尽制度"。[⑤]

二、权利用尽原则在植物新品种领域适用的理论基础和实践需求

（一）权利用尽原则是利益平衡的体现

知识产权通过赋予权利人行使其权利和从中获利的机会，如果再赋予权利人对承载其知识产权的产品具有无限制的控制权，权利人获得的利益将远超过其对社会的贡献。植物新品种权作为知识产权的一种，在品种权已经赋予品种权人对品种一定时期的垄断权的情况下，为了平衡权利人与社会公众之间的利益，对权利人的品种权适用权利用尽原则，以对其权利作出一定的限制，非常有必要。以销售为例，如果否定权利用尽原则的适用，每一次繁殖材料的销售都需要向品种权人申请许可，权利人就能够从同一份繁殖材料上多次获得许可费用，这明显与权利人的付出不对等，导致公众利益受到极大损害。因此，通过权利用尽原则对品种权加以限制，是利益平衡的体现和要求。

---

① 史平臣．论"权利用尽"在我国植物新品种保护中的适用——由案情一致判决迥异谈起［J］．种子，2015（2）：121.

② 李建宇．权利用尽原则在植物新品种保护中的适用［D］．广州：华南理工大学，2017：1.

③ 贾新静．种子专利权用尽问题研究［D］．上海：华东政法大学，2017：2.

④ 武合讲．植物新品种权利用尽原则的适用［J］．种子世界，2011（5）：16－17.

⑤ 李瑞．植物新品种权的权利用尽［J］．电子知识产权，2015（11）：59.

（二）权利用尽原则有利于提高社会效率

科斯在其著名论文《社会成本问题》中提到，当市场交易成本等于零时，权利配置的初始状态对于长期的资源配置是没有影响的，但当市场交易成本存在时，合法权利的初始界定会对经济制度的运行效率产生影响。① 因此，如何界定权利使经济制度的运行更有效率是一个重要的命题。

假设权利用尽原则不能适用于品种权，则权利人对授权品种的繁殖材料的每一步流通都能进行控制，任何想利用该繁殖材料的个体均须与权利人协商、议价。对于交易成本显然存在的现实世界，这种情况将导致明显的社会运行成本上升，效率降低。当交易成本过高时，甚至会出现反公地悲剧，即高昂的交易成本将最终导致新品种无人问津，品种权人无法从品种权中获益，最后反向导致新品种的研发受到抑制。因此，在品种权这一权利已经设置的基础上，要使经济运行更有效率，一个有效的方式是：设立权利用尽原则，降低交易方数量。

（三）权利用尽原则能解决所有权与品种权的冲突

品种权作为知识产权，具有无形性。授权品种的繁殖材料则具有双重属性。一方面，它具有一定的形状、质量，占据了一定的物理空间，能够为人力所支配和控制，属于法律意义上的有体物，是受物权调整的个体，获得繁殖材料的人对其享有所有权；另一方面，它又承载着智力成果，涉及它的行为要受到品种权的调整。当繁殖材料的所有人意图在市场上出售该繁殖材料时，就会出现权利的冲突：繁殖材料的所有人行使的处分权与品种权人所有的销售权产生冲突。权利用尽原则能解决这一冲突。

从品种权来看，除了销售权之外，其他权利均以控制繁殖材料的生产、繁殖为目标，或是直接以繁殖材料生产、繁殖新的繁殖材料，或是以繁殖材料生产、繁殖另一授权品种的繁殖材料。这是因为，植物新品种价值的体现实际在于授权品种繁殖材料的种植，而种植又不可避免地会出现新的繁殖材料。因此，销售权的产生是对生产、繁殖权利的补充，品种权人通过销售权，控制未经其许可而生产、繁殖得到的授权品种的繁殖材料不能进入市场。就如在著作权领域，"'发行权'实际上主

---

① R. H. Coase. The Problem of Social Cost [J]. Journal of Law and Economics, 1960, 3: 1-44.

要用于阻止他人出售未经许可而印刷或制作的书籍、唱片等”①。如果允许品种权人限制买受人转售其得到的植物品种的繁殖材料，就不再是为了达到补充品种的生产、繁殖的权利，从而保证品种权人获得其应有的经济利益，而成了授权品种权人对他人所有权和有形财产的合法流动进行干涉。因此，这既与交易习惯和所有权的基本观念冲突，也违背了品种权中销售权的创设目的，故权利用尽原则是销售权的应有之义。

（四）实践需求

我国的司法实践中已有不少案例涉及品种权的权利用尽问题。这些案例不仅涉及权利用尽原则能否适用，还涉及具体如何适用的问题。例如，在江苏里下河地区农业科学研究所与宝应县天补农资经营有限公司植物新品种侵权纠纷案②中，二审法院就认为：植物新品种权人依据法律的规定独占性生产并销售授权品种的繁殖材料后，已经从这种独占性的生产、销售活动中获得了应得的经济利益，该授权繁殖材料被合法投放市场后，他人对该繁殖材料再行销售或使用，不再需要得到植物新品种权人的许可或授权，且不构成侵权，植物新品种权同样适用权利用尽原则。

三、权利用尽原则适用的品种权内容探讨

权利用尽原则指的是合法制造的产品售出之后某些权利的穷竭，并非所有权利的穷竭。例如，就专利权而言，“对于合法制造的专利产品，穷竭的仅是使用权、许诺销售权、销售权和进口权，控制生产环节的制造权并未穷竭，他人未经专利人许可制造该专利产品，仍构成侵权”。③ 我国《种子法》第28条规定：“完成育种的单位或者个人对其授权品种，享有排他的独占权。任何单位或者个人未经品种权所有人许可，不得为商业目的生产、繁殖或者销售该授权品种的繁殖材料，不得为商业目的将该授权品种的繁殖材料重复使用于生产另一品种的繁殖材料；但是，本法、有关法律、行政法规另有规定的除外。”因此，我国植物新品种权的权利内容包括销售权、生产、繁殖的权利以及将授权品种的繁殖材料重复用于生产另一品种繁殖

---

① 王迁．论网络环境中的“首次销售原则”［J］．法学杂志，2006（3）：120．
② 江苏省高级人民法院（2008）苏民三终字第0220号民事判决。
③ 刘银良．知识产权法［M］．2版．北京：高等教育出版社，2014：131．

材料的权利。对于销售权，毫无疑问属于权利用尽的适用范围。问题是，生产、繁殖授权品种的繁殖材料以及将授权品种繁殖材料重复使用于生产另一品种繁殖材料的权利是否也会穷竭？

（一）生产、繁殖的权利是否会穷竭

首先需要明确生产、繁殖的概念。虽然在《植物新品种保护条例》中，对于品种权，并未规定“繁殖”这一权利，但对比《种子法》和《植物新品种保护条例》的规定，可以认为生产、繁殖应当是同一概念，均是指通过原繁殖材料获得同一品种的新的繁殖材料的行为。

无论是专利、商标还是著作权领域，在谈到权利用尽原则时，均不涉及产品从无到有的过程，即在销售之后，专利产品的制造、商品的生产、作品的复制都不会和权利用尽产生联系，这是因为在这些领域，产品的使用和制造是两个完全不同的行为。以专利法为例，在专利法中，“从字面理解‘制造’是指产生新的产品，是一个从无到有的过程，而‘使用’是对现有产品功能的利用”。[①] 但在植物新品种领域，使用和生产、繁殖行为的界限并不那么清晰。

要使品种权的价值得到体现，得到产量更高的粮食、口感更好的水果或者更具有抗性的作物，首先要将繁殖材料进行种植，才能使品种的优良性状得到表达。使用新品种，就要种植繁殖材料，要有光照、浇水、施肥等一系列适宜的操作。而生产新品种的繁殖材料，同样也需要种植繁殖材料，以及光照、浇水、施肥等一系列操作，才能获得籽粒、果实、根、茎等繁殖材料。因此，虽然在某些情况下使用行为能与生产、繁殖行为相区分，例如在河北高速衡大管理处与法润公司“美人榆”植物新品种权纠纷案[②]中，虽然涉案美人榆为无性繁殖品种，其植株本身就是繁殖材料，但在无扦插、嫁接等扩繁行为的情况下，种植行为本身不属于生产或繁殖行为。而在很多时候，使用行为与生产、繁殖行为的区分界限并不清楚，两者甚至可能完全重合，例如播种水稻之后，收获的谷子既可以作为收获材料也可以作为繁殖材料，这取决于最后对谷子的利用方式。因此，对于生产、繁殖行为是否能够适用权利用尽，不能片面地看是否有生产、繁殖行为，而是应当根据对收获的繁殖材料

① 王淑君．自我复制技术语境下专利权用尽原则的困境及消解——以鲍曼诉孟山都案为视角［J］．学术界，2014（8）：105.

② 最高人民法院（2018）最高法民再247号民事判决书。

的处理情形、当事人的主观意图进行综合判断。

《植物新品种权司法解释（二）》第10条在规定生产、繁殖权属于权利用尽的范围时，第（1）项又规定“对该繁殖材料生产、繁殖后获得的繁殖材料进行生产、繁殖、销售”的行为，构成侵权。故司法解释也是以繁殖材料生产、繁殖后获得的繁殖材料处理方式作为判断的依据，如果处理方式不涉及生产、繁殖、销售的，则不构成侵权，反之，则构成侵权。

（二）自我复制专利的启示

美国对植物新品种可以采取专利保护的方式，鲍曼与孟山都案[①]即涉及专利自我复制的情形。在该案中，被告印第安纳州的鲍曼在购买并种植孟山都的大豆种子之后，对植株喷洒除草剂，因普通的大豆种子植株在接触除草剂后无法存活，这一方式可以筛选出含有抗除草剂特性的植株，鲍曼再将存活植株的种子予以保留进行下一季的种植。通过这种方式，鲍曼获得了保留原有抗性基因的大豆种子，无须再购买专利大豆种子。对此案，初审法院、联邦巡回上诉法院和美国联邦最高法院均否定了鲍曼关于专利权利用尽抗辩的主张，认为其构成侵权。美国联邦最高法院认为，如果对专利种子后代的控制权利被销售所切断，则权利人将不能制止购买者贮藏以及销售专利种子的后代。鲍曼主张，此案应当适用权利用尽原则，因为种子本就是用于种植的。对此，法院认为，鲍曼所主张的权利用尽原则并无先例，因为权利用尽原则并不能适用于“制作”新的产品，如果复制受权利用尽原则保护，则专利的价值将会暴跌，专利垄断权的期限将不是20年而是一次交易。这将导致创新缺乏激励。鲍曼还主张，种子是特殊的，除非将大豆以特定的方式储存，否则它就会自主地复制或者发芽。法院认为，鲍曼这种归责于大豆的抗辩很难被采纳，鲍曼的行为促使了大豆种子的繁殖，或者说，他购买的种子并不能自发地繁殖八代，是鲍曼而非大豆控制了孟山都大豆专利产品的繁殖。卡根大法官在其一致意见中也指出：权利用尽原则应仅限于已出售的特定物品，它并不影响权利人阻止购买者通过专利产品制造新的产品的权利。

加拿大也有类似的案例[②]，该案原告为孟山都加拿大公司，被告为施迈泽（Schmeiser）及其成立的农业公司。孟山都加拿大公司拥有专利号1313830、名为

---

① *Monsanto Co. v. Bowman*, 657 F. 3d 1341.

② *Monsanto Canada Inc. V. Schmeiser*, [2004] 1 S. C. R. 902, 2004 SCC 34.

“抗草苷膦植物”的加拿大专利，该专利公开了通过基因工程编辑的基因序列及含该基因序列的细胞，拥有该细胞的植株（本案中为油菜）对含草甘膦的农药具有抗性。孟山都加拿大公司生产含有该转基因细胞的油菜种子。施迈泽从未购买过该种子，也从未获得种植的许可。然而，到了 1998 年，施迈泽所拥有的 1000 英亩油菜中 95% ～98% 含有涉案基因专利。这些油菜种子的来源可能是由于施迈泽附近的地里种植着含有涉案专利的油菜，其种子飘到了施迈泽的地里并在施迈泽喷洒的农药下存活下来。本案的争议焦点为，施迈泽是否使用（use）了涉案专利。法院认为，是否使用并不取决于施迈泽是否导致了专利权人不能从其发明中获得商业利益，而在于其是否导致专利权人对其发明的使用所拥有的垄断权被打断。最终，法院认为，施迈泽使用了原告的专利，构成侵权。由于原告希望赔偿数额以侵权人所获利润来计算，而并无证据显示侵权人利用了油菜种子的抗农药性，法院认为施迈泽并未从涉案专利中获得收益，因此侵权赔偿数额为零。

加拿大孟山都案与美国孟山都案的区别在于：一是美国孟山都案中的涉案专利为具有抗药性的大豆品种，而加拿大案中的专利仅是基因序列及含该基因序列的细胞；二是美国孟山都案中被告鲍曼喷洒农药筛选含抗药性的大豆种子是一个主动行为，并进行了八代，从而获得了拥有抗性的种子，而加拿大孟山都案中，被告施迈泽并无主动筛选的行为。因此，美国孟山都案中，被告的制造行为构成侵权，而在加拿大孟山都案中，被告的使用行为构成侵权。但无论是美国孟山都案还是加拿大孟山都案，都显示出这两个国家的法院对于自我复制专利在适用权利用尽原则时的限制，即使加拿大孟山都案中的被告并无主观上的侵权意图、客观上也没有采取主动筛选含有抗性基因植物的行为，法院也还是认为被告的使用行为构成对权利人垄断权的破坏，构成侵权。这一理解同样适用于植物新品种领域，即如果允许不加区分地对种植行为适用权利用尽原则，则品种权人的首次销售行为将变为最后一次销售行为，因为合法购得繁殖材料的个体可以继续合法地通过后续的种植收获大量的繁殖材料。

（三）繁殖材料与收获材料的区分

正如前文所述，对于生产、繁殖行为是否能够适用权利用尽，须根据对种植、收获获得的繁殖材料的处理情形来进行判断。对于类似美国孟山都案的情况，这种判断是比较简单的。但还有另一种更复杂的情况：假设 A 从品种权人处购买得到水稻种子，种植之后收获的水稻销售给B，此时判断A侵权与否是否将以B的行为作为判断标准？应当明确，这种情况不属于为他人行为担责的情形，即不能以B的行为作为A是否侵权的判断标准。在侵权责任法中，为他人行为担责任，也可称为替代责任、代位责任等，在此种责任中，赔偿义务人的行为与损害之间没有直接因果关系，赔偿义务人对损害的发生也不存在具体的过错，但仍然要依据法律的规定承担侵权责任，其典型形态包括雇主责任、监护人责任等。[①] 本文探讨的情况显然不存在为他人行为担责的规则基础。

对这种情况，本文以为，可以借鉴三红蜜柚案[②]的处理，通过对A行为真实意图的考查来作为其侵权与否的判断依据。在三红蜜柚案中，植物新品种“三红蜜柚”的品种权人蔡某某，起诉广州市润平商业有限公司所经营的超市销售三红蜜柚果实的行为构成侵权，要求其依法承担侵权责任，并赔偿相应的损失。对此，二审法院认为，“植物体的不同部分可能有着多种不同的用途，可作繁殖目的进行生产，也可用于直接消费或者观赏，同一植物材料有可能既是繁殖材料也是收获材料。对于既可作繁殖材料又可作收获材料的植物体，在侵权纠纷中能否认定为繁殖材料，应当审查销售者销售被诉侵权植物体的真实意图，即其意图是将该材料作为繁殖材料还是作为收获材料销售；对于使用者抗辩其属于使用行为而非生产行为，应当审查使用者的实际使用行为，即是将该收获材料直接用于消费还是将其用于繁殖授权品种”。在该案中，由于被告为一超市，其销售蜜柚是以供消费者食用的水果进行销售，而非将蜜柚作为授权品种繁殖材料进行销售，因此一审、二审法院均认为被告的行为不构成侵权。

因此，如果被控侵权人在合法取得授权品种繁殖材料后进行生产、繁殖并将收获材料进行销售的，其意图是以繁殖材料进行销售，则构成侵权；仅仅是作为收获材料，则不构成侵权。

（四）将授权品种繁殖材料重复使用于生产另一品种繁殖材料的权利是否会穷竭

《种子法》第2条规定：“本法所称种子，是指农作物和林木的种植材料或者繁殖材料，包括籽粒、果实、根、茎、苗、芽、叶、花等。”因此，繁殖材料是指繁

---

① 尹飞．为他人行为侵权责任之归责基础［J］．法学研究，2009（5）：37-38.

② 最高人民法院（2019）最高法知民终14号民事判决书。

殖植物的种植材料或植物体的其他部分，它携带着该植物整套遗传物质。利用授权品种繁殖材料生产另一品种繁殖材料，另一品种的繁殖材料中必然携带有原授权品种的遗传物质，因此授权品种的特性将通过遗传物质传递到另一品种的繁殖材料上。如果为商业目的将授权品种繁殖材料重复使用于生产另一品种繁殖材料这一权利会构成穷竭，将导致授权品种的相应特性不再受品种权人的控制。从保护品种权人根本利益出发，该权利不应当穷竭。

四、权利用尽原则与区域性许可

（一）司法实践中的问题

实践中，品种权人经常会按照地域进行许可，例如在郝某某等与安徽皖垦种业股份有限公司等侵害植物新品种权纠纷一案①中，河南省农业科学院作为“郑麦9023”的品种权人，授予皖垦公司在安徽省区域享有“郑麦9023”的独占实施许可权；又如新西北公司与秦粮公司植物新品种侵权纠纷案②中，新西北公司获得“郑麦9023”除岐山县以外的陕西省所有区域的种子生产、经营权和品种权维权的权利。

造成品种权人习惯于按地域进行许可的理由如下。第一，按照我国《种子法》第38条第1款规定，种子生产经营许可证的有效区域由发证机关在其管辖范围内确定。第32条第3款规定，申请领取具有植物新品种权的种子生产经营许可证的，应当征得植物新品种权所有人的书面同意。根据上述规定，我国的种子生产经营实行许可证制度，无论是生产还是销售，除了“专门经营不再分装的包装种子”的情况，其他均需取得品种权人或者已有生产经营许可证的生产经营者的书面委托，而生产经营许可证的获得也需要品种权人的书面同意，同时生产经营许可证可以是全国范围的，也可以是行政地域范围的。对于一般经销商而言，如果销售规模一般的话，往往只会在有销售渠道的区域销售，也就只去寻求相应区域内的授权许可，从而降低经营成本。第二，我国地域辽阔，各地的地势地貌、气候环境等有一定差异，在某地适宜种植的品种在另一个地方并不一定适宜种植，所谓“橘生淮南则为橘，生于淮北则为枳”，这也使得经销商可能只会去寻求适宜区域的授权许可。

---

① 安徽省高级人民法院（2018）皖民终534号民事判决书。

② 陕西省高级人民法院（2010）陕民三终字第0050号民事判决书。

然而，这种由于种子生产经营制度以及植物品种本身的特性导致的按地域许可的情况，使相关权利人对于权利用尽在植物新品种领域的适用产生了一定的争议。

在广西桂林兴桂种业有限公司（以下简称“兴桂公司”）诉廖某某等再审案①中，中国水稻研究所、浙江省杂交水稻种业有限公司是“中浙优一号”种子的品种权人，兴桂公司获得品种权人授权，在广西行政区域内独家代理总销售该品种的种子。廖某某、文某某未经兴桂公司许可，在广西部分地区销售从湖南省永州市零陵区种子销售中心购买的“中浙优一号”种子，兴桂公司起诉至法院，请求法院认定廖某某等行为侵犯其品种权并赔偿损失。一审法院南宁中院在（2011）南市民再初字第 4 号民事判决中先是对知识产权权利用尽原则的含义及意义进行了说明，之后引用《植物新品种保护条例》第 6 条作为我国保护首次生产、销售品种行为的依据，进而推定同样属于知识产权领域的植物品种保护制度也应适用权利用尽原则，判决采纳了被告就权利用尽提出的抗辩。一审判决后，兴桂公司在上诉中提出一审判决中适用权利用尽原则的做法没有相应的法律依据，并说明我国知识产权法中明文规定的只有专利权利用尽和集成电路布图设计领域的权利用尽，仅凭《植物新品种保护条例》或者植物新品种权相关的司法解释，无法直接适用权利用尽原则。作为二审法院的广西壮族自治区高级人民法院（以下简称“广西高院”）在归纳焦点时没有把上述抗辩囊括在内，而是回到了廖某某等是否侵权的问题上。经广西高院查明，廖某某等的销售行为发生期间品种权人还未获得植物品种权，据此认定廖某某等的行为未侵犯品种权。在该案中一审法院明确了权利用尽原则的使用，但二审法院回避了对权利用尽原则的探讨。

在新西北公司与秦粮公司植物新品种侵权纠纷案中，法院则认为权利用尽原则的适用要有一定的限制。河南省农业科学院是“郑麦 9023”植物新品种的品种权人，新西北公司获得该品种除岐山县以外的陕西省所有区域的种子生产、经营权和品种权维权的权利。秦粮公司从先天下公司购入“郑麦 9023”小麦种子 3 万公斤，以原包装在陕西省周至县进行销售。对此行为，二审法院认为：秦粮公司辩称其所销售的“郑麦 9023”小麦种子系从已取得合法授权的先天下公司购入，其销售行为不构成侵权。因先天下公司获得授权生产和销售“郑麦 9023”的权利仅限于河南省邓州市、淅川县、内乡县、新野县、西峡县，秦粮公司的销售行为系在陕西省境内，

① 广西壮族自治区高级人民法院（2012）桂民再终字第 2 号民事判决书。

其未获得品种权人的合法授权，因此秦粮公司关于其不构成侵权的上诉理由不能成立。①

（二）双方观点及理由分析

从以上案例可见，在面对按地域许可的情况时，法院对于权利用尽原则该如何适用没有形成统一的观点。《植物新品种权司法解释（二）》第10条的规定则没有涉及分地域许可的情况，即司法解释认为权利用尽原则不受地域许可的限制。

认为品种权的权利用尽不应受地域许可限制的理由如下。首先，品种权按地域许可的原因之一在于我国的种子生产经营管理制度，而从《种子法》的修订趋势来看，国家对种子生产经营的管理呈逐渐放松的趋势。2000年《种子法》规定需要审定的主要农作物是指“稻、小麦、玉米、棉花、大豆以及国务院农业行政主管部门和省、自治区、直辖市人民政府农业行政主管部门各自分别确定的其他一至二种农作物”，而根据2016年施行的《主要农作物品种审定办法》，主要农作物是指“稻、小麦、玉米、棉花、大豆”，需审定的主要农作物品种范围变小。甚至有文章建议，“取消种子进入市场的审定门槛，转而全面实行品种登记制度是市场化不断发展的趋势，市场经济的不断发展要求我国借鉴美国的先进经验给予企业更多的自主权，同时责任和利益挂钩”②。在这一背景下，品种权的许可可能也会随着种子生产经营管理制度的放松而出现变化。如果品种权许可不再按地域区分，也就不存在限制权利用尽原则是否在许可的地域范围内适用的问题。

其次，采这种观点更有利于促进市场上授权品种繁殖材料的流通。相对来讲，种植者也能以更低的价格购买到需要的繁殖材料。

再次，无论专利、集成电路布图设计还是国外植物新品种保护的相关规定，都没有将权利用尽原则限定在权利许可的地域范围内。欧共体规定了植物新品种权的权利用尽，规定与VPOV1991文本内容基本相同，仅范围有所不同，UPOV1991文本规定的是进行销售的缔约方范围内的权利用尽，欧共体规定的是欧共体范围内的权利用尽。日本也是UPOV1991文本的成员，其关于权利用尽的规定与UPOV1991文本的规定基本一致，《日本植物品种保护和种子法》第21条第（4）项规定，当植物新品种权人将受保护的植物新品种以合法的方式在市场上进行交易后，其他人

---

① 陕西省高级人民法院（2010）陕民三终字第0050号民事判决书。

② 王必佼，肖志锋．中美品种审定制度研究［J］．种子，2020（9）：166.

就受让的植物新品种再次进行分销时，权利人无权对其进行限制。[①] 美国对植物新品种保护采取植物专利、植物品种保护证书和发明专利三种方式的保护。对于发明专利的权利用尽，美国并未限定权利用尽的区域。对于植物品种，美国的规定与欧盟的相同，即："对已经销售的受品种证书保护的品种或者其他经所有人同意在美国进行销售的受保护品种行使任何与该品种繁殖材料或收获材料，包括植物的整株或部分有关的行为均不构成侵权，除非相关行为涉及品种的进一步繁殖，或者涉及该品种材料的出口，使得相关品种的繁殖材料进入一个对其不受保护的国家，出口材料用于最终消费的不在此列。"[②]

最后，2017～2019 年，我国品种权申请量出现井喷式增长，年申请量连续 3 年位居 UPOV 成员第 1 位，以上数据显示我国申请植物新品种的热情高涨，市场主体对于植物新品种的关注度上升，授权量虽然不像申请量一样有明显的规律性变化，但整体也呈上升趋势。[③] 由此推断我国的研发能力亦有了一定的提高。

支持权利用尽原则应限制在许可的地域范围内的观点则认为：首先，虽然我国种子生产经营管理制度会有所变动，但至少目前我国的种子生产经营管理制度还是采取品种审定的方式。且即使最后完全放开种子的生产经营管理，但在我国辽阔的地域范围、多变的气候、复杂的地形以及各地的人文传统多重因素作用下，不同地域间种植的植物必然仍存在很大的不同，因此，授权品种分地域许可的需求依然存在。

其次，从促进创新的角度出发，将权利用尽原则限制在许可的地域范围内更为合适。一是虽然品种权的申请量数据有显著提升，但我国的植物新品种研发能力和一些发达国家尚存在差距。在种业关键领域，我国还需要继续加强研发。二是对于品种权人而言，权利用尽原则是对其垄断权的一种限制，而如果将权利用尽原则限定在许可的地域范围内，这种限制显然小于全国范围内的权利用尽，权利人能获得更大的利益，从而更好促进科研创新。一方面，品种权人可以通过在不同地域进行许可，金钱上获得的回报会更多，从而对品种权人产生更强的激励作用；另一方面，品种权人对授权品种的繁殖材料有更强的控制力，能更好地了解各个地区的繁殖材料分布情况，进而掌握不同地区授权品种的生长、产量等性状，为品种的进一步研

---

① The Plant Variety Protection and Seed Act, Article 21 (4), Japan.

② 7 U. S. C. 2541 (d).

③ 邓伟，崔野韩. 中国农业植物新品种保护发展制度及发展的研究［J］. 中国种业，2020 (11)：1－2.

发提供数据和参考。

最后，从利益平衡的角度出发，将权利用尽原则限制在许可的地域范围内更为合适。在植物新品种保护体系中，涉及品种权人、经销商、种植者以及不特定的社会公众的利益。前文已经分析了品种权人获益的情况，此处不再赘述。在限制权利用尽原则的情况下，品种权人将有更强的创新动力和创新能力，不特定的社会公众显然能从中获益。对种植者而言，其作为终端的消费者，虽然在一定程度上，获取授权品种繁殖材料的价格相比权利用尽原则不受限制的情况会高，但在这种情况下，种植者可以与品种权人保持更为紧密的联系，可以从品种权人处获得一定的知识和指导，种植者显然能从中获益。反之，这种联系将会被切断，植物新品种的繁殖材料成为纯粹的商品。对于经销商而言，短期内会产生一定的混乱，部分经销商获益，部分经销商受损。如前所述，我国目前的植物新品种许可一般限制在地域范围内，如果经销商甲从品种权人处获得在 A 地的销售许可，甲按照合同约定只能在 A 地销售授权品种繁殖材料，否则就会构成违约或侵权的竞合，而经销商乙从甲处购买繁殖材料后，反而能在全国所有地方销售，此时甲的利益受损，而乙获益。

因此，品种权的权利用尽原则是否受地域许可的限制，是一个复杂的问题，与我国植物品种研发能力、我国种子生产经营制度等各项因素密切相关，需要进行综合的考量。

五、结　　语

植物品种保护与现代种业密切相关。如何为植物品种的研发提供制度层面的支持，是非常重要的一个问题。权利用尽原则具有平衡利益的重大价值功能，在植物新品种领域建立权利用尽制度，明确权利用尽的具体适用，既有利于平衡各方当事人的利益，促进植物新品种的研发，也有利于促进植物品种的市场流通，从而更好地促进我国植物品种领域的发展。

（责任编辑：吴柯苇）

Application of the Doctrine of Exhaustion in the Protection of New Plant Varieties in China

Chen Zeyu

Abstract: The exhaustion doctrine is a very important principle in intellectual property law. From the perspective of theoretical analysis of intellectual property law and judicial practice of plant varietie right, the system of exhaustion doctrine should be applied to the field of new plant varieties in China. Due to the characteristics of self - replication of plant varieties and the seed's production and management system in China, the application of exhaustion doctrine in the field of new plant varieties requires special considerations compared with other intellectual property laws.

Key Words: Variety right; Exhaustion doctrine; Self - replication; Geographical restrictions

知识产权飞跃上诉制度基本建构与发展展望*

张　　鹏**

【摘　要】最高人民法院知识产权法庭统一审理全国范围内专业技术性较强的专利等上诉案件，在技术类知识产权上诉案件的管辖上跨越了地方高级人民法院，形成具有中国特色的“知识产权飞跃上诉制度”。最高人民法院知识产权法庭将承担进一步统一知识产权案件裁判标准、进一步提高审判质量效率、进一步提升司法公信力和国际影响力、进一步加强对国家战略的司法保障这四大职能，其司法实践对明确知识产权法律适用起到至关重要的作用。在比较分析技术类知识产权上诉制度和飞跃上诉制度的基础上，探讨我国知识产权飞跃上诉制度的基本建构，并就我国知识产权飞跃上诉制度的未来发展进行展望。

【关键词】飞跃上诉　最高人民法院　知识产权法庭　巡回法庭　法律审

由最高人民法院知识产权法庭审理不服知识产权法院、中级人民法院第一审案件判决、裁定而提起上诉的案件，是一种全新的上诉制度安排。这种上诉制度，在维持四级两审终审制基本制度构架不变、不新设法院、不改变审级的前提下，通过提高二审法院层级，实现国家层面知识产权案件的上诉审理机制，可以称为“飞跃上诉制度”，或者称为“越级上诉制度”。① 可以说，中国特色的飞跃上诉制度，突破了四级两审制的审级结构，创造性地确立了独具中国特色的越级上诉制度②，有

---

* 本文系国家知识产权局2019年度软科学研究项目“知识产权基础性法律关键制度研究”（项目编号SS19－B－13）的阶段性成果。

** 张鹏，华东政法大学博士后，北京市中伦律师事务所合伙人，中南财经政法大学知识产权研究中心研究员。

① 宋晓明，王闯，李剑，等.《关于知识产权法庭若干问题的规定》的理解与适用［J］. 人民司法，2019（7）：27－29.

② 毋爱斌，苟应鹏. 知识产权案件越级上诉程序构造论——《关于知识产权法庭若干问题的规定》第2条的法教义学分析［J］. 知识产权，2019（5）：25－36.

助于统一司法标准和缩短纠纷解决周期，同时可以凸显最高人民法院对技术类知识产权案件的司法政策和裁判规则，更利于为知识产权国际治理贡献中国司法经验。

一、比较法视野下的技术类知识产权上诉制度

通过设立知识产权专门法院来审理知识产权案件，特别是技术类知识产权案件，已经成为世界主要国家知识产权司法体制改革的共同趋势。同时，各国或者各地区现有的知识产权审判机构在设置模式、审判范围、组织和程序等方面存在很多共性，但受到具体情况、法律理念、法制传统以及司法实践的制约，也存在一定的差异性。① 同时，从国际上看，承担统一审判标准职能的专门化知识产权司法机构通常都是高级法院层级，② 例如，美国联邦巡回上诉法院、日本东京高等法院、德国专利法院等，均相当于高级法院级别，承担着所在国家地域范围内专利等知识产权二审案件的审理和统一裁判标准的职能。

（一）美国技术类知识产权案件上诉制度

美国有着联邦和州两套司法系统，联邦司法系统包括联邦地区法院、联邦上诉法院和最高法院。联邦和州两套司法系统的管辖权划分依据事项而定，根据《美国联邦法典》第 1337～1338 条的规定，联邦法院对著作权、专利权、植物新品种权、反垄断等案件具有专属管辖权，但是对外观设计权、商标权和不正当竞争案件则没有专属管辖权。联邦地区法院是基层法院，目前全美共有 94 家联邦地区法院；联邦上诉法院是联邦地区法院的上一级法院，共有 13 个巡回上诉法院，其中包括哥伦比亚特区上诉法院、联邦巡回上诉法院。

联邦巡回上诉法院（CAFC）是全国性的巡回法院，是唯一一个专属管辖法院，统一对专利上诉案件进行管辖。③ 美国联邦巡回上诉法院在 1982 年成立，旨在解决知识产权审判中存在的审理标准不统一、法官缺乏必要的技术背景、判决公信力低、

① 胡淑姝．试论知识产权法院（法庭）的建立——对我国知识产权审判体制改革的理性思考［J］．知识产权，2010（4）：37－38.

② 郃中林．境外知识产权专门法院制度对我国的启示与借鉴［J］．法律适用，2010（11）：84－88.

③ 蔡元臻．美国联邦巡回上诉法院特色机制及对我国的借鉴［J］．科技与法律，2015（1）：90－96.

司法资源配置不合理等问题。[①] 所谓联邦巡回上诉法院“统一对专利上诉案件进行管辖”，具体包括以下两类案件以及其他技术性较强的案件：美国联邦巡回上诉法院对专利侵权上诉案件具有专属管辖权；如果当事人对美国专利商标局专利审判与申诉委员会的行政裁决不服，美国联邦巡回上诉法院具有专属管辖权。如果当事人不服美国联邦巡回上诉法院的判决，可以向美国联邦最高法院提起上诉。同时，由于最高法院审理的案件非常少，美国联邦巡回上诉法院的绝大多数判决通常具有事实上的“终审”性质。

版权案件、反垄断案件只能由联邦法院专属管辖，对这些案件的上诉由相应的上一级巡回上诉法院管辖。外观设计案件、商标案件和不正当竞争案件，并非联邦法院专属管辖，州法院亦具有一定的管辖权。如果一审由联邦地区法院审理，那么二审则由相应的上一级巡回上诉法院管辖而非由上述美国联邦巡回上诉法院管辖。根据《美国联邦法典》第1295条，当事人对美国专利商标局商标审判与申诉委员会的决定不服，可以选择上诉到上述美国联邦巡回上诉法院，也可以到联邦地区法院寻求民事救济。[②]

（二）德国技术类知识产权案件上诉制度

从立法角度来讲，德国专利制度框架由《德国基本法》和《德国专利法》《德国实用新型法》《德国外观设计法》构成。整体上来说，德国专利制度中的专利权侵权纠纷的解决和专利权有效性的判断是分行的。其中专利侵权案件由州一级的地区法院管辖，但由于专利侵权案件涉及较复杂的专业技术问题和法律问题，因此在德国约125个地区法院中只有12个地区法院可以受理专利侵权诉讼。

德国采取“单独设置模式”，单独设立审理专利有效性的法律程序，即德国专利制度中的专利权侵权纠纷的解决和专利权有效性的判断是分行的。德国发明专利权有效性的判断由位于慕尼黑的德国联邦专利法院专属管辖。根据《德国专利法》第65条规定，德国联邦专利法院为独立、自治的联邦法院，受理不服专利局审查部和专利部决定的诉讼请求以及专利无效、强制许可诉讼请求。专利法院由院长、审判长和法官组成，上述成员必须具有德国有关法官法律要求的从事司法事务的资格

---

① 阎达. 美国联邦巡回上诉法院对我国设置知识产权法院的启示［J］. 东南大学学报（哲学社会科学版），2014，16（增刊）：119－120.

② Trademark Trial and Appeal Board Manual of Procedure（TBMP），§901.01.

（法律成员），或者是某一技术领域的专家（技术成员）。联邦专利法院还负责审理不服德国专利局商标局行政决定的案件，包括对专利局驳回发明、实用新型和外观设计申请及发明异议决定或实用新型撤销决定不服的申诉案件，以及欧洲专利在德国的无效案件。[①] 在专利法院审理申诉案件以及此后的上诉程序中，专利局局长不是法律上诉一方当事人情况下，专利局局长为了维护公共利益可以向专利法院提交书面意见，也可以出席开庭并作陈述。如果专利法院认为涉及重要的法律问题需要给予专利局局长参加异议程序的机会，专利局局长在收到通知后成为一方当事人。

德国实用新型和外观设计均采用注册制，不进行实质审查。在实用新型注册后任何人可以向专利局提出撤销请求，由专利局实用新型部门对撤销请求进行审查。当事人对撤销决定不服的可以向联邦专利法院申诉。1992 年之前，德国只规定了外观设计注册程序，没有规定撤销和无效宣告程序。1992 年外观设计法中增加了注销程序，即外观设计与他人在先权利冲突的，在先权利人可以提出注销请求。注销程序由地方法院管辖，不归专利法院管辖。2004 年 6 月 1 日实行的新外观设计法增加了无效宣告程序。目前，对于实用新型专利，地区法院也可以在侵权诉讼中直接就其有效性作出裁判，也可以通过在专利法院的无效诉讼解决；对于外观设计专利，其采用登记制度，对于专利权效力的判断不能通过向专利法院提起无效诉讼解决。

不服德国联邦专利法院发明专利效力纠纷判决，可以向联邦高等法院提起上诉。根据《德国专利法》第 100 条的规定，对于德国专利法院上诉审理庭所作判决中的法律问题，可以上诉至联邦高等法院，这种法律问题通常为重要的法律争议需要联邦高等法院就法律制度发展或者统一执法尺度进行决定。但是这种上诉权以判决中明确记载为条件，同时在存在该法所述的情形时，则上诉权的享有不以判决记载为条件。这些情形包括诸如专利法院的审理组织组成不合法、判决没有阐述决定的理由、判决的作出违反公开听证原则以及参与判决的法官曾经因为公正问题被质询等。根据《德国专利法》第 110 条的规定，对于无效审理庭所作的判决无论是出于法律问题还是其他事实问题，均可以向联邦高等法院提出上诉，上诉期为 1 个月。

（三）日本技术类知识产权案件上诉制度

随着 20 世纪 90 年代日本经济泡沫的崩溃，为了改变低迷的经济状态，日本逐

---

① 罗东川，夏君丽，郃中林. 最高人民法院和欧盟知识产权合作项目——专利侵权考察团赴德国英国考察情况报告［M］//曹建明. 知识产权审判指导（2006 年 · 第 2 辑）. 北京：人民法院出版社，2007：236 –256.

步重视知识产权保护。1996 年，修订《日本民事诉讼法》，确定了技术类知识产权案件的一审管辖。根据其第 6 条的规定，涉及专利、实用新型、集成电路布图设计和计算机软件的一审知识产权案件，集中到东京地方法院和大阪地方法院进行管辖。东京地方法院和大阪地方法院的管辖范围依据地域范围确定，名古屋高等法院以东地区（包括名古屋高等法院）由东京地方法院管辖，名古屋高等法院以西地区由大阪地方法院管辖。

技术类知识产权案件的集中管辖在日本知识产权战略制定实施过程中备受关注。进入 21 世纪之后，日本为了保持其世界经济强国地位，采取了三大步骤推进“知识产权立国”国策：制定知识产权战略大纲、成立知识产权专门法院、颁布知识产权基本法。① 2002 年 7 月，日本政府制定了知识产权战略大纲，在“知识产权立国”背景下提出创设具有实质性“专利法院”功能的裁判机构的构思。伴随着知识产权战略的实施，知识产权战略本部在 2003 年年度推进计划中将设立知识产权高等法院作为重要措施。

在这一背景下，2005 年通过的《日本知识产权高等法院设置法》设立了知识产权高等法院。其中第 2 条规定，为了更好地处理东京高等法院所管辖的与知识产权有关的案件，尽管有该法第 22 条第 1 项的规定，知识产权高等法院作为东京高等法院的特别支部设立。② 从性质角度而言，日本知识产权高等法院不是一个独立的高等法院，其隶属于东京高等法院；日本知识产权高等法院又是一个相对独立的机构，其具有自己的法院院长，有独任的法官和独立的专门委员。从管辖角度而言，日本知识产权高等法院管辖涉及专利、实用新型、集成电路布图设计权和计算机软件的二审知识产权案件，以及不服特许厅审判部作出的决定的提起的“当事人系行政诉讼案件”。也就是说，对于技术类知识产权案件，一审由东京地方法院和大阪地方法院管辖，二审由日本知识产权高等法院统一管辖，从而实现技术类知识产权案件的专属管辖。③

（四）韩国技术类知识产权案件上诉制度

韩国专利法院的成立初衷在于加强对专利授权确权纠纷的司法审查。韩国于

① 张鹏. 知识产权基本法基本问题研究：知识产权法典化的序章［M］. 北京：知识产权出版社，2019：30－35.

② 《日本知识产权高等法院设置法》相关条文译文参见：易涛. 日本知识产权高等法院［J］. 科技与法律，2015（1）：108－129.

③ 李明德. 关于我国知识产权法院体系建设的几个问题［J］. 知识产权，2018（3）：14－26.

1998年设立专利法院，为亚洲最早之革新。[①] 在韩国设立专利法院之前，针对驳回决定的复审请求、专利无效宣告请求、授权后修改的订正程序所作出的决定不服的，由韩国特许厅特许审判院（相当于中国国家知识产权局专利局复审和无效审理部）负责一审，由韩国特许厅特许抗诉审判院负责二审，由最高裁判机构大法院（相当于中国最高人民法院）负责三审。由于大法院的审级是法律审，同时特许审判院和特许抗诉审判院均是行政机关，"司法机关没有处理实际问题的机会"[②]。为了解决上述问题，1998年3月1日，韩国废除特许厅的特许抗诉审判院，设立专利法院。韩国专利法院专属管辖发明专利、实用新型专利、外观设计专利、商标的授权确权二审诉讼，也就是对韩国特许厅特许审判院作出的决定不服提起的诉讼，以及对植物新品种相关决定不服提起的诉讼。从审级上而言，韩国专利法院的审级属于上诉审，对专利法院的判决不服可以向大法院提起上诉。

随着韩国专利法院的改革与发展，逐步实现专利侵权诉讼与专利确权诉讼的集中管辖，提高专利法律解释的统一性和案件审理的专业性。自2016年1月1日起，根据修改后的《韩国法院组织法》和《韩国民事诉讼法》，韩国专利法院专属管辖专利权、商标权、植物新品种保护权相关侵权诉讼二审案件。在此次改革之前，专利确权案件的司法审查由韩国专利法院负责，但是专利侵权诉讼由地方法院负责一审、高等法院负责二审、大法院负责三审。这种分离专利侵权诉讼和专利确权诉讼的制度安排带来了一定的问题，尤其是周期长的问题，韩国专利确权诉讼到二审约需要15个月的处理时间，侵权诉讼一审的处理时间是16.6个月，侵权诉讼一审的法官有等待专利确权诉讼结果后才作出侵权诉讼判决的倾向。[③] 为此，韩国将专利侵权诉讼一审案件集中到首尔中央地方法院管辖，专利侵权诉讼二审案件、专利确权诉讼案件均由韩国专利法院专属管辖，从而具备了类似美国联邦巡回上诉法院和日本知识产权高等法院的二审集中管辖的司法制度。

综上所述，从比较法视野下看技术类知识产权案件上诉制度，主要国家从专业性出发设置专门的审判机构统一审理，通常设置第二审级的专门法院负责审理上诉案件，同时除了德国之外，多数国家努力通过一个法院统一处理专利确权纠纷上诉案件和专利侵权纠纷上诉案件。

---

① ［韩］金珉徹. 韩国专利法院［J］. 科技与法律，2015（6）：1156－1169.

② ［韩］金珉徹. 韩国专利法院［J］. 科技与法律，2015（6）：1156－1169.

③ ［韩］金珉徹. 韩国专利法院［J］. 科技与法律，2015（6）：1156－1169.

二、比较法视野下的飞跃上诉制度

所谓“飞跃上诉制度”，源自德国诉讼法中的“Sprungrevision”，日本学者称为“飞跃上告制度”,[①] 我国台湾地区学者称为“飞跃上诉制度”[②] 或者“越级上诉制度”[③]，是指对于第一审发生效力的判决不服，跳过第二审上诉程序，直接向第三审提起上诉的制度。[④]

（一）英美法系飞跃上诉制度

美国的飞跃上诉制度需要回顾到 19 世纪中期尤其是南北战争前后。美国建国初期（建国后长达 100 年）的联邦司法系统仅有地区法院（包括作为临时性审判组织的巡回法院，与现代意义上的巡回上诉法院不同）和最高法院两个审级。因此，美国联邦司法系统实行两审终审制，对地区法院裁判案件不服的，可以向最高法院提起上诉，最高法院必须受理并进行裁判。由此，最高法院司法能力难以满足上诉案件数量急剧增长产生的客观需求。例如，1860 年，美国最高法院全年裁判案件 91 件，待审案件 310 件；1880 年，美国最高法院全年裁判案件增长到 365 件，但是待审案件则剧增到 1202 件；到 1888 年，积压案件需要 3 年以上的时间才能审结。[⑤] 为了缓解美国最高法院的审判积压，1891 年美国国会通过新的司法法创设联邦巡回上诉制度，审理不服地区法院（以及上述作为临时性审判组织的巡回法院）判决上诉的案件。就巡回上诉法院与最高法院的关系，美国司法体系坚持“给予当事人一次

---

① ［日］前沢忠成.〈判例研究〉あみ飛躍上告事件の追憶［M］. 日本：Kanagawa University Repository，1966. 转引自：毋爱斌，苟应鹏. 知识产权案件越级上诉程序构造论——《关于知识产权法庭若干问题的规定》第 2 条的法教义学分析［J］. 知识产权，2019（5）：25－36.

② 姜世明. 各级审级程序：第二讲：上诉审［J］. 月旦法学教室，2005（11）：66. 转引自：毋爱斌，苟应鹏. 知识产权案件越级上诉程序构造论——《关于知识产权法庭若干问题的规定》第 2 条的法教义学分析［J］. 知识产权，2019（5）：25－36.

③ 吴明轩. 民事诉讼法修正后关于第三审程序之规定［J］. 月旦法学杂志，2003（8）：11. 转引自：毋爱斌，苟应鹏. 知识产权案件越级上诉程序构造论——《关于知识产权法庭若干问题的规定》第 2 条的法教义学分析［J］. 知识产权，2019（5）：25－36.

④ 陈啓垂. 上诉审程序修正平议——以飞跃上诉为中心［J］. 月旦法学杂志，2003（5）：41. 转引自：毋爱斌，苟应鹏. 知识产权案件越级上诉程序构造论——《关于知识产权法庭若干问题的规定》第 2 条的法教义学分析［J］. 知识产权，2019（5）：25－36.

⑤ Edward A. Hartnett. Questioning Certiorari：Some Reflections Seventy－five Years after the Judges' Bill［J］. Columbia Law Review，2000，100：1650.

上诉权利”,① 同时，为了防止中间的联邦巡回上诉法院在二审审判中出现错误或者不同的联邦巡回上诉法院之间出现裁判冲突，但是因为法律规定或者部门利益的限制没有获得最高法院审查的情况发生，上述法案规定了补充性的“移卷令”制度，即当事人提出直接申请的基础上由最高法院大法官自行裁量决定是否受理。总而言之，在此基础上，在联邦巡回上诉法院和最高法院之间，美国形成权利性上诉②、联邦巡回上诉法院向最高法院提出请示、当事人向最高法院申请移卷令三种制度并驾齐驱的审级结构；在初审法院和最高法院之间，当事人既可以向联邦巡回上诉法院提起上诉，也可以在法定情形下直接向最高法院提起“飞跃上诉”。

1925 年，美国国会通过新的司法法改革联邦巡回上诉制度。此次改革的成果以及之后的司法实践发展是，针对上述在联邦巡回上诉法院和最高法院之间的审级安排，基本取消了权利性上诉（当事人不服二审判决，在特定情形下向最高法院提起的上诉），基本废除了联邦巡回上诉法院向最高法院提出请示的程序，扩张了当事人向最高法院申请的移卷令的适用范围。尤其是，1988 年，美国国会彻底取消了权利性上诉，从而除了少量飞跃上诉案件之外，终结了三审终审制。总而言之，经过这一阶段的历史发展，美国建构了原则上的两审终审制联邦司法体系，一般案件由地区法院初审、联邦巡回上诉法院终审，最高法院可以根据当事人提出的移卷令申请进行法律适用的审查。作为上述原则的例外的制度是飞跃上诉制度。

目前，可以从地区法院直接向最高法院提起飞跃上诉的案件包括：联邦政府提起的反垄断诉讼，与特别的合议庭初审程序紧密相连的诉讼。对于“联邦政府提起的反垄断诉讼”，当事人在联邦地区法院的法官作出判决后，可以申请主审法官签发证明该案件具有重大公共利益、需要最高法院即刻审查的“补充裁定”。在地区法官签发补充裁定后，上诉材料会被移交最高法院，由大法官们裁量决定是按常规程序审理还是转交联邦巡回上诉法院审理。对于“与特别的合议庭初审程序紧密相连的诉讼”，是指原则上美国地区法院作为初审法院适用独任制审判方式，但是国会的一些特别法律要求一些特定情形必须由 3 名法官组成合议庭审理，如果当事人对合议庭作出的判决裁定不服的，可以直接向最高法院提起上诉。③ 对于飞跃上诉案件，最高法院有权判断是否审理或者交由联邦巡回上诉法院审理。

---

① 陈杭平. 历史、程序、组织——美国联邦上诉法院制度之分析［J］. 环球法律评论，2009（5）：103－112.

② 当事人不服二审判决，在特定情形下可以向最高法院提起上诉，这被称为“权利性上诉”。

③ 陈杭平. 比较法视野中的中国民事审级制度改革［J］. 华东政法大学学报，2012（4）：118－127.

英国建立了“跳背上诉”（Leapfrog Appeal）制度，即不服由高等法院审理作出的判决，跨越上诉法院，直接上诉到上议院的制度。英国民事法院体系包括郡法院、高等法院、上诉法院和上议院（相当于“最高法院”）。英国民事诉讼实行三审终审制，就技术类知识产权案件而言，对高等法院的第一审裁判不服的，上诉到上诉法院；如果对上诉法院的二审判决不服的，再次上诉到上议院。同时，第二审原则上是法律审，特定情形下可以涉及事实，第三审为法律审。[①] 英国1970年建立了跳背上诉制度，在满足下述条件的情况下，一些民事案件可以跳过上诉法院直接上诉到上议院，该条件包括：(1) 所有当事人同意并且法官发给证书，案件涉及重大公众利益问题或者法官受到高等法院或者上议院之前判决的约束；(2) 上议院同意受理。[②]

可见，英美法系普遍建立了飞跃上诉制度。同时，该飞跃上诉制度具有两个特点：一是飞跃上诉制度没有突破两审终审制的框架；二是飞跃上诉制度通常针对特定类型的案件，例如美国飞跃上诉制度针对联邦政府提起的反垄断诉讼，与特别的合议庭初审程序紧密相连的诉讼。同时，并没有立法例将技术类知识产权案件作为飞跃上诉制度的适用对象。

（二）大陆法系飞跃上诉制度

2001年，德国修改民事诉讼法，在《德国民事诉讼法》第566条之一引入飞跃上诉制度，即“依申请，对州法院作出的可以上诉的第一审终局判决，同时满足条件的，可以越过控诉审，直接提起上告”。[③] 通常而言，“因飞跃上诉仅系上诉第三审之次方式之一，自须受第三审许可要件之约束”[④]。因此，就德国飞跃上诉制度适用的法律要件而言，除了第三审诉讼所需要具备的要件之外，还需要具备如下要件：针对第一审法院的判决且上诉利益超过600欧元（或者属于对上诉标的价值的限制不适用的情形）、对方当事人的同意、第二审上诉的明确放弃、确定力的阻断、诉讼卷宗的送交、对许可申请的裁判。[⑤] 尤其是，要求这样的飞跃上诉必须经过对方

---

① 徐昕．英国民事诉讼与民事司法改革［M］．北京：中国政法大学出版社，2002：366－367.

② 何勤华．英国法律发达史［M］．北京：法律出版社，1999：478.

③ 德国民事诉讼法［M］．丁启明，译．厦门：厦门大学出版社，2016：126.

④ Rimmelspacher. Die Rechtsmittel im Zivilprozess nach der Reform［J］. JURA，2002（1）．转引自：姜世明：民事诉讼法新修正：上诉审及其他程序部分［J］．月旦法学教室，2003（6）：109．

⑤ 陈啓垂：上诉审程序修正平议——以飞跃上诉为中心［J］．月旦法学杂志，2003（5）：48－50.

当事人同意，并且必须明确放弃第二审的上诉。

日本借鉴德国立法例的经验，在《日本民事诉讼法典》第281条和第311条引入飞跃上诉制度，即"当事人对于地方裁判所的判决可以直接向最高裁判所提出上告；对于简易裁判所所作的判决，可以直接向高等裁判所提起上告"。[①] 我国台湾地区民事诉讼制度在2003年1月修订时增加飞跃上诉制度，即当事人对于第一审法院依照通常诉讼程序作出的判决，就其确定的事实认为无误者，得合意径行向第三审法院上诉，以节省劳费，使案件得以迅速确定。[②]

可见，飞跃上诉制度在德国、日本、我国台湾地区等国家和地区建立，是大陆法系常见的一种诉讼制度。飞跃上诉制度有三个特点：一是德国、日本、我国台湾地区的飞跃上诉制度是在三审终审制的诉讼制度框架下探索形成的一种审级安排制度。二是飞跃上诉制度通常是当事人之间通过合意的方式放弃第二审诉讼权利的一种做法。三是该制度普遍适用于一般民事诉讼中，并未针对技术类知识产权诉讼等特定的民事诉讼类型。总体而言，大陆法系飞跃上诉制度的基本目的是诉讼经济，基本手段是减少审级，制度背景是三审终审制，适用范围是事实无争议的案件，适用条件是当事人达成合意。

三、知识产权飞跃上诉制度建构分析

在我国法律实践背景下，我国的知识产权飞跃上诉制度是指，对于知识产权法院、中级人民法院就专利等技术性较强的知识产权民事与行政案件作出的第一审判决或者裁定，满足法定条件的，可以向原审法院提出直接上诉至最高人民法院的申请，由最高人民法院受理审理该类上诉案件的制度。如前所述，我国最高人民法院知识产权法庭审理不服知识产权法院、中级人民法院第一审案件判决、裁定而提起上诉的案件，在维持四级两审终审制基本制度构架不变、不新设法院、不改变审级的前提下，提高二审法院层级以实现国家层面知识产权案件的上诉审理机制。可见，我国知识产权飞跃上诉制度以统一裁判尺度为目的，以两审终审为背景，在不减少审级的前提下将二审法院由各高级人民法院变更为最高人民法院，从而提高二审法院的层级，这与比较法视野下的飞跃上诉制度存在根本不同。这一上诉制度，是对

① 日本民事诉讼法典［M］. 曹云吉，译. 厦门：厦门大学出版社，2017：91－92.

② 齐树洁. 构建我国三审终审制的基本思路［J］. 法学家，2004（3）：30－36.

中国特色知识产权诉讼制度的重大完善发展。[①]

（一）知识产权飞跃上诉制度的基本定位与基本价值

最高人民法院知识产权法庭采用巡回法庭的体制建立，从而形成知识产权飞跃上诉制度。巡回法庭与最高人民法院的关系，是部分与整体的关系，巡回法庭是最高人民法院设立的审判机构，是最高人民法院的重要组成部分，其经费由最高人民法院统一保障，人员由最高人民法院统一派遣，管理由最高人民法院统一领导，不是一个独立的法庭，更不是一个独立的法院，它与美国联邦巡回上诉法院和联邦最高法院的关系有本质区别。巡回法庭与最高人民法院业务庭是同一审级，巡回法庭作出的判决、裁定和决定，就是最高人民法院的判决、裁定和决定。[②]

就基本定位而言，我国飞跃上诉制度是上诉审级制度的例外。根据我国《民事诉讼法》第164条规定，当事人不得越级上诉。[③] 可见，飞跃上诉制度是对当事人不得越级上诉的上诉审级安排制度的一种例外规定，针对特定案件的制度安排。就基本价值而言，我国飞跃上诉制度符合技术类知识产权纠纷审级制度的设计出发点。设计技术类知识产权纠纷审级制度，需要立足于上诉审制度的制度价值。上诉审制度设计的目的在于，法律的正确适用、法律的统一适用、法律的演变阐释、事实错误的纠正、司法体系合法性的巩固和人们对司法体系信任的加强，以及司法体系中各部分的分工协作。[④] 对于技术类知识产权案件而言，采用飞跃上诉制度，一方面谋求法律解释之统一，在原有审理体制下，该类案件的二审分由各高级人民法院负责，裁判结果冲突的现象屡见不鲜。例如，专利侵权民事纠纷均需要通过权利要求的解释确定其保护范围，但是各高级法院对同一专利的权利要求解释不一致，从而致使同一专利权的保护范围在不同的高级法院得出不同判断。[⑤] 另一方面为了谋求裁判本身之正确，因为“发明专利和实用新型专利等案件的专业技术性更强，审理

---

① 李剑，廖继博. 国家层面知识产权案件上诉审理机制：历史、现状与展望［J］. 法律适用，2019（1）：71－79.

② 胡云腾. 最高人民法院巡回法庭设置与运行介述［J］. 金陵法律评论，2015（2）：3－17.

③ 田平安. 民事诉讼法学［M］. 北京：法律出版社，2015：302.

④ 戴安·伍德. 上诉法院与上诉法官的作用［M］//宋冰. 程序、正义与现代化. 北京：中国政法大学出版社，1998：158.

⑤ 李剑，廖继博. 国家层面知识产权案件上诉审理机制：历史、现状与展望［J］. 法律适用，2019（1）：71－79.

要求更高，与科技创新的关系更加密切，对于创新型国家建设的意义也更为重要”①，同时，影响裁判标准统一的体制性问题仍然突出，专利、垄断等案件具有特殊的专业性、高度的复杂性和敏感的政策性，新型疑难复杂案件众多②，这些都是试图通过知识产权飞跃上诉制度加以解决的问题，或者说也构成了提高技术类知识产权二审审级的基本依据。

（二）知识产权飞跃上诉制度的制度归属与制度内容

就制度归属而言，“飞跃上诉”制度是不改变两审终审制基本框架的一种解决方案。正如之前对美国等国家的比较法分析所得出的，飞跃上诉制度并不改变两审终审制。我国诉讼法学界正在积极研究讨论是否将我国两审终审制改革为三审终审制③，由最高人民法院进行裁量受理的第三审（法律审），对涉及具有普遍法律意义的案件进行选择性的受理。与之相比，飞跃上诉制度并不改变我国诉讼法所规定的两审终审制，无须对诉讼法作出重大调整。就制度内容而言，知识产权飞跃上诉制度的第二审程序，仍然属于法律审和事实审兼顾。我国知识产权飞跃上诉制度虽然突破了第二审法院为上一级法院的规定，但是仍然坚持了普通民事诉讼二审和行政诉讼二审的审理规则。未来在进一步改革优化最高人民法院知识产权审判庭的审判监督程序，与最高人民法院知识产权法庭的第二审诉讼程序之间的关系时，建议从事实审与法律审的统一与分离的角度，探讨最高人民法院知识产权审判庭的审判监督程序定位在依法纠正法律适用错误，明确法律适用的统一观点，而非解决技术事实认定的问题。

四、知识产权飞跃上诉制度发展展望

由于最高人民法院是最高审判机关，只能通过由不同内设审判庭审理不同审级案件的方式来保证审级独立。目前最高人民法院的民事、行政上诉案件由各民事、行政审判庭审理，再审、抗诉案件由审判监督庭审理。与之相似，对知识产权法庭

---

① 周强. 关于专利等案件诉讼程序若干问题的决定（草案）的说明——2018 年 10 月 22 日在第十三届全国人民代表大会常务委员会第六次会议上［EB/OL］.［2020 - 01 - 06］. http://www.court.gov.cn/zixun - xiangqing - 125521.html.

② 李剑，廖继博. 国家层面知识产权案件上诉审理机制：历史、现状与展望［J］. 法律适用，2019（1）：71 - 79.

③ 齐树洁. 构建我国三审终审制的基本思路［J］. 法学家，2004（3）：30 - 36.

作出的判决、裁定、调解书，当事人申请再审的，应当向最高人民法院立案庭递交再审申请书等材料。下面，对技术类知识产权案件的审判监督程序进行分析。

一是对专利、垄断等专业技术性较强的第一审生效裁判适用审判监督程序的案件，由最高人民法院知识产权法庭管辖。根据《全国人民代表大会常务委员会关于专利等知识产权案件诉讼程序若干问题的决定》第3条的规定，对已经发生法律效力的上述案件第一审判决、裁定、调解书，依法申请再审、抗诉等，适用审判监督程序的，由最高人民法院审理。最高人民法院也可以依法指令下级人民法院再审。可见，对知识产权法院、中级人民法院作出的专利等民事、行政生效一审裁定、判决的再审职能一律上收到最高人民法院，当事人可以向最高人民法院知识产权法庭申请再审，最高人民检察院也可以依法向最高人民法院提出针对上述生效一审裁定、判决的抗诉，由最高人民法院知识产权法庭予以审理。同时，高级人民法院不再受理申请再审、抗诉等案件，如果高级人民法院发现知识产权法院、中级人民法院有关生效裁判确有错误的，应当向最高人民法院知识产权法庭报告，由最高人民法院知识产权法庭决定是否再审。最高人民法院知识产权法庭的设立不影响同级人民检察院检察建议相关程序，高级人民法院、知识产权法院、中级人民法院可以接受同级人民检察院提出的检察建议。

二是对最高人民法院知识产权法庭作出的二审判决、裁定适用审判监督程序的案件，由最高人民法院知识产权审判庭（民事审判第三庭）管辖。如前所述，最高人民法院知识产权法庭上收了高级人民法院的部分审判职能，主要审理全国范围内专利等专业技术性较强的知识产权上诉案件。同时，最高人民法院知识产权审判庭的审判职能不因知识产权法庭的成立而变化，其仍主要审理全国范围内各类知识产权申请再审案件。如果当事人不服最高人民法院知识产权法庭作出的二审裁判，可以依据《民事诉讼法》《行政诉讼法》的规定，向最高人民法院申请再审，此类审判监督案件由最高人民法院知识产权审判庭审理。

因此，针对最高人民法院知识产权法庭作出的二审判决，当事人可以向最高人民法院知识产权审判庭提出再审申请，最高人民法院知识产权审判庭和最高人民法院知识产权法庭在法律适用观点上的异同，以及最高人民法院知识产权审判庭是否更加聚焦在法律审层面，未来值得加以关注。

（责任编辑：吴柯苇）

The Structure and Development of Leapfrog Appeal System of Intellectual Property

Zhang Peng

Abstract: On January 1, 2019, the Intellectual Property Court of the Supreme People's Court was officially inaugurated to hear the nationwide patent and other appeal cases with strong technicality. After the establishment of the Intellectual Property Court, the Supreme People's Court has surpassed the local higher people's courts in the jurisdiction of technical intellectual property appeals, forming an "IP Leapfrog Appeal System" with Chinese characteristics. The Intellectual Property Court of the Supreme People's Court will undertake the four major functions of further unifying the judgment standards of intellectual property cases, further improving the quality and efficiency of trials, further enhancing judicial credibility and international influence, and further strengthening the judicial protection of national strategies. Its judicial practice plays a vital role in clarifying the application of intellectual property laws. Based on the comparative analysis of the technological intellectual property appeal system and the leapfrog appeal system, this paper discusses the basic construction of China's intellectual property leapfrog appeal system, and looks forward to the future development of China's intellectual property leapfrog appeal system.

Key Words: Leapfrog appeal; the Supreme People's Court; the Intellectual Property Court; Circuit court; Trial of law

域外法视角下对发明报告制度的重新审视

黄安娜[*]

【摘　要】从域外法视角来看，发明报告制度有广义和狭义之分。广义的发明报告制度包括发明报告、发明分类确定和权利主张三个基本内容。狭义的发明报告制度不以实现权属转移为目的，不包含权利主张的基本内容。国内现有研究缺少对狭义发明报告制度的认识。我国2015年公布的《职务发明条例草案（送审稿）》规定的发明报告制度，属于狭义上的发明报告制度。域外法视角下引入发明报告制度，具有合理性和必要性。作为职务发明权属制度的一部分，发明报告制度的构建应当与权属制度相协调，建议调整职务发明范围，删去“主要利用”与“利用”之分，将“利用资源”之发明归为非职务发明，将其权利优先分配给发明人，通过发明报告制度实现权属转移和“分权制衡”，合理设置发明报告制度的程序规则。

【关键词】职务发明　发明报告制度　权利归属　报告程序

国务院法制办发布《职务发明条例草案（送审稿）》（以下简称《职务发明送审稿》），借鉴德国、法国等国家的制度经验，开创性地规定了发明报告制度。这是《职务发明送审稿》的一个亮点，同时也是一个争议点。引入发明报告制度的必要性和可行性、《职务发明送审稿》制度设计的合理性等诸多问题，在社会各界引发广泛且激烈的讨论。

世界上规定有发明报告制度的国家和地区有德国、法国、挪威、芬兰、瑞典、奥地利、匈牙利、罗马尼亚、俄罗斯、韩国以及我国台湾地区等。国内现有研究主

---

* 黄安娜，法学硕士，广东省海外知识产权保护促进会知识产权专员。

要针对的是德国、法国的发明报告制度，缺少对其他国家和地区发明报告制度的研究。尽管这一制度起源于德国，但其他国家和地区根据本国和本地区的现实情况，也对这一制度进行了不同程度的选择与创新。对这些国家和地区的制度研究有助于我们形成一种宏观的研究视角。

一、发明报告制度的起源

发明报告制度起源于德国。《德国雇员发明法》于1957年颁布，专门调整雇员发明所产生的法律关系，而发明报告制度便是该法的基本内容之一。《德国雇员发明法》的通过，一方面是由于雇员发明人群体自20世纪初开始便不断壮大，使得对雇员发明进行专门立法的呼声日益高涨；另一方面与当时现行法律之间的冲突有着直接的关系：根据《德国劳动法》的规定，雇员的工作成果归雇主所有；但德国1936年专利法引进“发明人主义原则”，将发明的权利首先赋予发明人本人。[①] 故而，德国创设了职务发明报告制度，通过雇员报告发明与雇主主张权利的法律机制，实现职务发明权属从雇员到雇主的转移，从而有效地化解了德国劳动法与专利法的制度矛盾。德国发明报告制度的构建历程，更早还可以追溯到“二战”时期的“戈林—斯佩尔条例”（Göring - Speer - Verordnung）。[②] 该条例已经初现发明报告制度的雏形。“二战”后，雇主群体和工会积极推进德国专利法体系的重建。德国联邦司法部联合工业产权与著作权保护协会，起草了《德国雇员发明法》的第一份法案，但德国联邦议院未予通过。1955年，联邦司法部提交了第二份法案，最终于1957年得以通过并生效。[③]《德国雇员发明法》以1942年“戈林—斯佩尔条例”为基础，对发明报告制度进行了更详尽的规定，为雇主获得职务发明的相关权利提供了完整的法律依据和细致的程序规范。

后来，法国、挪威、芬兰、瑞典、奥地利、匈牙利、罗马尼亚、俄罗斯、韩国以及我国台湾地区等相继借鉴了这一制度，并且基于本国或本地区法律的现实状况

---

① Dietmar Harhoff, Karin Hoisl. Institutionalized Incentives for Ingenuity - Patent Value and the German Employees' Inventions Act [Z]. Discussion Papers in Business Administration, No. 2006 - 12: 7 - 8.

② Heinz Goddar. Legal Framework of the Relationship Between Employed Inventors and Employers. Incentive Systems Encouraging Creativity [Z]. WIPO - InWent/INN/DE/03/2, 2003 - 07: 2.

③ Dietmar Harhoff, Karin Hoisl. Institutionalized Incentives for Ingenuity - Patent Value and the German Employees' Inventions Act [Z]. Discussion Papers in Business Administration, No. 2006 - 12: 7 - 8.

对其进行了不同程度的制度创新。① 目前，我国学界研究最多的是德国和法国的发明报告制度，故而以这两国为典型模式。韩国、俄罗斯以及我国台湾地区的发明报告制度也各具特色，因而分别予以介绍和比较。

二、德法：典型的发明报告制度

（一）德　国

在德国，雇员发明与职务发明并非同一概念。德国对雇员发明采取“二分法”，将其分为职务发明（受约束的发明）与自由发明。② 职务发明是指在雇佣关系存续期间，来自雇员在企业或公共机构中所承担的任务，或者主要基于企业或公共机构中的经验或工作而完成的发明；雇员的其他发明则属于自由发明。无论是职务发明，还是自由发明，其权利首先归属于雇员发明人。

德国设立的发明报告制度，可以分为以下三大基本内容。③

1. 雇员报告发明

雇员在作出一项发明之后，无论是职务发明，还是自由发明，都应当毫不延迟地立即向雇主申报。但有一种情况例外，即自由发明在雇主企业的业务范围内明显不能使用的，雇员没有申报的义务。

2. 自由发明的性质确定

在雇员报告职务发明的情况下，雇主可以直接进行权利主张。但如果雇员报告的是自由发明，则必须告知雇主有关该发明的所有信息，以便雇主判断该发明是否属于自由发明。在收到报告后的3个月内，雇主若没有以书面声明提出反对，则无权再主张该发明为职务发明。

3. 雇主对职务发明主张权利

雇主在收到发明申报后的4个月内，可以以积极或消极的方式对职务发明进行

---

① 根据《2018年全球创新指数报告》，2018年世界上最具创新力的国家中，位居中国（17名）之前的规定有职务发明报告制度的国家有瑞典（第3）、芬兰（第7）、德国（第9）、韩国（第12）、法国（第16）。见：https://www.globalinnovationindex.org/analysis-indicator.

② 《德国雇员发明法》第4条之规定。

③ 德国的职务发明报告制度规定于《德国雇员发明法》第5～9条和第18～19条等条款。

权利主张；除非雇主作出放弃发明权利的声明，否则视为雇主对该发明的权利进行了主张。此外，2009 年修订之后的《德国雇员发明法》不再区分“限制性”和“非限制性”的权利主张。[①] 只要雇主作出了权利主张声明，就获得该职务发明的全部财产性权利。雇主对职务发明主张权利的，雇员享有获得合理报酬的权利。至于自由发明，雇主不享有主张权。但是，如果自由发明落入雇主企业实际或者计划的业务范围之内，则雇员必须授予雇主在合理条件下至少非独占使用该发明的权利；雇员可以在申报的同时提出授权；雇主在 3 个月之内没有接受该授权的，将丧失该权利。

（二）法　　国

与德国不同，法国采取的是“三分法”。[②] 首先，以雇员是否接受相应的工作任务为标准，将雇员发明分为任务发明与非任务发明。前者是指雇员执行包含有与其实际职责相应的发明任务的工作合同，或从事雇主明确赋予的研发任务而完成的发明；后者是指除了任务发明之外的其他发明。其次，以发明是否会被法律授权于雇主，即雇主是否有权对其进行权利主张为标准，将非任务发明分为“可授权的非任务发明”与“不可授权的非任务发明”。前者是指雇员在执行职务的过程中，或者在企业的经营领域内，或者因知悉或使用企业特有的技术或手段或者企业获得的数据而完成的发明；后者是指除了前者之外的其他非任务发明。

任务发明属于雇主，但雇员有权获得额外报酬。非任务发明原则上属于雇员，但对于其中“可授权”的发明，雇主可以通过发明报告制度取得权属，雇员相应地得到一个合适的对价；至于“不可授权”的发明，则完全归雇员所有。

法国的发明报告制度也包含三大基本内容，[③] 只是在具体程序设置上与德国存在差异。

（1）法国的报告程序与德国差别不大。作为发明人的雇员应当立刻向雇主作出声明，无论其完成的是任务发明，还是非任务发明。

（2）法国的发明分类确定程序与德国相比更加详细，且针对的是雇员上报的所有发明。雇员所提交的声明中，应包含使雇主足以判断该发明属于哪一类发明的信

---

① 张韬略，黄洋.《德国专利法之简化和现代化法》评述——浅析德国专利法律的最新修改［J］. 电子知识产权，2009（10）：54.

② 《法国知识产权法典》第 L. 611 – 7 条第 1 款、第 2 款。

③ 法国的职务发明报告制度规定于《法国知识产权法典》第 R. 611 – 1 条至第 R. 611 – 10 条等条款。

息；对于可授权的非任务发明，还应对该发明加以描述，以便雇主能够作出更好的选择。[①] 雇员的声明不符合前述要求的，雇主可以自收到声明之日起2个月内通知雇员补充，否则视为该声明符合要求。自收到符合要求的声明之日起2个月内，雇主应当就雇员的发明分类意见作出同意或反对的答复，或者在雇员未提出意见时作出提议，并说明理由。雇主在规定期限内没有答复的，视为接受雇员的分类意见。

（3）法国的权利主张程序也与德国不同。在法国，法律已规定雇主直接取得任务发明的权利，无须经过权利主张；而在非任务发明中，雇主只能主张“可授权的非任务发明”的权利，对“不可授权的非任务发明”没有主张权。对于可授权的非任务发明，雇主可主张获得全部或部分该发明专利权的所有权或者用益权。自收到符合要求的声明之日起4个月内，雇主应当通知雇员其希望主张的权利性质与范围。如果雇主在规定期限内怠于主张权利，则该发明归雇员所有。

三、其他国家和地区的发明报告制度

（一）韩国：契约自由下的发明报告制度

《韩国发明振兴法》将发明分为职务发明与个人发明。职务发明是指同时满足以下三个条件的发明：一是雇员作出的发明；二是该发明属于雇主的业务范围；三是导致该发明产生的行为是雇员现在或者过去的本职工作。[②] 除此之外的发明为个人发明。

在韩国，职务发明的专利申请权和专利权原始性地归于雇员发明人。[③] 雇员就职务发明获得专利之后，应当授予雇主非独占许可使用权。[④] 这种非独占许可使用是无偿的，雇员无权请求许可费或者补偿金。同时，韩国允许事先约定职务发明的权利归属，即雇主可以通过合同或雇佣章程事先约定或规定雇员应当将其职务发明的专利申请权或专利权转让给雇主，或者授予雇主独占许可使用权，但事先约定转

---

① 陈驰．法国的雇员发明制度及其对我国的启示［J］．江西社会科学，2008（2）：171.

② 任虎．韩国专利法研究［M］．上海：华东理工大学出版社，2017：62.

③ 《韩国特许法》第33条第1款。参见：国家知识产权局条法司组织翻译．外国专利法选择（上）［M］．北京：知识产权出版社，2014：205.

④ 《韩国发明振兴法》第10条第1款。

让的条款对个人发明无效。① "大部分的职务发明是以雇主的名义申请的"②，事先约定转让职务发明权利的做法在实践中普遍存在。

与德法的典型模式相比，韩国的发明报告制度③有发明报告和权利主张的内容，但没有发明分类的确定程序。首先，雇员完成职务发明后，应当立即向其雇主报告。在韩国，雇员只需报告职务发明，而无须报告个人发明。其次，雇主在收到报告后的4个月内，应当告知雇员其是否承继该发明的相关权利。雇主作出承继通知的，即日起权利转移到雇主。同时，雇员有权获得合理的补偿。如果雇主在法定期限内未作出承继通知，则视为放弃承继，同时不再享有法定的、免费的非独占许可使用权。此种情况下，雇主若要取得非独占许可使用权，须经雇员同意，但因其是基于许可而取得的使用权，所以需要支付相应的费用。

与德法不同的是，韩国发明报告制度的权利主张程序有一个适用前提，即存在权利转让的事先约定。也就是说，雇主只有通过合同或公司规章事先约定或规定了雇员应当将其职务发明的专利申请权或专利权转让给雇主，或者授予雇主独占许可使用权，雇主才能在收到发明报告之后进行权利主张。如果没有这一事先约定，那么雇主不得违背雇员的意愿而主张对职务发明的承继权。雇员对该项职务发明取得专利的，雇主只能获得无偿的非独占许可使用权。可见，韩国的职务发明报告制度乃是基于"契约自由"而设计，约定了权利属于雇主的契约，并不当然发生效力，而是通过发明报告与权利主张的机制实现权属转移。

（二）俄罗斯：法律强制下的发明报告制度

俄罗斯专利法④规定，雇员因履行劳动义务或完成雇主的具体任务所创造的发明、实用新型或工业品外观设计，被认为是职务发明、职务实用新型或职务工业品外观设计。⑤ 下文为表述方便，采用"职务发明"的统称。如果雇主与雇员之间的劳动合同没有另行约定的，职务发明的独占权和获得专利的权利属于雇主，但创造者身份权属于雇员。⑥

---

① 《韩国发明振兴法》第10条第3款。

② 申惠恩. 韩国职务发明制度与中国法的比较［J］. 电子知识产权，2015（7）：48.

③ 韩国的职务发明报告制度规定于《韩国发明振兴法》第12～15条等条款。

④ 《俄罗斯联邦民法典》第四部分第72章被称为"专利法"，其中第四节第1370条是有关职务成果的规定。张建文. 俄罗斯知识产权立法法典化研究［M］. 北京：知识产权出版社，2011：28.

⑤ 《俄罗斯联邦民法典》第1370条第1款。

⑥ 《俄罗斯联邦民法典》第1370条第2款、第3款。

在俄罗斯，职务发明的认定必须与“职务”有关。如果雇员所作的发明只是利用了雇主的物质技术条件，而与自己的劳动义务或者雇主分配的具体任务无关，则不属于职务发明。[①] 此类发明的独占权和获得专利的权利属于雇员，但雇主有权获得在独占权的整个有效期内无偿使用该发明的非独占许可使用权，或者要求赔偿因创造该发明而花费的开支。

俄罗斯专利法也规定了发明报告制度。[②] 在没有相反约定的情况下，雇员应当将因履行劳动义务或完成雇主的具体任务所完成的、可能获得法律保护的创造成果书面通知其雇主。自雇员通知之日起的 4 个月内，雇主可以选择向联邦知识产权执行权力机构提交相应的职务发明专利申请，或者将职务发明的获得专利的权利转让给他人，或者告知雇员将相应的智力成果信息予以保密。此种情况下，雇员有权得到报酬，报酬的数额、支付条件、支付程序等由双方进行约定。然而，如果雇主没有作出以上三种行为之一，则获得专利的权利归于雇员。此种情况下，该职务发明的专利权由雇员或其受让人取得，雇主在专利权有效期内有权在自己的生产中按照非独占许可的条件使用该职务发明。但该非独占许可使用权不是无偿的，雇主应当向专利权人支付一定的补偿。

俄罗斯的发明报告制度，严格说来，不包含发明分类的确定程序以及权利主张程序，其采用了“发明报告” + “积极作为”的模式，这一点与德国、法国以及韩国都不同。在俄罗斯，雇主并不需要进行权利主张，因为职务发明的权利已然由法律直接赋予雇主。这一制度设计“强调雇主的积极作为义务，保护雇员的财产权利”[③]，其目的不在于实现自雇员到雇主的权利转移，而在于督促雇主在收到发明通知之后采取积极作为以行使自己的权利。如果雇主消极地不作为，没有在法律规定的期限内积极行使自己对职务发明的权利，那么，作为“惩罚”，职务发明的权利将由雇员取得，雇主只能获得有偿的非独占许可使用权。

（三）我国台湾地区：狭义的发明报告制度

我国台湾地区所称之“职务上之发明、新型或设计”，是指受雇人在雇佣关系中由于雇佣工作所完成的发明、新型或设计。[④] 下文为表述方便，采用“职务发明”

---

① 《俄罗斯联邦民法典》第 1370 条第 5 款。

② 俄罗斯的职务发明报告制度规定于《俄罗斯联邦民法典》第 1370 条第 4 款。

③ 张建文. 俄罗斯知识产权立法法典化研究［M］. 北京：知识产权出版社，2011：202.

④ 我国台湾地区专利法规第 7 条第 2 款。

的统称。而在雇佣关系之外所完成的发明、新型或设计，即为非职务发明。

职务发明的专利申请权及专利权属于雇主，雇主应当向雇员支付适当报酬。但契约另有约定者，从其约定。① 使雇员不得享受其发明、新型或设计之权益的契约为无效。② 非职务发明则属于雇员，但其发明、新型或设计系利用雇主资源或经验者，雇主支付合理报酬后，有权在其事业范围内实施该项发明。③ 此即相当于美国法上的工场权（shop - right）。④

我国台湾地区也规定了发明报告制度。⑤ 雇员完成非职务发明，应当立即书面通知雇主。也就是说，雇员无须报告职务发明。如有必要，雇员应当向雇主告知发明的创作过程。雇主在收到通知后的 6 个月内，可以提出反对表示，并主张该发明为职务发明；若雇主未在 6 个月内提出反对意见，则此后不得再主张该发明为职务发明。

我国台湾地区的发明报告制度不包括权利主张的内容，雇主只是有权对发明的分类提出意见，即雇主可以主张雇员上报的非职务发明为职务发明，而无权主张取得该发明的相关权利。由此可见，较之于德国、法国、韩国以及俄罗斯，我国台湾地区的发明报告制度设计更为简洁，属于狭义上的发明报告制度。其制度目的在于避免雇员隐瞒职务发明，保障雇主对雇员发明活动及成果的知悉和管理，而非为了实现职务发明权属自雇员到雇主的转移。

四、域外法视角下对发明报告制度的重新审视

（一）发明报告制度的内涵和性质

以域外法的视角来看，发明报告制度有狭义和广义之分。广义的发明报告制度，是指雇员完成某项发明之后向雇主报告，而雇主予以答复并对发明进行权利主张的法律制度，本质上是一套实现发明权利归属从雇员向雇主转移的程序性机制。广义的发明报告制度包含以下三个基本内容。

---

① 我国台湾地区专利法规第 7 条第 1 款。
② 我国台湾地区专利法规第 9 条。
③ 我国台湾地区专利法规第 8 条第 1 款。
④ 曾陈明汝. 两岸暨欧美专利法［M］. 北京：中国人民大学出版社，2007：108.
⑤ 我国台湾地区的职务发明报告制度规定于其“专利法”第 8 条第 2 ~ 3 款。

第一，雇员报告发明。雇员在法定期限内需以法定形式向雇主报告其完成的符合法律规定的发明，使雇主知悉或了解这些发明的相关情况。至于哪些发明必须报告、哪些发明不必报告、何时报告、以何种形式报告等，不同的国家和地区有不同的规定。

第二，明确发明分类。许多国家和地区都对发明作了不同的分类，并且依据分类来配置权利，如德国采用“二分法”、法国采用“三分法”。因此，某些国家和地区的发明报告制度包含发明类属的确定程序，即雇员报告某一项发明时，需要告知雇主特定的信息或细节，以便雇主判断该发明属于哪一类发明；或者雇员可在报告中提出其所认为的发明类属，由雇主作出同意或者反对的意见答复；双方若有争议，可以通过仲裁、诉讼或者其他途径解决。

第三，雇主主张权利。雇主在收到雇员的发明报告之后，需在法定期限内以法定形式对该发明的相关权利作出主张，若不符合程序要求，雇主可能承担不利的法律后果。同样地，雇主可以主张哪些权利、在多长的期限内主张、以何种形式主张等，不同国家和地区的规定也不一而足。

广义的发明报告制度以德国和法国最典型，韩国的制度规定虽然没有明确发明类属这一内容，但本质上属于广义上的发明报告制度。

狭义的发明报告制度仅指雇员报告发明，而雇主作出一定行为回应的法律制度，不包含雇主对发明权利进行主张的内容。例如，在我国台湾地区，雇员报告非职务发明，雇主作出是否为非职务发明的意见答复。再如俄罗斯，雇员报告职务发明，雇主提交专利申请，或者转让权利，或者要求雇员保密。狭义的发明报告制度并不以转移发明权利归属为目的，因为所报告之发明已由法律明确规定了权利归属。其制度目的更多的在于其他方面，如抑制雇员“自益倾向”、督促雇主实施转化发明成果等。

（二）发明报告制度的功能

1. 抑制雇员“自益倾向”

雇主与雇员之间是经济学上典型的委托—代理（principal－agent）关系。在委托—代理关系中，如果委托人不能完全监督代理人的行为，代理人就会出现“自益倾向”，即将自己的利益置于委托人利益之上，从事不诚实或不合意行为的倾向。[①]例如，雇员发明人刻意隐瞒职务发明；在外设有公司的发明人，将经济效益好的发

① ［美］曼昆．经济学原理：微观经济学分册［M］．7版．梁小民，梁砾，译．北京：北京大学出版社，2015：490.

明留给自己的公司，而将经济效益相对较差的发明交给企业。[①]

然而，信息的不对称给委托人监督代理人行为造成一定的困难。代理人所拥有的信息优势，不仅体现在专业知识、技能等，还包括对自身行为与工作努力程度的了解。[②] 委托人轻易便可观察到代理人工作的结果，至于工作的过程、行为以及付出的努力水平，只有代理人自己知道；而收集全部信息的成本之高昂，令委托人望而却步。[③] 这一点在研发活动中更是如此。智力活动的过程并不必然伴随客观的、可识别的物理活动，故而委托人难以观测；其结果也具有一定的偶然性，委托人往往无法强求。[④]

通过发明报告制度，对雇员加以及时报告发明之义务，是对雇员行为的规范和监督，有助于抑制雇员的“自益倾向”，避免雇员隐瞒发明成果，加强雇主对职务发明的整体把握。

2. 减少职务发明权属纠纷

职务发明权属纠纷的实质是关于发明类属的争议，即“该发明是不是职务发明”。发明报告制度中发明分类的确定程序，在一定程度上为雇主与雇员提供了一个“沟通机制”。在发明报告中，雇员提供必要的信息说明，由雇主判断发明类属；或是先由雇员提出其认为的发明分类，后由雇主作出答复。通过这样的沟通机制，可以事先过滤掉一部分争议不大的权属纠纷，而争议较大者最终交由司法裁决，从而有助于减少职务发明权属纠纷。

3. 促进职务发明成果的实施

企业无疑是职务发明创造的核心力量，但高校的科研力量亦不容小觑。[⑤] 现代企业（尤其在高科技行业）往往具备足够的物质技术基础，可以组织研发活动，也有能力负责发明成果的后续利用与转化，而且常常以后者为目标。而高校通常从事研究工作不从事生产，其注意力集中于不具有直接的商业应用性的基础研究之上。[⑥]

---

① 唐素琴，岳琳. 对《职务发明条例（草案）》相关疑问的思考［J］. 电子知识产权，2013（Z1）：78.

② Richard W. Waterman, Kenneth J. Meier. Principal – Agent Models: An Expansion?［J］. Journal of Public Administration Research and Theory, 1998, 8（2）: 183 – 184.

③ Gary J. Miller. The Political Evolution of Principal – Agent Models［J］. Annual Review of Political Science, 2005, 8: 205.

④ 蒋舸. 职务发明奖酬管制的理论困境与现实出路［J］. 中国法学，2016（3）：130.

⑤ 中华人民共和国国家知识产权局. 2016 年专利统计年报［R］.

⑥ ［美］威廉·M. 兰德斯，理查德·A. 波纳斯. 知识产权法的经济结构（中译本第二版）［M］. 金海军，译. 北京：北京大学出版社，2016：383.

高校实施和转化科技成果的动力与能力显然不如企业。

正因为如此，合乎企业科技创新特征的职务发明权属分配模式，有可能在高校职务发明中遭遇“水土不服”。例如，我国高校存在科技成果转化率低的现实困境。据调查，70.5%的高校专利权人科技成果转化率在10%以下，[①] 76.1%的高校遇到过“具有市场前景的专利处于闲置状态”情形。[②] 有学者将之部分归因于我国“雇主主义”的职务发明权属制度过于僵化和单一，致使高校过度掌控职务发明，不利于成果的后续利用与转化。[③]

较之于直接将权利配置给雇主的做法，发明报告制度给予雇主特定期限以了解发明的技术特点、评估其商业价值、考虑自身经营策略等，允许雇主主张或者放弃权利，也允许其主张全部或者部分权利。这为雇主留下了一定的自主决策空间，也为雇员留下了因雇主的放弃或者懈怠而最终取得权利的机会，最终可能根据现实情况形成多种权利归属状态，如此能够在一定程度上推进职务发明成果的实施与转化，从而减少专利闲置的现象。这也是为什么俄罗斯规定了职务发明权利属于雇主，但仍要求雇主积极作为，否则将失去权利。

（三）发明报告制度与初始权利归属的关系

学界中存在这样的观点，认为德国、法国的发明报告制度以“雇员主义”的权属模式为基础，而我国实行的是职务发明“雇主主义”，若要引进发明报告制度，则需要改变专利申请权与专利权的初始配置，转而采用“雇员主义”。[④] 本文认为，在域外法视角下，这一观点的合理性有待完善。

首先，广义上的发明报告制度确实以“雇员主义”为逻辑起点，但此“雇员主义”是被主张之发明的初始权属模式，而不是职务发明的初始权属模式。这是因为在发明报告制度中，雇主进行权利主张的对象并不一定就是职务发明。在德国，雇主主张的恰好就是职务发明的权利。但在法国，任务发明归雇主，非任务发明归雇员，雇主进行权利主张的对象是非任务发明中的可授权发明，因此法国职务发明的

---

① 中华人民共和国国家知识产权局. 2017年全国专利调查基础数据报告（二）［J］. 专利统计简报，2018（5）：14.

② 中华人民共和国国家知识产权局. 2017年全国专利调查基础数据报告（四）［J］. 专利统计简报，2018（7）：8.

③ 朱一飞. 高校科技成果转化法律制度的检视与重构［J］. 法学，2016（4）：92.

④ 王清.《职务发明条例》：必要之善抑或非必要之恶？［J］. 政法论丛，2014（4）：31.

初始权属模式是“雇主主义”，但被主张之发明的初始权属模式是“雇员主义”，二者并不统一。

其次，狭义的发明报告制度并不以“雇员主义”权属模式为基础，因为其制度目的不在于实现发明权属的转移。相反地，俄罗斯和我国台湾地区均直接规定职务发明的专利申请权和专利权归属于雇主。因此，以更加宏观的视角来看，发明报告制度与“雇员主义”或“雇主主义”的原始权利归属方式并无必然联系。

最后，上述观点过于片面地关注广义的发明报告制度，更准确地说，是片面地关注了其中一个制度内容——权利主张，而忽视了其他制度内容的功能和意义。发明的报告有助于抑制雇员的“自益倾向”；发明分类的确定有助于减少职务发明权属纠纷。上述观点可以说明我国缺乏引入权利主张程序的现行制度基础，但恐怕无法说明为何不能引入发明的报告程序和发明分类的确定程序。

五、关于《职务发明送审稿》中发明报告制度的评价

我国《职务发明条例》的制定工作自 2010 年启动，历经多次意见征求与修改，至 2015 年 4 月方才形成送审稿并报请国务院审议。此后，出于各方面的原因，《职务发明送审稿》陷入“难产”状态，迟迟未能通过。其有关发明报告制度的规定，也为社会各界所争论不休，故下文将对《职务发明送审稿》所规定的发明报告制度进行介绍和评价，并分析其不足之处，从而梳理出构建这一制度的合理建议。

（一）发明报告制度的相关规定

《职务发明送审稿》在第三章第 10 ~ 13 条中规定了发明报告制度。由于不同领域的单位具体情况不同，《职务发明送审稿》对报告程序中的期限、形式等都采取了约定优先的原则，不作强制性规定，尊重单位依法制定的规章制度或者双方的合法约定。[①] 可见，《职务发明送审稿》对职务发明报告制度的具体程序设定，更多的是起一个引导和示范作用，具体包括以下内容。

第一，发明人的报告程序。就报告的范围而言，发明人应当向单位报告其完成的“与单位业务有关的发明”，而无论该发明是否为职务发明。同时，这也意味着

---

① 中华人民共和国国家知识产权局. 关于《职务发明条例草案（送审稿）》的说明［R］. 2015 - 04 - 13.

发明人对于与单位业务没有关联的发明不负报告义务。这与德国的规定相似。就报告的时间而言，发明人必须在完成发明之日起2个月内向单位报告。就报告的内容而言，除了发明人的姓名、发明的名称和内容等基本信息之外，发明人还应当提出对发明分类的意见和理由，即该发明是职务发明还是非职务发明。

第二，单位的答复程序。如果发明人主张其报告的发明属于职务发明，那么单位应当自收到报告之日起6个月内决定是否在国内申请知识产权、作为技术秘密保护或者予以公开，并将决定书面通知发明人。如果发明人主张其报告的发明属于非职务发明，那么单位应当自收到报告之日起2个月内进行书面答复。或是同意，或是反对；若是反对，单位还应当说明反对的理由。单位未在前述期限内予以答复的，视为同意发明人的意见。

第三，发明人的异议程序。如果发明人主张其报告的发明属于非职务发明，但单位在书面答复中主张其为职务发明，那么发明人在收到答复之日起2个月内可以提出书面反对意见。没有提出反对意见的，即表示对单位的答复无异议。发明人提出异议之后，可以与单位共同协商解决；协商不成的，可以请求相关行政部门调解，也可以向人民法院起诉或者依法申请仲裁。

简言之，发明人做出与单位业务有关的发明后，应当向单位报告并提出关于发明类属的意见，然后双方通过一定的协商程序，明确该发明是职务发明还是非职务发明，并由此明确其权利归属，从而预防权属纠纷的发生。进一步而言，《职务发明送审稿》没有设置权利主张程序，虽要求单位在一定期限内对职务发明作出处理决定并通知发明人，但并未像俄罗斯那样规定违反这一要求会导致权利的丧失。因此，抛开具体程序设置不谈，《职务发明送审稿》所规定的职务发明报告制度更加接近于我国台湾地区的模式，是狭义上的发明报告制度。

（二）发明报告制度规定之评介

《职务发明送审稿》开创性地规定了发明报告制度，但学者们对此看法不一，论见歧出。持否定态度的学者，有的从公权力介入过度的角度否定引入发明报告制度的必要性，认为职务发明立法的总目标“是提纲挈领，领航导向，而不要画蛇添足，管头管脚”①，“不同行业、规模和区域的单位，职务发明活动中的程序、过程

---

① 陶鑫良．我国职务发明立法十个关系问题探讨——在2016年5月《职务发明条例》相关法律问题苏州研讨会上的发言［J］．福建江夏学院学报，2017（4）：5.

和成果管理的差异很大”①，将发明报告制度法定化，增加了单位的交易成本和管理负担，有滥用公权力之嫌。有的从法律移植的角度质疑《职务发明送审稿》引入发明报告制度的可行性。他们认为，德国、法国发明报告制度的法理依据的性质与我国现行法律的法理依据迥然不同，② 基于“雇员主义”而构建的发明报告制度与我国现行“雇主主义”职务发明权属机制难以协调共存。我国《职务发明送审稿》未充分考虑德国设立该制度的背景和实际效果，借鉴并制定出一套复杂的制度，具有浓厚的管制色彩。③ 刘春田教授更是批判这一制度“把本无争议的权利推向可争议的境地，徒生事端”。④

当然，持肯定态度的学者亦不在少数。一部分学者从制度功能的角度出发，肯定了《职务发明送审稿》规定发明报告制度的可行性和必要性。有的学者认为其功能不在于界定发明范围及其权利归属，而是“增加一个发明人与雇主单位之间的沟通机制，尽可能地避免可能在‘与单位业务有关的发明’上产生权属争议”；⑤ 有的学者认为报告制度能够加强单位对职务发明的整体把握，有利于宏观技术布局，有助于提升单位的知识产权管理；⑥ 也有的学者认为职务发明报告制度的引入，可以有效化解我国职务发明权属机制的运行风险，避免雇主的“强权主义”侵害雇员权益和雇员的“自益倾向”减损雇主权益。⑦ 另一部分学者站在完善我国职务发明权属制度的角度，本就主张引入发明报告制度。⑧ 例如，胡朝阳教授主张对国家资助项目中主要利用单位物质技术条件所完成的发明实行发明人报告后的单位选择制度。⑨

本文认为，首先，狭义上的发明报告制度并不以“雇员主义”的权属模式为基础。既然《职务发明送审稿》规定的是狭义发明报告制度，若再以权属模式的不同

---

① 顾毓波. 我国职务发明制度存在的问题及完善进路［J］. 知识产权，2016（4）：81.

② 王清.《职务发明条例》：必要之善抑或非必要之恶？［J］. 政法论丛，2014（4）：30.

③ 李含. 职务发明报告制度具有浓厚管制色彩［EB/OL］.（2016－04－06）［2018－07－04］. http://news.hexun.com/2016－04－06/183141668.html.

④ 李含. 刘春田：职务发明条例草案是“叠床架屋”［EB/OL］.（2016－02－24）［2018－07－04］. http://tech.hexun.com/2016－02－24/182395973.html.

⑤ 马碧玉. 论职务创新成果权利归属规则改革——兼评《职务发明条例草案（送审稿）》相关内容［J］. 学术探索，2015（9）：43.

⑥ 唐素琴，岳琳. 对《职务发明条例（草案）》相关疑问的思考［J］. 电子知识产权，2013（Z1）：78.

⑦ 刘鑫. 我国职务发明权利归属机制的产生与变革［J］. 中国发明与专利，2017（11）：29.

⑧ 贾佳，赵兰香，万劲波. 职务发明制度促进科技成果转化中外比较研究［J］. 科学学与科学技术管理，2015（7）.

⑨ 胡朝阳. 国家资助项目职务发明权利配置的法经济探析［J］. 法学杂志，2012（2）：37.

为由质疑制度之间的相容性，未免有些偏颇。

其次，认为《职务发明送审稿》规定发明报告制度乃公权力介入过度，有待商榷。理由如下：第一，对于期限、形式等具体程序要求，《职务发明送审稿》允许单位与发明人另有约定或者在其单位规章制度中另有规定。第二，发明人与单位之间先是劳动法律关系，后是职务发明法律关系，没有劳动关系这个前提，就不可能有职务发明。[①] 国家对职务发明管理和利益分配的立法介入，只要是适当的，并不会影响企业的经营自主权，也不会加重企业的负担。[②] 相反，若将职务发明置于单一的专利法调整模式之下，过多强调私权的意志自由，并不能解决主体之间利益失衡的矛盾。[③] 第三，实践中有不少单位已经建立了职务发明报告制度[④]，尤其是大型企业和外资企业。因此，《职务发明送审稿》可能加重那些知识产权意识不足、尚未建立发明报告制度的中小企业的管理负担。然而，从提升知识产权管理水平、激励发明创新的长远角度来看，这样的负担在一定程度之内是值得的。

综上而言，本文赞同《职务发明送审稿》对发明报告制度的引入，但本文也不否认其具体规定可能存在一些不足之处。

（三）发明报告制度规定之不足

1. 无法实现现行权属制度纠偏

在职务发明制度体系中，权属制度[⑤]是主体，奖酬制度是为了平衡权属制度而设立的配套制度。[⑥] 实践的选择与经济的理性使得权属制度“偏爱”雇主，而奖酬制度“偏爱”雇员，从而形成雇主与雇员之间的利益平衡。然而，我国的职务发明制度设计严重失衡，过分偏重于保护雇主的利益。主要表现在：职务发明范围过大，且其上全部财产权利均归于单位，而保障发明人经济利益的获酬权未得到真正的落

---

① 叶建平，刘宇．职务发明创造的专利权利之研究——对专利法第六条的质疑［J］．北京科技大学学报（社会科学版），2003（2）：28.

② 吴艳．论职务发明纠纷解决机制——兼评《职务发明条例草案（送审稿）》［J］．中国软科学，2015（3）：14.

③ 陈敏莉．劳动法视角下的职务发明制度考量——以《职务发明条例草案》为对象［J］．科技进步与对策，2013（20）：102.

④ http://www. sipo. gov. cn/pub/old/sipo2013/ztzl/zwfmtlzl/ztkjtybg/1051322. htm；http://www. sipo. gov. cn/pub/old/sipo2013/ztzl/zwfmtlzl/ztkjtybg/1051324. htm.

⑤ 本文中的职务发明权属制度采用广义的含义，即包括两个方面内容：一是职务发明的界定，也就是职务发明的范围大小；二是职务发明的权利配置规则，即相关权利归谁所有。

⑥ 和育东．美、德职务发明制度中的“厚雇主主义”趋势及其借鉴［J］．知识产权，2015（11）：119.

实。[①] 具言之，我国职务发明权属制度存在以下问题。

首先，职务发明判定难度大，导致范围不当扩张。我国职务发明包括“执行任务”之发明与“主要利用资源”之发明。但在司法实践中，大部分的地方法院均以宽松的态度来界定职务发明的范围，并未严格区分“主要利用”与“非主要利用”，从而导致职务发明范畴在实际上被不适当地扩大。[②] 只要法院通过双方证据认定发明人在完成发明的过程中利用了单位的物质技术条件，涉案的发明就有极高的概率被判定为职务发明。

其次，权属制度缺乏“分权制衡”的理念。许多国家或地区的职务发明权属制度中，就特定类型的发明都规定了一方取得专利权而另一方取得实施权的情况。在德国，自由发明归属于雇员，但该发明若落入雇主企业实际或者计划的业务范围之内，则雇主享有在合理条件下至少是非独占使用该发明的权利。在法国，雇主可以选择主张“可授权的非任务发明”的全部或部分权利。所谓“部分权利”即是该发明的实施权，可以是独占实施权，也可以是非独占实施权。不仅如此，那些没有规定发明报告制度的国家，也同样存在相似的“分权”。如美国，雇员在雇佣期间利用雇主的资源所作出的发明，在没有明确约定的情况下，其所有权归雇员，但雇主拥有工场权，即专利的实施权。

反观在我国，职务发明的全部专利权都归单位所有，发明人除了署名权和获酬权，一无所有。署名权是对发明人的精神鼓励，但没有利益的支撑，只是“镜花水月”；而发明人获酬权的实现又困难重重。[③] 反之，非职务发明的全部权利归属于发明人，单位则一无所有。因此，是职务发明，还是非职务发明，其结果对于双方来说可谓天差地别。无怪乎发明人会滋生“自益倾向”，尽力将职务发明非职务化；也无怪乎单位以自身的强势地位，竭力挤占非职务发明的空间。由于双方经济地位悬殊，因此单位对非职务发明的侵占现象更加严重。据调查，对于员工在职期间所作发明的权利归属，绝大多数的单位均有相关约定；其中，40.6%的单位约定在职期间所做的与单位业务有关联的发明创造均归单位所有，28.6%的单位约定在职期

---

① 张宗任. 职务发明的权利归属和报酬问题研究［J］. 知识产权，2014（10）：75－76.

② 向波. 职务发明的判定及其权利归属问题研究——兼论《专利法修改草案》第6条的修改和完善［J］. 知识产权，2016（9）：13－15.

③ 沈伟. 我国职务发明奖酬制度研究［D］. 南京：南京师范大学，2016：31；张宗任. 职务发明的权利归属和报酬问题研究［J］. 知识产权，2014（10）：76.

间所做的任何发明创造均都归单位所有。[1]

在《职务发明送审稿》公布的同年12月，国务院法制办又发布了《专利法修订草案（送审稿）》，其中第6条将原有的“主要是利用本单位的物质技术条件所完成的发明创造”剔除在职务发明的范围之外，同时规定，在没有约定的情况下，“利用本单位的物质技术条件所完成的发明创造”归发明人所有。[2] 这一修改是立法对职务发明权属制度的利益失衡问题所作出的尝试性回应，其限缩职务发明范围、保护发明人权益的立法精神得到了多数学者的肯定。这在一定程度上反映了我国权属制度面临调整的呼声和趋势。然而，《职务发明送审稿》是以2008年《专利法》第6条为基础来设计发明报告制度的，无法纠正现行权属制度的利益失衡状态。由此也可以看出，《专利法》是上位法，《职务发明条例》的制定须以其为依据，而二者同步修改的思路，势必会造成法律冲突。[3] 这也是《职务发明送审稿》迟迟未能通过的重要原因之一。

2. 具体程序设置的合理性存疑

尽管《职务发明送审稿》所规定的发明报告制度具有一定的实践基础，但具体的程序规定却缺乏合理性，主要表现在以下三个方面。

第一，发明的报告期限不合理。与其他国家和地区要求雇员“立即”“毫不延迟”地报告发明的做法不同，我国《职务发明送审稿》规定发明人应当自完成发明之日起2个月内向单位报告。那些注重技术研发与运用、具有一定的发明布局或者经济规模较大的单位，往往主导职务发明的完成过程，其监管与督促力度相对较大，通常能够根据行业性质和实践经验，依据约定优先原则，规定与《职务发明送审稿》不同但适合本单位情况的报告期限。而大专院校、科研院所以及中小型企业等单位，对于职务发明的监管与督促力度相对较小，反而是发明人主导职务发明的完成过程，故而发明人在发明报告上占主动地位。这些单位更有可能遵从《职务发明送审稿》的示范，规定2个月的报告期限，这就给发明人延迟报告或者隐瞒发明提供了空间。

第二，发明人的异议程序多余。我国《职务发明送审稿》增加了一个其他国家

---

① 中国专利保护协会. 职务发明人权益保护状况调研报告 第二部分：问卷调查情况分析［EB/OL］.［2018－07－13］. http://www.sipo.gov.cn/pub/old/sipo2013/ztzl/zwfmtlzl/ztkjtybg/1051322.htm.

② 《专利法修订草案（送审稿）》第6条。

③ 王玉凯. 完善职务发明制度应以《专利法》为基础［J］. 电子知识产权，2017（1－2）：72.

和地区所没有的发明人异议程序。在发明人认为上报之发明属于非职务发明而单位主张其为职务发明的情况下，发明人可进一步提出异议。这意味着该发明类属的最终确定需要等待更长的时间，可能导致单位失去申请专利保护的先机，也可能为恶意发明人所利用，从而损害单位合法权益。这样的制度设计衍生出结构的复杂性和程序的烦琐性，带来制度运行的低效性。① 此外，“利用资源”之发明是否属于职务发明，关键在于区分“主要”与“非主要”利用，其中标准之模糊、界定之艰难，连司法人员都望而却步。《职务发明送审稿》却寄希望于单位与发明人之间的“答复—异议”程序，只是徒增沟通成本而已，不具备现实性，反而可能导致更多的权属争议。

第三，单位的通知义务形同虚设。《职务发明送审稿》为发明人和单位分别设置了不同的作为义务，包括发明人的报告义务、单位的答复义务和通知义务。若发明人没有履行报告义务，私自将职务发明据为己有，或者导致单位失去申请专利保护的恰当时机，则可能面临内部处罚、解雇甚至是法律责任的追究。② 发明人认为上报之发明属于非职务发明的，单位应在 2 个月内作出书面答复；没有履行该义务的，视为同意发明人的意见。而如果发明人认为发明属于职务发明的，单位应在 6 个月内决定是否在国内申请知识产权、作为技术秘密保护或者予以公开，并将决定书面通知发明人。但是，如果单位没有履行通知义务，其法律后果当如何？《职务发明送审稿》对此未作规定。但可以预见，在缺乏明文规定的情况下，即使单位未履行通知的程序性义务，也不会像俄罗斯那样导致其实体性权利的丧失。由此，这一义务形同虚设，既无法保障发明人的知情权，也无助于促进职务发明的实施。即使单位超出 6 个月期限通知发明人，或者闲置职务发明成果，发明人恐怕也无可奈何。

六、构建我国发明报告制度的合理建议

（一）现行职务发明权属制度的适当调整

发明报告制度是职务发明权属制度的一个组成部分，其本质在于保障权属分配

---

① 刘鑫. 德、法职务发明权属机制比较研究及对我国的启示［J］. 上海政法学院学报（法治论丛），2017（6）：141.

② 《职务发明条例草案（送审稿）》第 34 条第 1 款。

的合理有效。发明报告制度的构建必须与权属制度相协调。如前文所述，我国职务发明权属制度存在利益失衡问题，应作适当调整。本文建议其后在《专利法》修订中，按照2015年12月公布的《专利法修订草案（送审稿）》第6条第1款的修改思路，取消“主要”与“非主要”的区分，删除“主要利用资源”之发明属于职务发明的情况，以缩小职务发明的范围，理由如下。

首先，“主要利用资源”之发明的界分和判定有失妥当。一方面，“主要”的含义难以界定，司法实践所采取的宽松态度导致职务发明范围被不适当地扩大，进而造成单位与发明人之间的利益失衡。另一方面，对于现行《专利法》第6条第3款与第1款的关系，即“利用本单位的物质技术条件”与“主要是利用本单位的物质技术条件”之间的关系，多年来一直存在争议，有碍法律规范的稳定性和统一性。[①] 有学者认为将“主要利用资源”之发明纳入职务发明的范围之内，有悖于职务发明的法律属性和社会经济现实。[②] 其次，各国尽管对职务发明的表述不尽相同，但职务发明的界定均以负有特定发明义务的“职务”为核心。[③] 至于“利用资源”所完成的发明，少有国家将其纳入职务发明的范畴。最后，如此调整职务发明的范畴，可以体现对发明人利益的倾斜保护，有利于激发发明人的创造积极性，同时也使职务发明的界定标准更加清晰可行，有利于减少职务发明的权属纠纷。

至于该《专利法修订草案（送审稿）》第6条第4款的规定，即在没有合同约定情况下，“利用资源”之发明归属于发明人，实质上肯定了权利归属的“契约自由”，本文对此并不赞同。一方面，这样的规定仍然没有体现“分权制衡”的理念，“利用资源”之发明的权利要么全部归于单位，要么全部归于发明人。另一方面，在劳动关系主体地位不平等的现实之下，契约自由无法避免雇主的强势地位侵害发明人的权利。我国劳动者的保护状况并不理想，在用人单位这一强势主体面前，我国劳动者势单力薄。[④] 实践中，单位在劳动合同或规章制度中直接约定“利用资源”之发明全部归于单位的情况，恐怕十有七八。试想一下，发明人在职期间所完成之发明，有多少是完全没有利用单位的物质技术条件呢？除非发明人的获酬权能够得

---

① 陶鑫良．职务发明性质之约定和职务发明报酬及奖励——我国专利法第四次修订中有关职务发明若干问题的讨论［J］．知识产权，2016（3）：5－7．

② 叶建平，刘宇．职务发明创造的专利权利之研究——对专利法第六条的质疑［J］．北京科技大学学报（社会科学版），2003（2）：31．

③ 张玲．日本专利法的历史考察与制度分析［M］．北京：人民出版社，2010：166．

④ 郑其斌．我国职务发明认定和利益分配制度的完善［J］．社会科学，2009（5）：99．

到有效的保障和落实，否则这一规定无法起到保护发明人权益的实质作用。因此，建议规定“利用资源”之发明的权利优先归属于发明人，并通过发明报告制度实现“利用资源”之发明的权属转移及“分权制衡”。

综上所述，对职务发明的范围进行调整之后，我国将形成类似于法国“三分法”的发明分类体系，即“执行任务”之发明为职务发明，“利用资源”之发明以及个人发明为非职务发明。

（二）新分类体系下的发明报告制度构建

1. “执行任务”发明的报告制度

“执行任务”之发明，即执行本单位的任务所完成的发明创造。所谓本单位的任务，包括劳动合同明确约定的本职工作，或者虽未明确约定但单位依法交付的工作任务。基于历史文化、法律传统等方面的差异，不同国家和地区的职务发明范围大小各有不同。但是，大多数国家和地区的职务发明范围都一致地包含与我国类似的“执行任务”之发明，如前文有所研究的德国、法国、韩国、俄罗斯和我国台湾地区，以及美国①、英国②、日本③等其他国家。

“执行任务”之发明，通常是单位积极主动追求的结果，其创造过程也体现了单位的意志。单位取得“执行任务”之发明的权属当无异议。我国现行《专利法》也是直接规定单位取得该类发明的申请专利的权利。故而本文认为，可对“执行任务”之发明设置发明人的报告程序和发明分类的确定程序，但无须设置单位的权利主张程序。这一方面是出于维护现有法律制度稳定性的考虑，另一方面是避免无意义地增加单位的管理成本和双方的沟通成本。具言之，发明人就某项发明完成报告并确定为职务发明的，单位直接依法取得其权属。

2. “利用资源”发明的报告制度

“利用资源”之发明，即利用单位的资金、设备、零部件、原材料、技术等物质技术条件所完成的发明创造。各国普遍对这一类发明进行“分权制衡”。

“利用资源”之发明并非直接来自对工作任务的执行，单位并没有下达相应的

---

① 《美国专利法》并没有明确规定职务发明的范围或界定。参见：曾陈明汝．两岸暨欧美专利法［M］．北京：中国人民大学出版社，2007：245.

② 《英国专利法》第 39 条第 1 款。

③ 《日本专利法》第 35 条。

研究、开发、设计任务，也没有积极主动地追求这一发明成果的产出。发明人从事的可能是非研发工作，也可能是与这一发明无关的、其他技术领域的研发工作。发明人对单位物质技术条件的利用情况也十分复杂。既可能是利用了单位特有的、稀缺的物质技术条件，对该发明的完成产生关键性作用；也可能是利用了一般的、可替代的物质技术条件，对该发明的完成只是起了支持作用。此外，不同性质、行业的单位具体情况不同，企业更愿意掌控员工“利用资源”之发明，但高校心有余而力不足。可见，“利用资源”之发明所涵盖的范围之大，以及现实情况之复杂，使得法律无论将权利配置给哪一方，都将显得过于简单粗暴，不符合公平和效率原则。

本文认为，一方面，应当借鉴法国等国家和地区的“分权制衡”理念，允许一方取得“利用资源”之发明的专利权，而另一方取得该发明成果的实施权。另一方面，较之于僵硬的强制性权利配置以及多流于形式的权属自由约定，通过职务发明报告制度赋予单位一定的自主选择权，也许会更加合适。具言之，发明人就某项发明完成报告并确定为“利用资源”之发明的，单位可以在一定期限内主张取得该发明的申请专利的权利，或是有偿的独占实施权，或是免费的普通实施权；单位取得申请专利的权利或者独占实施权的，发明人有权获得合理补偿。

3. 个人发明的报告制度

个人发明，是指既不是执行本单位的任务，也没有利用单位物质技术条件的发明创造。个人发明归发明人所有，当无疑问。由于个人发明可能落入单位的业务范围之内，与单位存在利害关系，因此，为了避免发明人“自益倾向”损害单位的合法权益，应当对其设置发明人的报告程序和发明分类的确定程序。

（三）发明报告制度具体程序应合理设置

1. 发明人报告程序

《职务发明送审稿》中发明人报告程序的主要问题在于 2 个月的报告期限过长且没有实际意义。应当借鉴德法等立法经验，规定发明人完成相关发明之后，应当立即向单位报告，不得故意拖延。当然，应当允许单位在劳动合同或者规章制度中另行约定或者规定发明的报告期限。

至于报告的发明范围，有不少学者建议对《职务发明送审稿》所规定的“与单位业务有关”的报告范围进行限缩，或是只报告非职务发明，或是只报告职务发明，或是只报告“利用资源”之发明。本文认为，《职务发明送审稿》的规定并无不妥。首先，只报告职务发明，或者只报告非职务发明，相当于将判断发明分类的权利交给发明人，发明人可以选择报哪个、不报哪个，这将使得单位处于被动地位。① 其次，由发明人主动上报职务发明，可减少单位对职务研发活动及其成果产出的跟踪和监管成本。因担忧增加单位管理成本而认为只需报告非职务发明的观点，是有失偏颇的。最后，发明人的权益要保护，其“自益倾向”也要避免。认为报告非职务发明侵犯了发明人私权的观点，是过于片面的。发明人权益的真正落脚点，不在于报告与否，而在于如何保障其应得的权利或报酬。

此外，还应当增加发明人不履行报告义务的责任规定，即如果发明人恶意拖延报告或者隐瞒不报，致使单位应有权利不能及时行使或者合法利益遭受损害，则发明人应当承担一定的法律责任。

2. 发明分类确定程序

发明人在发明报告中应当提供必要的材料或说明，如该发明所要解决的技术问题、单位下达的任务指令、对单位物质技术条件的利用情况等，并且提出其对发明分类的意见及理由。单位可以自收到报告之日起 2 个月内提出不同的发明分类意见，并说明理由；未在 2 个月内提出不同意见的，视为同意发明人的意见，单位此后不得再主张该发明为其他类型的发明。在对各类发明的界定有着清晰标准的前提下，这样的程序设置并不会过多增加双方的沟通成本，自然就不需要《职务发明送审稿》所规定的发明人异议程序，故而应当予以删除。

如果发明人认为其报告的发明属于“执行任务”之发明，那么单位通常不会提出反对意见，而是依法取得该发明的权属。如果发明人认为发明属于“利用资源”之发明，由于单位可以通过权利主张从而获得与“执行任务”之发明同等的权利，因此，即使单位认为发明人的分类意见有所偏差，也可能不会提出反对意见。实践中，可能发生争议的，是利用单位的一般物质技术条件所完成的发明，如普通的、具有可替代性的设备、原材料、零部件等，或是单位给予了一般的资金支持。若发明人在报告时认为该发明属于个人发明，单位则可能出于自身利益而主张其为“利用资源”之发明。这种情况下，双方可以通过协商解决，或者请求行政调解，或者向人民法院起诉，或者依法申请仲裁。

3. 单位权利主张程序

权利主张程序指向的是“利用资源”之发明。当发明人就某项发明上报单位并

① 唐素琴，岳琳. 对《职务发明条例（草案）》相关疑问的思考［J］. 电子知识产权，2013（Z1）：78.

确定为“利用资源”之发明时，单位可以根据现实情况，选择是否主张权利以及主张哪些权利。首先，就主张的期限而言，根据前文的域外经验研究，可以发现德国、法国、韩国、俄罗斯都给予了单位4个月的主张期限。挪威①、芬兰②等其他规定有职务发明报告制度的国家亦是如此。因此，本文认为，单位应当自收到发明报告之日起的4个月内进行权利主张。

其次，就主张的权利范围而言，单位可以主张取得该项发明的申请专利的权利，经专利申请最终成为专利权人，同时必须向发明人支付合理报酬；单位也可以主张取得对该发明的独占实施权，同时必须支付合理报酬；单位还可以主张取得对该发明的普通实施权，以补偿发明人对其物质技术条件的利用，此种情况下，单位无须向发明人支付报酬。

再次，德国允许雇主通过消极方式对职务发明进行权利主张。但由于我国单位只对非职务发明中的“利用资源”之发明进行权利主张，故单位应当积极主动地行使其选择权。如果单位在4个月期限内怠于主张权利的，则由发明人获得该项发明的完整权利。

最后，在职务发明报告制度中，可以借鉴2009年《德国雇员发明法》所作之修改③，允许发明人的报告、单位的权利主张等采用电子文本的形式，有利于保证程序的简便可行，避免增加不必要的管理成本。

七、结　　语

广义上来看，发明报告制度包括发明报告、发明分类确定、权利主张这三个组成部分。而我国学界过度关注其中权利主张的内容，对该制度有一定的认知偏差。事实上，法国、韩国、俄罗斯和我国台湾地区均对起源于德国的发明报告制度进行了不同程度的内容取舍与制度创新，其法律移植的思维方式值得我们学习。

作为职务发明权属制度的重要组成部分，发明报告制度的构建应当与现行权属制度相协调。本文建议对现行《专利法》第6条进行修改，将“主要利用资源”所完成的发明排除在职务发明范畴之外，并且不再区分“主要”与“非主要”利用，

---

① 《挪威雇员发明法》第6条。

② 《芬兰雇员发明法》第6条。

③ 张韬略，黄洋.《德国专利法之简化和现代化法》评述——浅析德国专利法律的最新修改［J］. 电子知识产权，2009（10）：54.

由此形成新的发明分类体系，即“执行任务”之发明为职务发明，“利用资源”之发明以及个人发明为非职务发明。

同时，本文建议根据新的发明分类体系，构建适合我国现实情况的职务发明报告制度。具言之，发明人完成与单位业务有关的发明后，应立即向单位报告。发明人在报告中须提供必要的材料或说明，并提出其对发明分类的意见和理由。单位自收到报告之日起2个月内可以提出反对意见；否则，视为同意发明人的分类意见。发明若被确定为“利用资源”之发明，则单位可以自收到报告之日起4个月内主张取得该发明申请专利的权利，或者主张取得对该发明的独占或普通许可实施权。单位取得申请专利的权利或者独占实施权的，应向发明人支付合理报酬。未在上述期限内进行权利主张的，发明的全部权利归属于发明人。发明若被确定为“执行任务”之发明，则申请专利的权利归属于单位；若被确定为个人发明，则归属于发明人。

（责任编辑：郑淑凤）

Reexamination of the Reporting System of Service Inventions from a Perspective of Foreign Laws

Huang Anna

Abstract: From the perspective of foreign law, the reporting system of invention could have a narrow sense and a general sense. The general reporting system includes three basic contents: employee reporting an invention, definiting the classification of invention, employer claiming the right of invention. In a narrow sense, the reporting system of invention does not aim at the transfer of ownership, and does not contain the basic content of claiming rights of invention. There is a lack of understanding of the narrow sense of reporting system in the current domestic research. The reporting system stipulated in The Draft Regulations on Service Inventions (Draft for Review), published in 2015, was in a narrow sense. It is reasonable and necessary to introduce the reporting system. As a part of the ownership system of service inventions, the construction of the reporting system should be coordinated with the ownership system. It is suggested to adjust the scope of service inventions, delete the distinction between "main utilization" and "utilization", classify the invention of "utilization of resources" as non-service inventions, assign its rights to the inventor first, and construct the reporting system to realize the transfer of ownership and balances of rights between employer and employee, as well as resonably set up the procedure rules of reporting system.

Key Words: Service invention; Reporting system of service inventions; Ownership of rights; Reporting procedure

成果信息的权利负担创设及转移

——以禁止权的分裂与转移为视角

何卓律*

【摘　要】成果信息具有无形性，无法自然地从物理上排除他人对成果信息的再现利用；国家通过制定知识产权法律，人为设定禁止权以保障成果信息开发者的权利。知识产权在发生质押、许可、部分转让等变动时，对成果信息创设了权利负担。本文以禁止权的分裂与转移理论为视角，解释了成果信息权利负担的转移规则，平衡了许可人、被许可人、受让人三方利益；其中，被许可人享有的禁止权具有物权属性，在发生多重许可、许可后转让的情形时，应当以维护在先被许可人的利益为原则，转让不破许可；但是当存在善意第三人时，如符合善意取得要件，应保护其信赖利益。

【关键词】成果信息　权利负担　创设　转移　禁止权

在“稀缺”普遍存在的现代社会，权利的层叠将成为解决稀缺问题的良好进路。但基于同一物的多个权利出现层叠之时，如果缺乏明确合理规范，则势必导致冲突不断、效率低下。① 由于社会分工，知识产权原始取得者一般不直接再现利用相关的成果信息，而是通过许可、转让等方式获得利益，缺乏科研、创新能力的成果信息再现利用者也可以通过支付对价的方式获取成果信息以增加产品的价值、提高竞争力。那么，针对同一成果信息就可能出现多个权利负担。就一项专利技术而言，专利权人甲将专利技术普通许可给工厂乙后，乙得以再现利用专利技术，此时甲又将专利技术独占许可给了丙。该案例中针对同一成果信息——专利技术涉及的

---

* 何卓律，澳门科技大学法学院博士研究生。

① 张淞纶．论物上负担制度［D］．武汉：武汉大学，2011：1.

利益方分别为甲、乙、丙，且分别对专利技术享有特定的权利，如果此时丙以独占许可权人的身份要求乙停止实施其专利技术，乙方是否应当停止实施呢？知识产权的最终目的是要实现文艺、科学事业和产业的快速发展和进步，那么作为知识产权的对象——成果信息出现权利负担，发生权利层叠时，协调冲突、提高效率便成为适应知识产权“高效率”要求的必然选择。

一、成果信息权利负担的本质：禁止权的分裂与转移论

所有权是对占有物理空间的有形物的支配权，一个有形物在物理上只归一个人支配，一个人的使用天然构成另一个人使用的物理性障碍，所以所有权的使用权能只能由一个人来行使。与所有权不同，知识产权支配的对象是成果信息，具有无形性的特点，无法在物理空间上排除他人对成果信息的占有，要实现知识产权最终的发展目的，就必须通过法律赋予成果信息开发者对成果信息的再现利用以独占权，从而拟制“占有”成果信息。

关于独占权的构成，部分学者认为占有权由积极的许可权及消极的禁止权构成，具言之，知识产权所有人可以禁止其他任何人，未经其许可，擅自以经营为目的实施其受知识产权保护的智慧创作物。[①] 杨志敏认为可以将独占权划分为禁止权及对价权两项子权，分别表现为禁止他人非法再现利用请求权及报酬请求权，其中，禁止权则是对价权行使的有效保障；并且认为所谓的许可权属于权利人行使禁止权的一种结果或样态。[②] 虽然对于独占权的构成有不同意见，但均表明知识产权对无形成果信息独占性支配的本质在于权利人享有禁止他人非法利用相应成果信息的请求权。

杨志敏最先提出禁止权分化与转移理论，认为知识产权人许可他人使用相应的成果信息，其实是将知识产权人享有的禁止权分化后暂时被转移给被许可人，并且知识产权人亦保有禁止权。[③] 以禁止权 a 为例，权利人甲在与乙签订许可合同后，将 a 分化为 a1 和 a2，在合同期限内，将 a2 暂时转移给乙，甲自身保有 a1，如果乙经过甲特别许可，乙还可以将 a2 继续分化为 a20、a21 并进行暂时转移。在分化期

---

① 曹新明. 知识产权法哲学理论反思——以重构知识产权制度为视角［J］. 法制与社会发展，2004（6）：69.

② 杨志敏. 知识产权法新解［M］. 成都：四川大学出版社，2009：13.

③ 杨志敏. 知识产权法新解［M］. 成都：四川大学出版社，2009：314－323.

间，乙可以使用激活状态的 a2 禁止他人再现利用成果信息并禁止相应产品的流通。通过此项理论，可以解释独占许可、排他许可、普通许可有关诉权的差异。虽然域外并未有禁止权分化与转移理论相关提法，但是在知识产权立法及相关研究中有所体现。与《德国专利法》第 15 条第 3 款及《德国商标法》第 30 条第 5 款规定类似，《德国著作权法》第 33 条确立了“转让不破许可”规则，针对该条规定，德国学者 M. 雷炳德认为许可使用权对作为无形财产权的著作权设定了某种负担，从而限制了著作权人及其权利继受人的排他性权利；排他性许可使用权赋予权利人以禁止权，使其可以禁止他人使用该作品。① 即著作权许可实际是赋予许可使用权利人以禁止权的同时使得自身的禁止权受到限制。在日本法上，设定专用实施权后，“专利权人或专用实施权人，对于侵犯自己的专利权或专用实施权的人，或有侵权可能的人，得请求停止或预防侵权”。② “商标权人或专用实施权人对侵害或者有可能侵害自己商标权或者专用实施权者，可请求其停止或预防该侵害。”③ 即专利或商标权人及其专用实施权人均有权对外行使禁止权。我国台湾地区规则制定者和法学界亦均认为在专利专属授权中，发生了排他性权利的转移，被许可人在许可范围内取得了禁止第三人实施专利技术的权利。④ 因此，禁止权分裂与转移理论具有一定的经验支撑。但是，杨志敏没有提出权利分化与转移的理论基础及其来源，也未将禁止权分化与转移理论应用到其他如质押、部分转让等成果信息权利负担场景中。

分化原系生物学用语，是指经分裂获得的多细胞生物个体因生存行为分工而在个体体内细胞之间形成的形态与功能的差异，例如胚胎时期的某些细胞分化成为肌细胞，另一些细胞分化成为结缔组织，即由性质相同的事物变成性质不同的事物。⑤ 如果按照严格解释，禁止权分化后，应该形成两个不同性质的禁止权 a1、a2，但从前述例示中可以看出，a1 与 a2 均是指禁止他人再现利用成果信息的权利，可见“分化”在此处并不恰当。在生物学中，与分化类似的，有分裂的用语，指活细胞增殖及其数量由一个细胞分裂为两个细胞的过程，分裂前的细胞称母细胞，分裂后

---

① M. 雷炳德. 著作权法［M］. 张恩民，译. 北京：法律出版社，2004：369－371.

② 《日本特许法》第 100 条。

③ 《日本商标法》第 36 条。

④ 黄铭杰. 从专利授权之法律性质与定位论专利法修正草案授权规范之问题点与盲点［J］. 月旦法学杂志，2010（1）：109.

⑤ 人民教育出版社，课程教材研究所，生物课程教材研究开发中心. 生物［M］. 北京：人民教育出版社，2004：117－118；赵磊. 分化［EB/OL］.［2020－02－20］. https://baike.baidu.com/item/分化/10877462.

形成的新细胞称子细胞；细胞有丝分裂后母细胞与子细胞拥有相同的遗传性状；[①]可见，禁止权分成 a1、a2 子权的过程更类似于“分裂”，即禁止权分裂。

权利分裂是一个全新的命题，从传统角度看，通常将权利量化为“项”“个”等，如著作权可以划分为十余项子权，专利权也可以被划分为再现利用权、流通权两项子权，商标权亦可被分为禁止权与对价权；或者在提起相关知识产权侵权诉讼时，法官也会询问原告权利“数量”。实际上，从性质上分析，所谓的“项”“个”与“种”“类”同义，并不在于强调权利的数量，而是以性质、内涵等将权利进行种类划分；具体地，如著作权中的复制权指的是作者享有在有形载体上再现利用自己的作品信息的“类”权利，专利权中流通权指的是对成果信息再现利用后所形成的信息有形商品的流通行为加以支配的“类”权利，商标权中的对价权表现为一种报酬请求的“类”权利，在诉讼案件中，法官所询问的权利数量其实是问成果信息的数量，并不在于权利本身，同时也是为了确认请求内容及划定权利范围。故，权利并非可数名词，严格意义上并不能使用“项”“个”进行量化。既然权利为“类”，那么就不能认为同一性质的权利被一人享有后，另一人就自然丧失了该同一性质的权利。从物权法角度看，以动产质押为例，质权人实际占有了动产，对动产应当进行妥善保管，有禁止他人非法侵害的请求权利；对于同一动产的所有权人，当其发现质权人或者其他人对动产造成毁损时，该所有权人也当然享有请求停止侵害的权利；即质权人、所有权人均有权基于同一动产禁止他人侵害的权利，可将所有权人将动产质押的行为称为禁止权的分裂与转移。类比与成果信息，知识产权人对成果信息创设权利负担时，就发生了禁止权的分裂与转移。

二、不同权利负担类型下禁止权分裂与转移模式分析

（一）权利负担创设类型：质押、许可及部分转让

知识产权法律制度对社会的促进作用应当体现在，知识产权制度应当以强调使用和运用知识产权作为设计理念之一。建立完善的知识产权使用规则，可以促进智

---

① 人民教育出版社，课程教材研究所，生物课程教材研究开发中心. 生物［M］. 北京：人民教育出版社，2004：113－114.

力成果的涌现。[①] 我国知识产权法律框架下，有三种常见知识产权变动模式，即知识产权人通过质押、许可、转让的方式获得利益。除全部转让外，三种变动模式实际上是在成果信息上创设了权利负担，形成层叠。

首先，知识产权作为私权，具有财产属性，其财产权部分可以质押。《民法典》第440条规定，可以转让的商标权、专利权、著作权等知识产权中的财产权可以依法出质。根据《民法典》第444条的规定，知识产权被质押后，出质人不得转让或者许可他人使用，擅自使用、处分质押财产，给出质人造成损害的，应当承担赔偿责任。同时，质权人负有妥善保管质押财产的义务，因保管不善致使质押财产毁损、灭失的，应当承担赔偿责任。由此可见，质权人、出质人均负有防止知识产权价值减损的义务，在同一成果信息上，出现了质权人与出质人两个权利主体，两者的权利发生重叠。以商标权为例，商标注册人将权利质押后，商标注册人不得将商标进行转让、许可，甚至自身也不能有任何有损商标价值的行为，在发生商标侵权时，出质人及质权人两者均有义务进行阻止。但是质权人未经出质人许可，不得擅自使用相应的成果信息，否则依然构成侵权。

其次，知识产权许可作为知识产权变动模式之一，在知识产权运用过程中发挥着重要作用；由于社会分工的差异，知识产权人可能不会直接再现利用相关的成果信息；[②] 如将其闲置也无法回收利益，直接转让给他人也难以保证知识产权人的最大利益，知识产权许可便成为一个较优的选择——既可以让成果信息得以利用获得成就感，也可以获得经济收益，同时还保有知识产权。根据许可内容的不同，通常将知识产权许可划分为三类：独占许可、排他许可及普通许可。在许可模式下，存在许可人与被许可人两个权利主体；以独占使用许可为例，当有侵害商标权行为发生时，许可人和被许可人均具有诉权，禁止他人的侵权行为。

最后，多数知识产权仅具有财产属性，如发生全部财产权利的转让，不涉及在同一成果信息上创设多个权利负担的情况。故，除著作权等具有人身属性的知识产权外，知识产权的部分转让才会存在权利负担。以著作权为例，著作权分为著作人身权与著作财产权，人身权部分不可转让；如果将整体财产权的部分转让给他人，同一作品上就存在两个权利主体，双方在行使权利时，不得侵犯对方的利益；如财产权人在行使改编权时，涉及作者思想情感或者作品原意的改变，那么就可能侵害

---

① 陈健. 知识产权动态化探析——基于知识产权使用规则［J］. 中国政法大学学报，2019（5）：62.

② 杨志敏. 知识产权法新解［M］. 成都：四川大学出版社，2009：70.

了作者的人身权利，形成权利冲突。商标权作为纯粹财产性质的知识产权，如通过部分转让的方式将商标权独有变更为共有，共同行使商标权利，但是其行使规则如何，现有法律并没有明确规定。另，著作财产权包含若干类子权，各类子权如分别归属不同人享有，特别是在各类子权本身界限就不够清晰的情况下，也可能会发生权利冲突。

（二）不同负担类型对应的禁止权分裂与转移模式

在禁止权分裂与转移模式下，相对方支付对价以完成禁止权全部或者部分的转移，并且在分裂原因消失时，吸收分裂的权利，使权利恢复圆满。

首先，在知识产权质押中，出质人与质权人均有义务避免质押物价值的减损，有义务即有权利，根据《最高人民法院关于适用〈中华人民共和国担保法〉若干问题的解释》第87条的规定，因不可归责于质权人的事由而丧失对质物的占有，质权人可以向不当占有人请求停止侵害、恢复原状、返还质物；即出质人与质权人均有权利请求停止侵害；从禁止权分裂与转移角度分析，出质人的禁止权分裂后，在保有禁止权的前提下，将分裂后的禁止权暂时转移给质权人，从而使双方均具有禁止权。在质押权消灭或者质押原因消失时，原质权人享有的禁止权应回归至原出质人。

其次，在知识产权许可中，禁止权的分裂与转移体现在侵权案件的原告资格上。最高人民法院的相关司法解释就知识产权许可后被许可人的原告资格问题作出了类似“独占实施许可合同的被许可人可以单独向人民法院提出请求、排他实施许可合同的被许可人可以在知识产权人不主张权利的情况下提出主张、普通实施许可合同的被许可人无特别授权不得提出主张”的规定。① 第一，在独占实施许可中，被许可人具有较强的排他权利，不但可以自己实施，还可以排除知识产权人或者其他人对成果信息的使用，但是被许可人仍要在合同的范围内行使权利，不得超越约定范围和期限，否则知识产权人亦有权禁止被许可人超越合同期限、范围对成果信息进行的利用，并且，知识产权人亦有权在独占许可期间主动排除他人的侵权行为。因此，实际上许可合同双方均具有禁止权利，其来源于知识产权人禁止权利的分裂与

---

① 《最高人民法院关于审理商标民事纠纷案件适用法律若干问题的解释》第3条、《最高人民法院关于对诉前停止侵犯专利权行为适用法律问题的若干规定》第1条及《最高人民法院关于审理著作权民事纠纷案件适用法律若干问题的解释》第30条。

暂时转移。第二，对于排他许可，被许可人的原告资格受到限制且不能禁止知识产权人对成果信息的利用，因此，权利效果弱于独占许可中被许可人的禁止权利，当然，也会发生禁止权的分裂与转移，只不过被许可人享有的禁止权处于待激活状态，在知识产权人明确不行使或者授权被许可人行使的情况下才会被激活。第三，关于普通许可是否会发生禁止权的分裂与转移，杨志敏认为，被许可人仅仅得到许可人不对自己就成果信息的利用行为行使禁止权的承诺，普通被许可使用权仅仅是一种相对权，被许可人不可直接或者代位对侵权人行使禁止权，故采普通许可不发生禁止权分裂及转移之观点。[①] 显然，此观点与现行的司法实践相悖，《最高人民法院关于审理商标民事纠纷案件适用法律若干问题的解释》第 4 条、《最高人民法院关于审查知识产权纠纷行为保全案件适用法律若干问题的规定》第 2 条及《北京市高级人民法院侵害著作权案件审理指南》1.7 等均认可普通使用许可合同的被许可人经许可人明确授权，可以提起诉讼。在诉权不能转让的基本原则下，[②] 普通被许可人对外享有禁止权才能对前述规范性文件进行充分解释，和其他许可类型一样，这种禁止权来源于许可人禁止权的分裂与转移，有所区别的是，其独立性更弱，不具有任何积极性质，处于休眠状态，在无许可人特别授权时，不可行使（见图 4）。

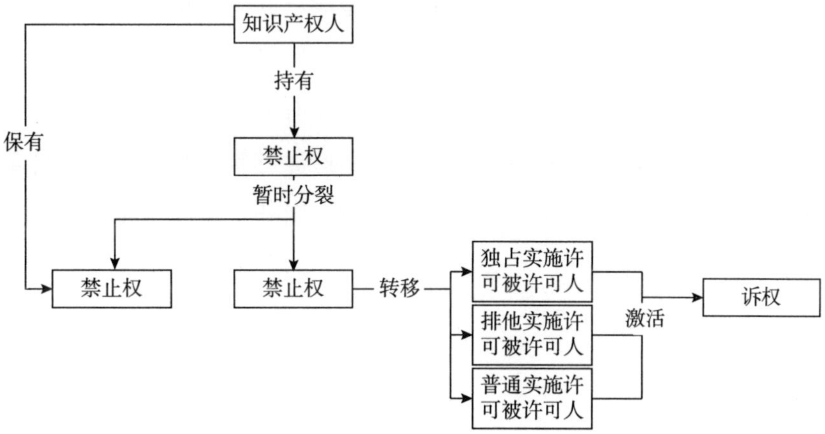

图 4　知识产权许可中禁止权分裂与转移模式

最后，知识产权部分转让分为两种类型：一是一类权利被共有；二是一类权利包含的子权利分别归不同人所有。第一种类型为知识产权的概括转移，具体表现在

---

① 杨志敏．知识产权法新解［M］．成都：四川大学出版社，2009：318.

② 辜恩臻．论诉权的性质及其适用［J］．法学杂志，2008（3）：156.

禁止权发生分裂，且可以分别独立行使，可以对外概括禁止所有侵犯特定知识产权的行为；但是，行使禁止权时不得损害到另一共有人对成果信息的非处分性（包括独占、排他许可）使用，包括一方对外进行普通许可时，另一方无权禁止，即使是这种普通许可导致商标商誉降低；在张某某与田霸公司、朱某某侵害商标权纠纷案[①]中，最高人民法院认为，第一，商标只有用于生产经营活动中，与商品或者服务结合起来，才能起到区分商品或者服务来源的作用，体现商标的真正价值，如果因为商标权共有人难以协商一致导致注册商标无法使用，不仅难以体现出注册商标的价值，有悖于商标法的立法本意，也难以保障共有人的共同利益。第二，商标权共有人单独以普通许可方式许可他人使用该商标，一般不会影响其他共有人利益，其他共有人可以自己使用或者以普通许可方式许可他人使用该商标，该种许可方式原则上应当允许；商标权共有人如果单独以排他许可或者独占许可的方式许可他人使用该商标，则对其他共有人的利益影响较大，原则上应禁止。第三，根据《商标法》的规定，许可人应当监督被许可人使用其注册商标的商品质量，被许可人应当保证使用该注册商标的商品质量。因此，从保证商品质量和商标商誉的角度，商标权共有人单独进行普通许可，对其他共有人的利益一般也不会产生重大影响。退一步而言，即使商标权共有人单独进行普通许可造成该商标商誉的降低，损害到其他共有人的利益，这也是商标权共有制度自身带来的风险。在商标权共有人对权利行使规则没有作出约定的情况下，共有人应对该风险有所预期。第四，要求商标权共有人全部同意才可进行普通许可，无疑会增加商标许可使用的成本，甚至导致一些有价值的商标因共有人不能达成一致而无法使用。因此，商标权共有人在没有对权利行使规则作出约定的情况下，一般可以单独以普通许可的方式许可他人使用该商标。[②] 在知识产权子权归属不同主体名下时，各方仅能在子权类权利范围内行使禁止权，在权利界限划分合理的情况下，因为发生禁止权按类分裂与永久转移，彼此一般不会产生冲突。但是，人类在探索事物本质时本身就可能存在认识不够的问题，再将其用语言进行概括、归纳更显贫乏，而且，人对语言的理解本身就具有差异性，因此，即使作为人类思想产物的子权界限清晰，内容清楚，在实践中，也有可能发生子权范围重合、权利产生冲突的情形，因此，这种权利重合与冲突也可以称为权利的负担。

---

① 最高人民法院（2015）民申字第 3640 号民事裁定书。

② 最高人民法院（2015）民申字第 3640 号民事裁定书。

三、禁止权转移的性质探析

在三种成果信息权利负担类型中，质权人、被许可人、受让人等均有禁止他人对成果信息的擅自利用的权利，即具有对抗第三人的权利。且一般情况下，三种负担类型均有合同原因行为，如《专利法》第12条规定，任何单位或者个人实施他人专利的，应当与专利权人订立实施许可合同，向专利权人支付专利使用费。被许可人无权允许合同规定以外的任何单位或者个人实施该专利；《商标法》第43条规定，商标注册人可以通过签订商标使用许可合同，许可他人使用其注册商标；《著作权法》第26~27条规定，使用他人作品或者转让著作权利应当同著作权人订立许可使用或者转让合同等。禁止权的分裂、转移发生在合同双方之间，如禁止权的转移产生的是债权效果，理应具有相对性，不应当发生对世的效果，便无法解释"第三人效力"；若禁止权的转移系处分行为，直接产生产权变动的效果，双方签订的合同系处分行为的原因，从而使"第三人效力"合理化。现行法律规则下，大部分知识产权的质押与转让除了要求签订合同外，还要求履行一定的公示手续，才能发生知识产权变动的效果，如《专利法》第10条规定，专利申请权或者专利权的转让自登记之日起生效等；因此，大部分知识产权质押及转让均须至主管部门办理产权变动手续，相应合同签订产生的禁止权的转移实际是发生的债权效果，待公示之后，才能发生处分效果。

而在目前的知识产权体系下，知识产权许可并未规定公示程序，认可被许可人有禁止他人擅自利用成果信息的权利，其法理基础如何？张书青主张，知识产权许可使用权的本质是债权，因而被许可人维权的权利基础仍然是许可人所享有的知识产权，其所享有的诉权是立法为其债权之实现而给予的保障，本质上应属代位诉权。① 张扬欢认为，专有被许可人请求获得救济的权利基础不是许可人的知识产权，而是许可人通过许可合同授予的具有排他性的使用权，该权利具有物权性效力。② 但是杨志敏认为，物权是对物的直接支配权，这种权利归因于有形物具有自然的唯一占有性，然而，成果信息的占有是泛占有的概念，亦不具有唯一使用性，知识产权的排他性上不应该存在"物上"请求权的提法，应将其视为"合同债权+

---

① 张书青. 知识产权授权许可若干问题浅析［J］. 电子知识产权，2015（11）：21.

② 张扬欢. 论知识产权转让不破许可规则［J］. 电子知识产权，2019（10）：58－59.

对外禁止权”的结合。[①] 前述观点均在试图解释被许可人的禁止权来源，但均存在一定的缺陷。首先，基于债权的代位诉权的观点支撑来源于债权代位权，是指当债务人怠于行使其对第三人享有的到期债权，以致影响债权人债权的实现时，债权人为了保全自己的债权，可以自己的名义代位行使债务人对第三人的权利之权利，即适用代位权理论的核心为债务人对他人享有到期债权；但是，被许可人提起诉讼的对象并非与知识产权人之间存在债权债务关系，不具有相对性，因此，被许可人当然不存在代位诉权。其次，所谓被许可人的诉权并非来源于知识产权之论述也难经推敲；物权法定是民法的基本原则，权利必有来源，不可凭空产生，该论述称来源于合同授权，殊不知所授之权亦为知识产权，故，此观点亦不可采。“合同债权＋对外禁止权”论确有其合理之处，但“合同债权”与“对外禁止权”关系如何缺乏论述。

知识产权许可的意义更多是一种在产业或行业内通过组建集合式客体群来形成竞争优势的竞争工具，而非单纯实现权利变动的法律制度；[②] 知识产权与有形产权的区别在于，知识产权应当灵活地服务于科学、技术、竞争、创新的发展；[③] 因此，提高知识产权利用效率变得尤为重要。传统物权变动模式一般要求公示后才能产生公信效力，公示手段包括交付与登记；“交付的公示方式实际上就是占有的公示方式”[④]“在不发生有形控制的情况下，对作为客体看待的权利之管领，也视为法律上的占有”[⑤]，成果信息有其独特的性格。知识产权许可中成果信息的交付方式可以体现为在签订许可合同后，许可人将专利技术、商业标识、作品等成果信息“分享”给被许可人利用，使被许可人在法律上占有相关成果信息即完成交付。登记确实可以作为一种公示方式，但是，在著作权领域，登记也不符合客观实际和国际条约。我国在专利权、商标权等其他知识产权领域也未强制要求许可登记或备案，在目前的状况下，将登记作为知识产权许可公示手段尚不具备条件。而且，强制登记既不经济也无益于效率，许可不同于转让，一般不涉及知识产权人的重大利益，以交付作为公示手段更能提升成果信息利用效率，促进国家文艺、科学事业及产业发展，符合国家利益。因此，目前，不应将登记作为知识产权许可公示手段，知识产权许

---

① 杨志敏．知识产权法新解［M］．成都：四川大学出版社，2009：318.

② 熊琦．知识产权法与民法的体系定位［J］．武汉大学学报（哲学社会科学版），2019（2）：135.

③ 陈健．知识产权动态化探析——基于知识产权使用规则［J］．中国政法大学学报，2019（5）：62.

④ 屈茂辉．物权公示方式研究［J］．中国法学，2004（5）：63.

⑤ 吴汉东．罗马法的“无体物”理论与知识产权制度的学理基础［J］．江西社会科学，2005（7）：34.

可中禁止权的转移产生债权，经交付后产生公示效果，从而使被许可人享有对外禁止权。

四、成果信息许可负担转移中的冲突及协调

禁止权分裂与转移理论可以对成果信息权利负担的创设进行良好的解释；随之而来，后端有关权利负担的转移问题必须予以厘清和解决，否则所谓禁止权分裂与转移理论在知识产权领域的普适价值就难以彰显。三种权利负担类型中，质押因知识产权转让须先被解除质押所以不存在负担转移情形，部分转让中的子权转让因各权彼此独立所以也不存在阻碍，就部分转让共有知识产权的行为法律也有明确规定，故不予讨论；唯就许可负担转移问题值得深究。甲为注册商标 a 的知识产权人，在 2015 年将商标独占许可为乙方使用，经过乙方经营，商标 a 在行业内具有极高的知名度；2018 年，甲的关联公司丙以甲拖欠货款为由将甲诉至法院，法院将受理通知书与应诉通知书同时邮寄到了甲、丙的同一注册地址，在庭审时被告甲缺席，法院判决原告丙胜诉，之后丙申请强制执行，将甲的注册商标 a 予以拍卖，最后被丙以起拍价拍得，被许可人乙全程不知；2019 年 1 月，丙向当地省工商行政管理部门投诉，请求查处乙未经丙许可擅自使用注册商标 a 的侵权行为；同年 2 月，省工商行政管理部门以乙涉嫌刑事犯罪为由将案件移送至公安经侦大队，遂乙方法定代表人及主要负责人被刑事拘留，后被逮捕。案件中存在的争议焦点为，注册商标 a 的转移行为能否“打破”许可，即注册商标的转移能否及于之上的许可负担。

基于前述分析，知识产权许可中被许可人享有的禁止权本质属性系债权，经公示后发生对世效力，具有物权属性；同时，这种禁止权仍具有从属性，根据“从随主”原则，[①] 成果信息权属变更应该及于其上之权利负担，受让人仍应受先许可负担关系的限制，即“转让”不破“许可”。针对此问题，最高人民法院在涉专利、商标司法解释中均有“权利的转让不得影响转让前已经生效的许可合同的效力”的规定。[②] 实践中，人民法院也在相关案件的审判中遵守了相关规则，体现了相关精神。因此，在处理多重许可、先许可再转让等类似案件时以保护在先被许可人的利

---

① 孔祥俊，汤维建. 民法上的“从随主”原则［J］. 法学研究，1992（1）：91.

② 《最高人民法院关于审理商标民事纠纷案件适用法律若干问题的解释》第 19 条及《最高人民法院关于审理技术合同纠纷案件适用法律若干问题的解释》第 24 条。

益为原则，符合维护在先许可交易秩序的价值取向。

在许可负担的转移过程中，涉及许可人、在先被许可人（以下简称“被许可人”）、在后受让人/被许可人（统称“受让人”）三方利益；“转让”不破“许可”保护了被许可人利益的同时却损害了受让人的利益；如后者系善意第三人，绝对以保护在先被许可人利益为首要原则是否符合法律正义及公平要求则需要进行进一步讨论。《商标法》第 43 条第 3 款规定，许可他人使用其注册商标的，许可人应当将其商标使用许可报商标局备案，由商标局公告，商标使用许可未经备案不得对抗善意第三人。即在先被许可人对商标享有的支配权利不得对抗在后的善意第三人；根据该项规定，保护第三人的要件为“登记”“在后”及“善意”；其中，“登记”要求在先许可双方在商标行政管理部门进行备案，“在后”以合同签订时间为标准，“善意”在现行的规则下要求受让人在签订合同时系善意。学界将其称为登记对抗主义，并时常将其与善意取得制度比较讨论。王森波认为，在机动车二重买卖情形，第二次出卖系属无权处分，所谓对抗实际就是一个善意取得问题。[①] 类似地，李霞认为，“登记对抗的实质是对物权变动相对人未为登记时善意，第三人可基于善意取得制度优先取得物权的提醒”。[②] 史尚宽认为，“所谓不得对抗第三人，并非其物权行为无效，不过在第三人方面，得否认其物权变动之效力而已”。[③] 韩强认为，“所谓‘不得对抗第三人’系指不得阻止第三人善意取得物权而已”。[④] 可见，所谓登记对抗的效力，不过是善意取得制度适用的结果而已。如无登记对抗制度或者不称为登记对抗制度，不能对抗或者善意取得的结果会照样发生。[⑤] 从历史的角度看，在善意取得制度用来久已顺手、渐成思维定式情形下，登记对抗制度势必被束之高阁。从司法裁判来看，此亦确非虚言。[⑥] 因此，可以认为，登记对抗实际是适用善意取得制度中判断善意的因素之一，在先许可合同已经备案的情况下，就可以认为受让人或者在后被许可人并非善意，从而排除善意取得的适用，保护在先被许可人的利益。同时，其他知识产权法律中并无登记对抗的规定，为了维护交易秩序，也应该采用善意取得制度。根据原《物权法》第 106 条的规定，善意取得的条件为

---

① 王森波．机动车“登记对抗”质疑［J］．法治研究，2010（4）：94.
② 李霞．特殊动产物权变动的规则［J］．社会科学家，2015（1）：99.
③ 史尚宽．物权法论［M］．北京：中国政法大学出版社，2000：30.
④ 韩强．我国船舶物权的变动公示方法与善意取得［J］．法学，2008（11）：116.
⑤ 魏振华．登记对抗与善意取得：关系辨析与法律适用［J］．社会科学，2018（11）：97.
⑥ 郭志京．也论中国物权法上的登记对抗主义［J］．比较法研究，2014（3）：103.

"善意" + "合理的价格" + "交付/登记",当事人善意取得其他物权的,适用此规定;因成果信息为无形物,无法因转移占有从物理上排除他人利用,且知识产权许可及著作权等部分知识产权转让不要求登记,所以在处理多重许可等相关案件时,登记/交付必然不能作为要件考虑;反之,在将登记作为转让生效的知识产权中,在处理许可后转让时,则应将其作为必要条件;"合理的价格"学界已多有研究,① 且知识产权价格评估难度较高,② 只要不是明显过低,均应当认为合理。关于"善意"判断,普遍以知道或者应当知道为标准,③ 具体到知识产权许可中,应以受让人是否知道或者应当知道相应成果信息曾被许可给他人,如在先许可合同已经登记、被许可人利用相应成果信息于在后合同签订前已经在行业、地区内达到知名程度或以其他方式明知或者应当知道的,应该认为"非善意";前文案例中,许可人与在后"受让人"系关联公司、在同一地址,且注册商标 a 已经知名,可认为丙并非"善意",应当适用"转让"不破"许可"规则,乙有权继续在许可合同范围内继续使用,以解决同一成果信息上创设多重权利负担后因层叠产生的冲突问题。

五、结　论

成果信息权利负担的本质是禁止权的分裂与转移——知识产权人享有的禁止权分裂后暂时被转移给质权人、被许可人等相对方,并且知识产权人亦保有禁止权,在发生侵权行为时,知识产权人及(符合特定条件的)相对方均有权禁止他人对成果信息的利用。现行法律规则下,在创设权利负担时,存在合同原因行为,相应合同签订产生的禁止权的转移实际是发生的债权效果,待公示之后,才能发生处分效果。质押及转让的公示手段为登记;在目前的状况下,强制将登记作为许可公示手段不可行,反而以交付作为公示手段更能提升成果信息利用效率。禁止权转移并公示后具有对世性,在解决同一成果信息上创设多重权利负担后因层叠产生的冲突问题时,如在后第三人并非善意的情况下,应保护在先相对方之利益,"转让"不破"许可"。在判断是否善意时,普遍以在后第三人是否知道或者应当知道为标准,如知识产权许可经过登记、备案,就应推定在后第三人系明知而非善意;为了方便解

① 王利明. 不动产善意取得的构成要件研究 [J]. 政治与法律, 2008 (10): 8.
② 梁美健, 周阳. 知识产权评估方法探究 [J]. 电子知识产权, 2015 (10): 72.
③ 章戈. 试论财产善意取得 [J]. 法学研究, 1986 (6): 30-31.

决纠纷，应当鼓励知识产权许可合同双方积极到有关部门进行登记、备案；但是，登记、备案绝非“对抗”的唯一方式。

（责任编辑：郑淑凤）

Creation and Transfer of the Right Burden of Achievement Information: From the Perspective of the Division and Transfer of the Right of Prohibition

He Zhuolü

Abstract: Achievement information is intangible and cannot be physically excluded from others' reproduction or utilization. The state establishes the right of prohibition artificially through the intellectual property law to protect the rights of the developers. When the changes of intellectual property rights occur such as pledge, license and partial transfer, the burden of right is created. From the perspective of division and transfer of the right of prohibition, this paper explains the transfer rules of the burden of the right of the achievement information, and balances the interests of the licensor, the licensee and the assignee. Among them, the right of prohibition enjoyed by the licensee has the property right attribute. In the case of multiple licenses and transfer after licenses, the transfer should be based on the principle of safeguarding the interests of the prior licensee and not breaking the license. However, when there is a third party in good faith, the trust interest should be protected if it accords with the bona fide acquisition.

Key Words: Achievement information; Burden of right; Creation; Transfer; Right of prohibition

有声读物著作权保护问题研究

段胜宝*

【摘　要】对有声读物的法律定性须进行类型化分析，以独创性程度为标准，有声读物可分为复制型有声读物和独创型有声读物。如有声读物系逐字朗诵而来，则其构成对在先文本的复制表演，仅产生录音制品；而当后续表演确有独创，则宜承认有声读物构成作品。就独创型有声读物而言，尽管其与口述作品十分形似，但独创型有声读物很难归入既有的作品类型之中，应在立法中考虑增设“录音作品”，以实现对有声读物系统的全面保护。而复制型有声读物则易与在先权利产生冲突。当制作者未能取得真实有效授权，有声读物的制作传播本身也构成侵权。侵权性与权利性的辩证共存是非法有声读物的突出特点，但立足于促进整个社会文化繁荣的角度，有声读物自身可保护的正当性和价值亦应被肯定。因而，本文主张通过创设有声化权，建立许可保证金、权利公信登记等方式促进其合法化，以保护产业辐射链下游主体的信赖利益，并最大限度实现作品价值。

【关键词】有声读物　录音作品　权利冲突

一、引　　言

一方醒木、一柄折扇，方寸间道尽九流百态、华夏春秋，正是源远流长的评书艺术。评书艺术虽孕育了我国由来已久的听书传统，但作为一种文化产业，有声读物在我国真正发展起来不过近年而已。网络时代的有声读物不再是一盘盘磁带光碟，而是存于云端可即时交易下载的虚拟商品。数字交易一方面构成对有声读物制作者

---

* 段胜宝，法学硕士，重庆两江新区法院（重庆自由贸易试验区人民法院）法官助理。

的经济激励，另一方面也开拓了一个不同以往的授权类型，并对上游文本形成市场增益。而言及有声读物，既有研究视野始终局限于非法有声读物的侵权问题，甚少有学者关注有声读物作为一种文化产品本身的内容价值和权利保护。故此，本文以有声读物著作权保护为题，从法律属性入手，将研究对象分为复制型有声读物和独创型有声读物，通过实务案例探讨其各自面临的保护困境，并结合域外经验从增设录音作品和协调权利冲突两个角度针对性提出完善有声读物著作权保护的建言，以期促进我国有声产业规范理性的良好发展。

二、有声读物的法律属性

（一）有声读物的界定

有声读物，或称有声书、有声小说，一般即指附有声音的图书。依照美国有声读物协会的界定，有声读物是包含不低于 51% 的文字内容，复制和包装成盒式磁带、高密度光盘或者单纯数字文件等形式进行销售的录音产品。[①] 国内学者的定义普遍与此类似，如“有声读物系指包含文字朗诵的录音产品”，[②] 又如“有声读物就是以纸质图书内容为主要阅读对象、以听为主要阅读方式的录音制品”，[③] 再如“有声书的实质，就是用声音来表达内容的书，是一种个人或多人依据文稿并借助不同的声音和录音格式所录制的作品”。[④]

从新闻传播学观之，上述定义自有得当，但适于法学研究则有所不妥。其一，此类定义存有共同限定，即有声读物系基于文字图书产生，是文字图书的衍生形式。这言下之意似在强调有声读物须以图书存在为前提，但一些即兴录制的有声读物显然并不存在某种在先图书。事实上，随着商业模式不断创新，许多作者也开始选择直接以有声读物的形式发表作品。故而，从研究对象角度讲，对有声读物的概念界定不应施加以图书为前提的限定。其二，上述定义的落脚点多选择录音产品或录音制品，但一方面，录音产品本身并非法律概念，不适于法律研究；另一方面，录音制品作为邻接权概念，用以界定有声读物又过于狭隘，因为有声读物在满足条件下

① 李西亚，胡韬．有声读物研究综述［J］．吉林师范大学学报，2018（11）：119.
② 郭楠．我国有声读物市场研究［J］．编辑之友，2009（2）：22.
③ 詹莉波．互联网时代我国有声读物的新发展［J］．编辑学刊，2010（8）：86.
④ 黄颖，刘娜．有声书版权瓶颈探源［J］．出版广角，2017（10）：16.

也完全可构成作品受著作权保护。基于以上两层考量，在借鉴前述定义基础上，有声读物或可作如下界定：有声读物是以声音为主要表现形式，存储在特定载体并通过设备解码进行播放的录音制品或录音作品。①

（二）有声读物的分类

独创性也称原创性、初创性，它要求作品由作者自己创作，是一种个性的表达。② 在独创性标准之下，有声读物可分为复制型、独创型两类。复制型有声读物是对在先文本的复制，产生的是录音制品；而独创型有声读物包含制作者的智力创造，本身可为作品。

1. 复制型有声读物

简单而言，复制型有声读物就是狭义的有声“书”，即以文字图书为基础，通过朗诵录制的有声读物，如《挪威的森林》《仲夏夜之梦》《追风筝的人》等小说的音频版，即属此类。在复制型有声读物制作中，表演者在文字作品之上进行声音演绎，整个过程并不涉及对原文字具体的内容变动，所改变的仅是作品的表现形式。某种程度而言，新闻传播学对有声读物的界定确实更像是对有声“书”的定义，而有声“书”也正是有声读物最传统、最主要的表现形式。

需强调的是，本文所指的复制型有声读物仅限于通过“朗诵表演”而为的复制，而不包括通过“技术分离”或“技术合成”而为的复制。技术分离的操作原理较为简单，即对视听作品音画分离，将其音轨单独析出。如《易中天品三国》即先后出现电视节目、文字图书和有声读物不同版本，各版本在载体上虽有不同，但结构同型、内核一致，后续版本都仅为对初始版本的复制。技术合成即文本转语音技术，系指通过调用内置、在线语音库将输入文本转为语音的自动技术，③ 霍金正是得益于此项技术，才可将其思想表达为语言，实现人际沟通和研究报告。④ 具体到著作权法语境中，虽然技术合成技术使作品的表现形式由文本转变为语音，但这一过程不过是从一种形式到另一种形式的复制，整个过程并不涉及除原作者以外的智力投入，语音输出全由程

---

① 我国目前并无“录音作品”这类法定作品类型，2020 年修订通过的《中华人民共和国著作权法》也无相关规定，本文认为这是我国立法的一个缺漏，后文进一步探讨这一问题。

② 张玉敏. 知识产权法学［M］. 北京：法律出版社，2017：88.

③ 李圆. TTS 阅读器的著作权侵权问题分析［D］. 上海：华东政法大学，2013：3.

④ 林欣谊. TTS：电子书的可听技术［J］. 出版参考，2010（7）：33.

序运算而成，实质上是简单的技术转换，不产生其他权利。①

总而言之，尽管视听分离、语音合成是更典型的著作权法意义上的复制，但其产物都不属于本文所称的复制型有声读物。② 因为由此产生的音频内容仅为对在先作品的机械复制，其在性质上既非作品，亦非录音制品，如需考虑对此等技术产物进行保护，直接通过对在先作品的著作权保护就已足够，单纯的技术转化不可能产生著作权法意义上的某种权利。使有声读物独立于原作品可为著作权另行保护的正当理由，必然是有声制作中产生了一定劳动创造。比之技术转换点击鼠标便再无贡献，朗诵表演则需投入真情实感，将冰冷文字化为动人声情，这事实上产生了可为著作权法保护的创造投入，其表演产物应构成录音制品。申言之，本文所称的复制型有声读物仅指基于朗读文字作品形成的有声读物，即狭义上的有声“书”。

2. 独创型有声读物

在朗读既有文本之外，许多作者也选择以口述表达的方式发表作品。当此情形，有声录制作为一种创作记录方式，其内在蕴藏了一定智力创造，若此种创造可达至著作权法所要求的最低程度的创造性，即产生独创型有声读物。

根据依附性程度的不同，独创型有声读物的创作可分为演绎型、引述型和原创型几类模式。演绎创作的典型，如《蒋勋细说红楼梦》等基于名著改编而来的现代评书。虽然评书演绎产生了另一个新作品，但新作遵循了原文本的基本表达，其权利行使仍受制于原作，因而演绎创作具有较强的依附性。相比之下，引述创作的依附性则较为微弱，其典型为近年来兴起的各种“五分钟速听”系列，此类音频对文本进行浓缩概括，以凝练语言帮助读者快速了解名著精华。此类有声读物对文字作品的概括和引用是为了更好地阐述自己的评论看法，这属于言论自由的人权价值体现，也完全符合转化性合理使用的制度精神。因此，引述型有声读物在性质上不属演绎，更接近原创。所谓原创，是指不依附在先作品而完全独创的有声读物。原创类有声读物也是随着商业模式不断发展而创新出现的内容生产模式，其典型是琳琅满目的各种有声课件，如《蔡康永情商课》《胡慎之心理课》等。有必要指出的是，原创型有声读物的认定须以不存在详细文字底稿为前提，如果有声课件在录制之前已形成在先文字作品，则

① 李淑惠. 论有声读物的著作权侵权风险［J］. 南方论刊，2017（10）：50.

② 严格而言，朗诵表演产生邻接权，不同于一般的复制行为。但从实务来看，法院普遍将朗诵产生的有声读物也称为复制，本文亦采此种认定，并未严格区分“表演行为”和纯粹的“复制行为”。

事后的宣读、朗诵实为对在先文本的表演复制，而并未产生新的独创作品。[①]

（三）有声读物的性质

1. 复制型有声读物构成录音制品

复制型有声读物受邻接权保护，在性质上属录音制品，是朗诵表演产物。著作权之谓表演，系指以演唱、演奏、舞蹈、朗诵等方式公开表演作品。因此，根据文字作品播讲有声读物，应为对作品的表演。实务界对此并无争议，但对单纯朗诵是否产生演绎作品分歧较大。法院早期判决一般肯定演绎构成作品，如"涉案存于网络中的作品系文学作品的音频版，系原著文字作品的演绎"，[②] 又如"传上网络的涉案作品系有声读物，属文学作品的演绎作品"。[③] 而近期判决则多持否定态度，如"涉案有声小说与相应的文字小说在表达内容上基本一致……仅是作品载体的变更，而非具有独创性的新作品"，[④] 又如"就文字作品而言，其独创性体现在文字表达方式上，而对文字作品的朗读行为不会为作品添加新的独创性成分，属于对作品的表演……将朗读行为进行录音形成录音制品，因被改变的仅仅是文字作品的载体形式，文字表达方式并未改变，故不属于改编行为，实质上系对文字作品的复制"。[⑤]

大体而言，实务界对真人朗诵是否构成演绎经历了从肯定到否定的态度转变。而理论界观点则较为统一，基本上都认为单纯朗诵不产生演绎作品。如"对文字毫无添加的单纯朗读，独创性程度尚不足以使其构成独立作品"，[⑥] 又如"有声读物只是对个人文字朗读的机械录制，几乎没有后期剪辑处理，那么将其认定为录音制品是合适的"。[⑦] 再如"以有声朗读方式对小说作品进行表演，在这个过程中并不存在朗读者的创作行为，因此该行为不构成演绎，而属于复制行为"。[⑧] 自规范层面而言，域外已有立法明文将此种行为认定为复制，如《德国著作权法》即将文字转换为音像制品的行为定义为复制，[⑨] 而《保护文学艺术作品伯尔尼公约》也将所有的

---

① 刘春田. 知识产权法［M］. 北京：中国人民大学出版社，2009：72.

② 上海市第一中级人民法院（2012）沪一中民五（知）终字第34号民事判决书。

③ 上海市第一中级人民法院（2012）沪一中民五（知）终字第211号民事判决书。

④ 上海市浦东新区人民法院（2014）浦民三（知）初字第564号民事判决书。

⑤ 浙江省杭州市西湖区人民法院（2016）浙0106民初11732号民事判决书。

⑥ 马晓明，周欣月. 有声读物该如何避免侵权风险［N］. 中国新闻出版广电报，2017-12-14（7）.

⑦ 周璇. 有声读物的法律性质及版权问题研究［J］. 法制与社会，2017（4）：64.

⑧ 祝建军. 传播有声小说侵害著作权的判定［J］. 人民司法，2017（7）：91.

⑨《德国著作权法》第16条第2款。

录音视为复制。[①] 因此，就单纯逐字朗诵而成的有声读物，不应视其产生了演绎作品，虽然朗诵播讲包含朗读者的个人劳动，相较于前述机器朗读确实在语音、语调、语气上增添了一定创造性投入，但此种朗读仍与原作逐字对应，并未作出有独创性的实质改变，尚不足以构成独立的演绎作品。当然，相较于前述机械朗读，此处包含表演者投入，产生邻接权，应作录音制品保护。

2. 独创型有声读物构成录音作品

无论是原创、引述还是演绎，独创型有声读物都构成作品，受著作权保护。相比之下，原创作品和引述作品的独创性较为明显，但演绎作品的独创标准则是个棘手的主观判断。已如前述，单纯的逐字朗读难以构成创作，那么当表演者确有独创投入之时，则当承认有演绎作品产生。但关键在于，何种程度的独创性始得构成演绎？

理论界一般认为，后续表演只要有一定独创添附即可成立演绎。如“对于一些专门聘请播音员进行的表演性朗读，并且在其中适时加入音乐、声音，精心编排而成的录音制品，应当认定为演绎作品”，[②] 又如“有些有声读物包含了制作者、配音演员、音效师与剪辑师的创造性劳动……这类有声读物明显比第一种凝聚了更多的独创性，具有更大的商业价值，应当将其作为作品加以保护”。[③] 而实务界则明确否定此种添附观点，并认为必须对作品内容作出实质改变才可构成演绎。如“对于文字作品而言，文字表述是其作品的表达所在，改编文字作品应以文字内容发生改变为前提”，[④] 又如“涉案音频虽重新划分了章节，增加或修改了部分词句，增加了背景音乐、模拟声音等，但整体构架内容与涉案图书一致，并未增加新的故事情节……其修改的内容达不到独创性的高度，并未形成改编作品”。[⑤]

就此问题，本文赞同实务界的观点，即对演绎作品的独创性要求应高于普通作品。就普通作品而言，美国法官一般将独创性理解为独立完成加上最低程度的创造性。[⑥] 最低程度的创造性亦被称作“超过微小变化”标准，这意味着同既有作品相比，一件作品只要有微小的可辨认变化就应视为具有独创性。“超过微小变化”标准最早只适用于原作处于公有领域的演绎作品，而对于原作仍受著作权保护的演绎

---

① 《保护文学艺术作品伯尔尼公约》第9条第3款。

② 马晓明，周欣月．有声读物该如何避免侵权风险［N］．中国新闻出版广电报，2017－12－14（7）．

③ 周璇．有声读物的法律性质及版权问题研究［J］．法制与社会，2017（4）：65．

④ 杭州铁路运输法院（2016）浙8601民初354号民事判决书。

⑤ 北京市朝阳区人民法院（2013）朝民初字第34648号民事判决书。

⑥ 张玉敏．知识产权法学［M］．北京：法律出版社，2017：89．

作品，法院则在“超过微小变化”之上增添了“不得损害到原作者的著作权”之要求，此即“两分法标准”。[①] 比较而言，前者只需具备少量、可感知的最低创造即可为构成演绎作品，而后者则在此基础之上增加了不得损害原作著作权之要求，这突出强调了演绎作品对原作品的从属依赖。细言之，如果给予变化过于细微的衍生作品同原作一样的保护，将会干扰原作的权利行使，这个所谓的演绎作者很可能通过其被授予的著作权，否定他人创作一个基于原作的第二演绎作品，这实有碍原著作权人的权利实现。[②] 依此分析，国内法院的态度似乎更接近两分法下的高标准，即必须对文字作品内容作出实质改变。本文认同此种看法，对普通的、完全原创的作品而言，著作权法无须对其独创性做特殊要求，但对演绎作品来说，则须将其独创性上升到不损害原著作权的高度。

三、有声读物著作权保护的现实困境

（一）录音作品的立法缺位

在有独创性的前提之下，有声读物毋庸置疑构成作品。但随之而来的问题是，有声读物究为何种作品？从现有立法观之，有声读物最可能落入口述作品概念范畴——口述作品是指即兴的演说、授课等以口头语言形式表现的作品，而有声读物基本符合上述表现形式。但本文以为，用口述作品保护有独创性的有声读物存在诸多困境。

首先，口述作品的转化问题很容易给有声读物著作权保护造成理论混乱。口述作品是一种稍纵即逝的流动性艺术，而学界对口述作品是否因固定而发生性质转化未有定论。否定转化论认为：“口述作品就是口述作品，即使其被记录、被录音，口述作品不会因此转变为文字作品或其他作品。”[③] 而支持转化论，如冯晓青教授则主张“如果以文字、录音等形式加以固定，即不是口述作品”。[④] 李明德教授亦认为，“口述作品的最大特点是未经任何物质媒介固定，即兴的演说、授课、法庭辩论等，如果经他人速记付诸书面，就会变成文字作品；如果经他人录音录像，就会

① 孙玉芸．作品演绎权研究［M］．北京：知识产权出版社，2014：98.
② 孙玉芸．作品演绎权研究［M］．北京：知识产权出版社，2014：100.
③ 杨述兴．固定后的口述作品［J］．电子知识产权，2009（4）：89.
④ 冯晓青．著作权法［M］．北京：法律出版社，2010：54.

成为录音录像制品”。[1] 基于此种转化思路，可以视有声读物为记录口述作品的一种载体，或者反过来，也可以说口述作品是有声读物被固定之前的作品形态，但这并不意味着二者能够直接等同。基于此，如果我们否定口述作品的转化，那么有声读物毋庸置疑构成口述作品；如果我们肯定口述作品的转化，那么有声读物将构成其他作品。而从前文分析来看，转化论应为学界主流。

其次，口述作品的认定本身具有不确定性。前述学者视野始终集中于是否转化，但在讨论口述作品的转化之前，不妨先关注口述作品自身的成立与否。以演讲为例，若先有文字底稿存在，则后续演讲构成朗诵表演，产生录音制品；若无在先底稿，则后续演讲构成即兴创作，产生口述作品。在理想情形下，我们可以逻辑清晰地辨明二者，做出准确定性，但从实然保护角度讲，判断有无在先作品很难操作，而在演讲者手稿丢失时情况会更加复杂。口述作品是“即兴表演”而不是“对既有作品的表演”，换言之，口述作品的认定前提是没有在先作品，而任何人都无法从逻辑上证明一件事物不存在。如若法律认定某种口述作品成立，则其隐含了不存在文字底稿的否认推定，但此种推定随时可被推翻，这就意味着口述作品本身就是一个不确定概念。因此，从实际来看，纠结于口述作品是否发生转化似乎意义不大，因为转化的前提——口述作品自身的构成是难以证立的。随之而来的问题是，口述作品既是一个“空中楼阁”，那立法设立一个“未加固定”的作品形式意欲为何？

本文认为，这或许是在强调讲演者所拥有的禁止他人录制的权利。析言之，法律如不拟制一个在先的预设“作品”，那讲演者在其语声被固定之前便不能被称为“著作权人”，他也就没有权利基础去禁止他人的录制行为。是先有固定而始得作品，还是先有作品而后生固定权，这就好比先有蛋还是先有鸡令人左右为难。这种对权利最初性态的追根溯源蕴含了一种自然法式的理想，但此种纠结对实务是无意义的，法院更关注的是其固定后可感知的现实产物，而非虚无缥缈的真理或真相。作品如未固定，又谈何保护？因此，就前文是否转化的论争，本文更赞同李明德教授的转化论观点。但需指出，其主张口述作品被固定后将转化为录音制品，此节则有待商榷。因为口述作品是法定作品类型，受著作权保护，而录音制品是一个邻接权概念，如果认可此种性质转化，那岂非意味着口述人的权利保护由著作权保护降

---

① 李明德，许超．著作权法［M］．北京：法律出版社，2003：36.

格为邻接权保护？显而易见，“转化为录音制品”的说法并不妥当，因为这对口述人并不公平，也不符合立法将口述作品列为著作权客体的原本目的。因此，将其论述“转化为录音制品”修改成“转化为录音作品”更为合理。

最后，即使我们忽略口述作品的转化争论和成立问题，口述作品自身的概念界定也难以涵括所有的独创型有声读物。一般认为，口述作品的构成强调即兴，《著作权法实施条例》也指出口述作品是指“即兴”的演说、授课、法庭辩论等以口头语言形式表现的作品。依此界定，那些有独创性但非即兴的录音似乎就不能作为口述作品保护，如音频作者可以有意识地筛选一些文章进行朗读，其在内容的选择编排上体现了独创性，可构成作品，但录制过程是基于对已有作品的朗读而成，整个过程是非即兴的，这就意味着其不能构成口述作品。再假设这样一种情形，一名译者精心准备将外国作品口头译制为有声读物，这同样不满足即兴要求但客观上又确有独创，那此种翻译作品的性质又是什么呢？我们可以说基于文字作品产生的同人作品是另一部文字作品，但基于文字作品演绎而成的有声读物在性质上也是文字作品吗？显而易见，有声读物此时已不再是文字作品，其初始固定是声音形态而非文字作品所强调的文字形式，正如基于小说改编而成的电视剧产生了新的作品形式——视听作品，基于小说改编而成的广播剧亦应产生新的“录音作品”。

（二）与原作品的权利冲突

在依附性标准之下，有声读物可作依附、原创之分。就依附型有声读物而言，因其基于他人作品而生，故演绎者的权利行使须征得原著作权人同意。但基于种种原因，许多有声读物的制作传播难以取得真实作者的有效授权，也就由此产生双方的权利冲突。事实上，在检索关键词“有声读物”所得案例中，有声制作者大多承担的恰是侵权人而非权利人的角色，这类诉争在实践中并不罕见。[①] 大体而言，有声读物与原文字作品权利冲突的产生原因可分为授权不能、授权不明以及授权瑕疵三类。

1. 授权不能产生的权利冲突

有声内容生产包括两种模式，即专业生成内容（Professional Generated Content，

---

① 为便于论述，本文用“有声制作者”统称“有声录制者”和“有声创作者”。

PGC）和用户生成内容（User Generated Content，UGC）。PGC 模式下的制作主体多为听书平台或专业公司，这类主体具有较强的法律意识，一般都会主动向作者寻求授权。相比之下，UGC 模式则是规范缺位下的野蛮生长，该模式中的制作主体多为业余爱好的普通网络用户。① 个人制作主体与原作者的权利冲突，一般有三种原因。其一，个人制作者法律意识淡薄，其录制上传有声读物纯属爱好使然，其不关注也不了解著作权法，因此也就没有意识到其行为可能侵犯他人权利。其二，个人制作者可能有一定法律意识，但其自信合理使用能够为其豁免，或者只是简单侥幸认为自己的行为不会被发现。其三，个人制作者可能非常熟悉著作权法，也确实想为使用行为寻求授权，但苦于找不到行之有效的方式来获取许可，因为这样的信息成本和谈判成本实在太高。在前两类情形中，侵权人不可因不懂法而免责，但第三种则有体谅余地，因为这反映出传统一对一许可在实践操作中的难以为继，我们不应苛求设计者承担如此高昂的制度成本。

但事实上，第三类往往才是实践中的主要情形。如图 5、图 6 所示，个人创作者可能具有相当的法律意识，甚至可能十分愿意为其使用付费，然而囿于谈判渠道、磋商成本等桎梏，有声创作者实际上很难与原作者取得联系，而征得许可也就无从谈起。数字技术的发展带来了传播成本的日渐低廉，但著作权的许可成本并未有所降低。② 许可机制的效率远低于传播技术的发展，正是消费者购买盗版的重要原因。③ 这对作品使用人来说也是同样的道理，当授权成本远高于侵权成本时，有声制作者要么越过授权链而走险，要么耗时费力寻求许可，而权利调查是一个复杂而细致的庞大工程，它要求有声制作者自身成为著作权专家。为免侵权，有声制作者必须明确其拟使用的作品之上是否存在著作权，权利人是谁，是否处于公有领域，是否构成合理使用……凡此种种，要求普通个人创作者去一一核查可谓强人所难。④ 在权利人无从寻找的情形下，有声制作者只能“被迫”侵权，此即授权不能产生的权利冲突。

---

① 邓晓旭. 网络时代有声读物的内容生产模式衍变与版权保护研究［D］. 兰州：兰州大学，2018：18.

② 熊琦. 著作权许可的私人创制与法定安排［J］. 政法论坛，2012（11）：93.

③ U. S. Copyright Office. Section 115 Reform Act（SIRA）of 2006［C］//Committee on the Judiciary United States House of Representatives 109th Congress，2nd Session，2006－05－16. 转引自：熊琦. 著作权许可的私人创制与法定安排［J］. 政法论坛，2012（11）：93.

④ 胡卫丽. 数字环境下著作权许可模式研究［D］. 北京：中国政法大学，2006：10.

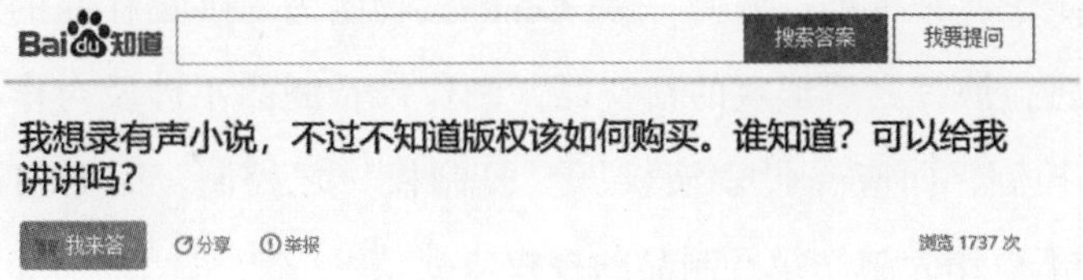

图 5　个人主体在百度知道上提问①

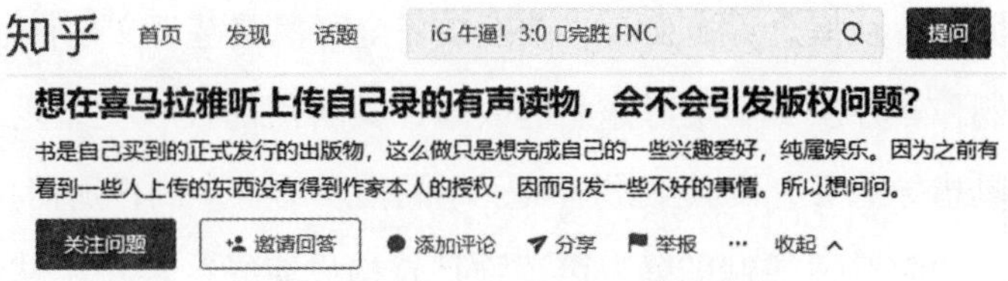

图 6　个人主体在知乎问答上提问②

2. 授权不明产生的权利冲突

即使有声制作者能够取得权利人信息，甚而与其达成某种“合意”，有声制作者的权利行使也并非总是一帆风顺，因为著作权法并未规定所谓“有声化权”，而双方对其“合意”是否包括有声录制权很可能产生不同理解，此即授权不明引发的权利冲突。③ 如果说授权不能是指无从获取许可，那么授权不明则是授权类型出现偏差。

在谢某诉懒人在线科技公司等一案（以下简称“谢某案”）中，作者谢某将其复制权、改编权、信息网络传播权授予创策公司。创策公司随后将其转授思变公司，思变公司据此制作了涉案有声读物，并许可朝花夕拾通过信息网络进行传播。朝花夕拾又将该信息网络传播权转授予懒人科技。随后谢某发现懒人听书平台上存有该涉案有声读物，故诉至法院，主张四公司录制成有声读物并通过信息网络传播的行为共同侵犯了其著作权。依创策公司抗辩，谢某之授权明确包括改编权，而改编权就内在地包含“将涉案作品制作为录音制品的权利”，故其行为不侵权。法院则通

① 个人主体在百度知道上提问［EB/OL］.［2018－11－04］. https://zhidao.baidu.com/question/500016525182675084.html.

② 个人主体在百度知道上提问［EB/OL］.［2018－11－04］. https://www.zhihu.com/question/28263509?nr=1.

③ 授权不明本是民法代理制度中的表述，一般指被代理人在授权之时未指明权限。本文所称“授权不明”仅指授权不规范或授权不清晰，而与委托代理无涉。参见：章戈. 表见代理及其适用［J］. 法学研究，1987（12）：8.

过定性分析否定了此种抗辩，认为“涉案有声读物实为对涉案作品的复制，而不属于对涉案作品进行演绎之后形成的新作品，制作录音制品不涉及对作品的改编，不受‘改编权’控制，而应受‘表演权’、‘复制权’之控制，因而创策公司所取得之‘改编权’不得作为制作录音制品的授权依据。”①

该案之所以认定侵权，皆因创策公司未能正确区分“改编权”和“表演权”，其基于错误认识对他人权利进行了无权处分，而上游授权中的其他各方也未对此尽到合理注意。固然，从概念界定而言，改编权完全可覆盖基于文字作品的有声演绎，但该案的有声制作在性质上不是对作品的改编，其所需的授权类型是表演权而非改编权。该案颇具指导意义，因其突出强调了不同性质的有声制作所需授权是不同的。诚如前文指出，法院对“录制朗诵有声读物是否构成演绎”经历了从肯定到否定的态度转变，倘使该案发生于更早年间，在法院肯定构成演绎的普遍趋势下，则判决结果恐怕另有定论。不难看出，录制有声读物虽包含表演者一定的创造投入，但此种投入是否具有独创性，其独创性程度是否足使之构成演绎，都是不确定的主观判断。文字向声音的转化包含多种模式，这就意味着有声制作者所需的授权各有不同，至少可分为合成—复制权、朗诵—表演权、演绎—改编权几类。通常而言，有声制作只能通过对目标产物的性质预判来明确需要何种授权，然而此种预估实在过于主观，即使司法机关亦会作出前后矛盾的相反认定。双方对有声读物性质界定不一时，便极易产生授权不明的权利冲突。

3. 授权瑕疵产生的权利冲突

在达成合意基础上，权利受让人可就其权利再行转让，这为著作权法认可。但问题在于，初始授权的合同表述很可能在层层转让中失真异化。细言之，基于对某种权利外观的信赖，有声制作者误相信对方是权利人并与之订立合同，但实际上转让方可能并非真正的权利主体，在既有登记的公信缺失之下，著作权作为一种绝对权和控制权，其对世性特点将导致最终作品使用人构成侵权。在前述谢某案中，谢某向创策公司的初始授权中并无表演权，而创策公司越权“授予”思变公司以录制有声读物的权利，构成无权处分。由此带来的问题是，法院必须在市场交易的动态安全和著作权归属的静态安全中作出选择，从既有判例观之，实务态度更倾向于后者，即不管经过几手转让，为确保取得授权之真实有效，作品使用者有义务就此前

① 杭州铁路运输法院（2016）浙8601民初354号民事判决书。

的每次授权进行逐一审查。法院指出，“被告作为涉案作品的最终利用方，理应确保已取得授权有效方可进行利用，但其过于信任扫描件内容的真实性，而未对授权文件原件进行审查或核实，难谓已尽审查义务”。[①]

实务对静态安全的倾向，在魏某某系列案中体现得更加明显。在魏某某诉天盈九州一案中，有声制作者宇枫博阁经过三道转授权取得了所谓“录制有声读物的权利”，但初始授权事实上是上游主体伪造而成。对此，法院虽主张“提供若干前手的授权书等原件、核实原告身份信息的要求过高”，并认为被告“已尽合理注意义务，并无主观过错”，但最终仍判令被告构成侵权并承担利润返还责任。[②] 魏某某诉搜狐网一案的案情结构与此相似，有声制作者三极视听的“广播声音版权”也是上游主体无权处分所授，三极视听据此“瑕疵授权”制作了有声读物，并取得了著作权登记。在后续转让中，登记证明确载明该广播剧作者是三极视听，而著作权人是声创时代。依普通人理解，著作权登记作为国家公信力参与的公示程序，理应具有诉讼中的对抗效力，但法院在判决中否定了此种看法，认为著作权登记不足以作为无瑕疵授权的依据，“尽管搜狐公司提交了著作权登记证书，但其不足以证明有声制作者有权对涉案作品行使信息网络传播权及改编权……显然搜狐公司未尽到审查义务，应当承担侵权责任”。[③]

此种态度无疑表明，著作权登记没有任何对抗效力或公信力，在著作权作为绝对权的对世控制下，任何上游环节的权利瑕疵都将导致后续授权归于无效，这对处于下游的有声制作者极为不利，而中间各方虽然已同上游主体订立合同并支付费用，其也仍须和最终使用人共同承担侵权责任。这种“连锁反应”会导致多方权益受损，共同卷入诉讼旋涡，此即授权瑕疵产生的权利冲突。

四、有声读物著作权保护的域外经验

（一）录音作品立法例

美国立法同时规定了录音作品（sound recordings）和录音制品（phonorecords）。

① 杭州铁路运输法院（2016）浙8601民初354号民事判决书。

② 北京市第一中级人民法院（2014）一中民（知）终字第6049号民事判决书。

③ 北京市第一中级人民法院（2014）一中民（知）终字第6047号民事判决书。

其《著作权法》第101条规定，录音作品是指一系列被固定的音乐、语音或其他声音产生的作品（works），而录音制品则仅指固定声音的物质载体（material objects）。① 依其界定，美国“录音制品”与我国录音制品有着本质不同，我国的录音制品是邻接权客体，是法律概念，而美国立法中的“录音制品”仅指固定声音的实物，是物理概念。事实上，我国立法的录音制品在概念的所指和外延上更接近于美国的“录音作品”。

美国是世界范围内少有的未在著作权法中规定邻接权的国家，② 但立法未设邻接权并不等于其不保护表演者权和录制者权。不同于作者权体系国家的著作权—邻接权二分，美国规定“录音作品”可独立成为著作权法意义上的作品。易言之，在独创性要求较高的作者权体系国家，表演、录制都谈不上作品创作；而在独创性要求较低的美国，表演、录制者都可成为“录音作品”的著作权人，“录音作品”和被表演的“文字作品”实际上是地位平等的作品形式，③ 而非从属、邻接或包含关系。④ 录音作品作为一种单独的作品形式，必须与录音中所体现的文学、戏剧或音乐作品区分开来，有学者指出，“任何录音作品都是对文学、戏剧或音乐表演行为的固定，而潜在被表演的文学、戏剧或音乐是另一个独立作品”。⑤ 这种区别至关重要，两者虽被固定于同一个录音制品中，但录音作品和其载体以体现的文学、戏剧或音乐作品往往有着不同的权利人。

显而易见，朗读文字作品构成表演，图书转化而来的有声书在美国一般可作“录音作品”保护，但即兴口述的独创型有声读物的作品定性则有待斟酌。一般认为，即兴表演就是即兴创作，是指在没有既存作品作为被表演对象的情况下，现场临时发挥进行创作和展示。⑥ 在没有一个被演绎发挥的既存对象之时，那表演便与原创没有任何区别。因此，如果一个演讲者将自己的即兴表演录制下来，从逻辑上说，他既是作者亦是表演者，如果法律仅认可其表演者身份，那录制音频无疑是“录音作品”，如果法律同时认可其作者身份，在肯定创作产生其他作品的同时，便

---

① 17 U. S. C. 101.

② 李明德. 美国知识产权法［M］. 2版. 北京：法律出版社，2014：271.

③ 17 U. S. C. 102.

④ 赵一洲. 美国版权法下的音乐版权结构详解［EB/OL］.［2018－11－10］. http://m.sohu.com/a/192052776_804478.

⑤ Sidney A. Diamond. Sound Recordings and Phonorecords: History and Current Law［J］. University of Illinois Law Forum, 1979（2）: 340.

⑥ 熊文聪. 论著作权法中的表演与表演者［J］. 法商研究，2016（6）：182.

没有必要再认定一个“录音作品”，因为“创作”而生其他作品的内容和效力无疑优于“表演”而生的录音作品。事实上，录音作品虽名列法定作品形式之内，但其与传统作品仍有差异，录音作品的本质表明了它只能是某种表演结果，这意味着其不能再被表演。美国著作权法明文指出，录音作品的著作权人仅享有复制、演绎和发行的权利，而不享有表演和展览的权利。①

因此，从美国现有立法观之，这样即兴口述的有声读物最贴近“literary works”概念范畴。不乏学者将“literary works”与我国“文字作品”等量齐观，但“literary works”之真义实为“文学作品”，而不应被错译为“文字作品”。② 美国著作权法规定，“literary works”是以数字、文字或者其他语言、数字符号或者标记表现的作品，而无论其载体性质如何（如胶片、磁带）。③ 英国的立法表述更为清晰，“literary works”是以“文字、说、唱形式体现的除戏剧或音乐作品以外的任何作品”。④ 显然，此处的“literary works”不能被简单译为“文字作品”，因为说、唱形式不可能创作出“文字作品”，但其产生文学作品则不会突兀意外，⑤ 只不过此种文学是以语言而非文字形式表达出来的。⑥ 因此，不同于我国“文字作品”与“口述作品”在表现形式上的对应区分，美国“文学作品”内在地包含口头表述形式，则那些基于即兴创作录制的有声读物应归入“文学作品”。

整体而言，在美国著作权法中，复制朗读型有声读物应作“录音作品”保护，而即兴原创型有声读物则应作“文学作品”保护。但应明确，美国思路很难为我国所借鉴。首先，考虑到我国已有“文字作品”和“口述作品”的对应划分，法律解释似乎不宜再将即兴的口头表达纳入“文字作品”，因为这无疑架空了“口述作品”，而戏剧、曲艺作品很大程度上也可归入广义的“文学”范畴，如果我们照搬美国做法，则势必对既有作品分类体系造成较大冲击。其次，美国避开邻接权体系，直接赋予录音以作品地位的做法，可使有声读物权利人对录音作品实施较为完全而充分的控制，但这超出了邻接权体系下对录音制品的保护水平，联系我国国情观之，我国的最大问题是以声音为表现形式的作品类型的缺位，

① 17 U. S. C. 114.

② 李伟民. 作品定义与分类的理论重构［J］. 知识产权，2015（10）：58.

③ 17 U. S. C. 101.

④ Tina Hart，Linda Fazzani. Intellectual Property Law［M］. Chicago：University of Chicago Press，2000：142.

⑤ 孙新强，李伟民. Literary Works 译意探源［J］. 知识产权，2014（1）：38.

⑥ 郑成思. 版权法［M］. 北京：中国人民大学出版社，1997：92.

而不应盲目将录音制品的保护强度提升为作品水平。因此，我国较为合理的做法是增设“录音作品”为法定作品类型，同时坚持自身的邻接权体系，保留“录音制品”作为邻接权客体。

（二）权利冲突之协调

前已述及，基于授权不能、授权不明、授权瑕疵等原因，复制型有声读物很可能陷入与原权利人的无谓纠葛。大体而言，授权不能往往发生在个人创作者中，而授权不明、授权瑕疵则往往发生在专业制作主体中。针对两类不同的权利冲突，美国也于实践中摸索出了相应经验，授权不能的症结一定程度上可由知识共享协议来缓解，而授权不明、授权瑕疵的交易风险则可通过著作权交易保险进行扩散转移。本节即拟阐释两种措施的各自机制及其对我国的启示意义。

1. 知识共享协议

“Creative Commons”一词，一般指知识共享协议（以下简称“CC协议”）。著作权人可通过这种弹性授权方式将其权利部分放弃，允许公众自由利用从而避免潜在的著作权诘难。① 人类创作经验表明，今人研究总是建立于前人成果之上，故应允许对既有研究成果的使用。知识共享的优势正在于对演绎作品持宽容之态，无须通过昂贵费时的程序来获得许可。② 以CC协议为基础的权利运行模式能够降低权利调查、谈判交易成本，使作品被更多人分享和再创造，共同促进人类知识作品在其生命周期内产生最大价值。③ CC协议载明了作者授权范围，相较于逐一授权的权利实现模式，CC协议的授权现成、具体而明确，此种基于格式合同的批量授权，使其相较传统“逐一授权”更加高效，也更符合网络环境下信息传播的特点。CC协议包括署名、非商业性使用、禁止演绎、相同方式分享等要素，著作权人可通过不同的要素组合来决定公众使用范围。从“保留所有权利”（All Rights Reserved）到“保留部分权利”（Some Rights Reserved）或“不保留权利”（No Rights Reserved），

---

① 程文婷．Creative Commons在中国的本土化：彼岸花还是乌托邦？［J］．网络法律评论，2009（4）：172．

② Lynn M. Forsythe，Deborah J. Kemp. Creative Commons：For the Common Good？［J］．University of La Verne Law Review，2009，30（2）：360．

③ 宋学超．Creative Commons应当缓行——参加简体中文版知识共享协议发布会后的思考［J］．法律适用，2006（10）：85．

CC 协议能够帮助作品使用者明晰其拟使用作品的真正权属，摆脱“有心付费，无门许可”的窘境，很大程度上消解“寒蝉效应”，从而促进作品的使用和传播，增强公众的创新能力。

美国知识共享运动虽对解决用户生成内容合法性问题确有一定积极意义，但知识共享路径并不能根治海量授权的问题根本。有学者指出，“知识共享的重要意义就在于确保了私人用户利用作品的自由”，① 但事实并非如此。知识共享何以能够“确保”个人使用自由？CC 组织仅是一家民间组织，CC 协议的本质也不过是一纸格式合同，知识共享之所以得以施行发挥效用，全赖于著作权人自愿的权利捐献，但作者凭何放弃其权利？法律是最低程度的道德，而知识共享无疑对著作权人提出了更高的道德要求，这明显已超出法律范畴。法律系统以“经济人”的人性论命题为制度建构的逻辑前提，它假设人是趋利的，作者需要经济利益的激励才有动力去创作，但知识共享无疑是以“伦理人”作为立论基础，它与作者的名誉、责任感以及道德感相连，而与法律强制无涉。② 共享主义倡导者很难在财产权体系中证明共享的正当性，依法界定的所有权泾渭分明，可谓神圣不可侵犯。若有违反所有者意愿强令其放弃财产，即为违法甚至犯罪。当此领域，无所谓“财产自由利用”或者“资源平等共享”，惟有受到法律确认和保护的一个个“私的所有权”。③

著作权人愿意共享无可厚非，但万不可呼吁或者强制其进行知识共享。伦理系统系以自愿为原则组织，这与法律的普适逻辑截然相反，共享主义者不可能劝说所有著作权人都甘愿放弃权利，以共享协议为基础的权力运行模式具有自身无法克服的弊端，这意味着其在整个著作权体系中仅能起到一种补充作用，根治授权不能的症结还需另谋他途。

2. 著作权交易保险

一般而言，专业有声公司具有较强的著作权意识和法律嗅觉，能够积极主动地寻求授权，当此情形，专业制作主体与著作权人的权利冲突主要因授权不明、授权

---

① 李高超. 知识共享和著作权制度的未来模式［D］. 武汉：华中科技大学，2011：18.

② 阿玛蒂亚·森. 以自由看待发展［M］. 任于真，译. 北京：中国人民大学出版社，2002：226. 转引自：胡波. 共享模式与知识产权的未来发展［J］. 法制与社会发展，2013（7）：99.

③ 胡波. 共享模式与知识产权的未来发展［J］. 法制与社会发展，2013（7）：105.

瑕疵所致。授权不能是从未获取授权，后二者则是取得了无效“授权”。① 固然，作品使用人在向著作权人赔偿之后可基于授权合同提起违约之诉追偿其损失，但当过错者无力赔偿，或其隐匿财产拒绝赔偿之虞，作品使用人将遭受难以弥补的损失。囿于著作权客体的无形性和权利公信制度的不完善，作品使用人的知情权和取得无瑕疵授权的权利很难得以保障，在法院更偏倚静态安全的普遍趋势之下，有声制作者身为产业辐射链中的下游主体，处于极为不利的危险境地，一旦有上游授权出现瑕疵，其将面临难以估量的侵权风险。

因此，作为侵权赔付的替代方案，著作权保险应运而生，在司法、行政等公力救济之外，为著作权纠纷的多元化解决提供新思路。保险的本质是将个体风险转化为共同风险而实现风险分散、消化损失的一种经济补偿制度。② 在长期的有声市场实践中，美国针对著作权授权高风险、纠纷解决高成本的特点构建了较为成熟的著作权保险制度。美国保险服务局 1986 年首次将“侵害他人著作权、商标或标语”纳入保险范围，被认为世界范围内第一款著作权保险产品。③ 以“侵害他人著作权”为承保标的的保险被称为著作权侵权责任保险，是“防御性”的，其目的意在替作品使用人规避潜在的侵权赔偿风险，其承保标的是被保险人因自身著作权使用中侵犯他人合法权益而承担侵权损害赔偿责任而发生的经济损失。④

有声产业的蓬勃发展需要制度设计的保驾护航，作为法律保障之外的风险防范措施，借鉴美国做法将保险引入授权市场不失为保障我国有声产业交易安全的可行之举。需指出的是，在美国纯粹的市场主导模式下，投保人数有限，保险运营成本较高，故保费往往也相对较高，⑤ 美国之所以形成市场主导的运行模式，与其良好的商业保险运营环境不无关系。但联系我国实际来看，我国保险发展尚处于初级阶段，一味照搬美国模式或许并不利于著作权保险的顺利开展。本文认为，我国在构建自己的保险制度时采取政府引导模式更为适宜。

---

① 为论述方便，本文将“授权不明”和“授权瑕疵”统称“授权无效”，只要作品使用者积极寻找权利许可并订立合同支付费用，但客观上又未取得真正的合法授权，皆为本文所指“授权无效”。

② 曹臻. 版权保险制度与数字出版产业协同发展问题研究［J］. 中国出版，2017（10）：67.

③ David Gauntlett. Recent Developments in Intellectual Property Insurance［J］. Tort & Insurance Law Journal, 1998, 19（33）：127.

④ 与“防御保险”相对的是“追击保险”，或称执行保险，其承保标的是著作权人主动维权中诉讼费用支出。因本节主要探讨对作品使用者的利益保护，故此处所指的主要是第一类防御保险。

⑤ 孙宏涛. 美国知识产权保险制度管窥［J］. 知识产权，2006（7）：84.

五、有声读物著作权保护的完善建言

（一）增设录音作品的法定类型

1. 立法增设之必要

前已述及，独创型有声读物可为作品保护，但其属于何种作品则需仔细斟酌。首先，有声读物难以归入文字作品。虽然美国经验一般将其归入构成“文学作品”（literary works），但我国仅有文字作品而无文学作品，将“文字”解释为“文学”也并不妥当，因为此种牵强扩张会架空专门针对语言形式的口述作品，而有违体系解释。其次，有声读物也难以满足口述作品的严格界定。依前所述，口述作品的正当理由，在于设置一个作品固定之前的禁止权以保护著作权人利益。但就司法成本而言，保护一个未加固定的作品是无意义的，法院更重视的是其被固定后可感知的现实产物而非缥缈的事实真相。因而主流观点认为，口述作品被固定之后将转化为其他作品，而有声读物正是被其固定后的表现形式。最后，许多独创型有声读物是一些名著改编而来的现代评书，这事实上倒可归入曲艺作品范畴，但曲艺作品的问题在于其难以涵括所有的独创型有声读物，因为我们无论如何也难以将即兴演讲、法庭辩论也解释为曲艺评书。

不难发现，既有立法并无某种作品形式可较好覆盖独创型有声读物，而录音制品作为邻接权概念也难以承担有声读物的著作权保护功能。尽管2020年修订通过的《中华人民共和国著作权法》第3条将封闭的作品外延变为开放式规定，独创型有声读物可归入其第9项“符合作品特征的其他智力成果”，但正如一段视频的法律定性存在录像制品和视听作品之分，一节录音亦应有录音制品和“录音作品”之别，从法律体系的对称角度讲，我国立法似乎缺少了一种直接以声音为表现形式的作品类型。事实上，考虑到许多学者、法官早已开始用“音频作品”① “语音作品”② “有声作品”③ “录音作品”④ 等概念进行相关论述，而版权局在著作权登记时

① 郭帅，王冬冬. 有声读物信息网络传播权侵权问题研究［J］. 图书馆研究与工作，2017（5）：24.
② 上海市第一中级人民法院（2007）沪一中民五（知）初字第218号民事判决书。
③ 黄颖，刘娜. 有声书版权瓶颈探源［J］. 出版广角，2017（10）：18.
④ 北京市西城区人民法院（2017）京0102民初4793号民事判决书。

也一般使用“广播剧”或“其他作品”来指代有独创性的有声读物，[①] 我国事实上确已产生设计这样一种作品形式的制度需求和现实土壤。

2. 条文设计之构想

我国作品类型的立法思路较为混乱，有从艺术分类角度定义的如美术、音乐作品，也有从载体表现形式规定的文字、视听作品，更有体现我国特色的杂技、曲艺作品。对比之下，录音作品显然应从载体角度的思路来进行定义。“音频作品”易使人误以为其即为某种视频的音画分离，“语音作品”易使人误以为其仅指人类语言的口头表达，而“有声作品”则易使人误以为其就是文字作品的有声形式。因此，虽然已有“音频作品”“语音作品”和“有声作品”等多种表述，但本文仍倾向于选择范围更广、体现载体思路的“录音作品”。当然，此种选择是主观的，立法者仍可在术语修辞上进一步斟酌。至于具体的条文设计，则可借鉴视听作品的定义进行考虑。《中华人民共和国著作权法》将现行法中的电影作品和类电影作品统称为“视听作品”，并将其界定为“由一系列有伴音或者无伴音的连续画面组成，并且能够借助技术设备被感知的作品”。录音作品完全可参考这一定义，即“录音作品，是指录制于一定介质之上，以声音为表现形式，并借助适当技术设备可被感知的作品”。

（二）协调与原作品的权利冲突

1. 尝试建立许可保证金模式

专业制作公司实力雄厚，一般不会仅因为调查、谈判的成本高昂就铤而走险，但这些成本对于普通个人是较大负担，个人主体难以凭借自身力量去寻求授权，因而授权不能往往发生在基于兴趣、爱好的个人主体中。网络发展为权利实现带来了更方便的数字渠道，但作品获取与作品使用终有差距。就作品获取而言，数字网络和移动支付早已搭建好成熟的有声读物市场，这宛如便捷的知识产品“虚拟超市”。但作品使用则有所不同，囿于著作权客体的无形性和权利公示公信制度的缺位，我国并未出现某种以“许可使用权”为标的的有效市场，有声制作者找不到一个交易平台去寻求授权，不敢擅自创作，这事实上打击了公众的创作热情，而与著作权鼓励创作的初衷背道而驰。为此，法律有必要在传统逐一授权之外，开拓其他授权

---

① 北京知识产权法院（2017）京73民终452号民事判决书。

渠道。

为解决互联网环境中的海量授权难题，在既有的法定许可、合理使用之外，学者们立于不同角度纷纷提出了默示许可、[①] 开放许可、[②] 集中许可[③]等思路。默示许可受制于对权利人意思表示的解释，但何谓默允是难以界定的主观判断，这无疑把问题变得更加复杂。而在权利人明确拒绝情形中，默示许可更无适用余地。开放许可存在同样的问题，它依赖于著作权人自愿的权利捐弃，但当权利人不愿放弃时，开放许可自身并不能提供足使权利人放弃的动机和理由。集中许可亦有较大缺陷，遑论中国音乐著作权协会广为诟病的垄断，中国文学著作权协会也存在较突出的不作为现象，作为负责"法定许可"使用费收转工作的唯一法定机构，[④] 其自 2008 年成立以来，至 2017 年才提起第一例著作权诉讼维权。[⑤]

本文认为，针对互联网中的个人有声创作分享，不妨在法定许可的基础之上，补足其报酬难以落实的缺陷，建立一种"许可保证金"模式。法定许可的正当性在于解决特定情形下授权许可的市场失灵，[⑥] 从保障作者经济回报和激励作品再创造两方面促进社会公益，[⑦] 而个人主体利用他人作品录制有声读物完全符合法定许可的制度目标。现有经验表明，法定许可主要问题在于著作权人的应得报酬难以落实。文著协稿酬查询系统中所记录的使用费信息极为有限，而在已收录情形中，其显示数据也与实际状况相差甚远。[⑧] 因此，本文主张建立"许可保证金"而非传统法定许可，就意在将先使用后付费的消极模式[⑨]转变为先付费后使用的主动模式，从而最大限度保证作者应得的经济报酬。

具体制度设计则可参照《中华人民共和国著作权法（修订草案送审稿）》关于孤儿作品使用之规定，即"个人主体利用他人作品录制有声读物的，可向指定的机构申请并提存使用费后以非商业化形式使用"。因孤儿作品制度将"尽力查找权利

---

① 张今，陈倩婷．论著作权默示许可使用的立法实践［J］．法学杂志，2012（2）：78.

② 张平．网络环境下著作权许可模式的变革［J］．华东政法大学学报，2007（7）：124.

③ 熊琦．著作权集中许可机制的正当性与立法完善［J］．法学，2011（8）：101.

④ 中国文字著作权协会［EB/OL］．［2018－11－10］．http://www.prccopyright.org.cn/default.aspx.

⑤ 作家汪曾祺去世 20 年陷版权纠纷，文著协发起维权第一案［EB/OL］．［2018－11－30］．http://china.caixin.com/2017－11－01/101164250.html.

⑥ 熊琦．著作权法定许可的正当性解构与制度替代［J］．知识产权，2011（8）：98.

⑦ 张曼．论著作权法定许可的正当性基础［J］．知识产权，2013（1）：102.

⑧ 文著协稿酬查询系统运营遇尴尬：收录信息有限［EB/OL］．［2018－11－30］．http://m.chinabyte.com/net/392/12080892_gfh.shtml.

⑨ 《著作权法实施条例》第 32 条。

人无果”作为适用前提，[①] 故学界将此种立法尝试归为“准强制许可”，[②] 但具体到个体的有声制作而言，本文认为不应苛以其此等查找义务，因为个体的有声创作是兴趣分享而非商业利用，再加之普通用户的个人能力实在有限，其不像专业公司那样可负担高昂的调查成本，故“许可保证金”本质仍是法定许可，其只不过将付费时点提前以确保作者的应得报酬。当然，本文仅提供一种初步思路，更为细致的提存机构选择、提存费计算等具体问题，则有待立法者进一步斟酌。

2. 创设文字作品的有声化权

文字向声音的转化包括语音合成、朗诵表演、演绎改编等多种模式，这意味着各类有声制作者需分别取得不同的复制权、表演权、改编权授权。按照一般的交易逻辑，作品使用人所取得的授权范围越广，其所需支付的许可费用也就越高，基于经济理性，作品使用人往往只会就其拟进行的特定利用方式寻求授权。因此，有声制作只能通过对目标产物的性质预判来明确其需征得何种授权，但此种预估较为主观，独创性界定是个难以预见的模糊判断，即使司法机关亦会作出前后矛盾的相反认定。当双方对有声读物性质界定不一时，便极易产生授权不明的权利冲突，前述谢某案即为是例。

本文以为，通过设置文字作品之上的“有声化权”，此种权利冲突很大程度可得以避免。所谓“有声化权”，即是“基于文字作品制作有声读物的权利”，它并不关注最终制成的有声读物与原作究竟是何关系，而合同双方也无须根据录音性质回过头来甄别所需的授权类型。“有声化权”能够消解定性不明带来的不确定性，进而保障市场交易的稳定安全。虽从体系解释而言，既有立法已存在复制权、表演权、改编权，演绎有声作品无须取得额外的“有声化权”授权，但实践中确实存在此种权利市场，许多实务合同选择模糊使用“声音版权”“有声版权”等不规范术语，即正是在有意识地避免授权不明引发的权利冲突。有声制作者可能具有相当程度的法律意识，但其终究不是著作权专家，很难仅凭自身去辨别所需的授权类型，为免潜在的诉讼诘难，他们只能选择立法之外的笼统表述，这体现了法律的滞后性弊端，当本不规范的模糊表述发展为普遍接受的行业惯例，立法者可将此等“习惯法”上升为“成文法”，实现基于现实需求的权利创设。而权利类型化越细致，权利的边界也会愈加明晰，这有助于减少当事人的意思表示瑕疵，并节约缔约成本，预防纠

---

① 《中华人民共和国著作权法（修订草案送审稿）》第51条。

② 王迁. 孤儿作品制度设计简论［J］. 中国版权，2013（2）：104.

纷发生。[①]

3. 引导建立著作权保险制度

前已述及，基于著作权的客体无形性，作品使用人不可能通过占有来判断权利的真实归属，而目前的登记制度在法律上不能对抗第三人，这使作品使用人陷入十分不利的被动地位。作为法律体系之外的风险防范措施，将著作权授权纳入保险范围不失为保障我国有声产业交易安全的可行之举。

首先，我国著作权保险制度的建立应采政府引导模式。相较于美国成熟的市场自发模式，我国保险市场发展尚处于初级阶段，一味照搬美国经验并不利于我国著作权保险事业的顺利开展。[②] 若无政府层面的引导推动，出于风险控制、保险精算等困难，保险行业很难凭自身力量开展此类业务。而在具体的保险运作中，著作权保险的实施有赖于权属登记、价值评估等配套制度的完善，纯粹依靠保险行业的市场自治，也实难保障著作权保险的顺利开展。因此，我国在构建自己的保险制度时，或许选择政府引导模式更为适宜。

其次，我国著作权保险制度的设计应采半强制模式。世界范围内的保险制度包括自愿、强制和半强制三种模式，本文认为我国采折中方案为宜。专利保险的试点经验表明，如果采用纯自愿性模式，专利企业并无很强的参保意愿。[③] 可以预见，类似情形也可能出现在著作权保险中。较低的参保率不利于风险分散，也会加大保险公司的精算难度，其结果是参保费用可能偏高，而更高的参保费用反过来又会打击那些潜在用户投保的积极性，从而陷入恶性循环。相比之下，强制性模式虽可在短时期内保障投保人数，聚集大量保费从而降低运营成本，但本质上讲，是否投保仍属于私权自治，应由企业根据自身风险自主选择，国家不应过多干涉。有学者指出，我国应建立选择退出制下的半强制保险。[④] 本文赞同此种观点，兼具强制性与自愿性的退出制保险方案能够缓和参保率与意思自治之间的矛盾。此种模式既尊重权利人的意愿，也能够保证参保率，降低保险的运营成本与运营风险，从而降低保费，保障后续运营。

---

① 冯晓青，罗娇. 新法应完善相关条款保护编剧著作权［N］. 中国知识产权报，2013-06-14（10）.

② 刘丁巳. 论在中国构建知识产权保险制度［J］. 当代经济，2008（6）：72.

③ 陈志国，杨甜婕. 创新驱动战略背景下我国专利保险发展模式研究［J］. 保险研究，2013（8）：90.

④ 杨帆，李鋆. 我国著作权保险的发展模式与制度构建研究［J］. 私法，2016（5）：122.

4. 授予著作权登记公信效力

著作权登记是国家公信力介入并保障实施的公示程序，① 其意义在于为本难确定的权利归属提供公信保障。从一般人角度而言，第三人基于对此种公示的信赖所取得的授权理应具有一定对抗效力，但在前述魏某某诉搜狐网一案中，法院明确否定了此种公信力。本文以为，法院对著作权人的此种保护略有过当。如果著作权登记都不足以作为无瑕疵权利的公示凭证，那市场交易安全可谓没有任何保障。此种态度无疑表明，作品使用人想通过正当途径获取无瑕疵授权，其不仅需对其上游授权的每个环节进行逐一审查，甚至还需先对著作权登记证上的信息进行真实性调查，包括作者是否属实，作品是否为他人作品的衍生，如其构成演绎，作者是否已获原作者授权……显而易见，此种要求是难以执行的，此种注意义务是不切实际的。某种程度而言，这是制度缺陷，而不应苛责行为人之过错。

我国著作权登记的尴尬在于，其仅为公示手段而无公信力。② 其在诉讼中仅有一种初步证据效力，而无一锤定音的证明力或者对抗效力。公示与权利的对世性紧密相连，权利唯有经过公示始为他人所知，而公信力的赋予，则是基于公共政策选择而对公示之效力所作的安排。③ 当某种公示具有保护善意第三人之机能，此种机能自法律上效果观之，即为公信力。④ 在著作权静态安全和市场交易动态安全的博弈考量中，既有做法一直偏向前者，这实不利于维持作者和使用者的利益平衡。为保障交易稳定，促进有声产业良好发展，未来立法应赋予登记以公信力。

遗憾的是，立法者此种努力仅指向个别转让合同的登记效力，而未能建立一个完整的权利公信制度。当有声制作者决定使用某部作品，其首先想到的是寻找作者的登记信息，而非查询是否存在与其相关的转让合同。登记程序更主要的意义不在于确认个别合同相对法律关系下的动态转让，而在于公示著作权作为绝对权、对世权的静态归属。即不仅权利转让登记，权利的初始取得登记亦应被赋予公信力。⑤ 我国应建立一个统一的著作权登记簿，其不仅包括静态的权利归属，也包括动态的交易转让，出资质押和依附演绎等权利负担，从而为权利状态的真实可查提供保障。

在公示公信原则之下，载以其中的权利信息具有定分止争的对抗效力而非可任

① 王国柱. 知识产权善意取得的合理性分析［J］. 海南大学学报，2012（8）：96.
② 苏平. 著作权登记制度完善的思考［J］. 电子知识产权，2012（8）：50.
③ 杨明. 著作权许可中的公示公信［J］. 法商研究，2012（7）：26.
④ 谢在全. 民法物权论（上册）［M］. 北京：中国政法大学出版社，1999：60.
⑤ 谢在全. 民法物权论（上册）［M］. 北京：中国政法大学出版社，1999：51.

意推翻的初步证据效力，第三人基于登记之信赖取得的受让或授权合法有效，而不得因未经真实权利人许可而构成侵权。基于登记之公信，真实作者必须谨慎关注登记簿上的权利信息以避免相关权益被他人善意取得，这实际上是将多数第三人的审查义务转变为权利人本人的注意义务，从整个市场安全和法律稳定价值出发，对权利人的此种负担义务分配是可以接受的。当然，登记难免会出现错误，故应有辅助登记为真实权利人提供权利救济，如预告登记、更正登记、异议登记等配套制度也应一并建立。

六、结　语

有声阅读的兴起，既显示出人们渴望知识、重“听”经典的当下需求，更可视为对古往今来人们对“声音依赖”的一种传统回归。许多以文本形式呈现的文化典籍可能平淡无奇，而一经声音演绎的二次创造，便被赋予了独具特色的表达效果与感染力。作为一种知识产品，有声读物的多维价值和权利保护值得法律关注。依独创性程度不同，有声读物至少可分为复制型和独创型两类，前者构成录音制品，而后者则构成录音作品。就独创型有声读物而言，其很难归入既有的文字作品、口述作品等类型，而通过增设“录音作品”来保护此种新颖形式是合适的，因为著作权法本就是一部随着技术发展而不断革新的变化之法，当数字时代带来了不同以往的作品表现形式，著作权法不应回避这些现实呼唤。就复制型有声读物而言，当制作者未能取得真实有效授权，有声读物实是非法演绎的不洁之手。非法录制传播本身固然构成侵权，但有声读物自身可保护的正当性和价值亦应被肯定。因而，本文主张通过创设有声化权，建立许可保证金、权利公信登记等方式促进其合法化，以保护产业辐射链下游主体的信赖利益，并最大限度实现作品价值。

（责任编辑：孙子涵）

On the Copyright Protection of the Audio Books

Duan Shengbao

Abstract: The legal characterisation of audiobooks requires a typological analysis.

Based on the degree of originality, audiobooks shall be divided into copy – type audiobooks and original – type audiobooks. If the audiobook is recited word for word, it constitutes a copy performance of an earlier text, resulting only in a sound recording; when the subsequent performance shows more original, it shall be regarded as a work. As far as original – type audiobooks are concerned, despite the resemblance to oral works, it is hard to classify as existing types of works and the creation of 'sound recordings' should be considered in the legislation to achieve comprehensive protection of the audiobook system. Copy – type audiobooks, on the other hand, are prone to conflict with prior rights. The production and distribution of audiobooks itself constitutes an infringement when the producer fails to obtain a genuine and valid authorisation. However, from the perspective of promoting the cultural prosperity of society as a whole, the legitimacy and value of audiobooks should also be affirmed as protectable. Therefore, this paper try to make it legal through the creation of the right for written works to make sound, the establishment of licensing deposit and public credibility registration of rights, so as to protect the trust and interests of downstream subjects in the radiation chain of the industry and realise the value of works to the greatest extent possible.

Key Words: Audiobook; Sound work; Rights conflict

影视剧截图的性质和著作权侵权认定分析

赵韵琳[*]

【摘　要】对未经许可使用影视剧截图的行为进行侵权判定时，将影视剧截图认定为摄影作品的方法有违著作权法相关理论，应认识到其本质是视听作品中微量的一部分。虽然使用的程度微不足道，但也不宜通过合理使用调整，因为该使用的商业性难以满足合理使用的使用目的要求。基于该类行为使用程度微不足道的特点，可借鉴美国司法判例中的“微量使用”例外，将微量使用作为实质性相似分析的一部分，运用数量质量分析和普通观察者测试两种方法，认定使用程度低于实质性相似阈值的行为为微量使用并且不构成侵权。

【关键词】影视剧截图　合理使用　微量使用　实质性相似

随着带有图片截取编辑功能的智能设备日益普及，因使用影视剧截图引发的侵权纠纷逐渐增多。截图作为使用技术手段捕获的影视剧单帧画面，由于缺失视听作品固有的动态属性，在物理性质上发生了变化，因此引发了诉讼中对截图作为著作权保护客体的法律性质的认识分歧，也给著作权侵权判定理论与实践带来了一定挑战。针对侵权判定问题，美国司法实践中专门适用于微不足道的使用行为的著作权侵权例外“微量使用”（de minimis）对我国具有借鉴意义。但目前国内在著作权侵权判定视角下对微量使用的研究还有很大空白。一方面，以微量使用为直接研究对象的文献数量较为匮乏，且发表年代久远。另一方面，虽间接涉及微量使用的文献并不鲜见，但因受到微量使用在美国广泛应用于音乐采样纠纷的影响，这些文献在研究对象上局限于音乐作品和录音制品，未延及视觉作品，不能回应我国目前司法

---

* 赵韵琳，中国科学院大学知识产权学院2020届法学硕士。阎文军教授对本文进行了指导，特声明并致谢。

实践中涉及的视听作品的微量使用问题。本文试图在准确界定影视剧截图性质的基础上，科学借鉴美国微量使用规则的有益经验，探讨以使用程度的微不足道阻却未经许可使用他人视听作品行为违法性的可能，为我国涉及影视剧截图的著作权侵权判定提供新的思路。

一、影视剧截图的性质分析

2017年判决的电视剧《小丈夫》案涉及剧中女性角色怀抱一毛绒玩具的镜头被一网店用于展示同款毛绒玩具，杭州互联网法院认为“涉案电视剧特定帧画面达到了著作权法所要求的独创性高度，其符合我国著作权法关于作品要件的规定，属于摄影作品”。① 通过将剧中截图认定为摄影作品进而认定使用行为侵犯了原告享有的信息网络传播权，这一创新性的裁判思路得到了一定范围的认可。不过时隔一个多月后北京市朝阳区人民法院判决了案情与之相似的电视剧《产科医生》案，该案中豆瓣网下的豆瓣电影在其《产科医生》的搜索结果界面中展示了该剧截图，而法院对截图性质的认定与《小丈夫》案形成鲜明的对立，认为“本案所涉截图，即系从连续动态画面中截取出来的一帧静态画面，从本质上来说，该静态画面是影视作品连贯画面的组成部分，而非与之相独立的摄影作品”。② 持有同样观点的还有2019年判决的“图解电影”案。③

影视剧截图性质的认定是著作权侵权判定的基础性问题，非个案案情所能影响，而在上述案件中，法院对影视剧截图究竟属于摄影作品还是视听作品的组成部分作出了完全不同的认定。从著作权法相关理论的角度分析，前者的观点值得商榷。

首先，动态画面与静态画面的创作主观意图不同。视听作品的独创性在于动态的连续画面，而截图的产生是播放过程中利用技术手段人为造成的结果，非视听作品作者的创作本意，截图在客观上恰巧符合了著作权法对摄影作品的保护标准，并不是截图获得著作权法保护的充分条件。这与自动摄像机拍摄的照片不能认定为作品是相似的道理，因为自动摄像机拍摄的照片不存在创作者个人的智力创作成分，而仅仅是机械自动完成的结果，故不能成为受保护的摄影作品。④ 同理，影视剧拍

---

① 杭州铁路运输法院（2017）浙8601民初2296号民事判决书。

② 北京市朝阳区人民法院（2017）京0105民初10028号民事判决书。

③ 北京互联网法院（2019）京0491民初663号民事判决书。

④ 冯晓青. 著作权法［M］. 北京：法律出版社，2010：63.

摄过程中对光线角度等的选择都是为动态效果服务的，没有为静态画面创作的成分，也不应定性为摄影作品。举例而言，假设有两张因巧合而几乎相同的图片，它们的画面中均有一处明显的空白，一张的空白是拍摄静态画面时的刻意留白，而另一张的空白则是影视剧拍摄时演员尚未进入预留站位的画面经由后期播放截取而形成，那么在满足其他相应条件的情况下，前者因恰当的创作意图可以构成摄影作品，后者则因创作的无意识而不构成摄影作品。基于创作动态画面的意图产生的独创性只能在视听作品中认定，视听作品的独创性不能代替摄影作品的独创性。

其次，摄影作品的保护标准较低且保护范围有限。我国对摄影作品的保护标准具有特殊性。我国著作权法在体系上遵循了大陆法系著作权与邻接权的划分，但是对摄影作品又没有像德国、意大利等大陆法系国家一样，将其与独创性较低的普通照片作出区分并将后者规定为邻接权的客体，所以为了防止具有价值的照片的保护落空，我国法院在实践中有将未经许可被他人商业性利用的照片都作为摄影作品保护的倾向，导致我国摄影作品的独创性要求在实质上采用了英美法系的较低标准。[①] 2019 年广东省高级人民法院知识产权审判庭在《关于涉图片类著作权纠纷案件若干问题的解答》中就明确说明“不宜对摄影作品的创作高度作过高要求”。在这样的情况下将截图认定为摄影作品有扩大著作权保护之嫌，因为可想而知，论独创性原本不构成视听作品的连续画面却可以通过拆分为无数帧静态画面而经由摄影作品获得著作权保护，势必造成著作权保护的混乱。在保护范围上，《著作权法实施条例》第 4 条第 10 项规定：“摄影作品，是指借助器械在感光材料或者其他介质上记录客观物体形象的艺术作品。”当前随着拍摄技术的日益进步，很多影视剧镜头都不是实景拍摄，而是由演员在绿幕或蓝幕前表演，后期通过抠象将演员与所需背景合成，或者利用计算机图形（Computer Graphics，CG）技术直接由计算机生成场景角色，这些制作方法虽然可以达到以假乱真的效果，但毕竟不是或不完全是对客观物体形象的记录，这样形成的截图显然不符合摄影作品的定义。

最后，将影视剧截图认定为摄影作品会导致双重保护。如前所述，我国法院对摄影作品的独创性要求很低，那么从一部影视剧中就可以逐帧析出万余件摄影作品，这些摄影作品串联起来涵盖了整部影视剧，最终的效果就是同一著作权人对同一智力成果享有两项著作权：当画面以动态播放时享有视听作品的著作权，当画面以静

① 王迁. 著作权法［M］. 北京：中国人民大学出版社，2015：104.

态呈现时又享有摄影作品的著作权。这相当于对一项创造性劳动进行了重复评价，给予了双重保护，强化了对著作权人利益的保护而对公众利益有所损害。这一问题在知名的《五朵金花》案中也有所涉及，云南省高级人民法院判决认为，如果“作品名称有一个独立的著作权、正文又有一个著作权，那么基于同一部作品，相同的作者可以享有两个或两个以上的著作权，这既不符合法律逻辑，也不符合法律规定”。①

因此，影视剧截图在性质上不应认定为摄影作品，其本质是作为视听作品的影视剧的组成部分，即便动静状态发生变化，对作品组成部分的侵权认定也不应偏离其来源作品的作品类型。

二、影视剧截图的著作权侵权认定路径分析

（一）司法实践中的不同做法

除将影视剧截图认定为摄影作品的情况外，目前的司法实践在按视听作品进行侵权认定时仍有两种不同的做法：一是直接判定侵权成立。比如电视剧《虎妈猫爸》案同样涉及被告未经许可在网店的商品宣传中使用影视剧截图的行为，法院径行认定该行为侵犯了原告对涉案电视剧享有的信息网络传播权，② 但未对侵权认定的理由作出详细论述。电视剧《我的前半生》案涉及被告未经许可在其管理使用的“汉寿碧桂园”微信公众号中使用原告的电视剧截图，法院也直接认定该行为使公众可以在个人选定的时间和地点获得作品，侵犯原告的信息网络传播权，③ 这样的做法忽视了截图的特殊性，将使用截图与使用影视剧的行为等而视之，缺乏说服力，甚至有裁判理由不足而回避问题之嫌。二是借助合理使用进行侵权认定。比如上文提到的《产科医生》案，该案法院认为网络用户使用涉案截图是为了在介绍评论涉案影视作品时，更加形象直观地抒发和交流对影视作品的预期与观感，这种使用方式有利于扩大涉案影视作品的宣传影响，符合著作权人利益需求，而且涉案截图的使用行为并未实质性地再现涉案影视作品，客观上未对涉案影视作品起到替代作用，

① 云南省高级人民法院（2003）云高民三终字第16号民事判决书。

② 杭州市余杭区人民法院（2015）杭余知初字第611号民事判决书。

③ 深圳市南山区人民法院（2018）粤0305民初11486号民事判决书。

不足以对其市场价值造成实质性影响，属于合理使用，未构成侵权。[①] 诚然，该判决在说理上更为充分，但若以其作为类案指导，则必须考虑合理使用是否是影视剧截图侵权判定的有效方法，在适用范围上能否及于使用影视剧截图行为的全部情形。

（二）我国合理使用原则适用于影视剧截图案件的局限性

作为《伯尔尼公约》的成员，我国在司法实践中运用“三步检验法”是应有之义，《产科医生》案就采用了这一方法进行合理使用的判断。该方法第一步的要求是提供专有权的限制或例外限于“特定且特殊的情形下”（in certain special cases）。具体到我国的合理使用制度，这一要求便指向了《著作权法》第24条规定的13种情形，但这13种情形中的前12种均有严格的使用目的甚至使用主体的要求，大部分被控侵权的截图使用者都很难满足，第13种兜底性条款也因尚不存在其他法律、行政法规的规定而暂时无法适用。法定合理使用类型作为“三步检验法”的第一步，承担着通过立法界定合理使用范围的功能，司法上不能直接以后两步扩大解释合理使用。[②] 因此，对于13种合理使用类型之外的截图使用行为，“三步检验法”的适用受到局限。《产科医生》案涉及被告所经营“豆瓣电影”网站的用户上传该剧截图的侵权判定，由于网络用户在影评网站上使用截图的方式是单独使用，并非用于影评文章、影评节目等作品中，不符合2010年《著作权法》第22条第1款第2项“为介绍、评论某一作品或者说明某一问题，在作品中适当引用他人已经发表的作品”所规定的“在作品中”引用他人作品的要求，但以此判定侵权成立又会导致著作权人与网络用户之间利益失衡，[③] 所以法院不得不在法定情形外认定合理使用，这种对三步检验法“特定且特殊情形”的扩大解释实为无奈之举，对现有立法体例的突破也并非长久之计。

面对复杂的现实需求，我国司法实践也出现了在“三步检验法”之外尝试运用美国“合理使用四要素”以及“转换性使用”的情况，但这两种方式同样不能很好地解决影视剧截图的著作权侵权认定问题。从“合理使用四要素”的关系上讲，影视剧截图虽然往往因使用量很小而可能符合第三要素“使用的数量和实质性”的要求，但是这并不足以从根本上影响合理使用的认定，有美国学者通过对大量判例的

---

① 北京市朝阳区人民法院（2017）京0105民初10028号民事判决书。

② 熊琦．著作权合理使用司法认定标准释疑［J］．法学，2018（1）：187.

③ 谭雅文．由《产科医生》案看影视剧海报、剧照、截图的权属认定及合理使用制度适用规则［J］．中国版权，2018（5）：73.

分析得出结论认为，判断合理使用时四要素不需要同时满足，第一要素“使用的目的和性质”和第四要素“对被使用作品潜在市场和价值的影响”才是法官最重要的考虑因素。[①] 而对第三要素的考察其实是依附于第一要素的，也就是说使用数量的合理性取决于使用目的的合理性，使用目的则限于非商业性目的。比如为了评论一首短诗可以引用全部作品，但如果是为了商业目的，即使只使用一句也不能构成合理使用。因此，从传统的四要素角度判断合理使用，实践中大部分使用影视剧截图的行为均因使用的商业性而遇阻。要寻求商业使用下认定合理使用的可能性，就需要依靠“转换性使用”，1994 年美国最高法院在 *Campbell v. Acuff－Rose Music, Inc.* 案中认为转换性越强，商业性等其他因素的重要性就越小。[②] 转换性使用的出现冲击了原有的四要素，对美国合理使用的认定产生重大影响，但也带来了因“转换性”界定不清而不当扩张合理使用的问题，近些年美国法院开始严格控制转换性使用的认定，将其限于批评、评价等目的。[③] 因此要认定使用影视剧截图具有转换性，同样要受到使用目的的限制，诉讼中常见的为商品宣传或制作表情包等目的的使用并不能构成合理使用。

无论是运用“三步检验法”“合理使用四要素”还是“转换性使用”，合理使用都只能将极少数符合合理使用目的的截图使用行为排除在侵权之外，绝大部分商业性使用行为是否构成侵权还需要通过其他方式进一步判定。

（三）借助“微量使用”进行影视剧截图侵权认定的设想

如前所述，影视剧截图本质上是影视剧的组成部分，而这一组成部分具有一个突出的特点，即占整体作品的比例非常小，因此使用影视剧截图行为的根本特点在于使用程度的微不足道，而不在于使用目的的合理性，运用合理使用解决影视剧截图问题并不能切中要害。这种行为类型在我国过去的司法实践中并不多见，在侵权判定时容易出现问题与分歧，但其符合美国司法判例中的“微量使用”，即对使用目的的合理性在所不问，使用的数量越少，越是非实质性的，就越可能构成的一种

---

① Barton Beebe. An Empirical Study of U. S. Copyright Fair Use Opinions, 1978 – 2005 [J]. University of Pennsylvania Law Review, 2008, 156: 549 – 555. cited in: Mike Schuster, David Mitchell, Kenneth Brown. Sampling Increases Music Sales: An Empirical Copyright Study [J]. American Business Law Journal, 2019, 56 (1): 189.

② *Campbell v. Acuff－Rose Music, Inc.*, 510 U. S. 569, (1994).

③ 周贺微. 美国转换性使用转型及对我国的借鉴 [J]. 新闻界, 2019 (4): 81.

著作权侵权例外。虽然这一例外在美国常见于涉及附带使用和音乐采样的纠纷，但基于行为在使用程度上的相似性，运用微量使用解决影视剧截图的著作权侵权问题也不失为一种可行的方法。

三、美国著作权侵权判定中的微量使用

美国著作权侵权判例中常见的“de minimis”是拉丁语，其起源可追溯到15世纪的欧洲法谚“法律不理琐事”（de minimis non curat lex）。经过漫长的历史发展，这一法谚在美国著作权领域演变为一项侵权例外，国内学者多译为“微量使用”。1997年美国第二巡回上诉法院在具有里程碑意义的 *Ringgold v. Black Entertainment Television, Inc.* 案中称微量使用的重要意义之一在于复制的程度非常微不足道，以至于低于实质性相似阈值。[①] 这一将微量使用与实质性相似相联系的观点被后来的诸多判决所引用，产生了广泛而深远的影响。

（一）微量使用与实质性相似的关系

在美国著作权侵权判定中，大部分情况下都将微量使用作为实质性相似分析的一部分。著作权侵权的判断在美国分为两步：一是是否存在复制，二是复制是否不当挪用了受著作权保护的作品。由于将“实质性相似”一词同时用于这两种语境容易导致混淆，所以后来美国学者提出用“初步相似”（probative similarity）概念指代在一般情况下，两个完全独立产生的作品之间不大可能出现的相似，以证明被告存在实际复制的行为。而“实质性相似”则专门指代在数量上和质量上达到不当挪用程度的相似。后来这一理论被美国法院接纳，至此美国的“实质性相似”概念发生了限缩。由于我国未作这一区分，所以我国的实质性相似概念其实是美国初步相似和实质性相似的统称。

运用美国的实质性相似概念可以更清晰地说明其与微量使用的关系。之所以在存在复制的情况下还要判断相似的程度，是因为并非所有的复制都是可诉的。美国汉德法官早在1909年 *West Publ'g Co. v. Edward Thompson Co.* 案就提出：存在复制并不能决定侵权，除非复制达到不合理的程度。对于微不足道的复制，即使未经授

---

① *Ringgold v. Black Entertainment Television, Inc.*, 126 F. 3d 70 (2d Cir. 1997).

权也不会被视为侵权。[①] 这反映了微量使用背后格言“法律不理琐事”的含义，[②] 也说明微量使用与实质性相似有着密不可分的关系，并且经常重叠。[③] 可以说对相似程度的判断就是对相似究竟是实质性的还是微不足道的判断，如美国学者所称，微量使用是实质性相似硬币的另一面。[④] 在我国，由于概念更为宽泛，实质性相似的反面除了微量使用还包括不存在初步相似的情形，因此只能说二者在一定条件下具有一体两面的关系。虽然在理论上存在些许差异，不过由于我国司法实践中对实质性相似的适用基本移植了美国的经验，因此并不影响借助实质性相似的微量使用判断。

（二）微量使用的侵权判断方法

著作权侵权的两步测试中，由于初步相似和不当挪用在侵权判定过程中的侧重点不同，因此二者通常采用不同的判断方法。作为不当挪用判断的一部分，微量使用的判定方法自然也与之相同。

第一步初步相似的判断重在考察被控侵权作品对权利作品是否存在复制，这里的复制是为著作权法所规制的复制，也就是剔除思想、公有领域表达等不受保护的部分后仍然存在的复制。因此，抽象测试法（abstractions test）、模式测试法（pattern test）等分析解剖的方法往往在这一阶段发挥重要作用，它们可以有效地区分思想和表达，过滤掉作品中不受保护的成分，较为客观地得出初步相似与否的结论。若不存在初步相似，自然不构成实质性相似，也不构成侵权。若存在初步相似，就需要进入第二步，不当挪用的判断，这一步重在考察相似的程度是否达到可诉的标准，即实质性相似与微量使用的划分。判断方法通常有以下两个。

1. 数量质量分析

数量质量分析方法直接来源于实质性相似的本质，即在数量上和质量上的一种相似程度。具体而言，就是在数量上考察复制部分在原告作品中所占的比例，比例越高侵权可能性越大，反之构成微量使用的可能性越大；在质量上考察复制部分是

---

① *West Publishing Co. v. Edward Thompson Co.*, 169 F. 833, 861 (E. D. N. Y. 1909).

② *Ringgold v. Black Entertainment Television, Inc.*, 126 F. 3d 70 (2d Cir. 1997).

③ Tonya M. Evans. Sampling, Looping, and Mashing… Oh My! How Hip Hop Music is Scratching More Than the Surface of Copyright Law [J]. Fordham Intellectual Property, Media & Entertainment Law Journal, 2011, 21 (4): 875.

④ Michael G. Kubik. Rejecting the De Minimis Defense to Infringement of Sound Recording Copyrights [J]. Notre Dame Law Review, 2018, 93 (4): 1706.

否是原告作品的“心脏”，复制的部分在原告作品中越重要，侵权的可能性就越大。当二者存在冲突时，质量比数量更具有决定性意义，在 1980 年的 *Elsmere Music, Inc. v. National Broadcasting Co.* 案中，美国纽约南区法院就认为“若使用了作品重要的（尽管不是很大的）部分，则远远不再是微量使用”。[①]

运用数量质量分析的典型判例之一是 2003 年美国第九巡回上诉法院判决的 *Newton v. Diamond* 案，该案被告未经许可对原告音乐作品 *Choir* 开头的 6 秒进行数字采样，并在自己的作品中重复这 6 秒的样本作为背景元素。法院认为，数量上，采样的三音符序列在涉案作品中只出现了 1 次，在播放时只持续 6 秒，占涉案作品录音的 2%；质量上，采样片段没有特殊意义，并不比涉案作品的其他部分更重要。所以采样部分既不具有定量意义也不具有定性意义，两作品不存在实质性相似，涉案采样是微量使用，不构成著作权侵权。[②] 需要注意的是，美国应用微量原则的案例并不能确定允许的未授权使用与相似量超过实质性相似阈值的界线。[③] 这一方法无论是数量方面还是质量方面均没有统一的标准，即使是同类型的案件，微量使用的认定也需要根据个案具体问题具体分析。

2. 普通观察者测试

普通观察者测试来源于 1946 年美国第二巡回法院判例 *Arnstein v. Porter* 案，[④] 是专门用于著作权侵权第二步测试的方法。其判断规则是，如果一个普通的外行观察者认为复制部分是从原告作品中获得的，那么就构成实质性相似，反之是微量使用。这一方法背后蕴含了英美法系国家版权法“财产价值观”的思想基础，[⑤] 认为原告受法律保护的利益是指其作品的潜在经济回报，这来源于非专业公众对其努力的认可。如果公众不承认挪用，那么被告就没有从原告的表达内容中获益，因此不存在侵权行为。[⑥]

这一方法与数量质量分析在内在精神上具有联系，因为当普通观察者无法感知被控侵权人对受保护作品的挪用时，自然也就没有数量和质量上的意义。反之却未

---

① *Elsmere Music, Inc. v. National Broadcasting Co.*, 482 F. Supp. 741 (S. D. N. Y. 1980).

② *Newton v. Diamond*, 388 F. 3d (9th Cir. 2003).

③ Marshall A. Leaffer. Understanding Copyright Law [M]. 5th ed. LexisNexis, 2010: 431.

④ *Arnstein v. Porter*, 154 F. 2d 464 (2d. Cir. 1946).

⑤ 吴汉东. 知识产权基本问题研究（总论）[M]. 2 版. 北京：中国人民大学出版社，2009：24.

⑥ *VMG Salsoul, LLC v. Ciccone*, 824 F. 3d 871, 881 (9th Cir. 2016).

必成立，因为普通观察者测试实际上是混合了数量分析和质量分析的简化方法，[①] 存在一定主观性，比如以普通观察者视角在整体上观察被告作品时，不仅会观察到被控侵权部分，还会观察到作品的其他部分，这些部分虽然并非来自原告的作品，但可能有助于唤起观察者对原作的记忆。因此，是否选择采用普通观察者测试需要根据个案情况决定，观察美国的判例不难发现，法院在判断微量使用时会将普通观察者测试与数量质量分析配合使用，以巩固增强判决的说服力。2016 年第九巡回法院在 *VMG Salsoul v. Ciccone* 案中对微量使用的认定就结合了这两种方法，该案被告抽取了原告歌曲 0.23 秒的管乐和弦并略微提高音高后用于自己的作品，法院认为采样不足原作录音的 1 秒，而且采样样本改变了原始声音，陪审员不会认出被告作品中的管乐片段是从原告作品中采样的，因此使用是微量使用，不侵犯著作权。[②]

四、影视剧截图的微量使用与侵权之辨

既然影视剧截图不应作为单独的摄影作品，而应作为视听作品的一部分参与侵权判断，在直接认定侵权有失偏颇和运用合理使用进行判定存在局限的情况下，最好的方式是从实质性相似入手分析行为究竟属于微量使用还是构成著作权侵权。

从数量角度分析，我们看到的视听作品之所以呈现动感，其实是利用人眼视觉残留由静态画面连续播放形成的，单位时间播放的画面数量可以用帧速率来衡量，一般电影的帧速率为 24 帧/秒，我国电视广播采用的 PAL 制式帧速率为 25 帧/秒，美国、加拿大、日本等采用的 NTSC 制式帧速率为 30 帧/秒，网络播放视频不受电视制式的影响，除基础的 25 帧/秒或 30 帧/秒外，为了提高视频的流畅度还有达到 50～60 帧/秒的情况。若使用一帧截图，则保守估算占一集电视剧的比例也仅为万分之一，可谓微乎其微，除非大量使用否则难以满足实质性相似的数量要求。从质量角度分析，不是随意截取的任何一帧画面都对整体作品具有质量意义，只有体现重要故事情节或作品艺术特色等的少数镜头才能称得上是作者思想实质部分的独特表现，可以获得著作权法的保护。而现实中对影视剧截图涉嫌侵权的使用情形主要为商品展示和表情包，二者重在完整呈现所售同款商品外观或角色人物的神态表情，

---

① SPeyton E. Miller. "Good Artists Borrow; Great Artists Steal": How the Fair Use Doctrine Can Bring Harmony to the Federal Circuits on Digital Music Sampling [J]. North Carolina Law Review, 2018, 96: 1112.

② *VMG Salsoul, LLC v. Ciccone*, 824 F.3d 871 (9th Cir. 2016).

同时满足作品质量重要性的概率并不大。比如《产科医生》案判决中关于“涉案截图系从四十余集电视剧的连续动态画面中截取，数量有限，无法表达完整故事情节，未实质性再现涉案影视作品”[①] 的表述也与数量质量分析不谋而合，以微量使用作为不侵权判决的依据相比合理使用更加水到渠成。

由于影视剧截图在选择上具有刻意性，运用普通观察者测试时有必要排除干扰因素。出于“蹭热度”“搭便车”等目的，实践中被截图的影视剧往往是热播剧，所截取的画面通常是主要角色的清晰正面镜头，而且该主要角色通常由知名演员所扮演，在播出热度与人物形象特征的共同作用下，观察者可以较为轻易地识别截图的来源。依然以《小丈夫》案为例，被告使用截图的时间恰为《小丈夫》热播之际，而且相比于场景的布置、道具的摆放、角度光线的选择等，涉案截图中由知名演员俞某某扮演的角色形象显然更容易引发观众对《小丈夫》这部影视剧的联想，以此作为认定依据将不可避免地产生错误，所以需要将涉案截图除因独创性而产生的辨识因素排除在外，这样普通观察者仅凭截图呈现的一般场景不足以感知到其来源于涉案影视剧，可以佐证数量质量分析的结果，得出构成微量使用的不侵权结论。

因此，对于涉及影视剧截图单独使用的著作权侵权纠纷，采用微量使用进行侵权判定既不会因改变作品类型而违反法理，又不会因扩大适用合理使用而违反法律，具有明显的优越性。不过，在通过微量使用得出不侵权结论的同时，目前存在的大量未经许可使用影视剧截图的行为是否就无法受到法律的规制呢？在著作权法之外当然还可以寻求其他法律的救济。目前大部分对截图的商业性使用都是以人物形象为主要元素，这种使用虽然难以落入著作权法上实质性相似的规制范围，但是侵犯肖像权的可能性非常大，2018 年艺龙网就因擅自使用电视剧《我爱我家》“葛优躺”截图被判侵犯葛某肖像权并赔偿损失，《小丈夫》案截图中被使用肖像的演员俞某某同样可以就此主张权利。另外，这些商业性使用往往以热播剧为对象，有时在文字部分还会特别指明作品名称与角色名字，《小丈夫》案被告即在该剧热播时于网店指称其商品系“小丈夫姚澜同款毛绒玩具”，这可能构成竞争法上的“搭便车”行为。因为擅自使用他人作品中的角色形象及名称是一种违背诚信原则的不正当竞争行为，其实质就是不正当地利用特有的角色形象及名称来为自己服务。[②] 所以对于类似的影视剧截图纠纷而言，还可以考虑运用反不正当竞争法进行调整。

---

① 北京市朝阳区人民法院（2017）京 0105 民初 10028 号民事判决书。

② 吴汉东．知识产权基本问题研究（分论）［M］．2 版．北京：中国人民大学出版社，2009：719.

五、结　　语

影视剧截图在本质上不是单独的摄影作品，而是整体视听作品的一部分，在侵权判定时应立足部分与整体的关系，把握量变引发质变的规律，考察使用作品微小部分的行为对侵权认定的影响。相比侧重考察主观使用目的的合理使用，侧重考察客观使用程度的微量使用更适合为此类微不足道的使用行为提供抗辩，尤其结合当下司法实践情况，微量使用还有利于弥补个案说理之缺漏，矫正裁判结果之偏颇，遵循利益平衡之导向。为对涉及影视剧截图侵权纠纷的裁判起到更好的规范作用，在处理类似案件时，建议以实质性相似分析为基础，在判断方法上以数量质量分析为主、以普通观察者测试为辅，综合考虑所复制截图在数量上的占比高低、可观察性强弱，在质量上的重要程度以及普通观察者的辨识难度，从实质性相似与微量使用的角度得出侵权与否的结论。

（责任编辑：吴柯苇）

Analysis on the Nature of Movie and Teleplay Screenshots and the Determination of Copyright Infringement

Zhao Yunlin

Abstract: When making a determination of infringement on the use of movie and teleplay screenshots without permission, it is against the copyright jurisprudence to regard the screenshots as photographic works, and we should realize that their essence is a small part of audiovisual works. Although the copy is trivial, fair use is not appropriate because the commercial nature of the copy is difficult to meet the purpose for which fair use is intended. Based on the trivial use of a protected work, we can learn from the "de minimis" in the United States judicial precedents, which make it a part of the substantive similarity analysis, and use qualitative/quantitative analysis and ordinary observer test to identify the amount copied below the quantitative threshold of substantial similarity as de minimis and non-infringement.

Key Words: Screenshots; Fair use; De minimis; Substantial similarity

专利标识标注行为的风险及其对策

沈佳鹏*

【摘　要】专利标识不仅表征专利产品及其所含专利的信息，具有警示和宣传作用，同时还符合法律上财产的要件，是一种兼具社会效益和财产属性的特殊身份符号。我国将标注专利标识作为专利权人的一项权利，然而现行专利标识制度立法稀疏、协调性欠佳，权利人及公众对专利标识的认知尚不充分，专利标识潜在效能的发挥受到局限。基于专利标识的复合属性，在公权力为专利标识的有效标注营造良好的法律环境之余，权利人也应当重视专利标识的特殊价值，严谨防范违法风险并恰当发挥标识效能，在创造社会福利的同时提升自身效益。

【关键词】专利法　专利标识　专利标识标注　风险应对

一、引　　言

随着知识产权强国建设的加快推进，专利制度的公众认知不断提升，消费者更倾向于选购专利产品，致使权利人标注专利标识的行为增多，标注不当甚至假冒专利的现象日益凸显。① 为进一步规范专利标识标注行为，2020 年 7 月国家知识产权局公布了《查处假冒专利行为和办理专利标识标注不规范案件指南》（以下简称“新《指南》”）以落实中央部署，统一专利标识标注执法标准，强化专利权保护。相较商标而言，专利标识法律规定较为稀疏，社会公众对专利的技术水平存在认知偏颇，权利人对专利标识的标注不甚重视，多用作宣传手段，行使权利较为随意，

---

* 沈佳鹏，同济大学上海国际知识产权学院硕士研究生。

① 国家知识产权局公布 2018 年主要工作统计数据［R/OL］.［2020 - 01 - 27］. http://www.gov.cn/xinwen/2019 - 01/13/content_5357464.htm.

导致标注方式混乱、标注效果不佳等问题，[①] 不仅不利于行政管理，扰乱了市场竞争秩序，阻碍了消费者对专利产品真实信息的了解，而且削弱了专利本身受保护的强度，[②] 对专利制度造成损害。[③]

针对专利标识，现有研究分析了其作为专利权附属标记的作用与功能[④]，阐述了立法上作为专利权人权利抑或义务的合理性；[⑤] 作为行政执法的重要对象以及受刑法规制的特殊性，亦有不少学者关注假冒专利行为的行政执法标准以及罪与非罪的司法界定[⑥]；为优化我国专利标识法律制度，通过考察美国、德国和我国台湾地区等经验，学者从公益诉讼[⑦]、保障竞争对手知情权[⑧]以及强化对权利人的法律倡导等方面，[⑨] 提出我国立法的完善建议。相较专利权本身而言，针对专利标识的现有研究较少，大多是从专利标识的符号含义和附属属性出发，侧重法律运行过程中立法、执法和司法等环节，较少涉及对权利人“守法”环节的阐释，有关企业知识产权策略的研究也鲜有涉及专利标识风险的防范对策，专利标识的复合属性、独特价值和社会效益被严重低估。

标注专利标识是权利人在个体私益与社会公益间寻求平衡的结果，彰显了专利制度“以公开换保护”的内涵，[⑩] 伴随着新的时代背景和知识产权客体的逐步扩张，专利标识的理论内涵和标注方式有待进一步深入分析。基于此，本文从论证专利标识的财产属性和社会效益出发，基于市场主体的视角，梳理我国专利标识相关法律规定并阐述专利标识标注行为的理论导向，明确了专利权人在标注专利标识时可能面临的具体风险；而后，从公权力的宏观层面和权利人的微观层面提出对策思路，

---

① 国家知识产权局条法司. 关于假冒专利方面的修改［J］. 电子知识产权，2010（4）：45－47.

② 张起民，王玉华，姜萍. 在技术创新中加强知识产权保护［J］. 建材高教理论与实践，2000（4）：120－121.

③ Randall C. Brown，etc. Litigation Risk and Liability Danger from False Patent Marking in View of Forest Group，Inc. v. Bon Tool Co.（27 Jan. 2010）［EB/OL］.［2020－04－29］. http://www.haynesboone.com/alerts/litigation－risk－and－liability－danger－from－false－patent－marking－in－view－of－forest－group－inc－v－bon－tool－co.

④ 陈向军. 专利标识的符号学分析［J］. 理论月刊，2014（5）：118－120.

⑤ 赵北北. 专利标注行为的权利义务属性探讨［J］. 中国发明与专利，2017（10）：113－116；张晓都. 标注专利标记与专利号是专利权人的权利还是义务［J］. 专利法研究，2015（1）：8.

⑥ 于建平，于阜民. 应把“冒充专利”行为纳入刑法规制［J］. 人民检察，2018（3）：79－80；李小忠. 试论假冒专利罪的犯罪客体要件［J］. 北京理工大学学报：社会科学版，2003（6）：73－74.

⑦ 张慧霞. 中美假冒专利标记制度比较研究［J］. 知识产权，2011（6）：86－91.

⑧ 张新锋. 对《专利法修正案（草案）》的建议［J］. 电子知识产权，2008（11）：20－23.

⑨ 张韬略，黄洋. 再谈标识专利申请的合法性——中德两国对标识专利申请的不同规制及启示［J］. 电子知识产权，2012（1）：90－94.

⑩ 宋嘉. 也谈专利标识权行使的合规性——兼与杨喆先生商榷［J］. 知识产权，2009（5）：75－77.

以法律之"实然"加以规制，以学理之"应然"加以引导，敦促权利人利用专利标识积极创造社会价值，在防范风险之余自发地向社会公众真实清晰地传递信息，提升自身效益并发挥专利标识提升社会福利的功能。

二、专利标识的法律性质与专利标识标注行为

（一）专利标识的法律性质：具有社会效益和财产属性的身份符号

1. 专利标识的作用

专利标识是指在产品或其他相关载体上，与专利权有关的文字、数字或者图形等表明专利身份的标记，如专利号、专利权类别、与专利权有关的宣传用语等。[①]因此，专利标识本质上是一种符号，[②] 直接表明"产品中含有某专利，其专利权类别/专利号……为……"，它不仅表明产品含有专利，更传递了产品中所含专利的身份信息，这是专利标识最原始、最基础、最核心的作用；而通过向社会大众传达产品信息，促使专利信息流动，也使得专利标识能够产生社会效益。因此，基于身份信息的传达，专利标识得以派生出以下间接作用。

（1）侵权警示作用：专利标识有助于专利权人维护其经济利益。专利标识是专利权人享有国家依法授予的排他权的体现，提示公众尤其是竞争者注意其权利范围，避免侵权；[③] 在专利侵权诉讼中，权利人对专利标识的恰当标注会强化被控侵权人的注意义务，影响主观过错的判断和损害赔偿数额的确定，间接遏制潜在恶性竞争。[④]

（2）推广宣传作用：专利标识有助于公众获悉专利技术和专利产品信息。权利人通过专利标识公开其产品含有专利的事实，有助于不特定人获取信息，使得有意购买专利产品或获得专利许可的一方与权利人联系磋商；[⑤] 专利标识亦传递了"产品含有新技术或新设计"这一商业信息，有利于提升消费者信赖、增强产品竞争

---

① 全国人民代表大会常务委员会法制工作委员会，安建. 中华人民共和国专利法释义［M］. 北京：法律出版社，2009：161；国家知识产权局《查处假冒专利行为和办理专利标识标注不规范案件指南》第1章第1节。

② 陈向军. 专利标识的符号学分析［J］. 理论月刊，2014（5）：118－120.

③ 张晓都. 标注专利标记与专利号是专利权人的权利还是义务［J］. 专利法研究，2015（1）：8.

④ 胡允银. 美国虚假专利标记法律制度的修订及评析［J］. 中国科技论坛，2013（7）：129－135.

⑤ 杨喆. 小议专利标识权行使的合规性［J］. 知识产权，2009（4）：43－48.

力、扩大产品销路，起到广告宣传和产品区分作用。此外，我国还将专利标识作为国家知识产权局专利授权公告的一种补充，以提高全社会尊重他人知识产权的意识，① 并促使行政机关和公众就专利侵权、滥用或无效等情形进行监督，② 体现了专利标识的社会效益尤其是宣教功能。

2. 专利标识的财产属性

2008年《专利法》第三次修改将原发明人署名权条款和专利标识权条款合并，易使标注专利标识被误认为和发明人署名权一样，是一种人身权。然而如前述，不同于一般表征身份的符号，专利标识内在承载着特殊的经济价值。由于专利标识符合稀缺价值性、排他性、可交易性三个条件，可被视为“法律上的财产”，③ 因此除表征产品中专利身份外，还具有财产属性。

（1）稀缺价值性。法律上的财产应当因稀缺而具有价值。首先，对于同一项专利而言，其专利权类别、专利号等身份信息是确定且唯一的，即每项专利所对应的专利标识信息是有限的，每项规范的专利标识能且仅能唯一地指向某项特定的专利权，因此专利标识是有限、“稀缺”的。其次，由于专利标识关乎社会公众对专利产品信息的知悉程度，专利权人利用专利标识传达产品及专利信息、推广专利技术及产品并维护自身权益，能够影响专利权人的市场竞争与发展，因而具有独特的价值。故专利标识满足“法律上的财产”的稀缺价值性。

（2）排他性。法律上的财产应当由权利人对其实施排他性的控制。专利标识是一种传递信息的符号，信息的传递本身是自由的，一经传播社会公众便得以知悉和利用。专利标识被专利权人标注后并不会在物理上影响他人标注该专利标识，专利权人也无法凭借一己之力阻止他人标注，因此专利标识不具有天然的排他性。我国《专利法》为原本自由流动的专利标识信息创设了专利标识权，④ 赋予专利权人对专利标识标注行为特定的控制力，保障社会公众的知情权，从法律上排斥他人肆意使用专利标识，人为实现专利标识的排他性。

（3）可交易性。“法律上的财产”的可交易性以排他性为基础，即应当可在市

---

① 王莉莉，金晓．专利标识标注的探讨［C］//2014年中华全国代理人协会年会第五届知识产权论坛论文（第二部分），2014：226－232.

② 刘熙．专利标记应实行规范化管理［J］．发明与革新，1999（2）：14－15.

③ “法律上的财产”应当符合稀缺价值性、排他性、可交易性三个条件，参见：理查德·A．波斯纳．法律的经济分析［M］．蒋兆康，译．林毅夫，校．北京：中国大百科全书出版社，1997：42．亦有学者据此论述了著作权的财产权属性，参见：王迁．著作权法［M］．北京：中国人民大学出版社，2015：6－8.

④《中华人民共和国专利法》第16条。

场上流动且不违反法律规定与公序良俗。首先，专利标识源于专利，专利权转让意味着对专利标识标注行为控制权的转让，必然导致专利标识权的从属转让。其次，基于专利标识的排他性，仅有专利权人可实施标注行为，他人未经允许不得使用专利标识；已获专利许可的被许可人若希望进一步利用专利标识创造收益，需要向专利标识的绝对权利人即专利权人寻求许可，只要专利标识的被许可人同时有权实施专利权，就不会导致社会公众误认，该种交易就符合法律规定和社会公益，从而实现可交易性。因此专利标识能够被合法转让或许可，符合“法律上的财产”可交易性条件。

综上所述，专利标识具有财产属性。综合专利标识最原始的表征身份、传达信息的功能，专利标识在法律性质上具有人身和财产的双重属性，是一种与社会效益相关、具备经济价值的特殊符号。

（二）专利标识标注行为：权利还是义务

专利标识标注，是指在专利产品、包装、说明书等载体上标注专利标识的行为。[①] 我国《专利法》将标注专利标识的行为作为专利权人的权利，[②] 未经专利权人同意他人无权标注；美国和我国台湾地区将专利标识标注作为义务，不履行标注义务可能导致专利权人无法获得专利侵权损害赔偿；[③] 德国则以利害关系人对专利产品信息所享有的“问询请求权”代替了对专利标识标注的规定，以平衡权利人、消费者、竞争者三方利益。[④]

学界对于“专利标识标注应当是权利还是义务”的争论在社会公益与权利人私益间徘徊，主要持权利说、义务说和权利义务说三种观点。权利说以《巴黎公约》第 5 条之 D 为基础，[⑤] 侧重权利人私益，将专利标识标注作为独立于专利权、类似于证明商标的标识性权利，[⑥] 未给予专利权人强制标注的负担，有利于权利人自由

---

① 国家知识产权局《查处假冒专利行为和办理专利标识标注不规范案件指南》第 1 章第 1 节。

② 《中华人民共和国专利法》第 16 条。

③ 朱雪忠，漆苏. 美国专利改革法案内容及其影响评析［J］. 知识产权，2011（9:）：79－89；张新锋. 对《专利法修正案（草案）》的建议［J］. 电子知识产权，2008（11）：20－23.

④ 张韬略，黄洋. 再谈标识专利申请的合法性——中德两国对标识专利申请的不同规制及启示［J］. 电子知识产权，2012（1）：90－94.

⑤ 尹新天. 中国专利法详解［M］. 北京：知识产权出版社，2011：206.

⑥ 张伟君. 论假冒他人专利——兼评现行《专利法》第六十三条第一款之修改［EB/OL］.［2019－03－27］. http://blog.sina.com.cn/s/blog_4da63f410102wdbi.html.

经营和战略规划，适合我国国情。[①] 义务说侧重社会公益，将专利标识标注作为义务有利于警示专利侵权，促进专利信息交流、激励创新、避免重复发明，[②] 然而部分产品包含成千上万项专利，全数标注较难实现，我国公众对专利产品信息的获知需求也并没有如此强烈。[③] 权利义务说则认为专利标识标注应具备双重属性，[④] 提出以专利标识权为基础、鼓励专利权人积极标注，或是以标注义务为基础、赋予专利权人禁止他人标注的权利。[⑤] 立法会给予权利人一定的法律预期，对实施专利标识标注行为有着重要的引导作用。

三、我国专利标识制度立法现状与不足

（一）我国专利标识相关法律规定

1.《专利法》《专利法实施细则》等原则性规定

《专利法》和《专利法实施细则》法律位阶较高，对专利标识标注行为的引导和规制具有纲领性。我国《专利法》将专利权人标注其专利标识的行为作为一项权利，假冒专利行为可能面临民事、行政、刑事责任。[⑥]《专利法实施细则》则进一步明确了假冒专利行为的几类表现形式及“合法来源免赔”抗辩，即善意销售假冒专利产品，能够证明具有合法来源的，应停止销售，但无须承担赔偿责任。[⑦]《专利法》第四次修改并未直接涉及专利标识条款，仅是对假冒专利行为的行政查处措施进行了明确，[⑧] 而新增的“诚实信用”条款，要求专利权人应当遵守诚实信用原则，[⑨] 可以认为是对专利权人正确行使包括专利标识在内的相关权利的一种原则性引导。

---

① 王翠平，柳建朋．浅析我国专利标识制度存在的若干问题及应对［J］．中国发明与专利，2015（2）：32-36.

② Sharkey C. Strategic Assertions：Evading the Patent Marking Requirement［J］. Northwestern Journal of Technology & Intellectual Property，2014，12（1）：12.

③ 傅利英，张晓东．论专利标识及专利标识权［J］．华东理工大学学报（社会科学版），2011（1）：84-88.

④ 曹新明．海峡两岸专利标识比较分析［J］．南昌大学学报（人文社会科学版），2013（1）：81-85.

⑤ 李永伟．论专利标记制度的完善［J］．华中师范大学研究生学报，2009（3）：33-36.

⑥《中华人民共和国专利法》第68条。

⑦《中华人民共和国专利法实施细则》第84条。

⑧《中华人民共和国专利法》第69条。

⑨《中华人民共和国专利法》第20条。

2.《专利标识标注办法》《查处假冒专利行为和办理专利标识标注不规范案件指南》等操作性规定

2012年国家知识产权局颁布实施的《专利标识标注办法》首次从主体、格式等方面为专利标识标注形式提供了规范，供权利人及行政执法部门参考。然而，标注不规范行为的表现形式具体如何、假冒专利行为的界限何在等实际问题仍不明确，易致使权利人不愿行使权利或者随意行使权利，都不利于社会公众了解专利产品信息。为此，2019年1月《专利标识标注不规范案件办理指南（试行)》以及2020年7月《查处假冒专利行为和办理专利标识标注不规范案件指南》（以下简称“新《指南》”）的相继出台，进一步明确了涉专利标识违法行为的行政执法界限和程序，着重细化了假冒专利行为和专利标识标注不规范行为的认定标准，并予以举例明示。

3.《广告法》《刑法》等其他补充性规定

《广告法》规定，用于广告宣传的专利必须是有效专利，且必须标明专利权类别及专利号。[①] 此外，假冒他人专利，情节严重的，构成假冒专利罪，作为唯一涉及专利的知识产权犯罪，规定在《刑法》第216条中，意味着冒用他人专利进行标注且危害结果达到一定数额，单位及其主要负责人员将受刑罚处罚。[②]

（二）我国专利标识制度的不足

1. 形式上缺乏明确性和系统性

我国现行专利标识相关规定在形式上不利于权利人理解标注规范，不合理地提高了权利人标注标识的注意负担。

（1）标注要求过于烦琐细碎。根据新《指南》的规定，合规的专利标识标注行为应当符合主体有权标注、载体适宜、专利有效、标注形式规范等要件，有关各要件的具体要求较为细碎。[③] 过多的标注要件使得权利人负担过重，行政执法操作规程也相应更为机械化复杂化。例如，专利号是国家知识产权局授予专利权时给出的唯一性编号，标注专利号时未在数字前加“ZL”、标注了授权公告号而非专利号、专利号缺少或多标部分数位等，均属于专利号标注不规范的情形；倘若某一数位错

① 《中华人民共和国广告法》第12条。

② 《中华人民共和国刑法》第216条。

③ 国家知识产权局《查处假冒专利行为和办理专利标识标注不规范案件指南》第5章第2节“一、合规标注行为的构成要件”。

误或错位的专利号恰巧是他人专利号，为证明该错标系笔误，标注者还需证明其专利权与其产品所含技术或设计相吻合，以排除涉嫌假冒他人专利，[①] 因此现行专利标识标注要求的注意负担较高，也与信息化时代背景不相契合，实则浪费了权利人标注成本和行政执法资源。

（2）相关规定缺乏确定性与协调性。专利标识标注行为的实施主体是权利人及被许可人，专利标识标注是否不当的判断视角是相关公众，因此专利标识行政执法中对标注不当行为的认定，应当在立法授权范围内，以是否会造成相关公众误认为关键，给予权利人充分的预期。新《指南》细化了原《专利标识标注办法》中未有涉及或者模棱两可的专利标识标注情形，从适用角度上看该文件的确为行政行为的合理性提供了指引；然而，部分行政执法标准突破了上位法的限制，不仅不利于法律制度的协调性，更降低了原有法律规定在实施中的可预测性，甚至会影响假冒专利罪的界定，有悖于刑法之罪刑法定原则，不合理提高了权利人的违法风险。例如，受制于《专利法实施细则》对假冒专利行为形式的限定，标注已终止的专利构成假冒专利的行为载体限于产品或其包装，[②] 而新《指南》则举例明示，在宣传资料、网站等载体上标注已终止的专利亦构成假冒专利。[③] 鉴于权利人对宣传资料、网站等载体的更新常会滞后于产品或与其紧密结合的包装，且专利失效并不影响专利产品所含有的技术内容，不存在以未授权专利误导公众的意图和效果，因此在行政执法中将之作为假冒专利行为与上位法冲突，亦不合理地提高了权利人的注意负担；将之解释为专利标识标注不规范行为而非假冒专利行为，与上位法的既有规定更为协调，且更贴近权利人对法律的预期理解，同时也与该行为的损害后果相契合。

2. 内容上缺乏保障性与倡导性

专利权人标注专利标识有助于社会大众了解产品信息，并推动专利信息的流动。然而，我国《专利法》并没有像《商标法》那样，鼓励权利人对其标识进行积极标注，[④] 仅是原则性规定了专利权人有权标注，从制度上并未激励权利人用尽专利标

---

① 国家知识产权局《查处假冒专利行为和办理专利标识标注不规范案件指南》第 5 章第 2 节“二、标注不规范的认定（二）专利号标注不规范”。

② 《中华人民共和国专利法实施细则》第 84 条。

③ 《查处假冒专利行为和办理专利标识标注不规范案件指南》第 4 章第 2 节“一、认定构成假冒专利的要素（三）行为载体”。

④ 《中华人民共和国商标法》第 4 条。

识的应有效能。不仅如此，立法上缺乏对假冒专利行为民事责任的全面规定，民事赔偿方面的不稳定性同样会使得权利人没有标注专利标识的动机。

具体而言，假冒专利行为包括在非专利产品上标注虚假专利标识的冒充专利行为，以及擅自标注他人专利标识的假冒他人专利行为。[①] 我国立法对假冒专利的行政及刑事责任规定较为详细，而假冒他人专利由于不属于未经专利权人许可实施专利技术/设计方案的行为，其民事责任的具体承担方式在专利法中并无规定，导致假冒他人专利民事赔偿责任的司法裁判标准不一，实践中或是参照专利侵权损害赔偿的计算方法，[②] 或是直接适用法定赔偿，[③] 又或是在假冒他人专利和专利侵权竞合时简略前者责任；[④] 甚至还有学者认为，假冒他人专利虽具有社会危害性，但不至于损害专利权人的财产利益，因此不需要承担民事赔偿责任。[⑤] 理论与实践中假冒他人专利是否需要承担民事赔偿责任以及应如何承担不甚明确，易使专利权人权益无法得到充分保护，阻碍权利人标注专利标识。

3. 管理上缺乏高效性和便民性

我国现有的知识产权数据库主要针对专利和商标建立，然而涉及专利标识信息的有关内容无法在类似数据库中得到。我国专利数量巨大，行政执法压力大一定程度上来源于专利标识宣教的欠缺以及专利标识标注结构的复杂性。现有的专利制度宣传中大多忽略专利标识，规范的专利标识标注又限于以固定而烦琐的文字形式呈现，限制了专利权人自行采用更为简洁便利的方式，借助数字化创新手段呈现专利标识。根据现有规定，标注中只要有一项要件缺漏，即构成专利标识标注不规范行为，在很大程度上平添了权利人标注成本和行政执法成本，阻碍了权利人标注专利标识，遏制了专利标识社会效益的发挥。

---

① 全国人民代表大会常务委员会法制工作委员会，安建．中华人民共和国专利法释义［M］．北京：法律出版社，2009：132.

② 安徽省高级人民法院（2018）皖民终第524号民事判决书，新疆维吾尔自治区乌鲁木齐市中级人民法院（2015）乌中民三初字第204号民事判决书，浙江省杭州市中级人民法院（2014）浙杭知初字第111号民事判决书，广东省广州市中级人民法院（2014）穗知民初字第196号民事判决书，上海市第一中级人民法院（2010）沪一中民五（知）初字第10号民事判决书等。

③ 北京市第一中级人民法院（2007）一中民初字第10394号民事判决书。

④ 浙江省杭州市中级人民法院（2013）浙杭知初字第412号民事判决书。

⑤ 李国庆．论假冒专利行为——对2008年《专利法》第63条的一点看法［J］．天津法学，2011（1）：83－86.

四、专利标识标注行为的风险分析

专利标识相关立法会对专利标识标注行为产生约束力，学理上则提倡适当标注专利标识以正确发挥其效能，因此权利人标注专利标识时，一旦突破法律约束或是忽视学理导向，可能引发法律上和管理上的双重风险。

（一）法律风险

虽然我国专利标识现行法律规定尚存不足，专利标识标注仍应当依照法律规定的方式实施，否则，标注格式不规范或者内容有误将直接导致权利人面临法律风险，一旦违反法律规定，则将承担法律责任。

1. 直接违法的风险

第一，如前文所述，我国专利标识立法稀疏、操作性规范琐碎，整体协调性欠佳，降低了专利权人的可预测性和标注意愿；第二，目前高效管理专利标识的系统尚未得到推广，权利人无法对其专利标识一一进行追踪；第三，专利标识在专利制度中受重视程度不高，相关知识的宣教较为欠缺。因此，诸多因素影响着专利权人彻底理解并准确标注专利标识的能力，专利权人极易因为不熟悉细节而未按照规范进行标注，直接违反专利标识法律规定，面临民事、行政甚至刑事责任。

2. 间接违法的风险

除了直接违法之外，非专利权人的法律主体也同样面临违反专利标识法律规定的风险。首先，对于生产者因产品的专利标识标注违法而承担责任的，销售者也同样需要承担责任。① 其次，专利标识权来源于并可独立于专利权，有权实施专利并不意味着有权标注专利标识，② 专利许可中对专利标识标注问题约定不清，极易埋下纠纷隐患和假冒专利风险。例如，权利人获得专利实施许可，虽有权实施专利技术/设计方案，并不意味着其有权标注专利标识，倘若合同中没有关于专利标识的明确约定，即无权标注，构成假冒专利，可能面临专利权人民事起诉和假冒专利行为行政查处的风险，甚至面临刑事责任。

---

① David Y. Kwok. Determining Standing and Damages for Competitive Injury from False Patent Marks [J]. Virginia Journal of Law & Technology, 2012 (17): 171－189.

② 孙方涛，左萌，李晓利. 专利标识标注与专利实施许可浅议 [J]. 中国发明与专利，2012 (5): 81－82.

（二）管理风险

标注专利标识应当是权利人在权衡社会利益和个体私益后谨慎作出的决策，随意决定不标注专利标识或是专利标识披露的信息过多，极易导致标识效能淡化或丧失，甚至对权利人产生负面影响。

1. 信息隐匿的风险

专利权人可以选择不标注专利标识，然而这并不符合社会公众对专利权人公开其产品信息的期望。专利标识传递着“产品中含有该专利”的信息，权利人不予标注，便阻断了社会公众尤其是竞争者、消费者由此渠道获悉产品信息的机会，不仅不能发挥专利标识的社会效益，也削弱了权利人警示侵权、推广产品的机会。

（1）专利权保护强度降低。专利标识具有警示潜在侵权者的作用，专利权人不标注专利标识即是放弃了专利标识的警示效能。对于部分注意力较弱或心存侥幸的竞争者而言，可能认为该产品不含专利，或是刻意选择未标注专利标识的产品，对产品及所含技术加以模仿利用，实施专利侵权行为；未标注专利标识，侵权人的注意义务较低，由法院酌定的损害赔偿数额也将受到影响，而专利权人面临的更是诉讼、时间、市场流失等一系列成本，得不偿失。

（2）宣传推广机会减少。虽然专利与产品品质并无直接联系，但消费者观念上会将“含有专利”视为产品的特殊“光环”，将之作为选购时的一项参考因素；下游经营者基于专利的垄断性，考虑到消费者观念，也会更倾向于购进专利产品，而寻求专利许可的一方也可以通过专利标识与专利权人接触、磋商。尤其是技术竞争日益激烈、专利意识日渐凸显的当下，未标注专利标识可能限制专利产品的推广和权利人信誉的提升，甚至在市场竞争比较中面临劣势。

2. 披露过度的风险

与不标注专利标识相反的做法是标注过度，将过多的信息通过专利标识予以披露。一些专利权人认识到专利标识可以吸引消费者，出于广告宣传等目的，着力将专利标识所承载的信息详细化、充盈化，使其能带给公众更多信息，招徕选购。专利标识传递的信息应当仅是“产品中含有专利，其专利权类别及专利号为……”，至于产品的其他特性、权利人详细信息、专利技术方案等内容，都不是专利标识所要直接传达给消费者的。标注过度的专利标识极可能使其应有效能被淡化，反而产生消极影响。

（1）专利信息被淡化。有限的产品载体上标注过多信息，会使得与专利有关的重点信息不突出，无法显著警示竞争者，防范侵权；消费者在选购时大多也不愿浏览过于繁杂冗长的信息内容，信息难以有效传递，标识形同虚设。

（2）标注负担过重。过多地将宣传精力花费于专利标识上，或是标注过多的无关信息，易导致权利人标注负担过重、资源分配不均、管理成本过高。

（3）战略意图被暴露。专利标识披露的信息既要满足社会大众对于专利产品信息的知悉需求，又要考虑权利人对自身内部信息的维护。为了提高吸引力而在标识中过度披露专利信息，详细地描述专利的技术方案、配方成分、同族专利的国际分布，或是对已申请但未公开的关键专利申请进行标注，等同于向社会大众公开了部分专利布局，细心的竞争者很可能就此按图索骥，以低成本获取并分析权利人的战略意图，① 甚至推演得到其经营计划、研发策略甚至是商业秘密。因此权利人不加审慎地在专利标识中过多披露信息可能会面临战略意图暴露的风险，不利于自身发展。

五、专利标识标注风险的对策

鉴于专利标识具有公益属性和财产属性，公众及权利人对专利标识的认知不足导致权利人标注较为随意，更使得专利标识的社会效益受到限制，以下从宏观的公权力层面和微观的权利人层面提出对策，借由公权力为权利人创造更好的专利标识标注环境，敦促权利人真实清晰地传递信息，在积极利用专利标识为己谋利的同时为民造福，最大限度地发挥专利标识的公私效益。

（一）宏观公权力层面

1. 提升法律规定的明确程度和可实施性

如前文所述，我国专利标识法律规定在形式上过于烦琐和分散，行政操作性规定过多且与上位法不相适应，不利于权利人理解并实施标注。因此，有必要调整专利标识制度在各法律规范中的分布结构，着力提高上位法的精准性和完备性，

① 姚勇. 谈专利标记权的适用［J］. 发明与创新，1998（8）：28－29.

降低行政操作性文件的繁杂性：在《专利法》中除保留专利标识权条款外，还应补充和明确专利标识规范性要件或违法要件，以呼应专利标识警示侵权的作用，提高公众和权利人认知；在《专利法实施细则》中，可以对要件中的部分概念、用词进行解释和细化，便于权利人实际操作；在《指南》等具体行政文件中，可以通过指导性个案示明的方式，在具体语境中解释个别要件，为行政机关执法提供参考。同时，应当对专利标识标注规范要件和违法行为的类型化进行进一步精简，及时结合技术背景和社会发展进行更新调整，避免类似情形构成不同违法行为，有违社会大众的一般理解和遵从意愿，以期提高标注行为的可实施性和行政执法的可操作性。

2. 提高对专利标识标注行为的倡导和保障

专利标识的标注有助于社会大众了解产品信息，加速专利信息流动，也能够为权利人带来一定的经济效益，因此，立法上同样可以参照《商标法》的相关规定，增加提倡权利人积极标注专利标识的条款，并通过行政指导等方式为权利人提供专利标识标注模板以供参考；针对某些受专利信息影响较大的消费领域，可以要求权利人必须标注专利标识。同时，针对被他人假冒专利的权利人寻求民事赔偿的难题，可以在立法中明确假冒他人专利行为的民事赔偿责任，参照专利侵权或不正当竞争行为确定赔偿数额；针对恶意假冒、多次假冒等情形，可以参照适用惩罚性赔偿；在适用法定赔偿时，可以参考商标和专利侵权的考量因素综合确定，以从民事救济角度解除权利人标注专利标识的后顾之忧，提高专利权保护的全面性和严格性。

3. 创设专利标识数字化管理模式

为解决现有专利标识格式烦琐、权利人标注成本高、执法人员监管压力大的问题，可以尝试以数字化形式呈现专利标识信息。如前文所述，专利标识的直接功能在于“产品中含有专利”及专利信息的传达，并不要求其信息传达像商标那样直观迅速，因此专利标识可以尝试采用二维码形式呈现，[①] 二维码链接的具体内容由国家相关部门生成并监管，在专利授权的同时生成“一专利一码”，实行统一管理。通过二维码等数字形式呈现专利标识，并未减损其信息传达的效果，反而既能突出显现，吸引消费者或下游经营者等信息需求方扫码了解、快速获取信息，又能降低

① 杨长青. 论专利标识的标准化管理［J］. 中国发明与专利，2016（8）：14－16.

标识设计和标注的成本，并解决某些产品中专利量过大无法标注的难题。此外，基于官方专利标识数据库，利用区块链技术自动生成二维码标识，[①] 格式更为标准、统一，降低了权利人违法风险和行政执法压力，也便于信息追溯，提升了标识可信度，更有利于专利标识信息传递和侵权警示功能的发挥，也阻止了专利标识异化为品质宣传的手段。

（二）微观权利人层面

为防范专利标识标注行为之风险，权利人不仅应主动了解法律规定，谨防违法风险，更应将专利标识作为其一项重要的资产，从创造社会价值出发，主动权衡社会需求与自身利益，作出适宜的标注决策，发挥标识应有效能。

1. 底线：了解法律规定，严防违法风险

遵守国家法律规定应当是专利权人作为民事主体行使权利时最首要的理念，是专利标识标注的底线。

（1）关注法律规定细节，避免无意中违法。在现行法律未作修改的情况下，尤其需要关注细节规定。权利人可以不标注专利标识，一旦选择标注，就应当履行正确、完整、清晰地进行标注的义务，避免因标注错误、标注不规范等情形误导公众，承担法律责任。例如前文所述，专利权的被许可人有权实施专利技术，并不意味着有权标注专利标识，专利许可合同双方应当重视专利标识标注事宜，明确约定专利标识权的行使，专利权被许可人若要标注专利标识，需要专利权人另行授权，并在许可合同中载明。此外，专利权转让过程中也应当注意专利标识权的约定，针对受让人尚未取得专利权或转让后让与人产品未行销完毕的情况，双方可以协商约定一个共享专利标识权的过渡期。

（2）将专利标识纳入风控体系，主动监管和核查各环节。专利标识标注的环节较产品销售而言更为宽广，还包括标识的设计、制造、贴附等环节，从标识设计之时起，权利人就应当仔细核查格式，事先检索专利状态，确保有效再行标注；产品上市后，还应注意专利状态是否有所变化，以便及时在下一批次产品中修改或撤除标识；销售商购进生产商产品后或转销前，也应当进行核查，及时阻断标注不当的

① 国家知识产权局．中国专利公布公告："一种基于区块链的防止假冒专利方法及装置"［P/OL］．［2020－04－28］．http://epub.sipo.gov.cn/patentdetail.action?strSources=pip&strWhere=AN%3D%27201710712747 3%27&strLicenseCode=&pageSize=6&pageNow=1.

专利产品进入市场，避免自身承担法律责任；除产品本身及包装外，还应当关注宣传材料、网站中专利标识的标注是否规范。

2. 目标：权衡社会需求与自身利益，发挥专利标识之财产效能

管理大师彼得·德鲁克（Peter F. Drucker）指出，组织的所有活动都应当是在“为顾客创造价值”，组织的价值不由其自身界定，而是由外在客户界定的；即创造客户价值才应当是企业的目标，提升自身收益是实行该目标的必然结果。[①] 因此，除了被动地防范违法风险外，权利人更需要基于专利标识的公益属性和财产属性，认识到专利标识的社会效益和经济价值，主动而审慎地作出真正适合自身发展的标注决策。基于“为顾客创造价值”的理念，以令消费者充分认知产品信息、提升社会福利为出发点，在不危害自身利益的限度内，恰如其分地实施专利标识标注行为，既契合社会公众了解产品信息的需求，更能利用专利标识这一财产，为权利人自身创造经济效益。

（1）转变专利标识的传统观念。专利标识是具有财产属性的特殊符号，具有独特价值，权利人应当纠正长期以来“重商标标注，轻专利标识”的观念，从战略地位上重视专利标识的特殊法律性质。权利人通常仅熟知专利标识的广告宣传作用，却对其财产属性和侵权警示作用不加重视。为充分利用专利标识的经济效益，权利人可以在专利产品的专利标识中附加“侵权必究”字样，专利权人可主动要求被许可人、生产商等主体对专利产品标注专利标识；[②] 为确保各渠道各环节的接触者均能受到警示，可以力求标注的全面化。总之，专利权人应当有意识地利用专利标识，维护自身利益。

（2）将专利标识纳入创新管理体系。以恰当的方式标注专利标识有利于社会公众了解到“产品含有专利”这一事实，提升产品信息透明度、社会好感和企业形象，同时不至于破坏权利人战略信息的私密性，控制经营成本。而专利标识标注行为的实施源于权利人的内部决策，欲恰当地标注专利标识，需要权利人内部作出适当的标注决策。一是基于多因素考量，针对不同专利及产品选择合适的标注方式：根据自身实情决定是否标注、如何标注；结合标注费用、产品中的专利数量、专利潜在价值、同行侵权可能性、专利寿命、特定公众需求等对不同产品作出针对性的

---

① 袁建中. 企业知识产权管理理论与实务［M］. 北京：知识产权出版社，2011：2.

② Sereboff S C. New Requirements in Patent Marking and Notice［J］. J. pat. & Trademark Off. socy，1994：1－8.

标注决策；考虑技术与产品的生命周期，必要时调研消费群体，适时调整标注方式。[①] 例如，对领先技术和优势产品的标注予以把控，避免竞争对手较为容易地获知产品中专利信息；对于模仿成本较高或制造设备要求较高的先进专利产品，可以进行标注，突出其先进性，招徕购买；对市场上较为成熟、普遍的专利产品，积极标注，避免比较劣势。二是将专利标识信息纳入企业专利管理体系：对于拥有较多专利的权利人而言，为提升专利标识管理效率，在对专利状态进行监管的基础上，附加专利标识信息，统筹管理已标注或待标注专利（或申请）的国别、期限、状态、类别、专利号、标识图样、标识位置、战略地位（分等级）、许可等信息，便于查询、生成标注信息和跟踪监控。综上，专利权人将专利标识作为公益介质，向社会大众正确、适宜地传达信息，在满足社会需求的同时，又能利用专利标识为自身创造经济价值。

六、结　　论

学理上，专利标识向社会大众表征产品中的专利信息，具有警示侵权与推广宣传的作用，其符合“法律上的财产”要件，因此专利标识在法律性质上属于具有公益属性和财产属性的特殊身份符号。实践中，我国专利标识立法将专利标识标注行为作为专利权人的权利，相关法律规定的明确性、协调性和倡导性不足，为权利人标注专利标识带来法律风险。专利标识于公益，满足了社会大众知悉专利产品信息的需求，提升社会福利；于私益，能够稳固并提升专利权人效益，具有战略作用；权利人不加审慎地标注专利标识，隐匿或过度披露信息，会丧失利用专利标识提升自身经济效益的机会。因此，专利标识具有复合属性和独特价值。

为促使专利标识发挥其应有效益，立法者和权利人在重视专利技术本身的实施之余，不应轻视专利标识标注；在重视专利标识能够表征产品专利信息作用之余，还应意识到专利标识的财产属性；在重视专利标识权的私权本质之余，不应忽视专利标识对社会公益的影响；在重视现行法律规范之余，还应借鉴相关学理及域外实践对专利标识标注行为的引导。借由公权力为权利人营造良好的专利标识标注环境，

---

① Binal Patel, Krik Sigmon. Four Effective Patent Marking Strategies (July 25, 2018) [EB/OL]. [2019-03-27]. https://www.managingip.com/IssueArticle/3816074/Archive/Four-effective-patent-marking-strategies.html? ArticleId=3816074&AddIssue=true.

促使权利人了解相关法律规定与学理导向，领会专利标识的复合属性并制定针对性策略，既能避免专利标识违法风险，更能在专利标识造福公众之余，利用专利标识赋能权利人自身发展，实现专利标识制度“1 +1 >2”的更优意义。

（责任编辑：郑淑凤）

On the Risk of Labeling of Patent Marks and Its Coping Strategies

Shen Jiapeng

Abstract: The patent mark indicates the identity of the patented product and the patent information contained, with the function of warning and propaganda. In line with the legal requirements of property, it's a special symbol with both social benefits and property attributes. China regards the labeling of patent marks as a right of the patent holder. However, with few existing legislations, poor coordination and insufficient social awareness, the potential effectiveness of patent marks have been limited a lot. Based on the composite attributes of patent marks, public power should create a good environment for effective labeling of patent marks, guiding the right holders to pay more attention to the special value of patent marks, rigorously prevent legal risks and properly exert the efficiency of the patent marks, so as to improve economic benefits while creating social welfare.

Key Words: Patent law; Patent mark; Labeling of patent marks; Risk coping strategy

商标恶意诉讼的司法规制

——以美国法为视角

高孟宇*

【摘　要】在我国审判实践中，商标恶意诉讼的问题日益凸显。而目前各地法院的判决，比如江苏高院、山东高院、北京知产法院审理的“TELEMATRIX”系列案、浙江高院审理的“CPU”案和广东高院审理的“QQ企鹅”案等比较有代表性的案件中，法院在认定商标恶意诉讼时，适用不同的构成要件，采用不同的认定思路，案件的判决说理和判决结果也不尽相同。为统一裁判规则，在总结已有的审判经验的基础上，结合美国的联邦商标保护实践，以及《侵权法重述》和各州的判例法关于“恶意诉讼”所形成共识的认定方法，建议针对包括商标在内的多种知识产权的恶意诉讼制定统一的认定规则，并在司法审判中强化律师费转付、引入恶意诉讼惩罚性赔偿机制、建立恶意诉讼保证金制度、对恶意诉讼设置诉权限制等，通过这些规制策略的共同作用，从而更有效地遏制商标恶意诉讼的问题，促进我国商标制度更健康理性的发展。

【关键词】商标恶意诉讼　构成要件　裁判规则　标准统一　规制策略

一、我国商标恶意诉讼问题研究的背景

（一）我国商标恶意诉讼问题的出现

2019年，我国对《商标法》进行了第四次修订，新法的实施，彰显了我国对商

---

* 高孟宇，北京市集佳律师事务所知识产权律师，美国威廉玛丽法学院法律硕士、西南政法大学知识产权法学硕士。感谢北京市集佳律师事务所合伙人侯玉静律师、威廉玛丽法学院劳拉·海曼（Laura A. Heymann）教授、西南政法大学秦洁教授和韩国Lee & Ko律师事务所驻北京代表处首席代表姜仑亚（Gang Yun A）律师为本文提供建议。

标权的强保护。一方面，对真正的“商标权利人”的保护得到进一步提升；但与此同时，也造成形式上的“商标权利人”出于不正当的目的，基于形式上的商标权，实施大量商标权滥用的行为，这不仅严重侵害了其他市场主体的正当权利，还扰乱了商标使用的市场秩序，对我国公平竞争的营商环境造成恶劣影响。

商标权滥用行为既包括商标取得阶段的滥用，也包括商标权行使阶段的滥用。而商标的恶意诉讼①就是商标权行使阶段滥用权利较为典型的情形。针对商标权滥用，目前实践中主要的规制手段有以下四种：一是商标不构成侵权的抗辩；二是确认不侵权之诉；三是不正当竞争之诉；四是因恶意提起知识产权诉讼损害赔偿之诉（以下称“恶意诉讼反赔之诉”或“反赔之诉”）。但这四种方案的构成要件、认定标准以及侧重点各不相同。四种方案的维权主动性依次递增。第一种方案主要是被动防守；第二种方案对权利状态进行确认，较为主动；第三、第四种方案相当，比第一、第二种方案更为积极。四种方案都具自身的优缺点：方案一过于被动，方案二启动的前提是对方发函等造成权利不确定的状态，这两种方案均无法主张赔偿。方案三的启动较为灵活，但该方案主要是通过反不正当竞争法的原则性条款来规制，而对于诚实信用原则和公认的商业道德的判断仍然较为模糊，实践中不太容易把握。方案四的问题在于必须等待原诉讼作出实体胜诉判决后才能启动，且恶意诉讼的构成要件和裁判规则不明晰。

由于本文的篇幅有限，考虑到商标恶意诉讼是近年来较为突出的问题，加之理论还不太成熟，需研究的问题还很多。因此，本文将主要围绕该问题，针对如何认定恶意诉讼、探索恶意诉讼的构成要件和裁判思路、寻求有效规制策略等几个方面展开。

（二）商标恶意诉讼的规律和特点

商标恶意诉讼并没有法律规范上的解释。通过对司法判例以及学说的提炼，通常认为其是指行为人为了达到某种不正当的目的，明知自己的请求缺乏事实和法律上的依据，仍以保护自己的商标权为名，以申请行为保全或起诉的方式提出某种诉

---

① 传统的知识产权恶意诉讼多表现为双方恶意串通型，不存在实质对抗，如捏造侵害商标权关系、伪造证据、骗取驰名商标的司法认定的诉讼。近年来出现的新型恶意诉讼主要表现为不以双方恶意串通的单方恶意诉讼，目的在于损害对方的合法权益，具有实质对抗。本文主要围绕新型单方恶意诉讼展开。值得注意的是，知识产权恶意诉讼，无论是传统的还是新型的，其范围均小于滥用诉权（权利滥用的一种类型）。滥用诉权除了实体上的滥用诉权，还包括程序上的滥用诉权，如在没有任何理由的情况下恶意提起管辖权异议等行为。

求，以达到排挤或削弱竞争对手的目的。

一般而言，在商标恶意诉讼中，形式上的“权利人”通常拥有商标注册证，在起诉时存在权利外观，合法维权与侵权行为的界限并不十分清晰，具有很强的隐蔽性。甚至在一些疑难复杂的案件中，就连专业的法官和律师对商标权的状态、正当性的界定以及侵权与否的判断也存在一定困难。在这样的情形下，一旦原告恶意提起商标诉讼，被告往往处于非常不利的状态，甚至会严重影响被告的商业决策，干扰其正常的市场行为。此外，商标恶意诉讼的行为实施成本低，产生的损害大。商标法规定了商标侵权行为保全制度，包括在诉前或者诉中均可以对潜在的侵权人或被告提出行为保全的禁令。在某些情况下，行为人选择在特殊的时机如活动促销日或竞争公司的投融资、并购、上市等关键时期，恶意申请行为保全或起诉，造成难以弥补的损害。商标恶意诉讼不仅侵害对方当事人的合法权益，使其遭受经济上的损失，对商誉造成负面影响，同时还扰乱市场竞争，浪费司法资源，损害司法权威。因此，针对商标恶意诉讼的行为，应当妥善进行规制。

二、我国关于商标恶意诉讼的立法现状和司法实践

（一）关于商标恶意诉讼的法律规定

在恶意诉讼的司法认定方面，我国法院早在 2004 年就逐渐开始探索。2004 年 2 月 25 日，最高人民法院民三庭在北京召开了滥用诉权问题研讨会，着重就知识产权审判领域恶意诉讼问题进行研讨，研讨会所形成的《关于恶意诉讼问题的研究报告》[①] 指出“恶意诉讼中的‘恶意’主要表现在两方面：一是明知自己的诉讼请求缺乏事实和法律依据；二是具有侵害对方合法权益的不正当的诉讼目的”。此后，在 2017 年施行的《民事诉讼法》第 13 条规定，“民事诉讼应当遵循诚实信用原则。当事人有权在法律规定的范围内处分自己的民事权利和诉讼权利”。2021 年 1 月 1 日开始施行的《民法典》第 1165 条规定，“行为人因过错侵害他人民事权益造成损害的，应当承担侵权责任”。

首次将知识产权恶意诉讼明确引入法律文件是 2011 年的《民事案件案由规

① 最高院民三庭. 最高人民法院民三庭关于恶意诉讼问题的研究报告 [R/OL]. [2021－06－01]. https://china.findlaw.cn/info/qinquanzerenfa/qbqqzr/eyss/20100829/130950.html.

定》，该规定在第五部分“知识产权与竞争纠纷”第十四章“知识产权权属、侵权纠纷”中，新增第155条的案由“因恶意提起知识产权诉讼损害责任纠纷”。在2021年生效的《民事案件案由规定》中，最高人民法院进行了结构上的调整，现该案由规定在第五部分“知识产权与竞争纠纷”第十四章“知识产权权属、侵权纠纷”的第171条，内容没有发生变化。尽管有案由的规定，但最高人民法院并未对该案由中恶意诉讼的认定进行解释，增加该案由，是希望此类案件能被各级法院立案受理，在通过法院审理此类案件并探索出有益的经验后，再进行总结，上升为法律。

为应对知识产权恶意诉讼，我国逐渐在立法层面规定了相应的规制措施。2016年，最高人民法院发布《关于进一步推进案件繁简分流优化司法资源配置的若干规定》，其第22条明确了加大对恶意诉讼的打击力度，如当事人滥用诉权，给对方造成直接损失的，法院可以支持赔偿无过错方提出的合理的律师费。① 全国人大常委会在2019年第四次修改《商标法》时，保留了第7条的内容，“申请注册和使用商标，应当遵循诚实信用原则”。同时也保留了第47条的规定，“因商标注册人的恶意给他人造成的损失，应当给予赔偿”。在新增的第68条第4款的后半段规定“对恶意提起商标诉讼的，由人民法院依法给予处罚”。第68条新增的内容与第47条相呼应，进一步明确了商标注册人在一定情形下承担相应的行政和民事责任，具有重要的意义。但实践中，对于如何适用这些条款，仍未达成共识。此外，最高人民法院还在2020年发布的《关于全面加强知识产权司法保护的意见》第13条规定，“依法制止不诚信诉讼行为。妥善审理因恶意提起知识产权诉讼损害责任纠纷，依法支持包括律师费等合理支出在内的损害赔偿请求”。最高人民法院在2020年起草的《关于加大知识产权侵权行为制裁力度的意见（征求意见稿）》第19条规定，“明知或者应知请求保护的知识产权系不正当获得或者不具备行使权利的实质基础，仍然依据该权利提起侵权诉讼或者申请保全措施等，构成恶意诉讼的，对方当事人可以反诉请求赔偿其为应诉而支付的律师费、差旅费、调查取证费等合理费用和因此遭受的经济损失”。2021年5月31日，最高人民法院在答复上海高院《关于知识产权侵权诉讼中被告以原告滥用权利为由请求赔偿合理开支问题的批复》中明确，在知识产权侵权诉讼中，被告提交证据证明原告的起诉构成法律规定的滥用权利损

① 《关于进一步推进案件繁简分流优化司法资源配置的若干规定》（法发〔2016〕21号）第22条。

害其合法权益，请求原告赔偿合理的律师费等开支，应予支持。被告也可以另诉请求赔偿。该批复的实施，有利于将律师费等合理开支作为杠杆，发挥调节双方当事人诉讼行为的作用。通过上述规定可以看到，我国法院为解决恶意诉讼问题在诉讼程序以及赔偿范围等方面做出了许多大胆的尝试。

（二）司法实践中关于商标恶意诉讼的裁判规则

纵观我国商标案件的审判实践，最高人民法院早在2014年的“歌力思”案①中，针对恶意注册商标后提起侵权诉讼的情形就已经作了一些初步的探索。在“歌力思”案中，法院从诚实信用原则和禁止权利滥用的角度进行切入。法院认为，王某某于2009年在与服装商品关联性较强的手提包、钱包等商品上申请注册“歌力思”商标，其行为难谓正当。据此，王某某以非善意取得的商标权对歌力思公司的正当使用行为提起的侵权之诉，构成权利滥用，其诉讼请求不应得到支持。此外，最高人民法院还在2018年审理的“优衣库”案②中，认定原告同样属于恶意取得商标权，但并非像“歌力思”案的做法那样基于恶意抢注被告在先使用的标识的“相对理由”，而是基于批量囤积商标违反商标注册的“绝对理由”。其在使用中的恶意主要体现在权利的行使阶段，包括抢注后高价转卖牟利和批量诉讼等。此外，“优衣库”案较为明确地支持了被告提出的“恶意诉讼抗辩”。

尽管如此，不可否认，江苏高院于2018年9月判决的“TELEMATRIX”案、浙江高院于2018年4月判决的“CPU”案、广东高院于2019年6月判决的“QQ企鹅”案是我国法院在审理此类案件中最敢于尝试和突破的案件。

1. 江苏高院“TELEMATRIX”案③及系列案

“TELEMATRIX”系列案主要涉及抢注他人在先使用并有一定影响的商标，以抢注的商标对多家国内代工商提起商标侵权诉讼的情形。

江苏高院“TELEMATRIX”案的主要案件事实：1998～2003年，比特公司是美国赛德公司的中国代工商，但双方的合作不涉及TELEMATRIX电话机产品。2006年起，中讯公司接受美国赛德公司的委托，加工TELEMATRIX品牌的酒店电话机产

① 最高人民法院（2014）民提字第24号民事判决书。

② 最高人民法院（2018）最高法民再394号民事判决书。

③ 江苏省高级人民法院（2017）苏民终1874号二审民事判决书，江苏省无锡市中级人民法院（2016）苏02民初71号一审民事判决书。

品。2006年，美国赛德公司兼并 TELEMATRIX，INC.，并使用 TELEMATRIX 作为企业名称。2007年，比特公司在第9类电话机等商品上申请 TELEMATRIX 商标并获得注册。2008年1月，比特公司向中讯公司发出律师函称其涉嫌侵害 TELEMATRIX 商标权。2008年3月，中讯公司向无锡中院提起确认不侵权之诉。比特公司同时向日照中院提起商标侵权诉讼。日照中院将该案移送至无锡中院并案审理。2009年，经无锡中院裁定准许，双方均撤回起诉。2013年7月，商评委认定比特公司申请的争议商标系“以不正当手段抢注他人已经使用并有一定影响的商标”，据此裁定撤销争议 TELEMATRIX 商标，该裁定经一审、二审、再审维持。2016年4月，中讯公司向无锡中院起诉称比特公司构成恶意诉讼，无锡中院认定构成恶意诉讼。

江苏高院在该案中提出了恶意提起知识产权诉讼的构成要件并论述该案中比特公司的行为符合这些构成要件。(1) 提起知识产权诉讼无事实或法律上的依据：比特公司起诉时，虽表面上拥有商标权，但因该商标权系恶意注册取得等多种原因而不具有实质上的正当性，比特公司没有正当的权利基础。(2) 起诉时具有恶意：一方面，从认知因素来考察，比特公司起诉时明知没有事实上或法律上的依据，在恶意取得商标权的情况下，尤其明知其取得商标权不具有实质上的正当性；另一方面，从目的因素来考察，其起诉目的是排挤竞争对手、垄断 TELEMATRIX 在国内的销售，显属恶意。(3) 恶意起诉给他人造成损失，且损失与起诉行为具有因果关系。最终认定构成恶意诉讼。比特公司申请再审，尽管最高人民法院于2019年12月裁定驳回了此案的再审申请，支持了二审的判决结果，但最高人民法院在再审裁定的说理部分认为，该案所涉为恶意提起知识产权诉讼损害责任纠纷，其本质上为侵权责任纠纷的一种具体类型。判断比特公司是否存在恶意诉讼的行为，应当从侵害行为、损害结果、因果关系以及行为人的主观过错等几个方面进行考察。① 又回到适用侵权责任法的构成要件进行裁判和说理。尤其针对“行为人提起知识产权诉讼无事实或者法律依据”这一构成要件的分析，再审的思路和二审的思路并不完全相同。

有意思的是，除中讯公司外，比特公司还起诉北京美爵信达和日照立德两家代工商构成商标侵权。北京美爵信达和日照立德后续同样针对比特公司提起了恶意诉

① 最高人民法院（2019）最高法民申366号民事裁定书。

讼反赔之诉（以下分别称“北京案”[①] 和“山东案”[②]），几乎相同的案情，但裁判思路和结果大相径庭。

北京案中，朝阳法院和北京知识产权法院均认为恶意反赔之诉的案由是在二级案由“知识产权权属、侵权纠纷”之下，是一种一般侵权行为。朝阳法院认为，恶意诉讼的构成要件为：（1）提起的知识产权诉讼在事实和法律上无合理根据，具有违法性；（2）恶意，即明知其起诉无合法理由，仍以获得不当利益、损害对方合法权益或破坏对方竞争优势为目的提起诉讼；（3）恶意诉讼给对方造成了损害或削弱了竞争优势，从而使其陷入不利境地。北京知识产权法院认为，恶意诉讼的构成要件为：（1）起诉时是否具有权利基础；（2）当事人是否违背设权目的而滥用权利。两审法院均认定构成恶意诉讼。北京知识产权法院认为比特公司通过欺骗、故意隐瞒、利用不正当手段抢先注册、侵害他人在先权利等方式取得权利证书，并非提起诉讼的合法请求权基础。商标注册中存在恶意，明知不享有知识产权，仍以侵害他人合法权益起诉，具有主观恶意，构成恶意诉讼。

山东案中，日照中院和山东高院均认为，恶意诉讼的构成要件有：（1）行为人在主观方面是否明知起诉及相关行为无法律和事实上的根据；（2）通过诉讼行为达到获取非法或不正当利益的目的。两审法院均认为比特公司不构成恶意诉讼。山东高院终审认定，因商标注册人恶意给他人造成损失（《商标法》第 47 条）的“恶意”，即起诉时的“恶意”，与商标注册中的“恶意”不是同一概念；该案被告在起诉时具有商标权，主观难谓恶意，不构成恶意诉讼。

在“TELEMATRIX”系列案中，江苏高院和北京知识产权法院虽适用不同的构成要件，但说理的思路较为接近，均通过“恶意”否定了权利基础。山东高院的思路则完全相反，认为注册中的“恶意”和起诉时的“恶意”不同，起诉时原告具有权利基础，不能认定起诉时具有“恶意”。实践中，沿袭江苏高院“TELEMATRIX”案裁判思路的案件还有江苏高院的“洋河白酒”案，[③] 反向援引该案裁判思路的有浙江高院的“欧普”插座、排插拖线板案。[④]

---

① 北京知识产权法院第（2017）京 73 民终 2502 号二审民事判决书，北京市朝阳区人民法院第（2015）朝民（知）初字第 22620 号一审民事判决书。

② 山东省高级人民法院第（2016）鲁民终 2271 号二审民事判决书，山东省日照市中级人民法院第（2016）鲁 11 民初 98 号一审民事判决书。

③ 江苏省高级人民法院（2018）苏民终 119 号民事判决书。

④ 浙江省高级人民法院（2019）浙民终 864 号民事判决书。

2. 浙江高院“CPU”案[①]

该案主要涉及将通用名称注册为商标，后恶意起诉的情形。

主要案件事实：共利公司将“浇注型聚氨酯”的简称“CPU”通用名称成功抢注为商标。共利公司向工商局投诉侵权，工商局对科顺公司作出处罚决定，后经行政诉讼撤销了该决定。共利公司后向绍兴中院起诉侵权，两审均认定CPU为通用名称，驳回其诉讼请求。后科顺公司于2017年6月向绍兴中院起诉，认为共利公司提起的侵权诉讼构成恶意诉讼，应予以赔偿。绍兴中院在审理此案时，严格适用侵权责任四要件，认为构成恶意诉讼。随后共利公司上诉至浙江高院。

浙江高院认为，商标恶意诉讼本质上属于侵权行为，应适用侵权责任的四要件进行分析：（1）一方当事人以提起知识产权诉讼的方式提出了某项请求，或者以其他方式提出某项请求相掣肘；（2）恶意；（3）损害后果；（4）因果关系。浙江高院认为共利公司被诉行为的违法性不在于起诉或向工商局投诉本身，而在于主观恶意的认定，即提出请求的一方当事人明知其请求缺乏正当理由，以有悖于权利设置时的目的的方式，不正当地行使权利，意图使另一方当事人受到财产或信誉上的损害。认定“主观恶意”的事实包括，共利公司明知“CPU”系“浇筑型聚氨酯”的简称，在行业内作为通用名称在使用，且他人在先使用，其诉讼的权利基础缺乏正当性。共利公司以非善意取得的商标为权利基础对科顺公司的正当使用行为提起侵权之诉以及向工商局投诉，通过查扣货物等影响交易，从起诉和投诉的时间来看，共利公司起诉等的目的在于打击竞争对手，目的不具有正当性，主观上具有明显恶意。共利公司的侵权行为致使科顺公司遭受损失，且损失和侵权行为具有因果关系，构成恶意诉讼。[②]

再审裁定中，最高人民法院维持了二审判决。但在“是否构成恶意提起知识产权损害赔偿的行为”争议焦点的说理过程中，最高人民法院从诚实信用原则的角度进行论述，认为提起民事诉讼活动以及向行政机关请求查处应当遵循诚实信用原则；应当在法律规定的范围内行使和处分自己的权利，在不损害他人和社会公共利益的前提下，善意、审慎地行使自己的权利。如以损害他人正当权益为目的，恶意取得并行使注册商标权，扰乱市场正当竞争秩序，损害他人合法权益的行为，由此给他

① 浙江省高级人民法院（2018）浙民终37号民事判决书。本案一审判决为绍兴市中级人民法院（2017）浙06民初267号民事判决书。

② 浙江省高级人民法院（2018）浙民终37号民事判决书。

人造成的损失应当予以赔偿。①

3. 广东高院“QQ 企鹅”案②

该案属于申请的外观专利包含他人在先注册商标，再以此外观专利为基础，对他人提起侵权诉讼的情形。虽该案涉及的是外观专利，但裁判思路具有代表性，一并纳入本文分析。

主要案件事实：腾讯公司拥有多项“QQ 企鹅”系列美术作品的著作权以及商标专用权。谭某某 2008 年 12 月申请企鹅音响外观专利。2011 年 3 月，腾讯公司起诉谭某某及其所在公司销售的 QQ 迷你音响侵害其著作权和商标权。随后针对两案达成和解，谭某某同意停止侵权，赔偿损失，并承诺撤回外观专利的申请。后谭某某违背承诺，继续申请外观专利，取得成功后，在 2016 年 2 月起诉腾讯公司侵权，要求判令腾讯公司支付专利使用费 90 万元。随后该专利被腾讯公司成功无效宣告，外观专利诉讼也因此被法院驳回。腾讯公司向深圳中院起诉谭某某构成恶意诉讼。

深圳中院严格适用侵权责任四要件，认定构成恶意诉讼。但广东高院认为，是否构成恶意诉讼，应该考虑“过错”和“是否侵害他人民事权益”两个要件。本案谭某某恶意提起诉讼的“恶意”情形主要体现在其缺乏权利基础和谭某某明知两个方面。关于权利基础，谭某某明知腾讯公司对“QQ 企鹅”系列美术作品享有在先的著作权以及商标专用权，仍然利用外观设计不进行实质审查，将其申请为外观专利，以此来起诉腾讯公司，缺乏正当的权利基础。从主观上分析，谭某某在起诉侵犯外观专利前曾被腾讯公司起诉侵犯在先著作权和商标权，双方达成和解，谭某某同意停止侵权并赔偿损失，说明谭某某早已明知腾讯公司的在先权利，知悉外观专利没有合法的权利基础。谭某某在外观专利侵权诉讼和无效宣告程序中均聘请了专业的律师参与，能够预见其行为的结果，起诉具有恶意，且损害他人权益，构成恶意诉讼。

综观以上案例和审判实践，在认定恶意诉讼的过程中，法院的裁判思路差异非常明显。大体上存在五种思路：（1）严格适用侵权责任法的四要件，以浙江高院“CPU”案和最高人民法院对江苏高院“TELEMATRIX”案的再审裁定为代表；（2）采用四要件，但单列了“提起知识产权诉讼无事实或者法律依据”这一要件，

① 最高人民法院（2018）最高法民申 3243 号民事裁定书。

② 广东省高级人民法院（2019）粤民终 407 号民事判决书。本案一审为广东省深圳市中级人民法院（2017）粤 03 民初 632 号民事判决书。

以江苏高院“TELEMATRIX”案和“洋河白酒”案为代表；（3）适用“过错”和“侵害他人民事权益”两个要件，以广东高院“QQ企鹅”案为代表；（4）仅以“起诉时是否具有恶意”为判定方法，以安徽高院的“鲁沃夫”案[①]为代表；（5）最高人民法院“CPU”再审裁定直接适用“诚实信用原则”进行说理。

此外，上述案件针对律师费的判赔范围也不尽相同。“CPU”案针对商标无效宣告案、买卖合同纠纷案、侵害商标权纠纷案、行政诉讼案及反赔之诉案的律师费一并支持，“QQ企鹅”案也支持了专利侵权诉讼案和反赔之诉案的律师费，而其他一些案件法院仅支持反赔之诉案的律师费。

（三）法院在审理商标恶意诉讼案件中所反映出的问题

由上可知，不同法院对恶意诉讼的裁判标准并不统一，增加了此类案件的不确定性。尤其是最高人民法院的裁判思路在不同案件中存在差异，无法通过再审形成对此类案件的有效指引，这会导致原告在起诉前，担心和顾虑起诉行为可能构成恶意诉讼，维权过程犹豫不决，甚至最终放弃诉讼。

此外，正如最高人民法院对江苏高院“TELEMATRIX”的再审裁定以及浙江高院在“CPU”案中直接适用侵权责任的四要件一样，各地的多数法官也在判决中明确指出，商标恶意诉讼本质上属于侵权行为，应依据侵权责任的四要件进行裁判。但这种裁判思路存在几个方面的问题：第一，侵权责任四要件理论并非正式的规制商标恶意诉讼的法律渊源；第二，恶意诉讼是否构成也与商标权的性质、特征相关，往往建立在商标权利取得和使用制度等事实基础之上；第三，在商标恶意诉讼的案件中，因具有权利外观，导致这种行为的定性难度较高、专业性较强，与一般意义上的侵权行为区别明显，裁判思路也应进行相应的调整。

再者，法院在恶意诉讼中应如何对“没有事实和法律上的依据”这一要件进行认定，即对不当取得的商标权的审查程度应如何把握？目前，受“商标注册取得制度”的影响，法院在否定某个商标的可保护性时显得尤为谨慎，甚至趋于保守。然而，理论上，虽然商标权人通过形式合法的程序获得注册商标，但这更多是公示公信的作用，这个公示公信的前提应当是取得商标注册的行为具有合法性。如果商标权人取得注册商标本身就侵害了他人的在先权利，并企图通过商标注册牟取不当利

---

① 安徽省高级人民法院（2020）皖民终349号民事判决书。

益，那么该公示公信的基础也就不存在，对于这类商标不应获得保护。但在商标侵权诉讼的审理中，一是法院没有类似国家知识产权局内部的商标检索平台，在审查商标合法性的过程中很难掌握全面的商标授权确权情况，再加上一些被告的抗辩能力比较弱，法院查明的事实有局限性；二是有商标案件管辖权的法院比较多，对于疑难复杂的商标案件，不同法院的裁量标准难免存在差异，对同一个商标的实质合法性判断也可能出现不同，或者审理侵权案件的法院与审理商标授权确权案件的法院的裁判思路和结果也可能出现冲突。①

以上均是我国审判实践所反映出来的诸多问题，目前没能得到很好地解决。基于此，可尝试参考和借鉴制度较为成熟的美国经验。

三、美国关于商标恶意诉讼的立法和司法实践

（一）联邦法律以及联邦层面的司法判例

在美国，关于商标案件的管辖可分为联邦注册的商标和州层面的商标。针对联邦注册的商标的行政案件，在专利商标局的评审后，可以向各个联邦地区法院起诉，也可以向位于哥伦比亚特区的联邦巡回上诉法院起诉。针对联邦注册的商标的民事案件，各个联邦地区法院均有管辖权。针对州层面的商标，各州初审法院具有管辖权。因此，美国对于商标案件管辖的设置，使得各个联邦地区法院针对联邦注册的商标的权利取得和效力以及是否构成侵权等事项均有管辖权。② 也就是说，联邦地区法院在商标侵权案件中可以直接对商标的效力进行认定，有权直接否认商标的效力。在这样的模式下，即使联邦法律没有对商标恶意诉讼进行专门规定，实际上，联邦法院通过个案审理的方式也能解决绝大部分商标恶意诉讼的问题，在联邦层面针对商标恶意诉讼进行专门立法显得没有必要。但事实上，《美国联邦民事诉讼规则》和《兰哈姆法》针对恶意诉讼规定了相应的规制和应对措施。

1. 联邦层面商标恶意诉讼规制措施的法律规定

关于恶意诉讼的规制措施，《美国联邦民事诉讼规则》第11条第（b）款规定，

---

① 何琼. 民事侵权诉讼中对不当取得商标的规制路径［EB/OL］.［2021－06－01］. https://mp.weixin.qq.com/s/owtui1UIDcqolhFzvVaKBg.

② 兰国红. 美国知识产权案件法院管辖情况简介［J/OL］. 中国知识产权，2018（7）［2021－06－01］. http://www.chinaipmagazine.com/journal－show.asp? id＝3030.

当事人或代理律师在所有书面文件上（如向法院的书面声请、主张、书状等）都必须签署具结，表示“没有任何不正当的干预目的，诸如从事骚扰、造成不必要的延误或无谓地增加诉讼成本”。第（c）款规定，法院可对违反第（b）款情形的律师、律所和当事人施加制裁。如制裁的动议被法院批准，胜诉方当事人可以请求法院判决由败诉方当事人承担已方包括律师费在内的合理开支。[①] 该条规则是基于公平原则发展而来的，允许法院将包括律师费在内的合理费用开支，判给恶意提起诉讼的当事人或者在诉讼中从事不当行为的当事人承担，以此来遏制恶意诉讼或不诚信诉讼的问题。[②]

由上所述，《兰哈姆法》并未针对商标恶意诉讼的构成要件和裁判规则等进行规定。《兰哈姆法》仅在第 35 条规定，法院可在商标纠纷案件中，在特殊情形下，判决败诉方承担胜诉方合理的律师费（以下称“律师费转付规则”）。[③] 这是遏制商标恶意诉讼的一个非常有效的手段，在司法实践中发挥着重要的作用。但对于何谓“特殊情形”，《兰哈姆法》并未进一步明确。

2. 联邦层面的判例法

联邦层面的判例法主要体现在对《兰哈姆法》第 35 条“律师费转付规则”的具体适用上，而律师费转付的主要目的就是遏制商标恶意诉讼。美国联邦最高法院在 1967 年判决的 *Fleischmann* 案[④]中，认为《兰哈姆法》没有为胜诉方当事人提供律师费的救济。1975 年，国会修改《兰哈姆法》第 35 条第（a）款，在（a）款最后增加了一句“法院在特殊情形下可以判决支持胜诉方合理的律师费”。

在美国联邦最高法院于 2014 年作出 *Octane* 案[⑤]判决之前，各个联邦上诉法院关于如何认定商标案件中“特殊情形”下可获得律师费救济的裁判规则各不相同。联邦第七上诉法院在 2010 年作出的 *Nightingale* 案[⑥]中，回顾了各上诉法院关于律师费转付适用不同规则的混乱局面。一些上诉法院对原告或被告进行区别对待，适用不同的证据和实体审查标准。[⑦] 联邦上诉法院大体上要求：（1）具有恶意；（2）故意

---

① 《美国联邦民事诉讼规则》第 11 条［Z/OL］.［2021 - 06 - 01］. https://www.law.cornell.edu/rules/frcp/rule_11.

② *Roadway Express*, *Inc. v. Piper*, 447 U.S. 752,（1980）; *Hall v. Cole*, 412 U.S. 1, 5（1973）.

③ 参见《美国兰哈姆法》第 35 条（《法典汇编》第 1117 条）第（a）款最后一句。

④ *Fleischmann Distilling Corp. v. Maier Brewing Co.*, 386 U.S. 714（1967）.

⑤ *Octane Fitness*, *LLC v. ICON Health & Fitness*, *Inc.*, 134 S. Ct. 1749（2014）.

⑥ *Nightingale Home Healthcare*, *Inc. v. Anodyne Therapy*, *LLC*, 626 F.3d 958（7th Cir. 2010）（Posner, J.）.

⑦ *Nightingale Home Healthcare*, *Inc. v. Anodyne Therapy*, *LLC*, 626 F.3d 961（7th Cir. 2010）（Posner, J.）.

侵权；（3）恶意的、无理纠缠的或压迫性的诉讼。在 *Eagles* 案中，确立了“压迫性诉讼”的裁判规则。①

2014 年，美国联邦最高法院在 *Octane* 案中开始重新审视各个上诉法院的规则，以期统一裁判标准。在该案中，法院阐述了《美国专利法》关于律师费转付的条款，即 35 U. S. C. § 285，和《兰哈姆法》第 35 条第（a）款的规定和适用是一致的。法院认为，“特殊情形”是指案件有不平常、罕见、不一般、与众不同的地方，包括考量当事人的诉讼立场的实体强度（结合案件的管辖法律和事实进行认定）或案件是否是以不合理的方式进行的，使其区别于其他案件。联邦地区法院可以根据个案的自由裁量权，综合考虑全案的情况，决定该案是否构成“特殊情形”。② 美国联邦最高法院认为以往上诉法院的标准太过僵化且剥夺了法律赋予地区法院的自由裁量权。所以在以往必须同时满足“起诉是基于恶意”和“客观上没有根据”两个要件才可获得律师费赔偿的情况，现在只要具备其中之一便有可能。此外，在举证方面也只要求能举示出优势证据即可。③

法院在 *Octane* 案中的澄清和解读将专利语境下的律师费转付规则的标准有所放松。根据 35 U. S. C. § 285 和《兰哈姆法》第 35 条第（a）款一致的观点，联邦第二、四、六、九上诉法院逐渐开始在商标案件中适用 *Octane* 案所确立的裁判规则。对于还未适用 *Octane* 案所确立的裁判规则的上诉法院来说，一旦有机会，法院很可能也会这么认定。联邦第五上诉法院在 2016 年判决的 *Baker* 案④中，重申在判断案件是否为《兰哈姆法》第 35 条第（a）款所规定的“特殊情形”时，明确应适用联邦最高法院在 *Octane* 案中确立的新的裁判规则。法官在判决中重申，“特殊情形”是指考虑案件的管辖法律和事实，该案在当事人的诉讼立场的实体强度方面与其他案件存在明显区别；或败诉方是以不合理的方式进行诉讼。联邦第五上诉法院并未基于 *Octane* 案所确立的裁判规则径行判决，而是作出撤销原判发回重审的决定。随后在发回重审的判决⑤中，联邦地区法院支持了被告德颂（DeShong）提出的原商标侵权案件构成“特殊情形”两种情形的任一情形的主张。特别地，德颂已经提供证据证明 OMSJ 公司［贝克（Backer）担任该公司的高管］提起的商标侵权诉讼比普

---

① *Eagles, Ltd. v. American Eagle Foundation*, 356 F. 3d 724, 728（6th Cir. 2004）.

② *Octane Fitness, LLC v. ICON Health & Fitness, Inc.*, 572 U. S. 545, 554（2014）.

③ 谢光旗. 遏制专利蟑螂：美国专利诉讼费用移转规则的新发展［J］. 法律科学，2017（1）：171.

④ *Baker v. DeShong*, 821 F. 3d 620, 625（5th Cir. 2016）.

⑤ 2016 WL 8540942, United States District Court, N. D. Texas, Fort Worth Division.

通的商标侵权主张的实体强度要弱得多，且 OMSJ 公司是以不合理的方式进行诉讼。在案证据足以证明，贝克发起商标侵权诉讼真正的目的是获得联邦法院的传唤权，以迫使某些研究艾滋病的专家证人提供公开证词，进而推广他的医学理论，这和商标侵权没有任何关系，属于“特殊情形”，应支持“律师费转付”。最终，联邦地区法院判决原告支付被告的律师费共计 50 225 美元。

（二）《美国侵权法重述》以及州层面的司法判例

虽美国联邦层面的立法没有专门针对商标恶意诉讼进行规定，但《美国侵权法重述》和各州的判例法为商标恶意诉讼问题提供了解决方案。

1. 《美国侵权法重述》对恶意诉讼的规定

实际上，美国各个州的法律均为没有进行联邦注册的商标提供更加宽泛的保护。而在州法层面的侵权责任法还专门规定了恶意诉讼（malicious prosecution）制度，可在州法院请求针对商标恶意诉讼进行救济。《美国侵权法重述》第 674 – 81B 条规定，恶意诉讼是指“为了不正当的目的、没有合理的理由，发起刑事或民事诉讼程序”。同时，规定了恶意诉讼的构成要件：（1）发起或继续进行一个诉讼；（2）缺乏发起诉讼的合理的根据（probable cause）；（3）起诉时具有恶意（malice）；（4）在原诉讼中取得最终实体上的胜诉。在侵权法理论上，“合理的根据”是指对诉讼所依据的事实的存在以及诉讼本身的法律有效性的合理相信。①

2. 州层面的判例法

以加利福尼亚州（以下简称“加州”）为例，加州上诉法院第一分部在 2010 年判决的 *Antounian* 案②中，对如何认定商标恶意诉讼进行了详细论述。法官灵活适用了“恶意诉讼”的构成要件，即：（1）本案原告取得实体的胜诉；（2）无合理的根据发起或继续诉讼；（3）提起诉讼时具有恶意。③

2004 年，LV、迪奥、Burberry 和其他知名公司委托一家调查公司对洛杉矶市中心圣提街（Santee Alley）的假冒商品进行调查，圣提街有数百家商店、摊位，出售服装、珠宝、手袋等商品。在调查公司调查并报告圣提街的假冒活动后，LV、迪奥

① Bryan A. Garner. Blacks Law Dictionary [Z]. Thomson Reuters West, 2019: 1454. The definition of the “probable cause”.

② *Antounian v. Louis Vuitton Malletier*, 189 Cal. App. 4th 438 (2010).

③ *Antounian v. Louis Vuitton Malletier*, 189 Cal. App. 4th 448 (2010).

和 Burberry 在 2006 年 7 月 10 日对包括安东尼安（Antounians）和他经营的“宝石宫殿”（Bijou Palace）在内的多家零售商向加州联邦中区法院提起商标侵权和假冒诉讼（以下简称“联邦诉讼”），并要求商业街的业主承担替代责任。①

原告律师因起诉状所指控的侵权行为发生的地址不明确，在修改并再次提交后，原告律师在 2007 年 3 月又发现调查报告（侵权的主要依据）错误地将附近商店的侵权假冒活动归咎于“宝石宫殿”。再加上报告显示的地址有误，Burberry 在 2007 年 3 月撤回对安东尼安的起诉。② 2007 年 4 月，安东尼安申请简易判决，被法院驳回。2007 年 5 月 23 日，LV 和迪奥申请撤回对安东尼安提起的联邦诉讼，LV 和迪奥公司称，起诉后，圣提街的假冒活动减少了，公司希望将重点转移到其他方面。2007 年 6 月，法院同意 LV 和迪奥在支付安东尼安请求的 75 875 美元的律师费后，撤回对安东尼安的起诉。③

2008 年 8 月 14 日，安东尼安在洛杉矶初审法院起诉 LV 和迪奥以及其代理律师，指控其在 2006 年提起的联邦诉讼，构成恶意诉讼。起诉状称，在圣提街展开调查后搜集到的证据，即调查报告，关于安东尼安和“宝石宫殿”涉嫌侵犯 LV 和迪奥商标权的每一个重要事实均是错误的，被告对此也明知。初审法院没有支持恶意诉讼的认定，随后上诉到加州上诉法院第一分部。④

上诉法院认为，要构成恶意诉讼，原告必须证明：（1）原告在联邦诉讼中取得实体的胜诉；（2）起诉或继续诉讼缺乏合理的根据；（3）起诉时具有恶意。该案中，这三个要件均不成立，因此不构成“恶意诉讼”。

第一，安东尼安没能证明被告 LV 和迪奥以及代理律师提起联邦诉讼缺乏合理的根据。存在和缺乏“合理的根据”，是结合被告在提起联邦诉讼的事实，根据客观标准进行认定的。确定“合理的根据”的裁判规则是“一位理性的律师认为这个主张是站得住脚的”。提起诉讼具有“合理的根据”不是强调主张必须要很有道理，而是看主张是否站得住脚。如果主张在法律上是充分的，且可以通过证据来证明，即可认定存在“合理的根据”。该案中，安东尼安不否认在联邦诉讼中原告没有任何诉讼主张，但认为这些主张都没有足够的证据予以支撑。⑤ 安东尼安认为，LV 和

① *Antounian v. Louis Vuitton Malletier*, 189 Cal. App. 4th 442 (2010).
② *Antounian v. Louis Vuitton Malletier*, 189 Cal. App. 4th 443 (2010).
③ *Antounian v. Louis Vuitton Malletier*, 189 Cal. App. 4th 444 (2010).
④ *Antounian v. Louis Vuitton Malletier*, 189 Cal. App. 4th 441 (2010).
⑤ *Antounian v. Louis Vuitton Malletier*, 189 Cal. App. 4th 448 (2010).

迪奥的律师提起联邦诉讼所依据的调查报告的关键信息是错误的。安东尼安指出调查员奥尔蒂斯（Ortiz）做出的三个调查报告均错误地将“圣提街 1114 1/2”地址所发生的侵权活动归结到“宝石宫殿”（地址为“圣提街 1116”）。然而，法院认为 LV 和迪奥及其律师对 2006 年 3 月和 2006 年 5 月的两次调查报告的错误信息是不知情的，对 2006 年 4 月调查报告的错误是在审判开始后才知悉的。LV 和迪奥的法务官员也在宣誓书中表明，在 2006 年 5 月起诉时，他们都善意地认为安东尼安在销售侵权商品。现有证据无法证明，在起诉时，LV 和迪奥的代理律师就知道调查报告是错误的。尽管后续证据的证明力非常弱，但安东尼安没能证明 2006 年提起的联邦诉讼，缺乏合理的根据。① 此外，安东尼安申请简易判决被法院驳回也可以证明提起联邦诉讼具有合理的根据。在联邦诉讼中，否定安东尼安简易判决申请的证据主要是 2006 年 1 月、2006 年 4 月、2006 年 5 月和 2006 年 6 月的调查报告。基于这些证据，联邦地区法院认为“安东尼安涉嫌销售假冒 LV 和迪奥商标的侵权产品，可裁判的争议焦点仍然存在”。一般来讲，在原侵权诉讼中驳回被告的简易判决申请说明原告的起诉具有“合理的根据”，简易判决申请被联邦法院驳回的事实在本案中成为认定恶意诉讼的阻却事由。②

第二，安东尼安没能证明继续诉讼缺乏“合理的根据”。安东尼安主张即便有“合理的根据”提起诉讼，但在调查报告不准确的事实逐渐澄清后，继续推进诉讼缺乏“合理的根据”。法院认为，存在某些情形，当事人和律师可能构成恶意诉讼，比如起诉时认为有“合理的根据”，但后续发现，因为新的事实或法律的变化，导致“合理的根据”不再存在。但法院认为该案不属于这种情形，因为法院认为该案始终都有“合理的根据”。③ 法院认为，对“宝石宫殿”的调查报告给予负面评价，并不会导致得出联邦诉讼站不住脚的结论。即便调查员承认部分调查报告存在地址错误的问题，但其他三份调查报告仍然认为安东尼安的“宝石宫殿”店铺在销售侵权商品。证据的证明力较弱并不会导致起诉完全没有合理的根据。原告的证据缺乏相应的发票和其他证据，以及出现前后矛盾的地方，这留给安东尼安足够的空间进行抗辩。④

第三，安东尼安没能证明起诉时具有“恶意”。安东尼安主张起诉时具有恶意，

---

① *Antounian v. Louis Vuitton Malletier*, 189 Cal. App. 4th 449（2010）.

② *Antounian v. Louis Vuitton Malletier*, 189 Cal. App. 4th 450（2010）.

③ *Antounian v. Louis Vuitton Malletier*, 189 Cal. App. 4th 453（2010）.

④ *Antounian v. Louis Vuitton Malletier*, 189 Cal. App. 4th 454（2010）.

因为 LV 和迪奥知晓这些证据是不真实的。在缺乏“合理的根据”的情况下起诉本身就足以说明起诉时具有“恶意”，LV 和迪奥以及代理律师在没有确认证据的情况下就提起诉讼，也可以说明具有“恶意”。但法院认为，即便安东尼安证明了起诉的主张是站不住脚的，也还需要更多证据证明起诉时具有恶意。[①]

第四，安东尼安在联邦诉讼中未取得实体上的胜诉。安东尼安并没有针对“取得实体上的胜诉”做出相应的陈述。联邦诉讼中原告主动撤诉，在该案中，很可能被认定为撤诉方当事人胜诉。[②] 综合全案的证据和事实，不构成恶意诉讼。

和 *Antounian* 案比较类似的案例是，由加州上诉法院第四分部审理的 *Franklin* 案。[③] 尽管该案中上诉法院得出完全相反的结论，但法院同样适用“恶意诉讼”的构成要件，认为“戴安娜，威尔士王妃”获得第二含义的主张是站不住脚的，起诉不具有合理的依据且具有恶意，改判构成商标恶意诉讼。

通过《美国侵权法重述》和加州的判例法可知，恶意诉讼具有明确的构成要件，针对每个构成要件也有较为清晰的认定规则，这些要件和规则共同发挥着平衡各个法院的裁量标准和尺度的作用。各州层面的“恶意诉讼”规则，再加上联邦层面关于商标案件的管辖制度以及《兰哈姆法》所推行的“律师费转付规则”等共同发挥作用，使得商标恶意诉讼在美国能得到较为有效的解决。通过借鉴美国有益的经验，笔者尝试提出针对商标恶意诉讼的应对策略及制度完善。

四、我国商标恶意诉讼的应对策略及制度完善

（一）通过司法解释的方式，统一包括商标在内的多种知识产权恶意诉讼的司法裁判规则

我国一些学者曾寄希望于《民法典》来解决知识产权恶意诉讼的问题[④]，虽未成功，但知识产权的司法实践已经对“恶意诉讼”的规制产生强烈的诉求。通过以上第二部分和第三部分的分析可知，由我国江苏高院审理的“TELEMATRIX 案”和

---

① *Antounian v. Louis Vuitton Malletier*, 189 Cal. App. 4th 455 (2010).

② *Antounian v. Louis Vuitton Malletier*, 189 Cal. App. 4th 455 (2010).

③ *Franklin Mint Co v. Manatt Phelps And Phillips LLP*, 184 Cal. App. 4th 313, Court of Appeal, Second District, Division 4, California.

④ 参见王利明起草的《中华人民共和国民法典专家意见稿》第三章第十五节第 180 条。

"洋河白酒案"的裁判思路，和《美国侵权法重述》以及判例法 *Antounian* 案和 *Franklin* 案的裁判思路较为接近。笔者建议，目前，可通过司法解释，对包括商标在内的多种知识产权的恶意诉讼进行统一规定，明确知识产权恶意诉讼的构成要件、裁判标准、抗辩事由和恶意诉讼的救济措施等基本问题。明确规定"知识产权恶意诉讼"的构成要件：（1）发起或持续进行一个诉讼；（2）无合理的根据提起诉讼或者没有事实和法律上的根据提起诉讼；（3）在原诉讼中取得实体上的胜诉；（4）原诉讼在起诉时具有恶意。在确定"有无合理的根据提起诉讼"这一要件时，借鉴 *Antounian* 案的做法，引入"一位理性的律师认为这个主张是否是站得住脚"的判断标准。

（二）构成商标恶意诉讼时，由败诉原告承担胜诉被告的律师费等合理开支，强化"律师费转付"，建立惩罚性赔偿机制

我国法院在"CPU 案"和"QQ 企鹅案"中，判决对原侵权诉讼中的律师费和反赔之诉的律师费一并予以支持。该做法与美国《兰哈姆法》第 35 条第（a）款的规定以及美国联邦最高法院通过 *Octane* 案所澄清的"特殊情形"下进行律师费转付的规则较为类似。区别在于程序不同，我国法院是在恶意诉讼反赔之诉中主张律师费赔偿，美国法院是在原联邦商标侵权诉讼中请求"律师费转付"。基于此，强化恶意提起侵权诉讼的原告赔偿胜诉被告的律师费，有助于鼓励被告积极应诉。但由于我国商标侵权案件的律师费普遍偏低，法院在判断律师费是否合理时往往会再打折扣，仅靠判决败诉原告承担胜诉被告"合理的律师费"难以起到真正遏制商标恶意诉讼的效果。考虑到商标恶意诉讼的行为相较于其他在商标使用阶段的权利滥用行为性质更为恶劣，笔者建议，可以考虑提高恶意诉讼的损害赔偿金额或在恶意诉讼案件中建立惩罚性赔偿机制，在商标恶意诉讼的裁判标准较为明确的情况下，如最终认定构成恶意诉讼，则法院可加大惩罚和赔偿的力度。

最高人民法院在 2020 年《关于加大知识产权侵权行为制裁力度的意见（征求意见稿）》第 19 条提到"构成恶意诉讼的，对方当事人可以反诉请求赔偿其为应诉而支付的律师费等赔偿"，该条文规定了类似"律师费转付"的规则，但该条规定在程序设置上存在一定问题。该条提到"可以反诉请求"，即在恶意提起的商标侵权的本诉中，接受被告提出的恶意诉讼反赔之诉，并将两诉合并审理。该做法不符合《民事诉讼法司法解释》第 233 条的规定。商标侵权之诉和恶意诉讼反赔之诉在

诉讼请求和事实依据方面不同，属于不同的法律关系，达不到反诉抵销、吞并本诉的目的。一方面，商标侵权之诉的诉讼请求为停止侵权、赔偿损失；反赔之诉的诉讼请求是针对形式上的“权利人”实施的恶意诉讼行为请求损害赔偿。另一方面，商标侵权之诉的事实依据是侵害知识产权行为；反赔之诉的事实依据是判断起诉行为是否属于恶意诉讼。因此，两个诉讼之间难以构成本诉和反诉。此外，反赔之诉中恶意诉讼行为的构成和因恶意诉讼造成损失的赔偿范围，通常需要等待侵权之诉结束后，结合侵权之诉全案的情况进行综合认定。因此，通过反诉的方式请求律师费等赔偿在程序上存在瑕疵，不建议采用反诉的方式进行。

实际上，最高人民法院在 2021 年 5 月 31 日答复上海高院《关于知识产权侵权诉讼中被告以原告滥用权利为由请求赔偿合理开支问题的批复》中明确，在知识产权侵权诉讼中，被告提交证据证明原告的起诉构成法律规定的滥用权利损害其合法权益，请求原告赔偿合理的律师费等开支，应予支持。被告也可以另行起诉。这种做法基本和美国联邦法院的实践一致，即联邦法院在审理知识产权侵权案件时，在“特殊情形”下可直接在侵权案件中，由胜诉被告申请动议或提出请求，向败诉原告主张律师费。此种做法是将律师费作为一个杠杆，发挥调节诉讼双方当事人诉讼行为的作用，不存在通过反诉请求律师费在程序上的瑕疵，同时也减轻胜诉被告在程序上的负担，方便及时救济，有利于在保护知识产权和防止知识产权恶意诉讼两种制度上保持微妙的平衡。此外，批复也明确胜诉被告还可在取得实体胜诉之后，另行另案提起恶意诉讼反赔之诉，主张律师费赔偿。

需注意的是，这里的在侵权案件中直接请求“律师费转付”与上文提到的知识产权恶意诉讼（反赔之诉中对恶意诉讼的认定）的构成要件包括“在原诉讼中取得实体的胜诉”并不冲突。在原告提起的侵权诉讼属于滥用权利损害被告合法权益的情况下，胜诉被告可直接在侵权诉讼中主张“律师费转付”，也可另诉，通过恶意诉讼反赔之诉主张“律师费转付”，而知识产权恶意诉讼的反赔之诉要求“在原诉讼中取得实体的胜诉”。“知识产权恶意诉讼反赔之诉”和“律师费转付”是两个并行不悖的制度设计。

（三）充分发挥庭前会议和证据交换等民事诉讼程序的制度价值，发展与完善诉讼前置程序，建立恶意诉讼保证金制度，对恶意诉讼设定诉权限制

美国的“证据开示”制度，要求各方当事人在证据开示阶段将主要的证据举示

呈现出来，该制度的优点在于恶意诉讼的原告很容易通过举示出的证据暴露其恶意诉讼的主观意图。虽然我国并无“证据开示”的制度，但设置了相应的庭前会议、证据交换等程序。裁判者在诉讼过程中应灵活运用这些程序，在起诉阶段就开始审查起诉的原告是否具有恶意诉讼的意图和倾向，一旦在诉讼的前置程序或诉讼的前端发现存在恶意诉讼的可能时，法院就应当及时采取相应的应对措施。笔者建议，法院在发现原告存在恶意诉讼的可能性时，应允许法院要求原告提供相应的保证金进行担保，以确保后续的诉讼公平有效地推进。此外，笔者还建议，从立法层面，发展和完善诉讼前置制度，设立恶意诉讼保证金制度，对恶意诉讼设定诉权限制。这样的制度设计能有效预防知识产权恶意诉讼的发生，可促使当事人诚信谨慎地诉讼、维护当事人的合法权益，保障司法的公正与权威。

（责任编辑：孙子涵）

The Judicial Regulation of Trademark Malicious Prosecution: From the Perspective of the U. S. Law

Gao Mengyu

Abstract: In the trademark trial practice in China, the malicious prosecution has become an increasingly prominent issue. However, in typical cases, such as the *TELEMATRIX* cases ruled by Jiangsu Higher People's Court, Shandong Higher People's Court, and Beijing IP Court, the *CPU* case ruled by Zhejiang Higher People's Court, and the *QQ Penguin* case ruled by Guangdong Higher People's Court, etc., when identifying trademark malicious prosecution, courts apply different elements and tests, and the reasoning and results of the judgment varies from case to case. In order to unify the judicial rules, to keep harmonization of standards, based on the existing trial experience, combined with the U. S. federal trademark protection practice and the consensus for determining malicious prosecution in the *Restatement of Tort Law* and the case law of each state, the author suggests China to establish uniform rules for malicious prosecution of various intellectual property rights including trademark, to strengthen the application of attorney fees shifting in trials, to introduce the punitive damages mechanism, to establish a deposit system, and to set limits on the right of action for malicious prosecution, etc.. Through the combined effect of these regulatory strategies, the problem of trademark malicious prosecution can be solved more effectively, and the development of China's trademark system will be healthier and more rational.

Key Words: Trademark malicious prosecution; Elements and tests; Judicial rules; Harmonization of standards; Regulatory strategies

涉外定牌加工商标侵权司法认定路径之反思与重构

金　　苗*

【摘　要】涉外定牌加工是否属于商标侵权在我国司法裁判实务界和理论界均具有争议。笔者通过对各级法院裁判理由实证分析，发现法院认定此问题综合考量了法律因素和政策因素，但总体上呈现出“同案不同判”现象。商标使用行为是认定是否构成商标侵权的逻辑前提，在我国注册取得商标权的体制下，为实现商标产权化的经济功能，应认定涉外定牌加工行为是商标侵权意义上的商标使用行为。作为民事法律关系，商标侵权判断应遵循民事侵权责任判断的一般结构，但涉外定牌加工合同实质上为承揽合同，加工方仅获加工行为的对价利益而不获得商标功能的经济利益，故涉外定牌加工侵权判断应为过错原则。基于过错原则，加工方因一般仅对委托方承担合理审查义务而不构成商标侵权行为，当注册商标为知名商标且商标权利人已遭受实质损害时，可基于公平原则和红旗规则判决加工方分担部分损害责任；当加工方与委托方恶意串通，在境外抢注商标并利用定牌加工行为获取利益时应例外地认为其构成侵权行为。

【关键词】涉外定牌加工　商标使用行为　商标侵权　过错原则

涉外定牌加工（Original Equipment Manufacture，OEM），是指国外商标权利人委托国内生产厂家生产使用该商标的产品，该产品全部出口国外而不在国内销售的一种生产加工方式，我国 OEM 司法裁判一直都有争议且案例实证分析结果呈现出“同案不同判”的现象，因而有必要从法理逻辑和政策角度两方面重构我国 OEM 司法裁判路径。

---

* 金苗，北京大学法学院 2020 级法律硕士。

一、对OEM司法裁判案例的实证分析及反思

（一）中国OEM司法裁判案例实证分析

1. 样本来源及特征

笔者选取的判例来自“威科先行·法律信息库”，在全文检索方式中输入“涉外定牌加工”共得到201条检索结果。笔者目标是对“涉外定牌加工行为是否构成商标侵权”的裁判思路进行实证研究，在人工筛选检索结果后，共得到183个样本，其中最高人民法院审结3件。

笔者选取的样本有以下共同特征：（1）均有一方当事人提出“其行为系OEM”的抗辩；（2）样本案例被告行为都被认定属于OEM；（3）原告主张的商标与案涉产品商标近似或相同、商标使用产品近似或相同；（4）在认定被告构成OEM的前提下，再行判断是否侵权。

2. 样本可视化分析结果

第一，样本分析结果总体特征（见表4）。

在183个判例中，判决结果为侵权的占比为26.8%，总体上法院倾向认定OEM不构成侵权，但随着2017年、2019年最高人民法院裁判案例的影响，2019～2021年5月OEM侵权判决占比大幅增加，三年间占比增至51.5%。

第二，侵权裁判结果理由分析。在样本案例分析结果中，有26.8%的裁判结果为OEM构成侵权，其中法院判决理由有“法律未对相关公众做地域限制”“OEM属于商标使用行为且加工方未尽合理审查义务”“OEM属于商标使用行为且加工方贴附商标的行为可能造成混淆”“加工方未尽合理审查义务”，其占比分别为22.4%、8.2%、49.0%、20.4%。

第三，不侵权裁判结果理由分析。在样本案例分析结果中，有73.2%的裁判结果为OEM不构成侵权，其中法院判决理由有“加工方贴附行为无混淆可能性”“贴附行为无混淆可能性且加工方已尽合理审查义务”“OEM不属于商标使用行为”“OEM不属于商标使用行为且加工方已尽合理审查义务”，其占比分别为31.3%、19.4%、41.0%、6.7%。

表 4　中国 OEM 司法裁判案例样本

<table>
<tr><th>裁判时间（年）</th><th>裁判结果</th><th>裁判理由</th><th>样本量（件）</th></tr>
<tr><td rowspan="2">2006～2008</td><td>不构成侵权</td><td>仅为贴牌行为且只在国外销售</td><td>2</td></tr>
<tr><td>构成侵权</td><td>见下文</td><td>4</td></tr>
<tr><td rowspan="4">2009～2012</td><td rowspan="3">不构成侵权</td><td>相关公众无接触可能性，故无混淆可能性</td><td>19</td></tr>
<tr><td>相关公众无接触可能性，故无混淆可能性，且加工方已尽合理审查义务</td><td>5</td></tr>
<tr><td>OEM 不属于商标使用行为</td><td>2</td></tr>
<tr><td>构成侵权</td><td>见下文</td><td>5</td></tr>
<tr><td rowspan="4">2013～2015</td><td rowspan="3">不构成侵权</td><td>相关公众无接触可能性，故无混淆可能性</td><td>10</td></tr>
<tr><td>相关公众无接触可能性，故无混淆可能性，且加工方已尽合理审查义务</td><td>7</td></tr>
<tr><td>OEM 不属于商标使用行为</td><td>19</td></tr>
<tr><td>构成侵权</td><td>见下文</td><td>16</td></tr>
<tr><td rowspan="5">2016～2018</td><td rowspan="4">不构成侵权</td><td>相关公众无接触可能性，故无混淆可能性</td><td>9</td></tr>
<tr><td>相关公众无接触可能性，故无混淆可能性，且加工方已尽合理审查义务</td><td>13</td></tr>
<tr><td>OEM 不属于商标使用行为</td><td>26</td></tr>
<tr><td>OEM 不构成侵权且被委托方已尽合理审查义务</td><td>6</td></tr>
<tr><td>构成侵权</td><td>见下文</td><td>7</td></tr>
<tr><td rowspan="5">2019～2021</td><td rowspan="4">不构成侵权</td><td>相关公众无接触可能性，故无混淆可能性</td><td>4</td></tr>
<tr><td>相关公众无接触可能性，故无混淆可能性，且加工方已尽合理审查义务</td><td>1</td></tr>
<tr><td>OEM 不属于商标使用行为</td><td>8</td></tr>
<tr><td>OEM 不构成侵权且被委托方已尽合理审查义务</td><td>3</td></tr>
<tr><td>构成侵权</td><td>见下文</td><td>17</td></tr>
<tr><td>总　计</td><td colspan="2">—</td><td>183</td></tr>
</table>

第四，最高人民法院裁判案例（见表 5）。

表 5　最高人民法院相关裁判案例

裁判时间	案件名称	裁判观点
2012 年	（2012）行提字第 2 号：最高人民法院提审商标异议行政纠纷“无印良品案”	区别不同商品或服务的来源是商标的基本功能，商标只有在商品的流通环节中才能发挥其功能。OEM 不属于商标法意义上的使用行为
2014 年	（2014）民提字第 38 号：最高人民法院再审商标侵权纠纷“PRETUL 案”	OEM 属于物理贴附行为，其为商标发挥识别功能的必要技术手段，因无识别功能，贴附标识不属于商标，其行为也不属于商标法意义上的使用行为
2017 年	（2016）最高法民再 339 号：最高人民法院再审商标侵权纠纷“东风案”	在无相反证据证明受托方未尽合理审查义务和受托方已经对权利人造成实质性损害的情况下，OEM 不构成侵权行为

续表

裁判时间	案件名称	裁判观点
2019年	（2019）最高法民再138号：最高人民法院再审商标侵权纠纷“HONDAKIT案”	OEM属于商标使用行为，受托方贴附商标可能具有混淆可能性，因此属于侵权行为

（二）对中国OEM司法裁判案例的反思

1. 中国OEM司法裁判的类型化思路

笔者通过整合样本案例裁判理由，以“法院是否先行判断OEM是否是商标使用行为”为界，得出以下裁判思路。

第一，认定OEM属于商标使用行为。该种思路认为贴牌和出口行为都属于商业活动的环节，产品的销售地不影响该行为的定性①或以OEM具有发挥识别功能可能性为由认定其构成商标使用行为。在此基础上，对OEM是否构成侵权的裁判也有不同：一种思路是根据《商标法》第57条，认为其有可能导致混淆而构成侵权，而对被告“OEM产品全部销往境外，中国境内公众无接触可能性”抗辩，有的法院以“互联网市场回流可能性”反驳，② 有的法院则以“我国相关法律并未对相关公众做地域限制”反驳；③ 另一种思路是依照“善意履行合理审查义务+实质损害”路径认为OEM一般不构成侵权，除有证据证明受托方未尽到合理审查义务或恶意在境外抢注权利商标，有可能造成实质损害而构成侵权。④

第二，认定OEM不属于商标使用行为。该种思路依据《商标法》第48条，认为只有发挥了识别功能的行为才是商标使用行为，OEM货物全部销往境外，基于商标地域性原则，境内贴牌加工行为在事实上不可能具有混淆可能性，不发挥识别功能而仅是物理贴附行为。⑤ 此种思路之下，法院往往不再讨论OEM是否构成侵权，

① 泉州市双美电子科技有限公司、林某某侵害商标权纠纷，福建省高级人民法院（2019）闽民终1510号。

② 沧州渤海防爆特种工具集团有限公司与中国北京海关二审行政判决书，北京市高级人民法院（2020）京行终7276号；福建泉州匹克体育用品有限公司与无锡市振宇国际贸易有限公司侵害商标权纠纷，上海知识产权法院（2016）沪73民终37号。

③ Focker Security Product Sinter National Limited与浦江亚环锁业有限公司知识产权纠纷，浙江省高级人民法院（2021）浙知终字第285号。

④ 方爵公司与海螺公司侵害商标权纠纷，江苏省高级人民法院（2017）苏行终157号；江苏常佳金峰动力机械有限公司、上海柴油机股份有限公司侵害商标权纠纷，最高人民法院（2016）最高法民再339号。

⑤ 最高人民法院再审商标侵权纠纷“PRETUL案”，（2014）民提字第38号。

即认为商标使用行为是成立侵权的前提条件。

第三，未认定 OEM 是否属于商标使用行为。样本案例中一些法院并未认定 OEM 是否属于商标使用行为就作出了侵权与否的判定：一种思路是认为相关公众与案涉产品不存在接触可能性而没有混淆可能性，不存在损害后果而不构成侵权，[①] 也有少部分裁判案例直接以 OEM 作为商标侵权的例外情形；[②] 另一种思路是未明确是否属于商标使用行为，但因加工方未履行合理审查义务而构成侵权。[③]

2. 中国 OEM 司法裁判思路存在的问题

从上述实证结果可看出，OEM 案件存在“同案不同判”的现象，最高人民法院在 2014 年和 2019 年的判决也前后矛盾，不仅有损司法权威，还增加了我国定牌加工企业的制度成本。[④] 在法理逻辑上，上述类型化裁判思路存在以下缺陷。

第一，混淆“商标具有识别功能”和“结果意义上的混淆可能性”。在“产品不进入我国市场而在事实上没有混淆可能性，不可能发挥商标识别功能而不属于商标使用行为”的裁判思路中，法院混淆了“具有识别商品来源的功能”和“已经发挥识别功能并在事实上可能导致混淆可能性”两个概念，尽管商标识别功能的判定需要事实佐证，但客观上没有混淆可能性不能推定出商标没有识别功能或者没有发挥识别功能，因为事实上两个近似但已经长期存在且没有导致消费者混淆的商标恰恰是具有识别功能且充分发挥了其识别功能。

第二，对商标权地域性原则理解存在矛盾。在样本案例中，一方面，法院以商标地域性原则为由认为 OEM 不会导致我国境内相关公众产生混淆而不构成侵权；另一方面，以存在近似混淆为由判定构成侵权，而对于被告“我国境内相关公众对案涉商标不存在接触可能性”的抗辩又以“我国法律未对相关公众作地域限制”为由驳回。前者是混淆可能性的事实性判断，后者则是混淆可能性的规范性判断，[⑤] 然

---

① 鳄鱼恤有限公司与浙江三永纤维有限公司侵害商标权纠纷，浙江省绍兴市中级人民法院（2012）浙绍知初字第 87 号。

② 上海忆您进出口有限公司与厦门昂诺机械有限公司确认不侵害商标权纠纷，上海市浦东新区人民法院（2020）沪 0115 民初 34561 号。

③ 迈可寇斯（瑞士）国际股份有限公司与广州市腾龙箱包有限公司侵害商标权纠纷，深圳前海合作区人民法院（2017）粤 0391 民初 1600 号。

④ 徐枫，王正伟. 对涉外定牌加工行为的再思考——以知识产权海关保护执法实践为视角［J］. 知识产权，2015（7）：29.

⑤ 李昊. 商标使用的本质、规范解释及其侵权判定标准——以涉外定牌加工为线索［J］. 研究生法学，2021（1）：104.

二者遵循了相反的逻辑进路。这一定程度上体现了“结果导向”的判决思路，① 虽然其背后的国际贸易政策利益需要认真权衡，但此种不稳定的判决势必会破坏商标法的自洽逻辑。

第三，“受托方合理审查义务”体系性定位不明确。关于合理审查义务，有的法院将其作为OEM的构成要件，即受托方未履行合理审查义务、非善意时，其加工行为就不构成OEM，该种思路是将OEM作为商标侵权的例外情形；② 有的法院将合理审查义务作为OEM是否构成侵权的考量因素，只有当OEM中的受托方履行了适当的审查义务才是合法行为，反之则构成侵权行为；③ 有的法院则完全不考量受托人是否履行合理审查义务。

上述类型化判决思路是我国法院对OEM案件裁判所呈现出的总体特征，值得注意的是，最高人民法院分别在2014年、2017年和2019年对OEM案件作出了具有指导意义的判决，但裁判理由有所矛盾，因此笔者将在下文对当前正起到指导作用的“HONDAKIT案”的裁判理由从法理逻辑和政策背景两个方面进行分析。

二、最高人民法院“HONDAKIT案”判决理由评析

最高人民法院近期判决的本田摩托案是较有影响的OEM案例。2016年6月，被告恒胜集团加工生产的220辆摩托车在出口时因涉嫌侵犯原告本田株式会社在中国境内的注册商标权而被瑞丽海关扣押，经查，该批货物系美华公司委托被告加工生产。同年原告向云南省德宏傣族景颇族自治州中级人民法院提起诉讼，二审法院判决被告加工行为系OEM而不构成侵权，原告不服向最高人民法院提出再审，最高人民法院于2019年作出被告构成侵权的判决。

对HONDAKIT案判决理由有评析的必要，理由如下：对上述样本分析后得到图7，其中2013～2015年判决OEM构成侵权的比例达38.1%，2014年和2017年最高人民法院分别通过“PRETUL案”和“东风案”明确OEM不属于商标使用行为

---

① 宋健. 对涉外定牌加工商标侵权“合理注意义务＋实质性损害”判断标准的解读——以“东风”案为例［J］. 知识产权，2016（9）：28.

② 福建英达华工贸有限公司与宁波宝屋进出口有限公司侵害商标权纠纷，浙江省宁波市北仑区人民法院（2017）浙0206民初8716号。

③ 澳柯玛股份有限公司与福来宝电子（深圳）有限公司侵害商标权纠纷，广东省深圳市南山区人民法院（2016）粤0305民初2862号。

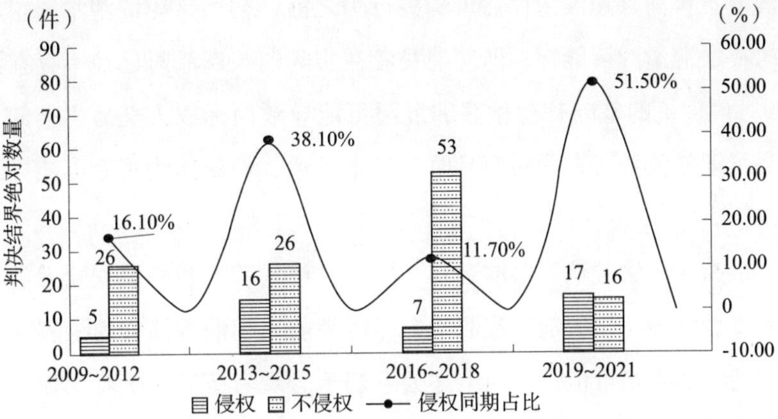

图7 总体样本分布

且只有有证据证明加工方构成恶意并造成实质损害才构成侵权后，2016～2018 年判决 OEM 构成侵权的占比降至 11.7%；然在2019 年“HONDAKIT 案”判决后，判决 OEM 构成侵权的比例升至 51.5%，且较多地方法院采纳了该案的裁判理由①——互联网发展使案涉商标有回流至中国市场的可能性、生产线上的经营者和运输者也属于相关公众。“HONDAKIT 案”的判决理由对本就有争议的 OEM 裁判领域起到了极强的示范效应，因此，需审慎地评析该案的判决理由。

“HONDAKIT 案”有以下三个判决理由。(1) 被诉 OEM 行为属于商标使用行为。(2) 相关公众包括生产线上的工人、被诉侵权商品标识的包装印刷工人、运输工人、码头开箱掏货的工人、海关查验关员；国内能通过互联网接触到境外商品和标识的消费者。(3) 尽管案涉标的形式上不直接进入中国市场，但在国际贸易发达的背景下，案涉标的有回流中国市场的可能性，因此有可能损害原告的商标利益。②

上述第二和第三个裁判理由都涉及对相关公众、混淆可能性的判定，其实质都是以可能发生混淆的时间为界，判定具体环节的公众是否会发生混淆，即分为售前、售中和售后混淆，③ 根据我国《商标法》第 57 条的规定，售前的来源和关联混淆、售中的来源和关联混淆都落入我国《商标法》的保护范围，当前有争议的是售前兴

① 沧州渤海防爆特种工具集团有限公司与中国北京海关二审行政判决书，北京市高级人民法院（2020）京行终 7276 号；迈可寇斯（瑞士）国际股份有限公司与广州市腾龙箱包有限公司侵害商标权纠纷案，广东省深圳市中级人民法院（2019）粤 03 民终 5262 号；盐城市江洋动力机制造有限公司与江苏常发农业装备股份有限公司侵害商标权纠纷，江苏省高级人民法院（2020）苏民终 54 号。

② 本田技研工业株式会社与重庆恒胜鑫泰贸易有限公司、重庆恒胜集团有限公司侵害商标权纠纷再审案，最高人民法院（2019）最高法民再 138 号。

③ 杜灵燕，张玥. 售后混淆商标侵权的判定标准［J］. 人民司法（案例），2019（20）：89.

趣和售后混淆。售前兴趣混淆存在于购买行为之前，初始兴趣混淆不要求消费者在实际交易时存在混淆的可能性，即使消费者在实际购买商品时已经不存在混淆也有可能侵权，[①] 该理论的基础是初始兴趣混淆可能导致商标权人交易机会的丧失。售后混淆则是指即使消费者在购买商品时未发生混淆，但商品购买后可能导致其他相关公众混淆。[②]

首先，最高人民法院认为售前运输、生产、包装工人和海关查验人员都属于相关公众，其定性已经超出售前兴趣混淆，传统售前兴趣混淆保护的是实际购买商品或服务的消费者的混淆可能性，而上述公众属于旁观者范畴。笔者认为，售前兴趣混淆即使是在恶意侵犯商标权的情形下，其是否构成混淆都尚存争议，对主观上并无侵权故意（可能存在过失）的 OEM 更不应不加论证地就认为其构成混淆；同时，相关公众是群体概念，即使上述售前人员具有相关性，也不构成公众的概念。

其次，最高人民法院认为案涉标的极有可能通过电子商务回流至中国市场而发生混淆，此种“回流”需分两种情形讨论：（1）商品通过销售在客观上已回流至国内市场。该情形下，混淆侵权责任能否追溯至国内加工行为值得商榷，在商品实际回流至中国市场时，已经历加工、出口、销售、进口四个环节，混淆的直接来源应是定作人的销售行为，其为了获得销售利益将商品进口至中国境内，如果销售或回流行为已经给商标权人造成实际损害，基于公平原则，可以要求加工方分担部分侵权责任。但在“HONDAKIT 案”中并无证据证明加工方主观上存在过错且案涉摩托车已经发生回流并造成实际损害。（2）商品并未实际客观回流至中国市场，但基于互联网的可得性，在网络销售空间发生回流。此种情形同上述售前初始兴趣混淆，理由同上。基于个案视角，最高人民法院不应不加论证即把售前旁观人员认定为相关公众，且该案中诉争标的为单价 538 美元的摩托车，折合人民币约 3766 元，相比衣物、家用器具等，消费者往往会投入更大的注意力，且在电子商务不甚发达的缅甸，中国境内消费者还会考虑发货地、运输等因素，不宜认定有较高的市场回流可能性。

最后，最高人民法院华丹玫法官认为，判定 OEM 构成侵权具有维护商标权地域原则的意义，豁免加工方侵权责任将降低境外商标权人依法在我国注册商标的积极

① 刘敏. 论“初始兴趣混淆”原则在中国司法中的适用［J］. 法律适用，2014（4）：59.

② 本田技研工业株式会社与重庆恒胜鑫泰贸易有限公司、重庆恒胜集团有限公司侵害商标权纠纷再审案，最高人民法院（2019）最高法民再138号。

性；判定 OEM 不构成侵权意味着域内加工方可以被许可使用域外商标，此种做法违反了商标权地域原则。[①] 笔者认为，OEM 加工方在裁判路径上并非被豁免侵权责任，而是不满足侵权责任构成要件而不构成侵权。商标权地域原则是指除有国际条约、多边或双边协定之规定，否则商标权的效力仅及于本国境内，[②] 判定 OEM 不侵权并不突破商标权地域原则，[③] 理由如下：在 OEM 裁判中，我国法院仅对加工方行为有管辖权，仅能依据我国商标法对在境内合法注册的商标权人进行保护。换言之，从商标权地域原则的角度出发，商标权人无权就境外委托方的侵权行为请求我国法院予以保护而仅能对加工方提起相应诉讼，故加工方在案件中处于独立诉讼地位而不能说委托方与加工方构成共同侵权（恶意串通可构成例外），因为我国法院无权就境外商标使用者的行为作出判定。在此基础上，许可方的委托行为属于合法使用其商标权的行为，委托方因未审查加工方境内相关商标权权利状态而侵犯注册商标权人利益时，因管辖权问题，我国法院无权确认境外商标人的行为是否构成侵权，但也不能因为法院无权管辖委托方行为就将该种审查义务转移至加工方并据此判定其构成侵权，OEM 一般地不构成侵权的理由见下文分析。

综上，在法理逻辑上，笔者不赞同最高人民法院在该案中的判决理由。

如前所述，OEM 判决还涉及政策因素，从政策角度可能有如下两个理由支持最高人民法院的判决：（1）厉行提高我国市场主体知识产权意识，践行“强保护知识产权”的政策；（2）鼓励企业自主创新，实现经济增长转型。笔者认为“HONDAKIT 案”的裁判路径无法实现政策目标。在当前后 TRIPS 时期[④]的国际贸易背景之下，我国也制定并实施了一系列保护知识产权的政策，其中 OEM 裁判的直接渊源是《知识产权海关保护条例》第 3 条规定，即“国家禁止侵犯知识产权的货物进出口”。然反观国际条约对商标侵权产品的规制，《巴黎公约》第 9 条规定非法标有商标或厂商名称的商品在进口时予以扣押，第 10 条规定对标有虚伪的货源或生产者标记的商品在进口时予以扣押，TRIPS 协议以《巴黎公约》为基础，也未对产品出口作出规制。我国台湾地区司法行政事务主管机关在 1983 年、1993 年经两次专家

① 韩赤凤，冷罗生，孙宁. 中外商标法经典案例［M］. 北京：知识产权出版社，2010：183.
② 黄汇. 商标使用地域性原理的理解立场及适用逻辑［J］. 中国法学，2019（5）：80.
③ 杨静. 商标授权确权中地域性原则的重构——基于中美实践的比较［J］. 知识产权，2020（3）：60.
④ 杜颖. 知识产权国际保护制度的新发展及中国路径选择［J］. 法学家，2016（3）：114.

论证，都认为“定牌加工行为”不构成侵权，① 并认为“该种贸易形态不应受到商标法相关规定的约束，否则将有损地区企业加工利益”。因此，我国对OEM产品出口的规制实际上已经超出国际条约规定的义务。与美国使用保护的商标体制相比，我国的注册商标保护体制使进入商标权保护范围的构成要件门槛较低，但我国商标数量增长与质量提升失衡现象严重。② 据国家知识产权局统计，截至2020年，我国累计商标注册量已经连续19年位居世界第一，③ 但知名品牌较少，由世界品牌实验室编制的2020年度世界500强排行榜④中，美国占据500强中的204强位居第一位，法国、日本、中国、英国则分别以45个、44个、43个和40个位居第二阵营；从商标含金量来看，每千亿美元GDP美国是由2175件商标创造出来的，而我国是由12071件创造出来的，⑤ 这表明我国商标的质和量严重失衡，经济创收能力较弱，还不具备国际竞争力。即使是为了转变我国经济增长方式，也必须考虑我国企业当前并没有完全摆脱加工盈利模式。由上述，我国当前知名品牌较少，商标尚处于培育的过程，贸然认定无恶意的加工方也构成侵权反而会损害企业利益和知识产权战略价值。

综上，在本就容易取得商标保护的注册体制之下，我国政策还强调保护注册商标权人的利益，例如本文所探讨的OEM行为。在此种路径之下，我国为不一定真实使用的商标提供了“注册和政策”的双重保护，然这种双重保护不能取得预期的制度利益。从成本—效益角度，当前我国应对OEM案件的贸易政策不能实现商标法的宗旨价值，故有必要重构OEM司法认定路径。

三、OEM属于商标使用行为

（一）OEM是否属于商标使用行为的主要观点

关于OEM是否构成商标使用行为，无论是理论界还是实务界都有争议。最高人

---

① 宋健．对涉外定牌加工商标侵权“合理注意义务＋实质性损害”判断标准的解读——以“东风”案为例［J］．知识产权，2016（9）：28.

② 张烜．商标权战略与企业价值研究［M］．北京：中国社会科学出版社，2018：12.

③ 国家知识产权局．国家知识产权局2020年政府信息公开工作年度报告［R/OL］．［2021－07－17］．https://www.cnipa.gov.cn/art/2021/1/31/art_250_156580.html.

④ 世界品牌实验室．2020年世界品牌500强［EB/OL］．［2021－07－17］．https://www.sxejgfyxgs.com/23/25118.html? ivk_sa＝1024320u.

⑤ 杨静．商标授权确权中地域性原则的重构——基于中美实践的比较［J］．知识产权，2020（3）：7.

民法院在2012年“无印良品案”和2014年“PRETUL案”都明确认定OEM不属于商标使用行为，在2017年“东风案”则回避此问题，在2019年“HONDAKIT案”又明确OEM属于商标使用行为。在学界，肯定说认为：（1）OEM符合我国《商标法》及《商标法实施条例》对“商标使用”定义的文义解释；①（2）认定是否属于商标使用行为包含事实认定和规范评价两个层面，在客观事实上贴附行为起到了发挥识别功能的作用，在规范意义上加工方以识别商品来源为目的；②（3）商标不仅具有识别功能，还具有广告功能、投资功能等，尽管OEM在境内不发挥识别功能，也会损害其他功能，因此属于商标使用行为。③

否定说则有如下主张：（1）贴附的商标只在境外发挥识别功能，故不属于商标使用行为；④（2）贴附行为仅属于侵权行为的预备，不成立真正意义上的商标使用行为；⑤（3）商标使用需要同时符合商业性质、识别来源之主观目的、商品交易过程、商标识别功能四个要件，OEM贴附行为属于商标形成过程中的客观行为，因不与消费者接触而不属于商标使用行为。⑥

笔者认为，认定OEM是否属于商标使用行为争点的意义在于OEM是否属于侵权意义上的商标使用行为，因此必须结合《商标法》第48条、第4条、第11条、第49条和第57条进行体系解释，区分商标使用一般规定第48条与商标注册取得第4条、第11条的使用、商标维持及撤销第49条的使用和商标侵权第57条的使用之间的关系。商标使用一般条款对第48条中的“用于识别商品来源”在商标不同阶段的使用具有主客观上的不同含义，在侵权使用的判定中，立足我国当前对外贸易知识产权战略的大背景，OEM应认定为属于侵权意义上的商标使用行为（是否侵权还要做后续判断）。

（二）不同阶段的商标使用行为构成不同

1. 产生和维持商标权的使用行为

首先，美国商标权的获得来自商标的实际使用，总体上属于商标权使用取得体

---

① 罗晓霞. 涉外定牌加工商标侵权纠纷法律问题探讨——兼评《商标法》第57条［J］. 法学杂志，2019（6）：66.

② 吴宇. “商标使用”在商标边境保护中的认定及意义［J］. 海关与经贸研究，2020（5）：41.

③ 张伟君，魏立舟，赵勇. 涉外定牌加工在商标法中的法律性质——兼评商标侵权构成的判定［J］. 知识产权，2014（2）：33.

④ 黄砚丽. 商标性使用是认定商标侵权的前提和基础［J］. 法律适用·司法案例，2017（22）：38.

⑤ 马丽萍. 商标使用的学理界定与本质解析［J］. 河南财经政法大学学报，2020（4）：149.

⑥ 王太平. 商标法：案例与原理［M］. 北京：北京大学出版社，2015：245.

制。传统商标法认为商标的使用需是“充分使用”，即在商业活动中真实有效地使用商标，[①] 例如，在美国联邦上诉法院第九巡回法庭 *Brookfield Communication Inc. versus West Coast Entertainment Co.* 案[②]中，西海岸公司能否适用“前挂”制度的争点就在于何为商标法上的使用行为，对此，法院认为商标使用一般发生在标识被实际用于货物销售或服务的情况下，一项商标只有以某种方式在市场上被使用，让消费者将标识和标识所有人联系起来，才能获得法律保护。其次，美国商标法上的使用行为必须发生于商业交易中，在“佛罗里达诉天然果汁公司”一案[③]中，法院认为销售要成为所要求的使用，必须是独立而非关联性的，即该销售在实际上表现为商业交易，而不是内部业务行为。最后，何种是“充分使用”则取决于销售的目的和背景、地域范围和使用时间长短等综合因素，跨越较长时间的少量销售不一定能产生优先权。

1988 年《兰哈姆法》修改引入“意图使用”商标注册，根据该规定，企业可以在产品投入市场前就申请注册自己选定的商标，依据审查结果决定商品或服务的投资，但“意图使用”申请商标注册在获得核准通告后的 6 个月内必须提供实际使用的证明。[④]

首先，我国虽是商标权注册取得体制，但也于《商标法》第 4 条和第 11 条分别规定了“不以使用为目的恶意商标不予注册”以及“通过在先使用取得商标显著性”；其次，《最高人民法院关于审理商标授权确权行政案件若干问题的规定》第 26 条第 3 款、第 4 款分别规定了没有实际使用注册商标，不认定为商标使用，有真实使用商标意图和使用准备能够成为未实际使用商标的正当理由；最后，《商标法》第 49 条规定了一定时间内未实际使用商标是商标权灭失的法定理由。我国商标法对商标的产生、维持和消灭的使用都作出了笼统的规定，与美国保护使用的商标法体系相比，我国法律更多是保护注册商标，因此在商标产生和维持的意义上来理解《商标法》第 48 条商标使用行为中的“用于识别商品来源”的重点应是在客观上使用标识的行为起到了指示商品来源的作用，即如果没有在商业活动中实际充分发挥识别功能就不能认定为在先使用，只要没有在客观上实际充分发挥识别功能就可以

① 李明德. 美国知识产权法［M］. 2 版. 北京：法律出版社，2014：508－509.

② 韩赤风，冷罗生，孙宁，等. 中外商标法经典案例［M］. 北京：知识产权出版社，2010：108－117.

③ *Florida v. Real Juices, Inc.*, 330 F. Supp. 428 (M. D. Fla. 1971).

④ ［美］谢尔登·W. 哈尔彭，克雷格·艾伦·纳德，肯尼思·L. 波特. 美国知识产权法原理［M］. 3 版. 宋慧献，译. 北京：商务印书馆，2013：362－373.

主张撤销商标权，理由如下：美国商标法体系严格要求所有者在美国使用并且持续使用其注册商标有利于促进美国经济和商业的繁荣，法律驱使商标所有者把商品或服务投入市场。商标使用得越多，法律对该商标的保护就越有力。[①] 而我国在注册商标体制下，即使申请注册时进行实质审查，但该审查几乎不涉及申请人是否真实充分使用，除非能够证明主观上恶意不以使用为目的而驳回申请，这可能造成大量商标抢注后囤积的现象，[②] 从此角度而言，维持商标的使用行为应是客观起到“用于识别商品”来源的行为。

因此，OEM 不构成产生商标权和维持商标权的使用行为，因为贴附行为不面向消费者，客观上，没有实际地发挥识别功能。

2. 侵犯商标权意义的使用行为

相比产生和维持的使用行为，侵犯商标权的使用不必达到“充分性”要求，其认定要求要低于前述两种行为，这也意味着侵权意义上的使用行为范围较前两者更宽，有学者认为商标侵权意义上的使用行为应当主要从其行为产生的实际效果去判断是否属于使用行为，[③] 该思路与我国法院判决有类似之处，还有学者主张不需要区分产生、维持和侵犯商标权的使用行为。[④] 笔者认为商标侵权意义上的使用行为只需要行为人主观上有使用该标识并使之在商业活动中发挥识别功能的真实意图且行为人行为客观上能够评价为商业活动，即可构成使用行为，需强调的是构成商标侵权意义上的使用行为不意味着一定构成侵权，使用判断和侵权判断是两个层面的问题。

第一，行为人主观上有使用该标识的真实主观意图的解释并未超过我国《商标法》第 48 条“用于识别商品来源”的规定，《商标法释义》[⑤] 明确指出立法者对何为商标法意义上的使用作了主观和客观两方面的规定。

第二，不违背《商标法》现行体系和制度价值。在严格要求充分使用的商标取得和维持行为体制下，美国于 1988 年修改《兰哈姆法》时规定了“意图使用”可以作为商标注册的基础。使用行为要求最为严格的商标取得使用行为都承认意图使

---

① 马丽萍. 商标使用的学理界定与本质解析［J］. 河南财经政法大学学报，2020（4）：107.

② 张韬略，阴晓璐. 我国涉外定牌加工商标侵权司法认定之演进反思［J］. 国际商务研究，2020（2）：65.

③ 吴宇. “商标使用”在商标边境保护中的认定及意义［J］. 海关与经贸研究，2020（5）：149.

④ 文学. 商标使用与商标保护研究［M］. 北京：法律出版社，2008：19.

⑤ 谢尔登 · W. 哈尔彭，克雷格 · 艾伦 · 纳德，肯尼思 · L. 波特. 美国知识产权法原理［M］. 3 版. 宋慧献，译. 北京：商务印书馆，2013：65.

用的合法性地位，使用行为范围更宽的侵权意义上的使用行为更应该承认“意图使用”的适用。在我国注册取得商标权的制度之下，更应如此。

第三，商标权保护的是消费者的混淆可能性，[①] 其重在权衡商标权人利益和消费者权益，即在商标使用是构成侵权前提的体制下，侵权意义上的使用行为的构成要求应低于维持和获得商标的使用行为，否则很多侵犯商标权的行为将无法在逻辑上进一步推进。

第四，这一认定与实务界当前认定商标使用行为有相似之处，即着眼于商标的识别功能，其差别在于是否考虑客观上真实发挥了识别功能。笔者认为不需要考量，因为客观上已经发挥了识别功能甚至有造成混淆的可能性的因素属于判定是否构成商标侵权层面需要考量的问题。

因此，OEM 处于商品生产环节，其贴附行为和出口行为能够在客观上证实加工方具有使用该商标的意图，故 OEM 属于侵权意义上的使用行为。

3. 商标使用是商标侵权的前提

商标使用是否为侵权的前提，不同国家和地区的体制规定有所不同：美国和欧盟商标使用仅适用商标取得制度，不适用商标侵权制度；我国台湾地区则是统一规定商标使用，商标使用同时适用于商标取得和侵权制度。[②] 在英美法系，商标使用是否为侵权的前提存在争议，以斯坦福大学马克·莱姆利为代表的学者主张商标使用应当是侵犯商标权的前提条件；以芝加哥·肯特法学院的格莱美·汀伍迪教授为代表的学者则认为商标法中没有商标使用条件，也不应当有商标使用条件。[③]

据前文案例实证研究，尚不能得出我国法院认定商标使用行为是构成侵权的前提（存在不先认定 OEM 是否属于商标使用行为就判定其侵权与否的案件），但根据我国立法体例，《商标法》第 48 条对商标使用作了统一规定，因此从尊重实证法的角度，笔者认为商标使用行为是判定构成商标侵权的前提。

四、OEM 原则上不构成商标侵权

商标侵权判断应遵循民事侵权判断的一般结构，基于 OEM 承揽加工行为的特殊

① 李明德. 美国知识产权法［M］. 2 版. 北京：法律出版社，2014：539.

② 王太平. 从“无印良品”案到“PRETUL”案：涉外定牌加工的法律性质［J］. 法学评论，2017（6）：176.

③ 王太平. 商标法：案例与原理［M］. 北京：北京大学出版社，2015：245.

性，OEM 侵权判断应为过错原则，因加工方并不获得商标权发挥经济功能的对价利益而不应认定为构成侵权行为。

（一）商标权本质具有财产属性

商标权本质是无形财产权，其通过区别功能、广告功能、投资功能将产品品质、商誉、用户体验等信息传递出去，[①] 进而建立商家与消费者的稳定联系并扩大交易机会，为商家带来市场利益。美国联邦最高法院在 *Hanover Star Milling co. v. Metcalf* 案[②]中曾论证：普通法意义上的商标权属于财产权，商标作为一种财产权，保护的仅是商誉，除非与具体的营业联系在一起，商标本身不是财产权的客体。早期关于商标权功能之争有指示学说和商誉学说，前者强调保护消费者利益，后者强调保护商业私人利益，[③] 但无论如何，商标法通过对营业主体利益的保护实现了对消费者的保护，具有保护私权和公共福祉的双重功能。我国商标法几经修改，最终确立的宗旨兼具维护市场利益和商标权人私人利益的双重目标，这和商标权的经济功能具有一致性。商标权的双重财产属性决定了 OEM 裁判路径应平衡两种利益以得出合理判决。

（二）OEM 合同实质上是承揽加工合同

根据我国《民法典》第 770 条，承揽合同是承揽人按照定作人的要求完成工作，交付工作成果，定作人支付报酬的合同。据此，OEM 加工方是根据委托合同按照承揽方的要求完成加工行为，其行为客观上可分为产品加工行为、贴附标识行为、出口行为，加工方依据其加工行为收取加工费用，贴附标识的行为为加工行为的一部分，出口行为是加工方履行交付义务的行为。在这个生产过程中，加工方贴附标识的行为根据上述应认定为商标侵权意义上的使用行为，但因加工方贴附完标识并出口的过程中该标识不直接接触相关消费者，商标在客观上不会发生识别功能，进而也不会产生权利人利益，即使产生了利益，该利益也不会流转至加工方；商品出口后，商标发挥识别功能为权利人带来的利益归属于商标权人而不是加工人一方，因为构成承揽合同对待给付关系的是加工方的加工行为和承揽人应支付的相应加工

---

① 李亮，牛东芳．商标权国际贸易法律制度研究［M］．上海：上海人民出版社，2015：58．

② *Hanover Star Milling co. v. Metcalf*, 240 U. S. 90（1916）．

③ 吴宇．“商标使用”在商标权边境保护中的认定及意义［J］．海关与经贸研究，2020（5）：542．

费，其贴附标识不是加工主要义务，加工方更不会因此行为就获得相应对价（因商标而产生的利益）。

（三）OEM构成侵权应遵循民事侵权责任判定一般结构

1. OEM商标侵权归责原则应为过错责任

一般而言，民事主体承担民事侵权责任需要满足侵权行为、主观过错、损害后果、因果关系，我国民事领域侵权责任承担原则分为过错责任、无过错责任和公平责任，其中过错责任为一般适用原则而无过错责任和公平责任须以法律明确规定为前提。商标侵权属于民事领域的特殊规定，因此应以《商标法》第48条、第57条、第60条规定为适用基础，对上述法条文义解释可得出侵权的要件为商标的使用行为，商品的相同或类似，商标的相同或近似以及混淆可能性，[①] 主观过错是否属于侵权判定中的要件一直以来都存在争议。在笔者实证分析的183个案例中，有84份案例（占比45.9%）法院考察了OEM加工方是否尽到合理审查义务，即因加工方未尽到合理审查义务而被认定为主观上有故意或重大过失。理论上亦有观点认为商标侵权适用无过错责任，即行为人只要有《商标法》第57条规定的行为就构成侵权而不考虑行为人的主观心态，[②] 笔者认为此种观点在OEM裁判领域不符合商标权的财产属性，亦没有法理依据支撑。

第一，非OEM商标侵权案件归责原则应为无过错原则。虽然我国《商标法》并未明确规定商标侵权的归责原则为无过错原则，但商标权具有的特殊财产性质决定了对商标权的保护应采取无过错责任。民法领域采取无过错责任的法理基础在于法律所欲保护的法益为特别重大的个人法益或该法益具有超过私人法益的公共属性，例如我国《民法典》所规定的产品责任或高度危险责任。如前述，商标权首先具有来源识别功能、品质保障功能，其最主要的功能就是传递有关商品或服务的信息，从而辅助交易进行，[③] 帮助消费者降低消费搜寻成本并且获得良好质量的产品或服务；其次，商标还承载着商标经营者通过长期诚实经营所获得的竞争优势，[④] 而这种竞争优势通过交易机会转化为商标权人的财产性利益，该种竞争优势也是搭便车

① 张书青. 商标侵权四要件之间的逻辑关系［J］. 人民司法（案例），2018（17）.

② 胡梦云. 论商标侵权的归责原则——从“耐克滑雪夹克商标侵权案”谈起［J］. 河北法学，2006（7）.

③ 文学. 商标使用与商标保护研究［M］. 北京：法律出版社，2008：7.

④ 张烜. 商标权战略与企业价值研究［M］. 北京：中国社会科学出版社，2018：66.

者所觊觎的。商标权的来源识别功能和品质保障功能直接影响消费者的合法权益，在市场交易中，处在信息弱势地位的消费者很难在购买前就对产品有充分的了解，这也是政府需要大力规制假冒产品的原因；同时，对假冒伪劣产品的打击，有利于鼓励商标权人持续使用其商标，继续投入商标培育成本，有利于培养和成立品质优良的民族品牌。这种具有公共利益的属性即是商标权侵权无过错责任的法理基础。

第二，OEM 侵权案件归责原则应为过错责任，即只有当加工方主观上有故意或者重大过失时才构成侵权。OEM 中所涉利益不仅包括私人财产利益、消费者的合法权益，还包括加工方的企业利益。首先，我国知识产权法律制度不得不考虑沿海企业赖以生存的定作加工生产方式，即使为了鼓励企业自主创新，也不能在我国知名品牌较少且尚未占据有利国际市场的情况下贸然认定 OEM 构成侵权；其次，OEM 的特殊性在于该加工行为一般情况下并不具有搭载商誉的故意，其主观目的仅是获得加工行为的对价利益，从该角度，法律也不应苛刻合法展开经营的加工方；最后，OEM 本身对消费者利益和商标权人利益的损害可能性较低，即该 OEM 行为不具有危害性，即使在电子商务发达的信息时代，OEM 加工方的产品依然是直接销往国外，在不构成恶意串通的情况下，产品再回流至中国市场的可能性要依据不同产品性质认定，但总体上 OEM 行为造成混淆的可能性要低于其他侵权行为。因此，在 OEM 案件中，为了实现加工方企业价值、商标权人利益和消费者利益的平衡，过错原则应被采纳。

2. OEM 商标侵权过错原则的内涵

民法领域的过错包含故意和重大过失，即当民事主体故意或因重大过失不履行合理注意义务时，该主体就应承担相应法律责任。此处需回答的是 OEM 侵权过错原则注意义务的内容为何？范围如何？该义务来源的法理基础为何？

笔者认为，根据公平原则和风险与收益对等的市场交易规则，OEM 加工方作为与其他经营者相同的市场主体，不应因为其加工业务涉外，真正获得商誉利益的主体无法被追责就要求其承担超出其所获利益的注意义务。换言之，OEM 加工方所获利益仅基于加工行为，商标发挥识别功能给商标权人带来财产性利益的直接行为是商标权人的销售行为，因此，加工方基于其加工行为所要履行的注意义务仅针对委托方，例如加工方需审查委托方是否有合法的境外注册商标，是否有相应的经营资质等。至于委托方已经在境外合法注册的商标是否会侵犯国内注册商标权人的利益则不在加工方的审查范围内，此时如果要求加工方承担此种审查义务，不仅会加大企业的成本，还会使OEM侵权过错原则实质上转化为无过错责任，因为OEM就是委托方未取得中国境内的注册商标权，此种审查义务已经超出加工方所能获得的利益，有违公平原则。

3. 判断OEM是否为侵权行为的构成要件

基于上述OEM过错原则的论述，其是否构成侵权的要件有四。(1) 侵害行为：OEM是侵权意义上的商标使用行为。(2) 主观过错：加工方已经审查委托方经营资格和商标相关注册状态的，应认定其主观上无过错。(3) 因果关系：加工方贴附行为与混淆可能性存在的后果之间在事实上具有条件因果关系，但该种因果关系是否符合商标法的规范评价意义，尚需讨论。法院裁判往往只讨论了事实层面的因果关系而忽略了规范层面的考量。该种因果关系是否成立取决于商标法保护法益的范围和立法目的，如前述，相较一般商标权，OEM行为所涉利益不仅有商标权人私人利益和消费者公众利益，还有加工企业的产业利益，决定加工产业利益保护范围取决于一国的知识产权政策，从当前最高人民法院判决看，我国试图通过判决加工方承担侵权责任的方式倒逼企业转变和创新盈利模式。① 但是对三种利益的平衡不能逾越商标法内在的法理逻辑，且笔者已经在前文论述我国当前的政策至少在OEM领域不符合商标法的立法宗旨，也不能实现商标权具有的经济价值，从该角度，OEM加工方贴附行为与混淆可能性之间不具有商标法上的规范评价意义，即不具有规范因果关系。(4) 损害结果：案涉商标与权利人商标类似，在同种或类似商品上使用的，如果存在混淆可能性，则可认定损害事实的存在。但应当注意的是，虽然不要求混淆实际发生，但也应该存在一定程度上事实的混淆可能性，即在认定混淆可能性时，要综合考量各种因素，如消费者的注意力、商品销售渠道、商品价值等。

（四）OEM构成商标侵权的特殊情形及考量因素

在OEM一般不构成侵权的前提下，需要审查的是反向OEM，即恶意在境外抢注商标，再以OEM为由在我国境内加工产品以规避商标侵权的指控。此种情形下，加工方与委托方之间存在恶意串通，当加工方恶意侵犯注册商标权人权益时，公平原则不再适用，应按照无过错责任原则认定。当注册商标为知名商标，OEM加工行为及委托方的销售行为已经给权利人造成实质损害时，可依据公平责任原则对商标

---

① 杨静. 商标授权确权中地域性原则的重构——基于中美实践的比较［J］. 知识产权，2020（3）：183.

权利人的损失进行填补，但应当说明的是，公平责任是指双方当事人都没有过错，也不适用其他责任规定时，对受害人的损害予以分担①。据此，该种情形下，法院可判决 OEM 加工方对国内知名商标权利人负有一定的避让义务（我国法院对委托方行为并无管辖权），因为加工方对知名商标履行注意义务无须支付较多成本，故当加工方未履行注意义务时，可依据公平原则判决加工方承担部分赔偿责任以填补商标权人的损失。

综上，OEM 构成侵权的情形包括：（1）故意型，反向 OEM，即加工方恶意在境外抢注商标，再以定牌加工行为为由抗辩商标权人的权利诉求，此种情况下，委托方和加工方实为同一主体或者委托方与加工方恶意串通，此时二者之间不存在真实的委托关系；（2）过失型，即加工方未尽到对知名商标合理避让义务而给商标权人造成实质性损害，需注意此种情形侵权责任的承担更多是出于公平原则的责任分配考量。

五、结　　论

笔者经过实证案例分析，发现我国法院对涉外定牌加工行为的判决思路各有不同，甚至出现同案不同判的情形，该种现象潜在地加大了我国加工企业的交易成本，因此重构 OEM 司法认定路径实有必要。首先，我国在商标权注册取得的体制之下，对商标的使用保护较为薄弱，因此从体系解释上讲，尽管我国《商标法》第 48 条统一规定了商标使用行为，但对取得、维持以及侵犯商标权的使用行为的认定，应从保护的法益出发对“用于识别商品来源”作不同解释，侵权意义上的商标使用行为只要求行为人的行为处于商业活动中并有真实使用标识指示功能的意图即可，无须客观上已充分发挥识别功能。从尊重实证法的角度出发，商标使用行为应是构成侵权的前提，故笔者认为 OEM 构成侵权意义上的商标使用行为。其次，商标侵权判断属于民事法律问题，因此认定 OEM 是否构成侵权仍应遵循民事侵权责任判定的一般路径，有大部分观点认为商标侵权判断适用无过错责任原则，② 然基于公平原则，笔者认为 OEM 侵权判断应采纳过错原则，结合承揽行为本质，笔者认为 OEM 加工方实际仅获承揽利益，故 OEM 加工方的注意义务一般地仅限于审查委托方的经营资

---

① 胡伟强.《侵权责任法》中公平责任的适用——一个法经济学的解释［J］. 清华法学，2010（5）：94.

② 金多才. 我国商标侵权民事责任归责规则研究［J］. 法学，2002（2）：51.

质、是否合法注册商标而不包括对国内注册商标的审查。因此，OEM 原则上不构成侵权。最后，当有证据证明加工方对知名商标未进行避让的过失行为已经造成实质损害，可判决加工方对知名商标的损害承担部分赔偿责任，但该种赔偿是基于公平原则对损害的分担，亦是出于平衡商标法所保护的商标权人私权益和消费者公权益的考量；当有证据证明加工方故意损害商标权人的权益即与委托方恶意串通，在境外抢注商标并利用 OEM 获取利益时，应例外地认定 OEM 构成侵权。

（责任编辑：吴柯苇）

Reflection and Reconstruction of the Judicial Assessment of Trademark Infringements Regarding Foreign OEM

Jin Miao

Abstract: Whether foreign – related OEM shall be considered as trademark infringement is controversial in the judicial and theoretical field in China. Through an empirical analysis of the reasons for the judgments of courts at all levels, it is found that the courts have made decisions based on legal factors and policy factors, but generally presents a phenomenon of "different judgments in the same case". Trademark use is the logical prerequisite for determining whether it constitutes trademark infringement. Under the system of registration and acquisition of trademark rights in China, in order to realize the economic function of trademark property rights, foreign – related OEM processing activities should be recognized as trademark use activities in the sense of trademark infringement. As a field of civil laws, the judgment of trademark infringement should follow the general structure of civil tort liability. However, the foreign – related OEM contract is essentially a commission contract. The processing party only obtains the consideration benefits of the manufacturing behavior and does not obtain the economic benefits based on the trademark function. Therefore, the judgment of the infringement of foreign – related OEM processing follow fault principle. Based on the principle of fault, the processing party generally only undertakes reasonable review obligations to the entrusting party and does not constitute a trademark infringement. When the registered trademark is a well – known trademark and the trademark owner has suffered substantial damage, the processing party can be judged to share legal liability based on the principle of fairness and red flag rules. Part of the liability for damage; when the processing party and the entrusting party maliciously collude, preemptively register a trademark overseas and use the act of OEM to obtain benefits, it shall be considered as a trademark infringement as an exception.

Key Words: Foreign-related OEM; Trademark use; Trademark infringement; Fault principle

“推荐算法”与网络服务提供者的注意义务界定

李欣遥*

【摘　要】推荐算法技术在平台应用中时常涉及以信息流推送的方式传播侵权内容，引发网络服务提供者注意义务范围在现有技术基础下如何界定的争议。随着深度学习算法技术的日趋成熟，突破了算法“工具化”假设，实际上网络服务提供者的信息管理能力会随着算法技术的愈加精进而不断降低。移动互联网时代算法程序取代人工审查自动发出通知或过滤侵权信息已经成为常态，利益相关主体为应对移动互联网下的海量通知，及众多处于侵权行为与合理使用之间模糊地带的创作内容，通过自愿达成私立著作权规则对网络服务提供者的注意义务标准作出调整，构建新技术环境下的合作框架。

【关键词】深度学习算法　避风港规则　主动审查义务　欧盟版权指令　私立著作权规则

一、引　　言

近年来，为解决互联网空间各类应用涌现和基于“用户创造内容”的网络数据大规模增长与“信息过载”问题，[①] 推荐算法系统作为解决“信息过载”的有效方法已经广泛应用于各个网络平台和软件。[②] 该推荐算法以实时信息流刷新推送的形式呈现给最终用户，这些推送给用户的信息时常涉及未经著作权人授权的作品内容，

---

* 李欣遥，华中科技大学2019级硕士研究生，本文在写作过程中承蒙导师熊琦教授的悉心指点，但本文中的所有错误由作者本人负责。

① 熊琦．“用户创造内容”与作品转换性使用认定［J］．法学评论，2017（3）：64－74．

② 黄立威，江碧涛，吕守业，等．基于深度学习的推荐系统研究综述［J］．计算机学报，2018（7）：1619－1647．

而音频分享网站中关于作品片段的大量截取和拼接，使得很多用户无须购买正版作品，即可通过音频分享网站的作品片段快速浏览作品，很大程度上影响了著作权人在网络环境下对作品传播渠道和使用方式的控制，使其损失相关经济收益。

我国现行通知—删除规则系借鉴美国避风港规则的产物，而避风港规则是在移动互联网技术还不发达的情况下，以人工通知和人工审查为制度预设，即以数量有限的通知，通过人工操作完成的基础来建构的。随着移动互联网时代和人工智能技术以及算法过滤技术的发展，《美国 DMCA 第 512 条款运行报告》显示目前的法律框架已经无法应对海量通知。许多利益相关者已寻求自愿协议和其他私人举措来改善通知—删除规则的适用，[①] 主要包括市场合作协议、过滤或内容识别系统、政府执法活动等。利用人工智能取代人工审查，通过算法程序自动发出通知或过滤侵权信息已经成为常态。[②] 虽然过滤算法技术在运用过程中多有出现滥用算法执法和不合理执法现象，但是毕竟通知—删除规则是互联网早期创设出的制度，在很多方面已不完全适应移动互联网时代的技术和产业实践，通知—删除规则需要在新的人工智能和算法技术背景下作出新的阐释。

当前算法技术下认定网络服务提供者主观过错具有特殊性，首先，很难将算法推送所涉及的网络平台归入《信息网络传播权保护条例》（以下简称“《条例》”）所列举的四种网络服务提供者类型中。其次，推荐算法运行时所依据的是客观预设的标准，这一算法技术在事前设计阶段本身基于技术中立原理是不具有可归责性的，且在运行过程中亦是基于算法程序自动运转，无论是传统的协同过滤算法还是深度学习算法在算法投入使用后都很难进行人为干预。当软件平台中的实时信息流推送涉及侵权内容时，应如何认定网络服务提供者“应知”与注意义务，是否应该将主动审查义务分配给网络服务提供者都是亟须讨论的问题。本文以传统推送算法技术和深度学习推荐算法技术为技术根据，结合相关网络服务提供者间接侵权的规定，探讨网络服务提供者注意义务设定在不同算法技术下的特殊性。同时，分析欧盟、美国对于网络服务提供者注意义务设定的比较法经验，对推荐算法技术下网络服务

① United States Copyright Office. Section 512 of Title 17：A Report of The Register of Copyright [R]. 2020-05：30-45.

② 传统推荐系统主要分为协同过滤推荐算法、基于内容的推荐算法、混合推荐算法。其共同的运作模式系基于用户在一定时间内已作出的历史选择记录、评论以及相关辅助信息和相似性关系，通过建立用户与相关产品之间的数学模型，帮助用户发现其感兴趣的信息与产品并向其推送。与传统算法系统不同，深度学习算法具有“可自动学习”的特征，算法变得更加智能化、自动化，其自我深化发展的功能使深化学习算法在投入运行后可能会脱离开发者的控制。

提供者与“应知”行为对应的注意义务内涵进行探究。

二、推荐算法下网络服务提供者“注意义务”认定之困

推荐算法系统在社交网络、移动互联网技术、电子商务、信息检索等领域得到广泛应用，网络服务提供者纷纷优化应用算法推荐系统为平台用户提供更优质的服务。① 推荐算法运行机制主要是基于用户在平台中输入的历史数据以及关于用户年龄、社交关系、职业等辅助信息，② 通过一定的算法设计识别用户类型并构建用户模型，来预测该用户的喜好和兴趣从而将个性化的推荐信息推送给该用户。③

算法技术在为平台运营和用户体验带来极大便利的同时，实时信息流刷新推送用户的信息时常涉及侵权内容，在音频内容在线分享平台中，推荐算法通过识别用户输入信息，当该用户喜好与某些热播热映的音乐作品或电影作品相关时，平台信息流刷新推荐内容会出现与之相关的作品片段。这些被推送的信息显然未经著作权人同意，而是某些网络用户将其自行截取、制作、混编的音频片段在平台上分享供其他用户浏览，此行为损害了著作权人的利益。尤其对于知名的音乐MV和正在热播热映的影视作品来说，著作权人通过授权许可集中获取经济利益的周期通常不超过8周，④ 而音频分享网站中关于作品片段的大量截取和拼接，使很多用户不需要花钱观看正版作品，即可通过音频分享网站的作品片段快速浏览作品，这在很大程度上影响了著作权人在网络环境下对作品传播渠道和使用方式的控制，减少了著作权人通过信息网络传播权所获得的经济收益。

由于传统推荐算法系统和深度学习算法具有不同的技术特性，导致两者在判断网络服务提供者主观过错中存在差异，因此需要区分传统推荐算法系统以及深度学习算法在信息流推送中的表现方式，对推荐算法中网络服务提供者“注意义务”与“应知”的特殊性和争议焦点进行分析。

---

① 黄震华，张佳雯，田春岐，等．基于排列学习的推荐算法研究综述［J］．软件学报，2016（3）：691－713．

② 辅助信息主要包括用户的人口学特征、物品内容特征、上下文特征（时间上下文、位置上下文、环境上下文等）。

③ 陈洁敏，汤庸，李建国，等．个性化推荐算法研究［J］．华南师范大学学报（自然科学版），2014（5）：8－15．

④ 李波，陆凤彬，赵秀娟，等．我国电影生命周期模型及实证分析［J］．系统工程理论与实践，2010（10）：1790－1797．

(一)网络服务提供者"应知"判定的争议焦点

传统推荐系统主要分为协同过滤推荐算法、基于内容的推荐算法、混合推荐算法。其中协同过滤算法是目前平台应用最广泛的算法，系利用相似用户之间具有相似兴趣偏好的方法来发现用户对商品或信息的潜在偏好，[①] 协同过滤算法中应用最广的是基于用户的协同过滤算法和基于物品(或称基于项目)的协同过滤算法。基于用户的协同过滤算法是指，首先计算和目标用户兴趣相似的用户集合，然后从相似用户集合中挑选出用户可能喜欢且未接触过的物品向其推送信息。[②] 基于物品(基于项目)的推荐算法主要通过分析用户的行为记录计算物品之间的相似度，根据物品之间的相似度来寻找与目标项目近似的物品集合，[③] 给用户推荐其历史选择的物品相似的物品。[④]

深度学习算法源于人工神经网络的研究，与传统的机器学习和算法推荐系统相比，深度学习的"可自动学习"的特征使其具有更强的自动提取抽象特征的能力，不仅可以通过海量训练数据来学习更抽象的深层次特征提升分类或预测的准确性，还极大地推动了算法的智能化、自动化，本质上是通过自动学习更高层次抽象的用户或项目的隐含特征表示，从而达到对用户评分预测和偏好行为的更加精准的判断。[⑤] 深度学习算法通过自动学习对用户和项目信息的高层次提取，以及对用户长期和短期兴趣的动态建模，使算法性能大大优于传统推荐算法，但是同时其自我深化发展的功能也使深化学习算法自设计创造后愈发脱离开发者的控制，已经破除了算法"工具性"假设。[⑥]

从用户体验上看，算法推荐技术在网络平台上主要以信息流刷新推送的形式向用户呈现，算法按照相应的既定客观标准或深度学习能力通过不断收集、提取对用户在一定时间阶段已经作出的历史选择不断重新建构用户模型，为用户更新推送内

---

① 黄立威，江碧涛，吕守业，等. 基于深度学习的推荐系统研究综述[J]. 计算机学报，2018(7)：1619-1647.

② 王俊淑，张国明，胡斌. 基于深度学习的推荐算法研究综述[J]. 南京师范大学学报(工程技术版)，2018(4)：33-43.

③ 陈洁敏，汤庸，李建国，等. 个性化推荐算法研究[J]. 华南师范大学学报(自然科学版)，2014(5)：8-15.

④ 项亮. 推荐系统实践[M]. 北京：人民邮电出版社，2012：44-51.

⑤ 王俊淑，张国明，胡斌. 基于深度学习的推荐算法研究综述[J]. 南京师范大学学报(工程技术版)，2018(4)：33-43.

⑥ 张凌寒. 风险防范下算法的监管路径研究[J]. 交大法学，2018(4)：49-62.

容。在用户浏览的实时推送信息中涉及侵权时，根据《著作权法》和《最高人民法院关于审理侵害信息网络传播权民事纠纷案件适用法律若干问题与规定》（2012）（以下简称“《2012信息网络传播权司法解释》”，对网络服务提供者的“注意义务”与“应知”认定有如下几个争议。

第一，关于信息流刷新推送的方式是否属于“主动编辑”“主动整理”“设置榜单”的行为。基于以上对算法技术的说明可知，无论是传统的推荐算法系统还是深度学习算法，虽然在算法设计时其依赖的数学模型和算法性能有根本不同，但是算法在依据一定客观标准生成后即自动运行，在使用过程不存在也不需要人为干预的因素，因为算法本就是为了代替人工以减少人工筛选成本并提高推送效率和准确性而存在的，平台提供给用户的推荐信息既然是基于算法机器启动筛选的结果，那么网络服务提供者与内容几乎没有密切的联系。即自算法推荐程序投入平台使用后，网络服务提供者基本不存在人为干预内容的可能。①

第二，关于信息流推送刷新涉及侵权内容是否处于“公众可获知”的状态，即是否构成信息网络传播权的“提供行为”。2002年《最高人民法院关于审理著作权民事纠纷案件适用法律若干问题的解释》（以下简称“《著作权司法解释》”）第9条规定，“公之于众”是指著作权人自行或者经著作权人许可将作品向不特定的人公开，但不以公众知晓为构成条件。根据推荐算法的技术原理可知，虽然信息流刷新推送表面上看是根据用户的偏好为其推送定制化信息，应该具有私密性，但是由于协同过滤推荐算法的广泛应用，其算法技术原理在构建模型时是通过相似用户之间具有相似兴趣偏好的方法来发现用户对商品或信息的潜在偏好，该相似用户集合针对的是拥有相似兴趣偏好的群体，并且该兴趣偏好既包含短期关注内容亦包含长期喜好以切合用户动态的兴趣爱好变化过程，即使是不常关注该话题的用户也可能基于一时兴起搜索相关热门内容而接受与热门话题相关的推荐内容，在一定程度上也会因短期关注某信息的影响被暂时归入相似用户集合中，因而信息流刷新推送信息除了推送给基于长期兴趣爱好形成的用户集合，也有可能会推送给短期关注的用户群体。② 信息流刷新推送涉及侵权内容虽不是在平台针对所有用户的公开推荐行为，但是面对平台上不特定的多数人的，处于“公众可获知”的状态。

---

① 熊琦.“算法推送”与网络服务提供者的共同侵权认定规则［J］.中国应用法学，2020（4）：125-136.

② 黄立威，江碧涛，吕守业，等.基于深度学习的推荐系统研究综述［J］.计算机学报，2018（7）：1619-1647.

第三，信息流刷新推荐是否为网络服务提供者带来了直接经济利益，决定网络服务提供者是否应当承担更高的注意义务。信息流刷新推荐通常伴随贴片广告，用户通过浏览涉及侵权内容的热播热映音频剪辑，在很多情况下实际上已经从渠道上代替了正版音乐 MV 和电影作品的使用，[①] 之所以构成实质性替代，是因为并非所有人都有完整欣赏一部作品的兴致，很多用户是基于想了解基本的剧情走向获得与他人的谈资，他们通过推送信息中的音频分享剪辑可以快速地浏览作品，从而使正版提供作品内容的著作权人失去了原本的用户流量。这些丧失的用户流量在该网络服务提供者的平台上形成一定的用户规模，吸引贴片广告等获得经济收益，与网络服务提供者"提供"侵权内容具有直接的因果关系，应认定为信息流刷新推荐为网络服务提供者带来了直接经济利益。

第四，网络服务提供者有无积极采取对推送涉及的侵权信息采取合理措施的注意义务。如前所述，虽然在《2012 信息网络传播权司法解释》关于"应知"的规定中涉及网络服务提供者是否积极采取了预防侵权，尤其是针对同一网络用户的重复侵权行为的合理措施，但《2012 信息网络传播权司法解释》第 8 条明确规定法院不能将网络服务提供者未尽主动审查的义务视为有过错，因而在法律适用中很难通过著作权法及司法解释有关"应知"和"注意义务"条款，认定网络服务提供者未尽到合理注意义务。[②]

（二）网络服务提供者主观过错认定的特殊性

从以上关于网络服务提供者"应知"的几点争议分析中可以看出，在算法推送的商业模式下，网络服务提供者的主观过错认定有如下特殊性。

首先，从算法推送涉及的商业模式来看，很难将此类网络服务提供者单独归入《条例》所规定的四种网络服务提供者类型中，作为一种新类型的网络服务提供者，应补充适用《民法典·侵权责任编》网络侵权一般条款。[③] 从用户体验角度上看，算法推送平台并不属于《条例》第 14 条规定的"通知—删除"规则的适用主体，因为算法推送平台的运行模式系集信息存储空间和搜索引擎服务为一体的、兼具多种功能和网络技术服务于一身的综合性平台。作为新类型网络服务提供者，无论是

---

① 《最高人民法院关于审理侵害信息网络传播权民事纠纷案件适用法律若干问题的规定》（2012）第 5 条。

② 《最高人民法院关于审理侵害信息网络传播权民事纠纷案件适用法律若干问题的规定》（2012）第 8 条、第 9 条。

③ 2013 年修订《信息网络传播权保护条例》第 20～23 条。

基于技术原理还是法律调整目标的考量，既不能将其归为《条例》明文列举的某种特定的网络服务提供者类型，又不能武断地将其排除在《条例》规制的通知—删除规则之外。[①] 鉴于新互联网技术和商业模式的持续创新发展，新类型的网络服务将不断涌现，对于此类暂无法准确定义和归类的新类型网络服务提供者，但又确有必要对该新类型网络服务提供者进行调整时，应当补充适用《民法典·侵权责任编》对网络侵权的一般规定以应对网络服务类型的复杂性和多样性。[②] 根据特殊法与一般法的关系，《民法典·侵权责任编》第1194～1197条的适用范围是除《条例》所规定的提供“自动接入、自动传输、自动存储、信息存储空间、搜索链接服务”之外的其他网络技术服务提供者，该条立法目的正是为适应现代互联网技术和服务的发展，规制未来可能出现的新型网络侵权行为。在适用《民法典·侵权责任编》互联网条款时，应当根据不同算法推送平台的技术服务特性、对网络侵权行为的预见能力和避免能力以及预防和控制网络侵权损害发生的成本等确立其适当的注意义务和合理的必要措施。[③]

其次，基于技术中立原则，当技术作为工具时，法律规制的是技术背后的行为而非技术作为工具和服务本身，算法推送作为一种新网络技术服务，无论是在算法设计还是算法运行阶段，皆是依据算法设计模型预设的一定客观标准和机器的自动运行，一旦设计完成之后不具有对内容的人为接触或干预。这一算法技术在事前设计阶段本身基于技术中立原理是不具有可归责性的，且在算法推送运行过程中亦是基于算法程序自动运转，无论是传统的协同过滤算法还是深度学习算法都不具有人为干预。根据《2012信息网络传播权司法解释》第9～12条，“应知”的判定建立在与网络服务提供者相适应的信息管理能力的注意义务上，而随着算法推送技术尤其是随着深度学习技术的日益发展，网络服务提供者的信息管理能力较之前却是更弱，加之法律规定网络服务提供者不负有主动审查的注意义务，在主观方面算法推送下的网络服务提供者并不属于“应知”所规制的主观过错范围。

最后，推荐算法下的网络服务提供者虽在主观上并不满足“应知”的行为，但根据推送信息用户浏览量和点击率，网络服务提供者从信息流推送内容中通过贴片

---

① 孔祥俊．“互联网条款”对于新类型网络服务的适用问题——从“通知删除”到“通知加采取必要措施”［J］．政法论坛，2020（1）：52－66．

② 孔祥俊．“互联网条款”对于新类型网络服务的适用问题——从“通知删除”到“通知加采取必要措施”［J］．政法论坛，2020（1）：52－66．

③ 程啸．侵权责任法［M］．2版．北京：法律出版社，2015：270－286．

广告等获取了直接经济利益，并且在一定程度上使得相关侵权的作品内容确实处在一种为公众可获知的状态。即算法推送技术的应用虽然具有等同一般知识产权网络侵权的后果，但是由于没有满足网络服务提供者“应知”的主观要件，因而单从信息流推送这一商业模式来看，算法推送行为不具有违法性。

然而在实践中，一些法院在审理中选择绕过《条例》所规定的通知—删除规则以及对特定类型网络服务提供者的免责条款，而向一般侵权责任法的过错和注意义务的认定标准靠拢，实际上提高了网络服务提供者的注意义务，在广州数联软件技术有限公司 POCO 软件引发的一系列视频网站侵权案件中，广东省高院和上海高院都在判决书中确认了视频分享网站的网络服务提供者负有主动审查的义务。在其他音频分享网站案件中，法院判决书中也体现了类似的意见。① 国家版权局也曾发布要求网盘服务商承担一定主动审查义务和采取版权内容过滤措施的规定。②

法院为何要避开我国《信息网络传播权保护条例》中通知—删除规则和《著作权司法解释》中对网络服务提供者注意义务的规定，而回归一般侵权法中关于善良管理人的注意义务规则，将一些积极主动审查预防侵权的措施归入网络服务提供者的注意义务范围，需要结合算法推送的特殊性并结合国外立法及相关判例详述。

三、网络服务提供者注意义务设定的比较法实践

（一）技术基础变迁与注意义务设定

从前互联网时代到移动互联网时代，通知—删除规则为网络服务提供者设定有限注意义务的技术基础已经发生变迁，加上实践中与之配套实施的规则体系和利益相关主体自治措施的缺失，通知—删除规则在算法技术发展的移动互联网时代面临挑战。笔者拟从比较法的角度，结合美国避风港规则和欧盟版权指令立法及相关制

① 崔国斌. 网络服务商共同侵权制度之重塑［J］. 法学研究，2013（4）：138－159. 相关判决书另见广州数联软件技术有限公司与北京慈文影视制作有限公司侵犯信息网络传播权纠纷上诉案，（2006）粤高法民三终字第 355 号；广东中凯文化发展有限公司诉广州数联软件技术有限公司，上海市高院（2008）沪高民三（知）终字第 7 号；北京市一中院（2010）一中民初字第 11821 号；上海市浦东新区人民法院（2009）浦民三（知）初字第 4 号。

② 国家版权局《关于加强网络文学作品版权管理的通知》（2016）第 10 条：“提供信息存储空间服务的网盘服务商，应当遵守国家版权局《关于规范网盘服务版权秩序的通知》，主动屏蔽、删除侵权文学作品，防止用户上传、存储并分享侵权文学作品。”

度运行资料，对我国网络服务提供者注意义务的内涵界定提出新的可能。

避风港规则是前互联网时代下网络服务提供者与权利人在当时的技术基础上达成的合作，避风港规则对网络服务提供者注意义务的设定以人工通知和人工审查为制度预设，即以数量有限的通知，通过人工操作完成的基础来建构的。[①] 在避风港规则建立的20世纪90年代，由于技术基础的限制，对于网络服务提供者和版权人来说只有通过通知—删除规则构建权利人与使用者沟通的桥梁，[②] 因而在当时的技术水平下，由权利人负责监督侵权内容，网络服务提供者承担收到合规通知后采取合理措施处理侵权内容的责任的通知—删除模式是合理解决网络著作权侵权行为的方式。

美国《DMCA第512条款运行报告》显示，目前的法律框架已经不足以处理大量的通知。如今，互联网用户每天都会发布数以亿计的经过授权或未经授权的照片、视频、录音和其他作品。2015年，仅YouTube一分钟就有近400小时的视频上传，到2019年5月，这一数字达到了500小时。随着在线活动和第三方对原创内容的使用不断增加，“通知—移除”系统满足所有利益相关者需求的能力也面临越来越大的压力。许多较大的版权所有者已经开始依赖自动程序来搜索未经授权的材料，并生成大规模的删除通知，这在1998年制定《DMCA法案》的美国国会中是无法想象的。[③]

在欧盟《单一数字市场版权指令》（以下简称“《DSM版权指令》”出台之前，欧盟委员会提议在处理用户通过网络服务平台侵权时，互联网中介机构应当遵守更严格的义务。尤其是在线内容分享服务提供者，应当在管理其网络和系统的方式上履行更多的尽职调查的注意义务和承担更重的责任。[④] 该提议草案旨在消除所谓的“价值差距”，即在用户创造内容的价值链沿线的行业参与者（在线服务提供者与版权人）之间，消除在线使用受版权保护的作品所产生的在线平台与权利人收入不公平分配现象。将资源重新分配给创作者，让他们在平台经济中使用自己的作品，这

---

① 万勇. 人工智能时代的版权法通知—移除制度［J］. 中外法学，2019（5）：1254－1269.

② 崔国斌. 论网络服务商版权内容过滤义务［J］. 中国法学，2017（2）：215－237.

③ United States Copyright Office. Section 512 of Title 17：A Report of The Register of Copyright［R］. 2020－05：10.

④ Commission of the European Communities，Communication from the Commission to the European Parliament，The Council，the European Economic and Social Committee and the Committee of the Regions：A Digital Single Market Strategy for Europe，§ 3.3.2，COM（2015）192 final（May 6，2015）；Giancarlo Frosio. To Filter，or Not to Filter－That Is the Question in EU Copyright Reform［J］. Cardozo Arts & Entertainment Law Journal，2018（2）：331－368.

一政策目标无疑对促进作品创造者和网络服务提供者之间的协议是有价值的。①

之后出台的《DSM 版权指令》正式将内容创造者和在线平台之间达成货币化协议的义务立法化，该义务可视为对 UGC（用户创造内容规则）例外情况的合理补充，也可以作为对 UGC 例外情况的合理补偿，即与货币化协议相结合。立法者认为以安排利润分配取代传统的版权排他性原则，会是双赢的局面，可为创造者和使用者消除内部矛盾从而解决价值差距。②《DSM 版权指令》第 17 条解决了"价值差距"，在线内容共享平台通过使用户能够提供受版权保护的内容而获得不合理的价值，试图保证版权所有者从对作品的这种使用中获取其应得的价值或报酬。为了弥合差距，《DSM 版权指令》旨在通过促进"权利持有人与在线内容共享服务提供商之间的许可市场"，以确保权利持有人在使用其在线作品时获得适当的报酬，这些规定并不影响给予权利人授权或订立许可协议的合同自由。③

《DSM 版权指令》的关键在于对"在线内容共享服务提供商"的规制，其主要目的是一方面允许用户上传和共享大量内容，另一方面敦促服务商与权利人之间达成授权许可协议。根据《DSM 版权指令》，向公众提供其用户上传的受版权保护的作品的访问权，构成向公众传播的行为或向公众公开的行为。因此，在线内容共享服务提供商必须从权利持有者处获得许可。④ 如果平台未获得授权许可，除可证明已尽最大努力获得授权外，内容共享服务提供商应对未经授权的作品与用户侵权行为承担责任；并且在收到版权所有者的充分有效的通知后采取及时行动，以禁止访问或从其网站上删除已通知的作品，并尽最大努力防止这些作品再次上传。⑤《DSM 版权指令》同时解释了这些义务"不应导致会员国施加一般性监督义务"。⑥

与欧盟版权指令对在线提供者施加义务的做法不同，美国主要是根据配套措施、红旗标准的灵活解释，以及私人主体之间达成的自治规则应对算法推送以及移动互

---

① DSM Directive Proposal, at art. 13 (1) (2) (3); Giancarlo Frosio. To Filter, or Not to Filter - That Is the Question in EU Copyright Reform [J]. Cardozo Arts & Entertainment Law Journal, 2018 (2): 331-368. 欧盟拟议的改革包括第 13 条和第 37 ~ 39 条的规定，这一规定将平台运营的注意义务确认包括向权利人寻求授权许可的义务，以及使用有效的内容识别技术防止在平台上获得此类作品以及建立投诉和纠正机制处理用户和利益相关者的异议。

② Giancarlo Frosio. To Filter, or Not to Filter - That Is the Question in EU Copyright Reform [J]. Cardozo Arts & Entertainment Law Journal, 2018 (2): 331-368.

③ DSM Copyright Directive, recital 61.

④ DSM Copyright Directive, art. 17 (1).

⑤ DSM Copyright Directive, art. 17 (4).

⑥ DSM Copyright Directive, recital 66, art. 17 (8).

联网下其他新技术所带来的安全港规则适用问题。美国法院遵照以红旗标准为基础的避风港规则，在一些案例中通过灵活解释红旗标准中的不确定性，将一定程度的版权审查义务重新强加给部分网络服务提供者，① 或严格审查网络服务提供者是否履行了避风港规则对预防重复侵权行为采取合理措施，实际上变相要求网络服务提供者承担主动审查义务，在侵权行为发生前须对侵权事实进行判断和识别，并依据此采取合理措施。② 另外，美国法院通过将引诱侵权与替代责任规则作为限制安全港规则的补充，在个案中根据情况使网络服务提供者承担不同的注意义务。③

许多大型互联网平台扩充或回避使用传统的通知—删除规定，通过许可内容或构建内容识别过滤系统识别和管理平台系统上可能涉及侵权的内容，这些往往需要网络服务提供者投入大量资金成本来创建和管理，相比之下，规模较小的权利人只能投入大量的时间和人力资源来识别他们的在线内容和大量删除通知，但收效甚微。④ 由于没有大的版权拥有者和网络服务提供者所能得到的技术支撑或行政补助，一些中小权利人和网络服务提供者难以在目前的 DMCA 第 512 条款安全港框架内运作。除此之外，一些学者担心，内容识别和过滤技术系统的自动化日益依赖，可能会更容易出现错误和滥用，让合法的网络言论受到打击。⑤

（二）利益相关者的自治实践

为了应对以上移动互联网的发展和 DMCA 第 512 条款运行压力的担忧，利益相关者纷纷采取措施解决问题，这些举措反映在版权生态系统内各个利益相关者之间的合作。许多利益相关者已寻求自愿协议和其他私人举措来改善通知—删除规则的适用，⑥ 并且政府也通过加强协调执法活动和促进利益相关者对话，努力解决通

---

① *Viacom Intern. Inc. v. Youtube, Inc.* 676. F. 3d19, 35 (2012); *Viacom International, Inc. v. Youtube, Inc*, 676 F. 3d19 (2d Cir. 2012), 126 Harv. L. Rev. 645, 650 (2012).

② *re Aimster Copyright Litigation*, 252 F. Supp. 2d 634, 659 (2002); 崔国斌. 网络服务商共同侵权制度之重塑 [J]. 法学研究, 2013 (4): 138－159.

③ 崔国斌. 网络服务商共同侵权制度之重塑 [J]. 法学研究, 2013 (4): 138－159.

④ See e. g., *Viacom Int' l, Inc. v. YouTube, Inc.*, No. 07 Civ. 2103 (S. D. N. Y. 2007). Also see, e. g., Maria Schneider, Comments Submitted in Response to U. S. Copyright Office's Dec. 31, 2015, Notice of Inquiry at 5 (Apr. 1, 2016) ("Schneider Initial Comments") ("The current takedown scheme is a constant whack－a－mole game.") cited in See: United States Copyright Office. Section 512 of Title 17: A Report of The Register of Copyright [R]. 2020－05: 10.

⑤ United States Copyright Office. Section 512 of Title 17: A Report of The Register of Copyright [R]. 2020－05: 10.

⑥ Section 512 of Title 17: Hearing Before the Subcomm. on Courts, Intellectual Prop. & the Internet of the H. Comm. on the Judiciary, 113th Cong. 6 (2014).

知—删除规则的不适应压力。① 各主体成功的措施，主要包括市场合作协议、过滤或内容识别系统、政府执法活动等。

创意产业和网络中介服务提供者，包括迪士尼、福克斯、微软、索尼影业等共同建立了与用户生成内容（UGC）平台的运行规则，② 即"用户生成内容服务原则"（UGC 原则），这些原则要求 UGC 网站实施过滤或识别受版权保护的作品并通知任何匹配项的技术，然后由权利人确定如何处理这些匹配识别后可能侵权的项目，③且必须以一种有效平衡权利人在阻止侵权内容方面的合法利益与网络中介服务提供者和用户利益平衡的方式使用该技术，容纳合法上传和合理使用，尽量减少对合理使用造成的不必要的附带损害。④

一些较大的网络服务提供者已自愿实施过滤系统识别上传到其平台的潜在侵权材料，主要的过滤系统有 Audible Magic 和 YouTube 的 Content ID 程序以及其他标准技术措施。Audible Magic 过滤技术已获许可用于社交媒体平台，将上传到平台的音频和视频文件与存储在数据库中注册的文件进行匹配。⑤ YouTube 的 Content ID 程序通过网络服务提供者从版权人处获得正版版权资料，形成一个正版作品版权库，然后将用户上传的任何视频或音频与正版数据库进行实时对比和匹配，若其上传内容与正版数据库中的内容达到一定"量"上的匹配，⑥ 即通过系统预先设定的算法提取正版音频画面的关键帧并进行技术分析，并与可能涉及的侵权内容进行比对。⑦若比对结果符合版权作品特征信息库中数据内容，可以决定是否阻止该用户的上传

① United States Copyright Office. Section 512 of Title 17: A Report of The Register of Copyright [R]. 2020-05: 36.

② Press Release, The Walt Disney Co. et al. Internet and Media Industry Leaders Unveil Principles to Foster Online Innovation While Protecting Copyrights (Oct. 18, 2007) [EB/OL]. [2020-09-15]. http://www.ugcprinciples.com/press_release.html.

③ Principles for User Generated Content Services, UGC Principles [EB/OL]. [2020-09-15]. http://www.ugcprinciples.com；黄炜杰."屏蔽或变现"：一种著作权的再配置机制 [J]. 知识产权，2019 (1): 35-44.

④ Principles for User Generated Content Services, UGC Principles [EB/OL]. [2020-09-15]. http://www.ugcprinciples.com.

⑤ 黄炜杰."屏蔽或变现"：一种著作权的再配置机制 [J]. 知识产权，2019 (1): 35-44；崔国斌. 论网络服务商版权内容过滤义务 [J]. 中国法学，2017 (2): 215-237.

⑥ How Content ID Works [EB/OL]. [2020-09-15]. https://www.youtube.com/watch? v=ij8ze4QM474；Paul Resnikoff. 99.5% of All Infringing Music Videos are Resolved by Content ID, YouTube Claims (Digital Music News, 8 August 2016) [EB/OL]. [2020-08-14]. https://www.digitalmusicnews.com/2016/08/08/copyright-problems-resolved-content-id/；站内消重、全网检测、维权赔付，今日头条是这样保护版权的 [EB/OL]. [2020-09-08]. http://www.xinhuanet.com/itown/2017-04/26/c_136237660.htm.

⑦ 孙艳，周学广. 内容过滤技术研究进展 [J]. 信息安全与通信保密，2011 (9): 45-49；王松，韩永国，吴亚东，等. 基于图像主色彩的视频关键帧提取方法 [J]. 计算机应用，2013 (9): 2631-2635.

或传播行为。一旦比对结果匹配成功，权利人会收到通知并可选择如何处理用户上传的内容，选择方案有屏蔽、变现或追踪三种。① 即权利人可选择阻止观看整个视频，通过在视频上投放广告来通过视频获利，或仅跟踪视频的观看人数统计信息。② 该版权过滤义务已被《DSM 版权指令》以立法方式确认下来。在过去五年中，YouTube 向选择使用 Content ID 通过文件获利的参与者支付了 20 亿美元。一些利益相关者称赞 Content ID 已经实现自动化版权管理，允许自愿放弃一些排他性财产权的权利人从中获得经济利益，从而为音乐行业创造全新的收入来源。③

安全港规则将标准技术措施定义为“已根据版权拥有者和消费者的广泛共识制定的版权权利人用来识别或保护受版权保护的作品的技术手段”，④ 这项技术依靠改进输入到过滤系统中的数据，提高解决在线侵权行为的有效性和效率，而过滤系统数据的质量以及技术的可承受性取决于权利人在整个过程中的参与和合作。⑤ 识别系统可以自动比较上传到其平台的内容数据，一旦确定了与正版作品参数的精确匹配，网络中介服务提供者和权利所有者可以协商对匹配的特定响应，例如阻止上传或允许上传并通过内容获利。⑥ 由于内容过滤技术固有地依赖于版权所有者提供的参考文件和数据，因此该技术无法充分发挥其潜力。许多反对者指出，该技术无法确定对上传内容中是否侵权或构成合理使用进行正确判断，对自由表达和言论利益也会产生不利影响。⑦ 强制要求执行标准技术措施将对新竞争者进入市场创造障碍，减少创新和竞争，并给中小网络平台带来特定风险。⑧ 同时这种过滤技术不仅可能成为市场准入的反竞争壁垒，实际上将不断巩固诸如 Content ID 的特殊过滤技术平

---

① 黄炜杰.“屏蔽或变现”：一种著作权的再配置机制［J］. 知识产权，2019（1）：35－44；崔国斌. 论网络服务商版权内容过滤义务［J］. 中国法学，2017（2）：215－237；Proposal for a Directive of The European Parliament and of the Council on Copyright in the Digital Single Market，2016/0280（COD），Art. 13.

② How Content ID Works［EB/OL］.［2020－09－15］. https://www.youtube.com/watch? v = ij8ze4QM47.

③ YouTube for Press，YOUTUBE［EB/OL］.［2020－09－15］. https://www.youtube.com/yt/about/press/（click“View all YouTube statistics”）；United States Copyright Office. Section 512 of Title 17：A Report of The Register of Copyright［R］. 2020－05：43.

④ Digital Millennium Copyright Act §512（i）（2）.

⑤ Authors Guild Initial Comments at 27；SoundCloud Initial Comments at 13，cited in United States Copyright Office. Section 512 of Title 17：A Report of The Register of Copyright［R］. 2020－05：178.

⑥ 黄炜杰.“屏蔽或变现”：一种著作权的再配置机制［J］. 知识产权，2019（1）：35－44；崔国斌. 论网络服务商版权内容过滤义务［J］. 中国法学，2017（2）：215－237.

⑦ United States Copyright Office. Section 512 of Title 17：A Report of The Register of Copyright［R］. 2020－05：189；Giancarlo Frosio. To Filter，or Not to Filter－That Is the Question in EU Copyright Reform［J］. Cardozo Arts & Entertainment Law Journal，2018（2）：331－368.

⑧ Giancarlo Frosio. To Filter，or Not to Filter－That Is the Question in EU Copyright Reform［J］. Cardozo Arts & Entertainment Law Journal，2018（2）：331－368.

台的市场主导地位。①

Content ID 程序在实践中暴露出许多弊端，对于内容识别技术是否应当作为在线内容分享服务提供者的注意义务，不仅会与《欧盟电子商务指令》第 15 条中所规定的"网络服务提供者无普遍监控和审查义务"相违背，还引发关于言论自由的基本权利、合理使用以及限制竞争妨碍商业自由的争论。

首先，自动识别系统作为一种"自动侵权评估"的手段会破坏用户接受和传递信息的自由，对用户的基本言论的自由权利产生负面影响，并且作品的公有领域知识状态以及合理使用的复杂性会超出内容识别技术的识别能力。过滤系统无法对区分非法内容和合法内容之间进行"质"的把控，② 因为 Content ID 的内容识别技术仅仅是根据正版数据库与上传内容进行"量"上的比对，③ 而用户上传内容是否合法通常是"质"的问题。④

其次，在线音频分享平台中，基于"用户创造内容"而产生的很多作品都是介于合理使用与侵权的模糊地带，Content ID 不仅无法真正针对个案进行有质量的甄别，还缺乏对用户创造内容的"二次创作者"的合理保护，"二次创作者"没有有效的纠错机制（如反通知的权利）来保护自己被错误删除的作品，只能接受著作权人的"剥削"。⑤

最后，Content ID 程序的参与主体仅限于"对 YouTube 创作者社区经常上传的大量原始资料拥有专有权"的版权人，将较小的版权所有者排除在外。⑥ 一个创意产业组织还指出，鉴于 YouTube 的市场优势地位，它可以迫使参与者"接受某些权利持有人认为令人反感的许可条款，或者提供远远低于市场价格的竞争服务"。⑦ 同

---

① Giancarlo Frosio. To Filter, or Not to Filter – That Is the Question in EU Copyright Reform [J]. Cardozo Arts & Entertainment Law Journal, 2018 (2): 331 –368.

② 黄炜杰. "屏蔽或变现"：一种著作权的再配置机制 [J]. 知识产权，2019 (1)：35 –44.

③ Andy Baio. Copyright Kings Are Judge, Jury and Executioner on Youtube [EB/OL]. [2020 –09 –16]. http://www. wired. com/business/2012/02/opinion –baiodmca youtube/. 根据统计，在被 Content ID 识别出的作品中，仅有 2% 构成侵权。Content ID 技术也曾多次被媒体报道出现滥用情形，系统甚至对明显不拥有著作权的内容提出主张。

④ Sag, Matthew. Internet safe harbors and the transformation of copyright law [J]. Notre Dame L. Rev, 2017, 93: 548.

⑤ Nicholas Carr. Digital Sharecropping (Rough Type, December 2006) [EB/OL]. [2020 –09 –15]. http://www. roughtype. com/? p =634.

⑥ House Section 512 Hearing, 113th Cong. 54 (statement of Maria Schneider, Grammy Award Winning Composer/Conductor/Producer, Member of the Board of Governors, New York Chapter of the Recording Academy).

⑦ United States Copyright Office. Section 512 of Title 17: A Report of The Register of Copyright [R]. 2020 –05: 44.

时，过滤技术对网络服务提供者施加监管义务会提升新平台服务进入和参与市场竞争的成本，迫使服务商承担监管义务不仅使其负担开发和部署识别技术高昂的成本，还会阻碍服务商自由经营其他业务。①

除以上私人主体达成的市场协议外，政府也积极采取适应移动互联网时代的执法措施。如PRO IP确立了美国总统执行办公室内知识产权执法协调员（IPEC）的地位，②美国商务部于2010年成立互联网政策工作组（IPTF），经过一系列利益相关方听取会议并收到书面评论的公开程序之后，寻求改善避风港规则运作的最佳做法。③

四、网络服务提供者注意义务内涵设定重塑

我国现行的通知—删除规则，在人工智能和算法技术下的移动互联网时代正面临巨大挑战。网络服务提供者通过算法推送技术获得较高的直接经济利益，网络用户通过平台传播侵权音频作品亦对权利人造成极大的损害后果，但是在我国现行《著作权法》规定下，网络服务提供者仅负较低的注意义务，很难认定其存在“应知”或“明知”的主观过错。现行法律对网络服务提供者主动审查义务的豁免，以及在算法技术下网络服务提供者信息管理能力事实上的降低，在算法推送的技术背景下网络服务提供者的“注意义务”与其所获得“利益”与造成的“后果”显然是不相称的。因此，法官在司法实践中为了适应新类型网络服务提供者的侵权案件中带来的争议，选择规避《条例》中的通知—删除规则，而回归一般侵权法上善良管理人的注意义务标准。

（一）网络服务提供者注意义务认定标准调整的原因

实践中通知—删除规则所设定的网络服务提供者注意义务标准“僵化”的原因有二：一是源于技术基础的变迁；二是由于我国欠缺经过市场认可的私人自治措施

① Giancarlo Frosio. To Filter, or Not to Filter – That Is the Question in EU Copyright Reform [J]. Cardozo Arts & Entertainment Law Journal, 2018 (2): 331 – 368.

② IPEC. Annual Intellectual Property Report To Congress 29 (2020) [R/OL]. [2020 – 09 – 15]. https://www.whitehouse.gov/wp – content/Uploads/2020/04/IPEC – 2019 – Annual – Intellectual – Property – Report.pdf,.

③ United States Copyright Office. Section 512 of Title 17: A Report of The Register of Copyright [R]. 2020 – 05: 49 – 50.

和相关配套规则。其中，技术基础的变迁是网络服务提供者注意义务认定标准僵化的本质原因。从比较法上来看，《美国数字千年版权法》以及《欧盟电子商务指令》等在移动互联网时代都出现了制度运行的各种弊病，已经无法满足之前设立安全港规则的制度预设。而认定网络服务提供者注意义务的配套规则和运行管理机制的缺失，不仅包括正式立法文本上对于通知—删除规则适用上的不完备，还包括网络服务提供者与权利人、广告商、集体管理组织等利益相关主体之间自治措施和私立著作权规则的缺乏。

从设定网络服务提供者注意义务所依据的技术基础看，我国现行的通知—删除规则系借鉴《美国数字千年版权法》所确立的避风港规则，而避风港规则是在移动互联网技术还不发达的情况下，以人工通知和人工审查为制度预设，即以数量有限的通知，通过人工操作完成的基础来建构的。[①] 在前网络时代，私人复制和发行在质量和范围上都无法对权利人造成根本性冲击，因为传统媒介限制公众接触作品的手段往往来自对载体的控制，而非著作财产权排他性实施的效果。[②] 依据技术中立规则所创造出来的安全港规则建立在20世纪90年代左右，当时既没有自动化网络版权识别机制，也没有成熟的算法过滤技术以及现在深度推荐算法技术，因而当时对于网络服务提供者和版权人来说，只有通过通知—删除规则构建权利人与使用者沟通的桥梁。[③] 在当时的技术水平下，权利人负责监督侵权内容，网络服务提供者承担收到合规通知后采取合理措施处理侵权内容的责任的通知—删除模式是最合理解决网络著作权侵权行为的方式。随着移动互联网时代和人工智能技术以及算法过滤技术的日趋成熟，利用人工智能取代人工通过算法程序自动发出通知或过滤侵权信息已经成为常态。虽然过滤算法技术在运用过程中多有出现滥用算法执法和不合理执法的现象，但是毕竟通知—删除规则是互联网早期创设出的制度，在很多方面已不完全能适应移动互联网时代的技术和产业实践。网络服务提供者的注意义务标准需要在新的人工智能和算法技术背景下作出新的阐释。

从通知—删除规则的自治措施及其他配套措施的运行来看，我国缺乏立法文本和私人自治中关于网络服务提供者注意义务标准的有益构建。首先，在立法上我国

---

① 万勇. 人工智能时代的版权法通知—移除制度［J］. 中外法学，2019（5）：1254－1269.

② Zohar Efroni. A Momentary Lapse of Reason：Digital Copyright，the DMCA and a Dose of Common Sense［J］. Colum. J. L. & Arts，2005，28：277. 转引自：熊琦. 互联网产业驱动下的著作权规则变革［J］. 中国法学，2013（6）：79－90.

③ 崔国斌. 论网络服务商版权内容过滤义务［J］. 中国法学，2017（2）：215－237.

系片面、不完全地移植了美国避风港规则，一方面，没有纳入网络服务提供者应采取积极措施防止用户重复多次侵权和必须接纳标准技术措施的注意义务；另一方面，缺乏如替代责任和引诱侵权的补充性的一般侵权责任，仅仅将直接经济利益的获得与应负注意义务的高低相关联，没有给予法官判定注意义务范围的自由裁量空间（如使网络服务提供者承担善良管理人的注意义务）。① 因而才会出现前述我国法院在裁判中，法官为打击网络著作权侵权行为，只能避开通知—删除规则而适用一般侵权规则中善良管理人注意义务约束网络服务提供者的现象。其次，在利益相关主体之间的自治措施上看，由于立法者在对集体管理制度价值内涵移植的偏差，过于维护集体管理组织的唯一性和垄断性，将集体管理制度价值定位为通过行政干预实现权利人和使用者的双赢并维护著作权市场秩序的稳定，而非以私人自治为核心，导致制度绩效反向而行，② 权利人既没有话语权参与版税标准与分配方式的制定，也无法通过集体管理组织集中许可渠道的方式保障其在著作权市场实现作品收益最大化，其利益诉求得不到满足。权利人自行授权给更能维护和代表其利益的版权代理公司，这种“版权代理”行为在实践中却被法院一致被认定为非法著作权集体管理，③ 这使权利人寻求自治的道路变得更加艰辛。权利人和使用者的合作通常会因为违反《著作权集体管理条例》的规定而“夭折”，意味着我国产业环境缺乏孕育私人自治的土壤，权利人、使用者与集体管理组织未能在私人自治与限制垄断的价值目标上达到平衡，④ 这些因素导致我国版权生态中的利益相关主体无法达成市场认可的、行之有效的行业运行机制和私立著作权规则，以对网络服务提供者注意义务的认定标准做出适时的有益调整。

---

① 崔国斌．网络服务商共同侵权制度之重塑［J］．法学研究，2013（4）：138－159.

② 熊琦．论著作权集体管理中的私人自治——兼评我国集体管理制度立法的谬误［J］．法律科学，2013（1）：142－149；熊琦．著作权集体管理制度本土价值重塑［J］．法制与社会发展，2016（3）：96－108；王自强．关于著作权人“被代表”问题的思考［N］．中国新闻出版报，2012－04－16（4）；国家版权局．关于中华人民共和国著作权法（修改草案）的简要说明［Z］．2012－03.

③ 相关判决参见“深圳市声影网络科技有限公司诉无锡市侨声娱乐有限公司”案，（2015）苏知民终字第100号；“深圳市声影网络科技有限公司诉无锡欢唱娱乐有限公司”案，（2015）苏知民终字第235号；“深圳市声影网络科技有限公司诉南京荣鼎餐饮管理有限公司”案，（2016）苏民申420号；“深圳莱之鸟唱片有限公司诉桐乡市梧桐金乐迪娱乐有限公司”案，（2016）浙0483民初05242号；“深圳市声影网络科技有限公司诉无锡欢唱娱乐有限公司”案，（2016）最高法民申1699号，法院判决皆以违反《著作权集体管理条例》第2条、第6条驳回起诉。

④ 熊琦．论著作权集体管理中的私人自治——兼评我国集体管理制度立法的谬误［J］．法律科学，2013（1）：142－149；熊琦．著作权集体管理制度本土价值重塑［J］．法制与社会发展，2016（3）：96－108.

（二）网络服务提供者注意义务内涵界定

美国与欧盟虽然在网络服务者间接侵权规则中渐行渐远，但是两者在司法实务中均或多或少地偏向于将主动审查义务分配给一部分网络服务提供者。美国是通过将引诱侵权与替代责任规则作为限制安全港规则的补充，在个案中根据情况分配网络服务提供者不同的注意义务，① 同时通过市场确立的自治性举措和政府执法尝试应对移动互联网下安全港规则的不适应性。而欧盟则通过《版权指令》对在线内容分享服务提供者的特殊责任机制，将此类网络平台界定为"向公众传播作品"的行为，② 并规定此类网络服务提供者负有主动寻求权利人授权、版权过滤等义务。③ 我国通过直接或变相的方式使网络服务提供者承担主动审查义务是否具有可行性，需要以权利人与网络服务提供者及相关利益主体之间的合作为准绳，结合算法技术的特殊性、网络服务提供者的信息管理水平、过滤算法的合理性以及技术中立原则等法理综合进行判断。

首先，避风港规则背后的法理依据是技术中立原则。所谓技术中立原则，是指只要一项技术构成"实质性非侵权使用"，④ 技术提供者就不必为用户可能存在的侵权行为承担责任。技术中立在安全港规则的适用并非为了排除网络服务提供者的主观过错，仅仅是防止单纯将技术服务与网络服务提供者责任承担直接挂钩，但是法院依然可以根据其他违反注意义务的情节判定网络服务提供者存在过错。⑤

其次，推荐算法的技术特殊性削弱了网络服务提供者在算法推送中的信息管理能力。随着深度学习算法和算法过滤技术的发展，当前的技术水平与安全港规则所依赖的技术基础已经截然不同，网络服务提供者对算法"工具性"的假设已经不再，深度学习算法使得网络服务提供者甚至算法设计者对算法运行的结果没有充分的预测能力，深度学习算法通过自我深化学习使得算法设计运行者也无法了解和还原算法决策内在运行机制，⑥ 其实已经脱离了算法开发者和设计者的掌控，且深度

① 崔国斌. 网络服务商共同侵权制度之重塑［J］. 法学研究，2013（4）：138－159.

② Proposal for a Directive of The European Parliament and of the Council on Copyright in the Digital Single Market，2016/0280（COD），Art. 17.

③ 司晓. 欧盟版权法改革中的大数据与人工智能问题研究［EB/OL］.［2020－09－15］. http://www. yidianzixun. com/article/0NRIMkR7？appid = mibrowser.

④ *Sony Corporation of America v. Universal City Studios，Inc.* 464 U. S 417，442（1984）.

⑤ 吴汉东. 论网络服务提供者的著作权侵权责任［J］. 中国法学，2011（2）：38－47.

⑥ 张凌寒. 风险防范下算法的监管路径研究［J］. 交大法学，2018（4）：49－62.

学习推荐算法一经运行就没有办法通过人为因素干预推送信息的结果，信息流推送的运行结果随着深度学习技术的介入逐渐缺乏可预测性，实际上网络服务提供者的信息管理能力会随着人工智能技术的愈加精进而不断降低。

但与其信息管理水平的降低相对应的是，网络服务提供者不仅从中获取直接经济利益，且基于侵权内容的风险控制能力远远大于权利人，现有算法过滤技术的弊端无法给予网络服务提供者承担主动审查义务的可能。根据危险控制理论，网络服务提供者的算法推荐系统制造了更大的侵权风险并从中获利，且其对于侵权内容的危险控制能力远远大于权利人，网络服务提供者理应负担更高的注意义务。

算法与法律实际上是相互促进、相互成就的关系。① 历史表明，逆转技术优势及其带来的变化是一项不可能完成的任务。我们需要接受技术变革的不可避免性，并寻求与之进行明智的合作，而不是抵制它。② 欧洲立法者在制定《DSM 版权指令》时坚持在网络服务提供者与权利人之间找到一个适当的平衡，并以推动网络服务提供者和版权所有人合作为立法宗旨。③ 美国 DMCA 法案所确立的安全港条款亦以通知—移除规则促进网络服务提供者与权利人之间的合作为立法宗旨，旨在鼓励网络中介服务提供者和版权所有人在昂贵而漫长的联邦法院诉讼之外，合作有效地处理网上侵权问题。因而安全港规则本身就是在当时的技术基础上达成的最有利于权利人和网络服务提供者的合作机制。

随着“用户创造内容”的互联网平台日渐兴起，用户成为内容的创作和传播的核心。④ 从创作方式和传播方式上看，用户基于表达自我和社会交际的多元动机加入作品创作和传播之中，同时具备创作者、传播者和使用者的身份。⑤ 作品不再是由内容提供者到使用者单向传播，而是在“去中心化”和“去阶层化”的用户共享。但目前消费者在著作权市场的最大需求，仍是专业且稳定的以“职业化创作”

---

① 俞思瑛，季卫东，程金华，等. 对话：技术创新、市场结构变化与法律发展［J］. 交大法学，2018（3）：55 -78.

② How Content ID Works［EB/OL］.［2020 -09 -15］. https://www.youtube.com/watch? v = ij8ze4QM474. 例如，根据当前的谷歌策略，在部署 Content ID 时，如果上传的文件和引用文件之间达到匹配标准，权利人有三种选择：一是通过对其运行广告，将匹配的视频货币化；二是屏蔽该视频文件；三是跟踪视频的收视率统计。

③ Reese, R. Anthony. The Relationship between the ISP Safe Harbors and Liability for Inducement［Z］. Working Draft Please Do Not Distribute（2011）.

④ Edward Lee. Warming Up to User - Generated Content［J］. U. Ill. L. Rev., 2008：1499 -1500.

⑤ 熊琦. Web 2.0 时代的著作权法：问题、争议与应对［J］. 政法论坛，2014（4）：84 -95.

为核心的、具有品质保证的作品供应机制。[①] 正是因为职业化创作不可或缺，为维持作品创作市场的良性发展，只有保留权利人著作权的排他性权利，保证权利人的收益预期，才能满足互联网产业对作品的最大需求。[②]

为解决传统版权产业和互联网产业在许可效率和传播效率的矛盾，适时调整网络服务提供者注意义务的范围,[③] 相关产业的利益主体开始自愿采取一些措施达成合作，即超越著作权法的私立著作权规则，这些私立著作权规则有些时候表现为网络服务提供者与权利人正式的许可合同，有些时候表现为行业的规章制度及网络服务提供者与政府之间的合作。通过合作，权利人和网络服务提供者可以选择释放或增加一些权利，以解决著作权法对网络传播控制力的不足。有学者认为，21 世纪著作权制度变革的亮点已经不再是依靠立法进行变革，而是诸多非正式的著作权规则或运作机制。[④] 私立著作权规则的适用，从本质上说可以看作其构建的是版权产业和互联网产业的合作机制。而安全港规则的适用本身就是在当时的技术基础上达成的最有利于权利人和网络服务提供者涉及的合作机制。

在互联网产业的新兴商业模式，尤其在算法推送涉及著作权侵权内容的案件中，存在大量难以界定合法性的利用行为。算法推送最多的，不是职业化的创作作品被盗版复制的问题，而是诸如用户创造内容的二次创作（大多处于合理使用与侵权的模糊地带）。判定网络服务提供者的主观过错必须以符合客观要件为前提，过错意味着主观责任，只有在客观上有应当负责的情况时，才可能提出主观责任的问题，在一般侵权责任构成要件中，只有先存在加害行为、损害后果和因果关系等客观构成要件后，方有讨论过错的必要性。[⑤] 因而在算法推送中，大量存在涉及用户创造内容（二次创作）中合理使用和侵权行为的模糊地带的现象，而这些无法通过网络服务提供者"量"或"形式"上的识别得出正确判断，网络服务提供者也不能僭越"中立媒介"的身份充当法官或裁判者，在此种情况下，只有构建权利人与网络服务提供者之间的有效合作机制方能解决此困境。

算法推送平台出现的大量涉及侵权推送内容的现象，以用户创造内容（二次创

---

① Robert P. Merges. The Concept of Property in The Digital Era [J]. Hous. L. Rev., 2008, 45: 1250; 熊琦. Web 2.0 时代的著作权法：问题、争议与应对 [J]. 政法论坛, 2014 (4): 84-95.

② Robert P. Merges. The Concept of Property in The Digital Era [J]. Hous. L. Rev., 2008, 45: 1250; 熊琦. Web 2.0 时代的著作权法：问题、争议与应对 [J]. 政法论坛, 2014 (4): 84-95.

③ 熊琦．互联网产业驱动下的著作权规则变革 [J]. 中国法学, 2013 (6): 79-90.

④ Edward Lee. Warming Up to User-Generated Content [J]. U. Ill. L. Rev., 2008: 1460.

⑤ 程啸. 侵权责任法 [M]. 2 版. 北京：法律出版社, 2015: 260-286.

作）所带来的合理使用与侵权行为之间的模糊地带为主，以对职业化创作的作品的直接复制和盗版为次。① 因此，为解决互联网产业与传统版权产业关于网络服务提供者注意义务认定标准的矛盾，最佳办法是敦促权利人、网络服务提供者、广告商等利益相关者之间自愿达成自治措施或建立私立著作权规则进行合作。通过达成私立著作权规则，权利人和网络服务提供者等相关利益主体可以选择释放或增加一些著作权财产权利，以解决著作权法对网络传播控制力的不足。② 私立著作权从本质上可看作移动互联网时代下构建的版权产业和互联网产业新的合作机制。

笔者认为，由于通知—删除规则在性质上是免责条款，事先的主动审查义务不仅强加给网络服务提供者过重负担的、与其信息管理能力不相适应的注意义务，而且内容过滤识别技术的在判断匹配机制的不合理性，不宜让网络服务提供者承担主动审查义务。对于在线内容分享平台中涉及的侵权作品，可以按照两种情况处理：第一，对于明显存在非法复制的侵权内容，仍然通过通知—删除规则加以规制；第二，对于处于合理使用和侵权之间模糊地带的“用户创造内容”的作品，可以通过敦促网络服务提供者与著作权人建立合理、有效、便捷的版权协商机制，建立符合自身需求的私立著作权规则，如侵权的事后许可，即侵权行为“货币化”，著作权人在网络环境下可自愿地让渡一部分权利，而保留一定的报酬请求权，网络服务提供者可通过作品的播放次数与著作权人分享广告收益。③ 基于此，既不排除通知—删除规则在大多数网络服务提供者间接侵权案件的适用，也可以给予著作权人与网络服务提供者自治实践的空间。

五、结　　论

由于算法推送技术的特殊性，算法程序在设计和运行阶段均以客观的预设标准为尺度，很难认定网络服务提供者具有人为干预的主观过错。随着深度学习算法和算法过滤技术的发展，通知—删除规则所依据的技术基础已发生“人工到算法”的变迁，网络服务提供者对算法“工具性”的假设已经不再，信息流推送的运行结果随着深度学习技术的介入逐渐缺乏可预测性，网络服务提供者的信息管理能力实际

① 黄炜杰.“屏蔽或变现”：一种著作权的再配置机制［J］. 知识产权，2019（1）：35－44.
② 黄炜杰.“屏蔽或变现”：一种著作权的再配置机制［J］. 知识产权，2019（1）：35－44.
③ 熊琦. 互联网产业驱动下的著作权规则变革［J］. 中国法学，2013（6）：79－90.

上随着人工智能技术的愈加精进而不断降低。从过滤算法的合理性上看，内容识别技术缺乏对侵权行为“质”的把控，多有不合理执法和滥用执法的现象。通知—删除规则作为免责条款，将主动审查义务强加给网络服务提供者会使其负担过重的注意义务，从而僭越技术中立媒介，成为侵权行为事实上的裁判者。面对技术变革不可逆转的历史趋势，我们应接受并寻求与之进行明智的合作，使网络服务提供者负担除主动审查义务外其他的注意义务，敦促网络服务提供者与著作权人建立有效便捷的版权协商机制或市场认可的私立著作权规则，通过侵权的事后许可或事前协议，使传统版权产业与互联网产业在算法推送等新技术环境下达成新的合作。

（责任编辑：郑淑凤）

Recommendation Algorithm and the Definition of Duty of Care of Internet Service Providers

Li Xinyao

Abstract: Recommendation algorithm technology is often used in platform applications to spread infringing content by means of information streaming, which has triggered disputes on how to define the scope of the duty of care of network service providers on the basis of existing technology. As deep learning algorithm technology becomes more and more mature, it has broken through the assumption of algorithm toolization. In fact, the information management capabilities of network service providers will continue to decrease as algorithm technology becomes more refined. In the mobile Internet era, it has become a common practice for algorithm programs to replace manual review to automatically issue notifications or filter infringement information. In order to cope with the massive notifications under the mobile Internet and the content of many works that are between infringement and fair use, private stakeholders have begun to achieve voluntary agreements. Private copyright rules adjust the standards of care duties of network service providers and build a framework for cooperation in a new technological environment.

Key Words: Deep learning algorithm; Safe habor rules; Proactive review obligation; EU Copyright Directive; Private copyright rule

竞争法学研究四十年的回顾与启示

——兼谈《反不正当竞争法》之属性

刘　琦*

【摘　要】四十年来我国竞争立法渐趋完善、竞争法学研究日益深入，其理论研究和制度建构的演进脉络值得梳理和回顾。1980年以来，我国竞争法学研究先后经历了学科起步、体系建构、体系完善和深入发展四大阶段，其立法实践与理论研究交互关联、良性互动。两法关系之变迁、法益目标之拓展以及政府角色的定位和转型是透视其理论演进的主要线索与内在逻辑，尤其《反不正当竞争法》的公法属性逐渐清晰，修改之后更加成为竞争法学科体系的有机组成部分。就研究范式而言，其国际比较与本土案例的双重兼顾、法经济学与法教义学的二元并用、竞争法学研究与经济法基础理论的相互促进等方面均可为后续研究提供有益启示。

【关键词】竞争法学　研究阶段　演进逻辑　研究启示

改革开放以来市场经济体制的确立和发展是我国竞争法学科体系建立和完善的根本动力，竞争法学研究也为公平自由的市场环境建设作出了积极贡献，有力推动了我国经济体制改革进程。回顾从计划经济到市场经济的大转型、从实体经济到数字经济的新阶段，四十年来我国竞争立法渐趋完善、竞争法学研究日益深入，二者始终交互关联、良性互动。通过对其理论演进主要阶段与内在逻辑的梳理和回顾，可以得出凸显本土问题意识、拓展多元研究方法、明晰《反不正当竞争法》的双重属性及其知识产权保护路径等有益启发。

---

* 刘琦，北京大学法学院经济法学2019级博士研究生。

一、竞争法学研究四十年的阶段划分

竞争立法和竞争法学研究与我国经济体制改革进程相伴相生。竞争法的核心组成部分是反不正当竞争法和反垄断法，依据1993年《反不正当竞争法》的颁布、2007年《反垄断法》的出台和2017年《反不正当竞争法》的修订三大时间节点，可以将我国四十年来的竞争立法和竞争法学研究划分为起步研究期、体系建构期、体系完善期和深入发展期四大阶段。

（一）1980～1993年：竞争法学的起步研究阶段

1980年，国务院发布《关于开展和保护社会主义竞争的暂行规定》，学界由此展开竞争法学初步研究，主要表现为对美国等发达国家竞争制度的经验介绍。20世纪80年代中期以后，国务院成立竞争法立法小组，张伟明、王艳林等学者研究了行政垄断问题、竞争法制的体例问题等，① 尤其关于《反不正当竞争法》立法必要性及其主要内容的集中探讨集中推动了其立法进程。②

（二）1993～2007年：竞争法学的体系建构阶段

1993年后，竞争法研究水平有所提升，学界集中探讨了《反不正当竞争法》的实施和完善。③ 许光耀等学者对欧共体竞争法的介绍也更为深入和细致，④ 并积极探讨了《反垄断法》的立法框架，针对其立法草案贡献智识。⑤ 与此同时，杨紫烜等学者在教科书中对竞争法律制度的专章介绍，标志着竞争法作为市场规制法中的核

---

① 张伟明，王艳林. 我国反不正当竞争立法若干问题探讨［J］. 法学评论，1991（4）：69－71；王艳林，张伟明. 论不正当竞争的认定［J］. 海南大学学报（社会科学版），1991（4）：78－82.

② 刘义鹏. 国外反不正当竞争立法及启示［J］. 中外法学，1992（2）：65－68；陈绍辉. 反不正当竞争的立法思考［J］. 当代法学，1991（4）：42－45；王峻岩. 反不正当竞争的法律调整［J］. 中国法学，1990（4）：96－99.

③ 江平，刘智慧. 关于我国反不正当竞争法的几个问题［J］. 中国工商管理研究，1994（11）：8－10；郑友德，田志龙. 反不正当竞争法世界现状分析［J］. 知识产权，1994（4）：43－46；邵建东. 反不正当竞争法中的一般条款［J］. 法学，1995（2）：33－35.

④ 许光耀. 欧共体竞争法通论［M］. 武汉：武汉大学出版社，2006；许光耀．欧共体竞争立法［M］. 武汉：武汉大学出版社；2006；许光耀．欧共体竞争法经典判例研究［M］. 武汉：武汉大学出版社，2008.

⑤ 王晓晔. 我国反垄断立法的框架［J］. 法学研究，1996（4）：3－21；王晓晔. 社会主义市场经济条件下的反垄断法［J］. 中国社会科学，1996（1）：72－85；王晓晔. 依法规范行政性限制竞争行为［J］. 法学研究，1998（3）：89－97；漆多俊. 中国反垄断立法问题研究［J］. 法学评论，1997（4）：56－60；王日易. 论反垄断法一般理论及基本制度［J］. 中国法学，1997（2）：89－98.

心组成部分，其在我国经济法学科体系中的地位渐趋稳定和明晰。①

（三）2007～2017年：竞争法学的体系完善阶段

2007年《反垄断法》颁布后，一个较为完备的竞争法体系在我国基本搭建起来，竞争法学研究亦逐渐转型。学界对《反垄断法》进行了系统的学理解释，对其立法缺陷和实施问题展开深入分析；② 竞争法体系化问题，尤其两法关系的协调引发关注。③ 制度建构之完善与司法实践之丰富直接促成了学界研究的本土化和实证化，如“360诉腾讯案”④“强生案”⑤“利乐案”⑥ 等都引发学界关注和热议，该阶段的研究重点已由早期的引介国外制度和判例转变为研究中国现实问题。

（四）2017～2020年：竞争法学的深入发展阶段

《反不正当竞争法》的修改引发竞争法研究的纵深推进，学者深入探讨了《反不正当竞争法》的适用范围、一般条款及其实施机制等问题。⑦ 尤其孔祥俊从理论层面深入挖掘了其新定位、新理念和新取向，提出由知识产权辅助保护法到竞争法功能日趋强化的非知识产权法；由经营者保护到经营者、消费者和公共利益“三叠加”保护；由公平的竞争观到效率和创新的竞争观。⑧

与此同时，《反垄断法》的修改以及平台经济中的反垄断问题成为该时期的两大焦点。一方面，学界为该法修订持续展开理论探讨，包括宏观层面的反垄断法与

---

① 杨紫烜，徐杰. 经济法学［M］. 北京：北京大学出版社，2014：214－234.

② 徐孟洲. 论我国反垄断法的价值与核心价值［J］. 法学家，2008（1）：6－10；叶姗. 反垄断法规限经营权的制度逻辑［J］. 重庆社会科学，2009（1）：51－53；时建中. 我国反垄断法的特色制度、亮点制度及重大不足［J］. 法学家，2008（1）：14－19；李剑. 中国反垄断法实施中的体系冲突与化解［J］. 中国法学，2014（6）：138－153；刘水林. 反垄断法的挑战——对反垄断法的整体主义解释［J］. 法学家，2010（1）：85－97.

③ 王仁富. 竞争法律体系协调性的内涵及其标志［J］. 法学论坛，2011（1）：66－71.

④ 张江莉. 互联网平台竞争与反垄断规制——以3Q反垄断诉讼为视角［J］. 中外法学，2015（1）：264－279.

⑤ 曹博，宁明月. 我国反垄断法对限定最低转售价格协议规制原则的选择——由强生案引发的思考［J］. 经济法论坛，2013（2）：75－81；戴宾，曾凡宇. 纵向价格垄断协议民事诉讼法律问题研究——以强生案为视角展开［J］. 法律适用，2016（3）：97－101.

⑥ 许光耀. 限定交易行为的反垄断法分析方法［J］. 经济法研究，2017（1）：200－217；袁嘉，郝俊淇. 滥用市场支配地位搭售行为的认定辨识——以“利乐案”为例［J］. 理论与改革，2015（4）：145－149.

⑦ 孔祥俊. 论反不正当竞争法修订的若干问题——评中华人民共和国反不正当竞争法（修订草案）［J］. 东方法学，2017（3）：2－17；卢纯昕. 反不正当竞争法一般条款在知识产权保护中的适用定位［J］. 知识产权，2017（1）：54－62；李胜利. 反不正当竞争法的现代化及本土化——反不正当竞争法修订的若干意见［J］. 安徽大学学报（哲学社会科学版），2017（6）：138－147.

⑧ 孔祥俊. 论反不正当竞争法的新定位［J］. 中外法学，2017（3）：736－757；孔祥俊. 论反不正当竞争法的现代化［J］. 比较法研究，2017（3）：37－55.

相关部门法的关系、反垄断法的调整目标、调整范围和基本原则、数字经济对于反垄断法的挑战、[①] 中观层面的比例原则的引入及其细化[②]以及微观层面的垄断协议豁免执法程序等技术性难题。[③] 另一方面，平台经济的发展对于反垄断法的相关市场界定、滥用市场支配地位认定以及合理性原则的尺度把握等问题均带来新的课题和挑战，尤其针对电商平台的“二选一”问题亟待强化反垄断执法力度。[④]

二、竞争法学研究理论演进的主要线索

我国竞争法学理论研究和制度建构的演进脉络较为清晰。整体考察之，无论是显性层面《反不正当竞争法》和《反垄断法》关系之变迁，还是实质层面竞争法法益目标之拓展，乃至其背后所蕴含的政府角色以及政府与市场关系这一终极命题，均能体现出我国竞争法学研究理论演进的主要线索与内在逻辑。

（一）两法关系：形式上由统合到分离，精神上由相异到趋同

《反不正当竞争法》和《反垄断法》的关系问题关乎竞争法学科体系的自洽性和融贯性。基于“便宜式立法”和“一揽子解决”的考量，1993 年《反不正当竞争法》规定了五种应由《反垄断法》规制的行为。伴随着《反垄断法》的出台和《反不正当竞争法》自身的修订及其“净化”和“纯化”，两法关系在形式上由统合走向分离。

伴随《反不正当竞争法》的修改，学界逐渐关注其日益明显的竞争法取向。[⑤] 学者逐渐认识到，反不正当竞争与知识产权保护的结缘是历史背景和实用主义等诸多因素使然。受到美国、澳大利亚等发达国家两法统一立法以及相同机关执法的经验启发，我国学者逐渐认识到两法的法律标准更趋统一，不正当竞争行为应当受反垄断基本原则的约束，深入考量对消费者利益和竞争过程的影响，尊重其立法理念

---

① 张守文. 反垄断法的完善：定位、定向与定则［J］. 华东政法大学学报，2020（2）：6－16；王先林. 我国反垄断法修订完善的三个维度［J］. 华东政法大学学报，2020（2）：17－28.

② 焦海涛. 我国反垄断法修订中比例原则的引入［J］. 华东政法大学学报，2020（2）：29－49.

③ 肖江平. 我国垄断协议豁免执法程序的制度设计——基于反垄断法修订的分析［J］. 华东政法大学学报，2020（2）：50－63.

④ 焦海涛. 电商平台“二选一”的法律适用与分析方法［J］. 中国应用法学，2020（1）：49－62；袁波. 电子商务领域“二选一行为”的竞争法规制困境及出路［J］. 法学，2020（8）：176－191.

⑤ 孔祥俊. 论反不正当竞争法的竞争法取向［J］. 法学评论，2017（5）：18－31.

和分析方法的趋同，由此实现竞争法体系内部的深度交融。

（二）法益目标：由保护竞争者到保护竞争，由隐性保护消费者利益到显性保护消费者利益

《反垄断法》产生初期，其私法属性较为浓厚。司法实践中一般依赖于小企业主提起私人诉讼。就连我们熟知的《谢尔曼法》，其产生也是为了解决运输行业的垄断高价。当时民粹主义者认为垄断高价对弱者造成不公，因而应对其予以规制，由此可见较为强烈的私法意蕴。直到1962年沃伦大法官指出：反垄断法保护的是有效竞争格局，而不是竞争者。[①]《反垄断法》的经济法属性方得以真正凸显。我国学者对于《反垄断法》公法属性的认知同样是循序渐进的，从《反垄断法》的制度译介到立法实现，再到本土化实践深入展开，学界才深切认识到《反垄断法》保护的客体是开放而动态的竞争秩序，保护的利益是见诸公共物品基础之上的公共利益。顺应反垄断法实施制度从对抗式向协商式转化的趋势，学界更为注重研究反垄断私人诉讼的协商制模式以及反垄断协商执法等问题。[②]

《反不正当竞争法》中不正当竞争行为认定范式的转变即为例证。早期固守“保护竞争者”，基于竞争者利益是否受到损害来认定行为的不正当性。对消费者的保护只是竞争改善的间接结果，不是独立的判断标准。后期逐渐转向新的“保护竞争”范式，以保护竞争为目标，突破竞争关系的束缚，将市场参与者基于竞争享有的利益都纳入考量范围，其法益结构中更加注重竞争者自由竞争的利益、消费者自由决策的利益以及不受扭曲的竞争产生的公共利益三者的综合平衡。

就消费者利益保护而言，早期研究认为，《反不正当竞争法》旨在保护诚实经营者，防止他们受到不诚信的竞争对手的商业攻击，消费者保护只是一个“副产品”。消费者主体是“躲在市场阴面”的，其更多受到一种隐性的利益保护，学者谓之“公平竞争下的反射利益”。[③] 随着研究的深入，学者逐渐认为，消费者是竞争行为的裁判者，其决策是整个竞争过程中最具决定意义的一环。对消费者的保护不是作为对竞争者保护的“副产品”，而是被视为一个独立的目的。将那些损害消费者利益且危害竞争秩序的行为，如误导行为，纳入法律调整范围内。即此，由隐性

---

① *Brown Shoe Co. v. United States.*, 370 U. S. 294 (1962).

② 刘水林．反垄断法实施的协商制研究［J］．法商研究，2015（3）：26－35.

③ 刘孔中．公平交易法［M］．台北：元照出版社，2003：7.

保护消费者利益转向显性保护消费者利益。①

（三）政府角色：由裁判者到中立者

政府和市场关系之厘清是竞争法学研究中的核心问题之一，需要统筹自由与秩序双重目标，努力实现自由竞争和公平竞争。长期的计划经济传统使得经济体制改革过程中，对于市场竞争行为政府亦时常扮演积极的“裁判者”角色。一方面，通过大量的产业政策，由政府直接指定了市场竞争中的输家和赢家；另一方面，通过歧视性行政审批、强制性价格同盟等行政权力滥用的方式，极大扭曲了市场竞争。

学界逐渐认识到，政府角色应由裁判者转向中立者，行政性垄断问题的解决应成为竞争法制进程决胜之关键。应坚持竞争中立原则，禁止政府给予特定企业“非市场化的竞争优势”。具体而言，一是在《反垄断法》中落实公平竞争审查制度，将地方保护、区域封锁、行业壁垒等纳入审查范围，且产业政策必须接受公平竞争审查。二是通过竞争倡导制度确保反垄断机构能够与其他政府机构进行有效的沟通，以最大限度地避免或纠正政府对竞争的扭曲。三是在竞争执法过程中洞察企业行为背后的政府因素，间接排除不合理的政府扭曲。②

三、个案解读：《反不正当竞争法》的公法属性及其修法应用

四十年来我国竞争立法渐趋完善、竞争法学研究日益深入，尤其学界逐渐认识到《反不正当竞争法》日益强化的公法属性是现代市场经济国家的规律和共性，并以此直接应用于相关条文修改和制度设计，竞争法学科体系得以进一步丰富和拓展。由此折射出我国竞争法学理论研究与制度设计的交互关联和良性互动，笔者试以此为例具体阐发之。

（一）《反不正当竞争法》法律属性的历史沿革

反不正当竞争法通过禁止以违反诚实信用原则或其他公认的商业道德的手段从事市场竞争行为，以此维护公平竞争秩序。③ 考诸域外立法渊源，不难发现反不正

---

① 张占江．不正当竞争行为认定范式的嬗变——从“保护竞争者”到“保护竞争”［J］．中外法学，2019（1）：203－223．

② 张占江．政府行为竞争中立制度的构造——以反垄断法框架为基础［J］．法学，2018（6）：80－98．

③ 王先林．竞争法视野的知识产权问题论纲［J］．中国法学，2009（4）：5－15．

当竞争法诞生于19世纪的欧洲，是由传统民法发展而来。当时英国交易市场中擅自使用他人商业名称和产品、服务标记等现象大量发生，一系列的“仿冒”诉讼（Action for Passing off）涌现法院。英国法官在相关判例中确立了该类案件的处理原则，并逐渐影响到周边国家的后续立法。1850年，法国法院法官为了保护诚实守信的商人，创造性地将1804年《拿破仑民法典》第1382条、第1383条中关于侵权法的一般规定用于制止经济生活中的不正当行为，在判决中首次提出了“不正当竞争”的概念，即未侵犯工业产权，但在某些商业活动中导致欺诈或使人误解或对此负有责任的行为，构成不正当竞争行为。此后，德国等国家由民法中的侵权行为法出发，制定出专门的反不正当竞争法。

由此可见，反不正当竞争法滥觞于商事交易中的特殊侵权行为规范，后来才逐渐发展成为一项独立的法律制度，呈现出浓厚的私法属性。而从法院最初处理的不正当竞争行为类型来看，以维护公平竞争为目的，对知识产权提供兜底性保护是反不正当竞争法诞生之初传统而基本的任务。正因如此，反不正当竞争法私法属性说长期占据学界主导地位。①持该主张的学者认为，反垄断法和反不正当竞争法具备不同的法律属性，反垄断法属于公法范畴，强调自由竞争的市场机制的维护，因而具有经济法品格。而反不正当竞争法属于私法范畴，强调公平竞争，从商业伦理角度入手保护具体经营者的合法权益，因而属于民事侵权法的特别法。

遗憾的是，持上述主张的学者并未注意到《反不正当竞争法》法律属性的历史沿革，没有以变化发展的眼光重新认识现代反不正当竞争法。尽管从历史渊源上看，反不正当竞争法可以看作传统的民事侵权法在竞争领域的延伸，但现代反不正当竞争法绝非属于单纯的私法，而是呈现出越来越多的公法属性。

首先，从调整对象上看，现代反不正当竞争法不仅调整经营者之间的竞争关系，而且调整经营者与消费者之间的交易关系。由于经营者和消费者之间的信息不对称，加之多数经营者具备的组织优势和资金优势，二者在经济地位和社会地位上存在实质的不平等性。随着企业生产规模的扩大和生产能力提升，其不法行为的社会危害力随之增加，不正当竞争行为的公共危害性凸显。综上，经营者与消费者之间的法律关系已非传统私法所调整的平等主体之间人身和财产关系。这也正是《消费者权益保护法》运用经济法手段协调双方利益，坚持倾斜保护的逻辑立足点。

---

① 张世明，胡洁．反垄断法与反不正当竞争法关系论［J］．内蒙古师范大学学报，2015（2）：45－77．

其次，从法益结构上看，现代反不正当竞争法不仅保护竞争者（经营者）的利益，而且保护消费者的利益以及良好竞争秩序所形成的社会整体利益。早期由传统侵权法发展而来的反不正当竞争法旨在调整经营者之间的竞争关系，但随着20世纪六七十年代消费者运动兴起和消费者福利勃兴，保护消费者利益逐渐成为反不正当竞争法的重要目的，反不正当竞争法的法益结构有所拓宽。正如WIPO所指出："经验表明，仅仅通过市场力量的自发作用实现竞争的公平是希望微茫的。理论上，作为经济活动承受者的消费者，可以通过漠视不诚实经营者的商品或服务，以及支持诚实经营者的商品或服务，遏制不诚实经营者。但是，现实却是迥然不同的。由于经济情况变得越来越复杂，消费者也越来越难以发挥经济活动承受者的作用。他们甚至通常不能发现不正当竞争行为，更难说迅速做出反应了。消费者确实需要——与诚实经营者一道——不得不受反不正当竞争保护。"①与此同时，作为现代竞争法主干体系的一体两翼，反不正当竞争法与反垄断法的主要立法主旨之一便是良好竞争秩序的建立和维护。进而言之，反垄断法致力于竞争之形成，反不正当竞争法则作用于竞争之持续，通过规范经营者的竞争行为形成良好的竞争秩序，从而促进社会整体福利的增加和社会整体利益的提升。因此，良好竞争秩序所形成的社会整体利益也是现代反不正当竞争法的法益目标之一。

最后，从法律责任上看，现代反不正当竞争法不仅追究违法者的民事责任，而且追究违法者的行政责任和刑事责任。传统的反不正当竞争法主要强调运用私法手段追究违法者的民事侵权责任，一般需要严格符合侵权行为、损害后果、因果关系和主观过错的构成要件。鉴于现代反不正当竞争法规制行为的复杂性及其法益结构的多元性，经营者存在不正当竞争行为，但具体受害者难以明确或者难以举证证明实际损害后果的情况时有发生。一旦原告缺位或者原告举证不能，违法经营者将成为漏网之鱼，这是对其违法行为的姑息纵容。鉴于现代反不正当竞争法的多元法益结构以及经营者违法行为的公害性，运用国家公权力对不正当竞争行为直接规制，注重对违法经营者的行政责任追究尤为重要。我国《反不正当竞争法》用较大篇幅规定了违法经营者的行政责任，明确工商行政管理部门为主要执法机关，赋予其监督检查职权，规范其执法程序，体现出强烈的公法色彩。

---

① Protection Against Unfair Competition, International Bureau of WIPO (Geneva 1994), pp. 11 – 12.

考察中国立法进程，更可以发现西方国家反不正当竞争法源于民法之观念有悖于中国的现实逻辑。改革开放以来，我国各个部分立法同时发展，齐头并进。一些竞争法的制定早于民法部门法，比如 1993 年制定的《反不正当竞争法》早于 2009 年制定的《侵权责任法》。我国竞争法的产生并非源生于成熟的民事立法，而是在竞争法立法之中回应市场经济发展进程中的现实问题，率先进行制度性突破，进而反馈到作为市场经济基本法的后续民事立法之中。如 1986 年的《民法通则》和知识产权部门法中缺乏对于商业秘密保护的规定，《反不正当竞争法》保护商业秘密的条款大大弥补了相关制度的不足，后续民事立法逐渐承认了商业秘密作为知识产权的权利客体之一。由此可见，我国《反不正当竞争法》并非属于民事侵权法的特别法，其诞生之初即坚持解决实际问题的立法导向，并不具备天然的私法属性。讨论反不正当竞争法的法律属性问题必须结合中国的特殊国情，并注重与民商事法律的协调发展，共同服务于市场经济的大局。

综上可知，现代反不正当竞争法日益突破了传统的私法属性，公法属性逐渐丰富和彰显。其兼具公法和私法双重属性，与反垄断法同为经济法的核心组成部分，我国的《反不正当竞争法》尤为如此。

（二）《反不正当竞争法》公法属性的修法回应

值得欣慰的是，伴随着我国法学理论研究的不断深入以及《反不正当竞争法》修改过程中社会各界的广泛参与，《反不正当竞争法》的公法属性渐趋共识，并对相关条款的修改产生直接影响。尽管一些条文在立法技术上仍然有待完善，但总体而言修改后的《反不正当竞争法》顺应了国际发展趋势，在立法理念和制度建构上已有较大进步，笔者择其要点阐述之。

第一，完善了关于不正当竞争行为的定义。第 2 条第 2 款规定：“本法所称的不正当竞争行为，是指经营者在生产经营活动中，违反本法规定，扰乱市场竞争秩序，损害其他经营者或者消费者的合法权益的行为。”与之前立法相较，在不正当竞争行为的定义中增加了损害消费者合法权益的内容，并将扰乱社会经济秩序具体表述为扰乱市场竞争秩序。笔者认为，此处修改是对现代反不正当竞争法多元法益结构的回应，并彰显了“保护经营者和消费者的合法权益”这一立法目的。由此可见，在判定经营者相关活动是否构成不正当竞争行为时，是否有害于消费者的合法权益将作为重要因素予以考量。

第二，规定了统一的执法主体、充实的执法手段和严格的法律责任。运用国家公权力直接规制不正当竞争行为，追究违法经营者的行政责任是现代反不正当竞争法责任形式的重要特征。第4条规定：“县级以上人民政府履行工商行政管理职责的部门对不正当竞争行为进行查处；法律、行政法规规定由其他部门查处的，依照其规定。”其实际上确立了工商行政管理机关对不正当竞争行为的一般执法权，避免之前执法部门混乱、执法标准不统一、多头执法和执法空白地带并存等问题。第13条规定了监督检查部门对涉嫌不正当竞争行为的调查措施，与之前立法相较，执法机关拥有更丰富的执法手段和更大的执法权力，更有利于追究违法经营者的行政责任。与此同时，行政责任涵盖所有的不正当竞争行为以及妨害监督检查部门执法及拒绝、阻碍调查行为，并将罚款金额上限提高至500万元，大大加强了不正当竞争行为的行政处罚力度，强化了法律的威慑力。

第三，该法修改过程中仍然存在不尽人意之处，尤其是未能吸收修订草案中的“禁止滥用相对优势地位”条款。其修订草案第6条指出，“本法所称的相对优势地位，是指在具体交易过程中，交易一方在资金、技术、市场准入、销售渠道、原材料采购等方面处于优势地位，交易相对方对该经营者具有依赖性，难以转向其他经营者”，并具体列举了没有正当理由限定交易相对方的交易对象、要求购买其指定商品、限定其与其他经营者的交易条件、滥收费用以及附加其他不合理的交易条件等具体情形。现代反不正当竞争法调整对象之间主体地位的不平等性是其公法属性的重要体现。根据市场主体之间力量对比关系的不同，法律可以对其加以类型化，即近似于平等地位、相对优势地位和市场支配地位三种形态。① 在我国，平等主体之间的市场关系主要由民法调整，市场支配地位的主体认定和行为规制由《反垄断法》调整，而诸多介于市场支配地位与近似平等地位之间状态经营者的行为规范则处于立法空白地带。经营者滥用其相对优势地位，对弱势的经营者和消费者进行盘剥，破坏了良好的竞争秩序，有损交易相对方合法权益，因此需要在《反不正当竞争法》中增加相应规制条款。申言之，这亦是竞争法体系光谱以及两法关系的具体展开，“禁止滥用相对优势地位”的相关规定最终未被吸收和采纳堪称其修法过程中的一大缺憾。

---

① 王先林. 对《反不正当竞争法》修订草案送审稿的两点解读［N］. 中国工商报，2016－03－02（5）.

四、竞争法学研究的有益启示

作为经济法学科体系的重要组成部分，我国竞争法学的理论研究日趋深入和精细，并逐渐形成国际比较与本土案例双重兼顾、法经济学与法教义学两翼齐彰、理论研究与制度建构相互促进等鲜明特色，其研究基点、研究方法与研究路径均值得进一步检讨，以此寻求诸多有益启示。

（一）市场经济的健康发展是竞争法学研究深入推进的根本动力

经济体制改革的启动和推进为企业的成长和发展创造了条件。作为市场经济的重要主体，企业需要公平竞争的外部环境，由此引发《反不正当竞争法》的立法诉求和研究需要；伴随一批大型企业的做大做强以及国企改革的深入推进，《反垄断法》的出台旨在保障自由竞争环境。从计划经济到市场经济，从实体经济到数字经济，正是社会经济的发展引发现实的立法需求，又是立法进程的推进引发研究重心的转化，这正是现代性法律和回应性法律的鲜明特征。

经济基础决定上层建筑，上层建筑反作用于经济基础。法律的发展与社会和经济的发展是交互作用的。四十年改革开放进程，尤其是市场经济的建立和发展为我国竞争法治进程和竞争法学研究创造了条件、产生了动力、预设了方向。竞争法学理论研究为公平自由的市场环境建设作出了积极贡献，有力推动了我国市场经济体制改革进程。

（二）明晰《反不正当竞争法》的双重属性及其知识产权保护路径

保护知识产权是传统反不正当竞争法的主要任务，也是现代反不正当竞争法的基本任务。早期《反不正当竞争法》的私法属性较为突出，旨在为知识产权提供兜底性保护；现代《反不正当竞争法》的公法属性逐渐清晰，且日益成为竞争法学科体系的有机组成部分。其双重属性之明晰有助于准确把握知识产权保护的客体范围和保护方式，因而具有重要的理论意义和实践价值。

就权利客体而言，《反不正当竞争法》重在保护专门知识产权立法覆盖范围之外的权利客体。专门的知识产权立法一般要求满足严格的授权条件，如专利法的“三性”要求、商标法的“识别性”要求、著作权法的“独创性”要求等，因此极大限制了其保护范围。《反不正当竞争法》可以补充提供更为广泛的“宽保护”和“弱保护”，如一般条款的设立和商业秘密保护规则等旨在为将来不断涌现的诸多不完全符合知识产权传统特征的其他客体提供一般性保护。就保护方式而言，《反不正当竞争法》旨在遏制滥用竞争自由的不正当竞争行为，在其自身的制度框架内补充保护知识产权。需要回归竞争法范式，遵循竞争法的基本定位、自由和效率的目标取向以及符合市场竞争属性的竞争行为正当性判定方法。

（三）竞争法学研究应当实现本土化

早期研究中，竞争法学界较为注重引荐美国和欧盟等先进司法辖区相关制度与判例，其法律移植和制度借鉴的积极意义值得肯定。但该种研究思路局限性较强，往往只是介绍制度本身，缺乏立法背景及实施效果的比较研究。“利乐案”“强生案”等一系列典型案件的发生引起学界关注，以案例为中心的研究范式日渐兴起，其学术意义更加值得肯定。

一方面，应加强对我国已有案例的研究，以此深入挖掘阐发其理论意涵、现实困境和制度本旨。另一方面，深入把握我国行政垄断现象突出、区域发展不平衡、竞争文化不足等现实国情，着力研究互联网企业反垄断问题、知识产权与反垄断交叉问题等新型问题，实现竞争法学研究的本土化。

（四）竞争法学研究需强化与经济法基础理论的关联互动

早期研究深受传统学科思维惯性的影响，将《反垄断法》作为民事侵权的特别法，将《反不正当竞争法》视为知识产权法的特别法。随着研究的深化，学者逐渐认识到竞争法保护的是动态的、开放的、公益性的竞争秩序，而非静态的、相对的、私益性的竞争者利益，其观念认知的转变使得竞争法的经济法属性日趋明晰。

应当深化竞争法研究与经济法基础理论的关联互动。一方面，经济法基础理论研究中整体主义、社会本位、公益优先、适度干预等基本理念对竞争法学研究具有重要价值。另一方面，竞争法研究中，竞争中立原则是对政府和市场关系的深度阐发，反垄断诉讼研究可成为经济法程序制度建构的切入点。

（五）运用法律经济学方法深化研究

早期学者沿用法教义学的传统方法，通过分析主体关系、权利结构、行为特征等，提炼出不公平竞争和不正当竞争行为的基本类型及其构成要件，进而予以相应的规制措施。其以定性研究为主，直接认定典型行为的违法性。

随着芝加哥学派影响之深入，法经济学的研究方法有效推进了我国竞争法学研究，包括结构主义模式向行为主义模式的转变，本身违法原则与合理性原则的兼顾。如学界普遍接受了“结构—行为—绩效”的分析模式，对于纵向转售价格维持以及搭售行为的规制均采取了合理性原则。① 反垄断法的基本原理渐成共识，即反垄断法反对的是经营者利用市场力量排除和限制竞争，提高价格、损害公共福利。“垄断行为”一词本身是中性的，并非必然违法，应否予以规制关键取决于企业垄断行为积极效果与消极效果的比较。由此需要引入经济学分析方法，由简单的构成要件套用转向进行精确的损益定量研究，对于《反垄断法》的精确适用和执法效果的有效提升具有重要意义。

（责任编辑：郑淑凤）

The Review of Forty Years of Research on the Competition Law and Its Suggestions: On the Attribute of Anti－Unfair Competition Law

Liu Qi

Abstract: In the past forty years, the competition legislation in China has become more and more perfect, and the competition law research has become more and more in－depth. So the evolution of its theoretical research and institutional construction is worth combing and reviewing. Since 1980, the study of competition law in China has experienced four stages: discipline start, system construction, system perfection and in－depth development. The legislative practice and theoretical research are interrelated and mutually interactive. The changes of the relationship between the two laws, the expansion of the goal of legal interests, and the positioning and transformation of the role of the government are the main clues and internal logic of the theoretical evolution, especially the public law

① 兰磊. 转售价格维持违法推定之批判［J］. 清华法学，2016（2）：94－114；许光耀. 转售价格维持的反垄断法分析［J］. 政法论丛，2011（4）：98－103.

property of the Anti – Unfair Competition Law is gradually clear, and it becomes an organic part of the discipline system of the competition law after the revision. In terms of research paradigm, the dual consideration of international comparison and local cases, the dual use of legal economics and legal doctrines, and the mutual promotion of competition law research and basic theories of economic law can provide beneficial enlightenment for the subsequent research.

Key Words: Competition law; Research stage; Evolution logic; Research enlightement

知识产权利益平衡原则：法理基础与制度表达

陈鹏玮*

【摘　要】知识产权法的立法目的是鼓励知识创造，促进科技、文化、经济发展和社会交流，但是知识产权法在提供专有保护的同时，不可避免附带着一种变相的垄断，也就是知识产权的私权天然具有扩张的趋势。结合疫情背景，为回应人类卫生健康和社会福祉的需求，利用利益平衡原则合理限制知识产权私权的扩张更显必要。利益平衡原则既作用于知识产权法与其他法律的关系，也体现于立法、司法、执法各个环节中。在立法中，知识产权公共利益需要进一步明确表示，在司法中，需要谨慎合理适用利益平衡原则对私权限制，并且在中国特色社会主义语境中解读公共利益，最终使得知识产权制度的优势充分发挥。

【关键词】知识产权　利益平衡　公共利益　价值目标

一、导　　言

根据《民法典》第123条的规定，知识产权是民事主体依法享有的权利，知识产权是一种民事权利，是基于创造性智力成果和工商业标记依法产生的权利的统称。知识产权已经被广泛认可为一种私权，但较之于传统私权，知识产权又带有明显的“私权公授”特征，[①] 因此知识产权的私权边界可能与公益产生重合甚至会出现冲突。TRIPS协定生效以来，“数字鸿沟”“技术鸿沟”在发达国家和发展中国家之间持续扩大，在“保护”与“发展”的议题上，不同发展水平的国家并未达成共识，

---

* 陈鹏玮，工学硕士、律师、专利代理师，知识产权师，北京理工大学法学院硕士研究生。

① 吴柯苇. 美国知识产权法典化考察与镜鉴［J］. 电子知识产权，2021（2）：66.

反而在一定程度上矛盾正在激化。[①] 疫情防控背后的核心问题抗病毒药物及疫苗研发带来的国际合作与竞争，[②] 关于疫苗、药品、医疗器械的知识产权问题再次将这种冲突推到台前。当然这种冲突并不完全是负面的，从另一个角度来说也可以推进知识产权认知的理性回归，思考知识产权保护和公众健康本身等公共利益之间的平衡和运行逻辑。[③]

如何界定知识产权和公共利益的界限，界定之后这种界限是否是清晰的和一成不变的，是值得探讨的问题。有学者十分强调知识产权的私权性质，基于知识产权私权属性，知识产权属于民事主体依靠自身的技术、能力和物质条件获得的专有权，存在自利属性，且无可厚非。[④] 也有学者指出，在知识产权与公有领域的关系上，知识产权是例外，公有领域是原则。知识产权保护本质上还是为了实现激励创新等政策目标。[⑤] 面临知识产权私权性质和公共利益的冲突，需要明确知识产权法的根本价值在于其能够合理分配知识资源，推动社会的发展。知识产权的保护是价值不可或缺的一部分，但是公共利益的侵蚀也是需要防范的趋势。知识产权法价值的有效实现呼唤私权与公共领域的合理界分。[⑥] 利益平衡的视角无疑提供了一种有益的思路。

二、知识产权正当性与现实困境

（一）知识产权的正当性

1. 内部正当性

知识产权是一种专有权、绝对权。知识产权法的正当性[⑦]同其他法律一样，最终归结于其伦理正当性。知识产权法的正当性在于“为何创设知识产权法”或者说

① 吴汉东．新时代中国知识产权制度建设的思想纲领和行动指南——试论习近平关于知识产权的重要论述［J］．法律科学，2019（4）：36.

② 易继明．后疫情时代“再全球化”进程中的知识产权博弈［J］．环球法律评论，2020（5）：170.

③ 易继明．后疫情时代“再全球化”进程中的知识产权博弈［J］．环球法律评论，2020（5）：173.

④ 张广良．知识产权价值分析：以社会公众为视角的私权审视［J］．北京大学学报（哲学社会科学版），2018（6）：146.

⑤ 孔祥俊．《民法典》与知识产权法的适用关系［J］．知识产权，2021（1）：5.

⑥ 冯晓青，周贺微．公共领域视野下知识产权制度之正当性［J］．现代法学，2019（3）：136.

⑦ 胡波．专利法的伦理基础［M］．武汉：华中科技大学出版社，2011：55.

“知识产权法中规定的权利人享有的权利的分配制度是否正当”。此前已经有不少学者试图采用劳动理论和人格学说等理论资源用于解释知识产权法的正当性。[①] 知识产权的正当性来自创造者自身，是一种静态的正当性。

根据洛克的劳动理论，劳动是获得财产权的途径，推而广之，则智力劳动能够获得某种无形财产权——知识产权。[②] 这种无形财产权不来自外部的追认，而是源自天赋人权，是一种绝对的权利。马克思的经典劳动价值论从更深层次上揭示了生产劳动赋予生产资料以商品价值，知识产品仍然是一种商品，智力劳动者享有财产权理所应当。

黑格尔的“财产权人格学说”更是将智力成果中所蕴含的人格价值作为财产权的取得依据。[③] 知识产品起源于人的思维过程，因此知识产品必然包括创造者的意志，因而知识产品是人格的组成部分，其所有权属于创造者也是顺理成章的。

2. 外部正当性

知识产权内部正当性无法完全支撑知识产权制度，也无法解释知识产权制度中诸多的设计，比如客体限制、权利期限和侵权例外等。有学者试图从外部探知其正当性，比如从契约论[④]和功利理论[⑤]等角度解读知识产权法的正当性来源。知识产权正当性来自社会或者个人与社会的作用关系，是一种动态的正当性。

卢梭认为使财产权得以成立的基础是个人与社会契约的达成。社会通过国家赋予创作者以某种独占权，而社会公众可以基于合理使用原则无偿使用一部分处于独占之下的智力成果，同时也可以期待的是知识产权经过保护期而进入公有领域，成为全人类的共同财富。[⑥]

功利理论认为知识产权的正当性来源于它的效率，知识产权为创造者提供产权激励，鼓励社会公众都投入知识产品的创造和投资中，从而形成一种合力和集聚效应，生产出更加丰富的知识产品，最终社会总福利得以增加，社会效力达到最大化。

---

① 张平. 知识产权制度基本理论之讨论［J］. 科技与法律，2011（4）：27.

② Douglas G. Baird. Common Law Intellectual Property and the Legacy of International News Service v. Associated Press［J］. University of Chicago Law Review，1983，50（2）：413.

③ Robert P. Merges，Peter S. Menell，Mark A. Lemley. Intellectual Property in the New Technological Age［M］. 6ed. Wolters Kluwer Law & Business，2012：6－8.

④ 张平. 知识产权制度基本理论之讨论［J］. 科技与法律，2011（4）：28.

⑤ 彭立静. 知识产权伦理研究［D］. 长沙：中南大学，2009：51.

⑥ 张平. 市场主导下的知识产权制度正当性再思考［J］. 中国法律评论，2019（3）：120.

（二）知识产权正当性的现实困境

1. 困境的理论来源和现实表达

随着知识经济与科学技术的飞速发展，知识产权制度的安排与社会经济发展规律及现状关系更加密切。建立在对知识产权私权保护的基础上，该权利的公共属性更加凸显，在知识产权授权、行使、保护等环节中，公权力介入的因素越来越多，继而引发在学术界知识产权“私权公权化”① 主张的兴起，以及对知识产权本质属性及正当化的探讨。

知识产权的正当性面临新的挑战，劳动理论和人格学说强调的个人绝对控制无法完全符合公共利益的需求，契约论和功利理论又过分限制了个人的发展，社会契约论存在国家公权力滥用的风险，功利理论忽视了个人福利的提升，最终可能导致由个体的不公平引发出制度失控。

在2020年新冠肺炎疫情中，美国BioFire公司研制了一套“影像阵列”（FilmArray）血样检测设备，直接将血样放入设备即可实现和数据库的病毒样本的比对分析。BioFire公司给这套设备增加了新冠病毒的样本，帮助加快了全美新冠肺炎疫情筛查的速度。但在2020年3月9日，“拉布拉多”（Labrador Diagnostics）医疗公司起诉了BioFire公司和其他几家公司使用的包括影像阵列在内的几种检测设备侵犯其知识产权，要求停止侵权行为。这家由Fortress投资集团（Fortress Investment Group）所有空壳公司称被告侵犯了其所拥有的2件其在2018年买下的Theranos专利。尽管在Techdirt报道该诉讼不久之后，拉布拉多公司表示允许第三方使用其专利技术进行新冠病毒检测，但是这一行动仍然引发了极大的争议。

在这一时刻由NPE（Non－Practicing Entity，非专利执行实体）发动所谓侵权诉讼着实让人觉得不可思议，但是这一评价仅仅是道德上的，我们是否有足够有效的机制来防止这样的专利造成垄断从而威胁到人类社会的安全和健康。

在2003年“非典”肆虐期间，全球科研机构积极展开防治“非典”的研究。但各国和各科研机构对研究成果有着不同的处理：加拿大迈克尔·史密斯基因科学中心在2003年4月中旬测定出“非典”病毒的基因序列后，即向美国专利商标局申请了该基因序列的专利权；美国疾病控制与预防中心（CDC）也对其“非典”研

① 冯晓青，刘淑华. 试论知识产权的私权属性及其公权化趋向［J］. 中国法学，2004（1）：62.

究成果申请了专利。

我国作为“非典”首先发现地，投入大量的资金进行“非典”病毒及疫苗的研究，并取得了一定的成果——破解了病毒的基因、变化规律和粗疫苗研制等。我国为集思广益，共同对付“非典”，“非典”研究成果都是公开的、共享的。但是，国际社会并未对此问题达成共识，如果我们提供了免费的资源分享，在利用外国技术时却不得不支付高额许可费，那无异于我们需要付出双重的费用：一是研发费用，二是专利费用。因此即使面对公共利益的需求，保有和掌握知识产权仍然是必要的前提，但是如何平衡公共利益和个人权利，成为一个问题。

2. 困境的解决路径

市场经济中，市场竞争成为重要原则，市场竞争主导现代社会的分配制度，知识产权无疑是市场竞争中的一种工具，借用知识产权制度，国家能够实现市场竞争的宏观调控和微观调整。也就是说，知识产权是市场竞争中的产业政策工具。内尔·内塔拉尔和威廉·费歇尔等人提出了“社会规划理论”，认为知识产权与一般财产权一样，其正当性的基础在于“有助于培育一种公正和令人向往的文化”。例如，“版权激励人们就一系列广泛的政治、社会和审美问题创造性地表达其想法，从而为民主文化和公民集会提供了讨论的基础”；同时，“版权为那些创造性的文化交流活动提供支持，使其不必依赖于国家补助、精英赞助和各级文化机构”。①

事实上，在面对个人利益与公共利益、本国利益与他国利益的冲突时，借助公共政策理论完善相应制度能够解决这些问题。从国家层面而言，“知识产权是制度是一个社会政策的工具”，②“知识产权制度存在的合理性就依赖于这样一个前提——知识产权制度能够促进整个社会文学艺术和科学技术的进步”。③

中国知识产权法律需要解决中国的问题，尤其是如何实现美好生活，如何实现平衡充分的发展。当对一项私权的保护侵害到发展的目标时，是否仍然需要坚持绝对性和垄断性的保护，这就回到了本文所讨论的利益平衡问题。知识产权法律制度涉及的利益平衡包括知识产权人权利与义务的平衡，知识产权人的权利与社会公众利益的平衡，专有权保护与知识产品最终进入公有领域的平衡，公平与效率的平衡，

---

① ［美］威廉·费歇尔．知识产权的理论［M］．黄海峰，译//刘春田．中国知识产权评论（第1卷）．北京：商务印书馆，2002：6－8．

② 刘华．知识产权制度的理性与绩效分析［M］．北京：中国社会科学出版社，2004：46．

③ 郑胜利．北大知识产权评论（第1卷）［M］．北京：法律出版社，2002：主编语3．

权利行使内容、方式与权利限制的平衡等。

公共领域是当代知识产权制度的重要组成部分，它建立了知识产权制度的私人利益和所追求的人类共同的福祉对话的桥梁，是私权与公益平衡的重要“砝码”，并且由此出发可以从外部再次定义知识产权的正当性，能够指引宏观政策制定和具体司法实践。① 可以说，利益平衡是知识产权法中的关键性原则，本文试图从法理学的角度对此加以研究。

三、知识产权利益平衡的权利基础

（一）知识产权属性与权能

1. 知识产权的私权性

古罗马法中的民事权利几乎完全等同于私权，私权的概念也正是起源于古罗马法中的民事权利。在封建特许权向资本主义财产权转变的历史过程中形成了知识产权制度。封建特许权包括印刷专有权和产品专营权，② 其通常以国王或者君主的命令的形式发布。但是这种特许权的保护更多地具有行政庇护的色彩。在英国，出版商以自然法思想为基础，对自己的专有出版权加以解释，不再依赖国家授权而是作者权利的转让。

知识产权是私权，以智力劳动为源泉，以法律确认为依据。③ 它具备私权的全部特征，私权具有私益性、自由性、自治性和平等性，无论是知识产权还是传统民事权利都具备私权的这些共性。因此，知识产权的本质属性是私权，更确切地说是私有财产权，作为私权的知识产权具有价值确定的复杂性、权利限制的广泛性、赋权方式的多样性、权利类型的法定性等特征。

洛克在《政府论》中从自然权利学说阐述了劳动财产权论，即只要他使任何东西脱离自然所提供的和那个东西所处的状态，他就已经掺进他的劳动，因而使它成

---

① 冯晓青，周贺微. 公共领域视野下知识产权制度之正当性［J］. 现代法学，2019（3）：136.

② 如1709年颁布的《为鼓励知识创作而授予作者及购买者就其已印刷成册的图书在一定时期内之权利的法》，又称《安娜女王法令》。

③ 吴汉东. 知识产权的私权与人权属性——以《知识产权协议》与《世界人权公约》为对象［J］. 电子知识产权，2003（9）：67.

为他的财产。[①] 知识产权属于个人的智力劳动产生的，属于无形财产权。马克思在叙述经济与法律的关系时说道："每当工业和商业的发展创造出新的交往形式……法便不得不承认它们是获得财产的新的方式。"[②] 我们也看到，《与贸易有关的知识产权协定》（TRIPS）开篇便规定要认识到知识产权的私权属性。

正如对传统私权的保护一样，知识产权也需要对个人利益加以保护。否则可以想到的是没有人再愿意去创造，因此，知识产权法需要有合理、适当的激励机制和权利保障机制。由此，知识产权人能够通过行使自己的权利回收知识创造的成本并取得增值收益，从而能够起到激励技术创新、促进知识产品创造和传播的目的。如果不尊重知识产权人付出的凝结在知识产品中的"无差别的人类劳动"，不通过法律充分保护，其创造热情将受到极大打击，从而使科技创新、文化发展成为无源之水。正因如此，各国知识产权立法宗旨首先体现为保护知识产权人的合法权益，[③] 进而推动科技、文化、经济的发展。

2. 知识产权的专有性

知识产权除了具有时间性、地域性的特点之外，还具有专有性的特点。专有性主要体现在：第一，知识产权为权利人所独占，并受到严格保护，未经权利人许可，任何人不得使用权利人的智力成果，即占有、使用、收益、处分等权能上的专有性；第二，对同一项智力成果，不允许有两个或两个以上的同一属性的知识产权并存，即知识产权主体的唯一性和对应性。当然，后者并不排斥知识产权权利的共有。

还可以从"垄断"的角度观察专有性，知识产权的专有性可以视为一种合法的垄断。[④] 但是，这种在专有意义上的垄断和反垄断法中的垄断是不能相提并论的，而是由于知识产权本身具有的独占性和排他性的特点所带来的。

著作权可以视为一种有限的垄断，美国联邦最高法院认为著作权是一种垄断。[⑤] 至于为何认为著作权是一种有限的垄断，是因为著作权只保护表达而不延及思想，与专利权相比，著作权法所提供的只是一种"弱保护"或者"弱垄断"。专利权的垄断相较于著作权来说是一种"强垄断"，专利权所保护的是技术方案，所以专利

---

① ［英］洛克. 政府论（下篇）［M］. 叶启芳，瞿菊农，译. 北京：商务印书馆，1996：19.

② 中共中央马克思恩格斯列宁斯大林著作编译局. 马克思恩格斯全集（第3卷）［M］. 北京：人民出版社，2006：72.

③ 如《专利法》第1条、《商标法》第1条、《著作权法》第1条。

④ 冯晓青. 论知识产权的专有性——以"垄断"为视角［J］. 知识产权，2006（5）：31.

⑤ *Fox Film Corp. v. Doyal*, 286 U. S. 123, 127（1932）.

权的垄断范围是一种技术，其对于市场的影响应当是间接的。至于商标权，美国联邦最高法院曾指出，商标法没有赋予垄断，不论在什么适当的意义上看。事实上，商标从自然法来说就意味着垄断，并不是法律赋予的，这是商标起到识别作用的必然要求，商标权人能够在阻止混淆、误认的场景下禁止相同或者近似商标的使用，如不承认商标的垄断性，竞争就会变成掠夺和无政府状态，商品质量将没有任何保证，市场将失去秩序。

当然，当知识产权人行使权利的范围超过法律许可的范围时，会构成对知识产权的滥用，此时可适用反垄断法进行规制，这将在后文讨论。

（二）知识产权的利益扩张

知识产权的私权保护经历了几百年的历史，总体来看，知识产权的保护范围越来越大、保护强度也越来越高。知识产权的发展史，大致就是知识产权的扩张史。[①]知识产权的扩张有多重原因，技术发展的影响、社会需求的回应都促进了知识产权私权的扩张，究其原因实际上来自两个方面：第一个方面是主观方面，即权利人自身因素带来的扩张；第二个方面是客观方面，即法律规定带来的扩张。其中最主要的是法律规定的发展所带来的扩张。

1. 来自权利人的扩张

作为知识产权创造者以及最直接的受益者，权利人总是希望自身的权利能够“无限”扩张，获得更大的保护范围和更强的保护力度。一种常用的方式是在专利权中，在撰写权利要求时，申请者往往会将权利要求写得十分“上位”，哪怕这一权利要求并不是自身所要采用的技术方案，甚至超过了当时的想法所及。这样可以获得更大的保护范围，在进行侵权诉讼时也能覆盖尽可能多的技术方案。另一种常用的方式就是通过知识产权制度中不同权利的保护时限的不同来获得最长的保护期限，比如外观设计、著作权、商标的保护并用，对于立体工艺品，可能同时可以获得外观设计、著作权和商标的保护。根据 2021 年 6 月生效的《专利法》，外观设计的保护期为 15 年（之前为 10 年），著作权的保护期为 50 年，商标的保护期限是 10 年，但是商标可以一直续展，也就是理论上来说商标给予的保护可以无限延长。通过这样的布局，权利人可能可以在不同的维度上获得更长的保护期。

① 当然，并不否认局部的、暂时的倒退，但是总体上是扩张的，正如“螺旋式的上升和波浪式的前进”。

2. 来自法律的扩张

更为主要的扩张实际上来源于法律本身，随着知识产权保护的加强，法律对于权利人的保护更加完善。其扩张的主要模式包括知识产权权能的扩张、知识产权客体的扩张、知识产权内容的扩张和知识产权保护期限的扩张。

第一，知识产权权能的扩张。这其中又以著作权最为明显，在《安娜女王法》中仅仅规定了权利人对特定作品制作印刷复制件的权利，随着技术的进步，著作权发展出许多新的权能，例如播放权等；随着商品经济的发展，又发展出改编权、发行权；随着国际交往的发展，又发展出翻译权等。[①] 在最新修订的《著作权法》中，为落实《北京条约》的要求，增加表演者许可他人出租录有其表演的录音录像制品并获得报酬的权利。

第二，知识产权客体的扩张。例如著作权法中，《安娜女王法》中，受保护的客体主要是文字作品。美国1790年制定的第一部著作权法中规定了对图书、地图和图标的著作权保护。逐渐地，摄影作品、电影作品、类电作品、软件作品逐渐成为新的作品类型。目前，著作权法调整的客体已经空前繁多，在最新修订的《著作权法》中，规定了视听作品，也正回应了民间创作的短视频等是否可以定义为作品的争议。专利法中，曾经我国并不保护药品专利，而1992年《专利法》将药品纳入保护客体。通过多次《专利审查指南》的修改，计算机程序也纳入了专利法的保护范畴。

第三，知识产权内容的扩张。例如在专利法中，将方法发明专利的禁止权延伸到依照专利方法直接获得的产品。同时，专利法还将专利的禁止权的范围扩张为包括进口在内，这有利于保护在国际交流日益频繁的当下实现对专利权人的有效保护。

第四，知识产权保护期限的扩张。《安娜女王法》规定的著作权的保护期限为14年，[②] 14年期满后，作者如果健在还能再延长14年。美国1790年的著作权法也如此规定，但是在1998年美国国会将个人著作权延长到作者去世后70年，将公司著作权延长为95年。同时，其他国家的立法以及《伯尔尼公约》也体现了这种延长的趋势。另外，对于著作人身权的永久保护也逐渐成为各国的共识。

---

① 郑成思. 著作权的概念与沿革［M］//中华人民共和国著作权法讲习. 北京：中国国际广播出版社，1991：68－87.

② 这与英国的学徒制有关，学徒7年才能出师，因此英国当时的许多保护期限都是7的倍数。

（三）知识产权的公共利益

如上所述，私权属性和对私人权利的保护是知识产权立法的重要内容。但是随着科技、文化发展，知识产权立法呈现出的对公共利益的回应和回归也不可忽视。[①] TRIPS“序言”规定，“认识到各国知识产权保护制度的基本公共政策目标，包括发展目标和技术目标”。其第 7 条规定，“知识产权的保护和实施应有助于促进技术革新及技术转让和传播，有助于技术知识的创造者和使用者的相互利益，并有助于社会和经济福利及权利与义务的平衡”。第 8 条进一步规定，“在制定或修改其法律和法规时，各成员可采用对保护公共健康和营养，促进对其社会经济和技术发展至关重要部门的公共利益所必需的措施，只要此类措施与本协定的规定相一致。只要与本协定的规定相一致，可能需要采取适当措施以防止知识产权权利持有人滥用知识产权或采取不合理地限制贸易或对国际技术转让造成不利影响的做法。”

知识产权作为一种无形物，它的价值需要在市场的流通中得以实现。商标法中规定了商标的使用制度，商标的生命在于使用，使用才能够使得商标背后所承载的商誉得以发挥。文学作品创造出来，它的价值不在于让作者孤芳自赏（或者说不限于此），根本的目的还是在于被社会大众所传播和利用。而专利权人申请专利的目的也不仅仅在于维护竞争的优势（否则商业秘密的保护更好），而是要借助专利权独占市场。知识产权的充分利用，一方面是专利权人积极行使权力的表现，另一方面更是知识产品实现经济价值和社会价值的关键，甚至可以说，不流通就没有价值。知识产权的利用，必然需要对社会普遍存在的公共利益有促进作用。“知识产权与思想、信息、知识的表述和传播有着密切的关系。在保障知识创造者权益的同时，必须考虑促进知识广泛传播和推动社会文明进步的公益目标。”[②] 专利权一直规定有保护期，即是以促进公共利益作出的制度安排。表面上看，知识产权一定程度上限制了社会公众对于知识产品的利用，但是从更长远的角度看，社会公众有了更大程度、更大范围获取和利用知识产品的便利。

公共利益有时也会出现现实的、紧迫的需要，比如在疫情中疫苗知识产权的问题就是一个典型的例子，放眼世界范围，拥有知识产权的国家并无足够的供应量，没有知识产权的国家又没有足够的经济条件取得许可。这样两难的问题也应当通过

---

① 《专利法》第 1 条、《商标法》第 1 条、《著作权法》第 1 条的规定。

② 吴汉东．科技、经济、法律协调机制中的知识产权法［J］．法学研究，2001（6）：139.

知识产权法中的利益平衡加以解决。

（四）知识产权的利益平衡

知识产权的扩张即私权的扩张，知识产权的公共利益考量即知识产权的限制，知识产权的扩张和限制是一对“孪生兄弟”，[①] 即当知识产权扩张到某一领域时，知识产权的限制也会接踵而来。知识产权人的个人利益和社会公共利益是知识产权法中最主要的冲突。“法律的目的是在个人原则与社会原则之间形成一种平衡”，[②] 透彻认识知识产权法的立法宗旨是掌握知识产权法精髓的必需。

知识产权法具有直接目的和最终目的。知识产权法的直接目的是保护知识产权人的利益；知识产权法的最终目的是通过保障知识产权人的利益的激励机制，促进知识和信息的广泛传播，促进科学、文化、经济的进步与发展。[③] 知识产权法的最终目的体现了其对整体的社会利益的追求，是知识产权法的社会目标。确实，知识产权法是基于整体的社会利益的实现为考虑从而给予创造者提供激励的。社会目标正体现出知识产权与有形财产权的不同的目标。以上二者就是知识产权法的二元价值目标，这种二元价值目标是以激励机制为基础、以利益平衡的调节机制为手段加以实现的。

利益平衡原则正促进了知识产权法追求的平等、正义价值的实现。通过上述二元目标的阐述，知识产权法实际上是一种利益分配的机制，知识产权法中的平等和正义的价值，是通过一些具体制度来实现的，而这些制度也是基于利益平衡的原则进行设计的。首先，是从事知识创造的自由选择。《宪法》规定：“中华人民共和国公民有进行科学研究、文学艺术创作和其他文化活动的自由。”[④] 因此，自由创作，以及创作后自由选择由何种知识产权提供保护都是个人平等和正义实现的路径。其次，是社会知识财富合理的分享。知识产权法中的平等和正义理应包括当事人之间权利义务分配符合正义原则。比如，当事人之间权利义务对等实现知识资源社会的分配正义；进一步，知识产权法通过分配权利和义务确立了知识产品资源的分配的正义标准和正义模式；知识产权法中的平等与正义体现于专有领域和公有领域的划

---

① 冯晓青．利益平衡论——知识产权法的一种认知模式［M］．北京：北京大学出版社，2003：66.

② ［美］E．博登海默．法理学———法律哲学与法律方法［M］．邓正来，译，北京：中国政法大学出版社，2004：115.

③ 冯晓青．知识产权法利益平衡理论［M］．北京：中国政法大学出版社，2006：85.

④ 《中华人民共和国宪法》第47条。

分及权利限制与反限制。①

而全人类的人权更是平等、正义目标的体现。面对疫情带来的人类共同危机，世卫组织提出可暂时放弃疫苗知识产权，以便于分享疫苗，让生命和生计回归正常。② 进入 2021 年之后，一些国家出现变异毒株，危机仍在加剧。美国贸易代表宣布拜登政府支持放弃对新冠疫苗的知识产权保护。③ 在这样巨大的疫情灾难面前，如果仍然坚持知识产权带来的“垄断”，虽然从法律文本上未必存在障碍，但是从社会福祉和人类生存权的角度来看，似乎不再符合立法要实现的根本目的。当然我们知道放弃并不可行，暂时性的豁免已经是专利权人所能作出的较大的让步。对于这一声明的目的存在不同的解读，但是无论如何，不可否认这是值得鼓励的起步，笔者坚信知识产权不会成为人类危机中绝望的壁垒，而是黑夜中指引人类进步的明灯。5 月 17 日，中国政府作出表态，对广大发展中国家豁免新冠疫苗知识产权的诉求完全理解并持支持态度。④ 价值的冲突与协调是知识产权法需要直面的问题，而利益平衡原则正是解决这个问题的一把钥匙。

在知识产权法中，还存在不同权利主体之间的利益冲突，尤为代表的是职务发明规定，⑤ 离职后一年内的有关发明会被认定为职务发明，从而原公司享有专利权，这是为了保护原公司的利益。但是这样的保护似乎又过于绝对，对于具有较高的知识水平和研发能力的个人来说，离职后一年内完全可能申请新的专利权，其运用的仍然是专业技术，甚至领域也与原公司从事的领域相同或相近，但是这未必与原公司的物质基础有关。在大部分判决中，并未考量多种因素，而是直接适用职务发明的规定裁判，值得商榷。但也有一些判决认定专利权由新公司和原公司共有，⑥ 当然这里也有一些其他因素的参与，不过这已经是一种进步。专利法的本意是保护为发明作出贡献的主体，如果新公司确实作出了技术性的贡献，对新公司给予专利法的保护并无不当。当然，也可能存在这样的情况，当有证据表明该专利申请系发明

① 冯晓青. 知识产权法的利益平衡原则：法理学考察［J］. 南都学坛，2008（2）：93.

② Coronavirus disease（COVID－19）pandemic［EB/OL］.［2021－03－14］. https://www.who.int/emergencies/diseases/novel－coronavirus－2019.

③ Statement from Ambassador Katherine Tai on the Covid－19 Trips Waiver［EB/OL］.［2021－05－06］. https://ustr.gov/about－us/policy－offices/press－office/press－releases/2021/may/statement－ambassador－katherine－tai－covid－19－trips－waiver.

④ 外交部：中方完全理解并支持广大发展中国家豁免新冠疫苗知识产权的诉求［EB/OL］.［2021－05－17］. http://www.gov.cn/xinwen/2021－05/17/content_5607537.htm.

⑤ 《专利法实施细则》第 12 条。

⑥ 上海市高级人民法院（2017）沪民终 327 号民事判决书。

人离职前由他人在原单位完成的发明创造，同时专利申请人又不能提供证据表明该发明创造系发明人在离职一年后独立完成，则该专利申请权属于原单位。[①] 所以，职务发明的出现也是一种利益平衡的结果，考察利益的实际产生是应有之义。

利益平衡是实现知识产权法中所阐述的公共利益的基础。公共利益的存在要求社会成员在实现个人利益时必须受到一定的限制。公共利益作为法的普遍性要求，对于维护法的正义性具有重要意义。作为反映统治阶级意志（人民）的法，不会允许法律损害公共利益。知识产权法更是如此，比如专利法，其保护必须基于公开，并且在一定期限后丧失专有权，其最终目的正是以促进技术交流与进步为专利权人换取了一定范围内垄断的正当性。

四、知识产权利益平衡的制度表达与完善建议

（一）知识产权利益平衡的外部实现

知识产权在专有地使用产品、排除他人的使用方面具有一定的垄断性，因此保护知识产权与反垄断天然地存在一定的冲突与矛盾。一些学者认为，知识产权法是确保垄断的制度，将知识产权制度与反垄断制度对立起来，他们认为二者具有相悖的法律目的。但是，我们应当看到，知识产权法并不等于市场地位的“经济垄断”，知识产权的垄断也不能必然得出知识产权人一定具有市场的支配地位。当然，在某些情况下，知识产权确实构成了垄断，需要借助知识产权法之外的反垄断法介入也是理所应当的。

知识产权法虽然看似限制了其他主体的竞争，但是其平等性使每一个市场主体都有相同的地位进行创造，并且有动机对技术或作品进行改进，从而形成更加繁荣的市场环境。由此而言，一定程度的垄断有利于市场整体的进步。但是不可否认，过分的垄断是不可取的。标准必要专利（SEP）就是一个由知识产权走向垄断的情形。国际标准组织会对标准必要专利权人的权利做出一些限制，通常情况下都会要求专利权人做出对专利实施人许可标准必要专利的FRAND（公平、合理、无歧视）承诺，这正是对知识产权进行的反垄断限制。于2021年6月1日施行的《专利法》

① 最高人民法院（2019）最高法知民终337号民事判决书。

第20条第2款[①]的规定正体现出知识产权保护与反垄断之间协调适用的关系。

之所以需要反垄断的限制，也是为了确保知识产权滥用导致的公共利益目标的过分限缩。知识产权权利滥用已经受到广泛批评，并且在最新的知识产权立法中已经加以规制，[②] 所以我们可以认为，当知识产权法与反垄断法所规定的社会整体目标相冲突时，反垄断法应当优先适用。这样，借助知识产权法之外的反垄断法，可以实现知识产权法所关注的个人利益与公共利益的平衡。

（二）知识产权利益平衡的内部表达

知识产权法律体系内部也具有诸多的实现利益平衡的设计，具体而言，在立法、司法和执法各个阶段都有所体现。

1. 立法方面的平衡

知识产权法中的利益平衡机制，贯穿于立法中进行的权利义务的合理配置之中。在著作权法、专利法、商标法中都有利益平衡的体现，比较常见的就是规定了有限的保护期。

（1）著作权法中的体现。首先是对独创性标准的区分。著作权法保护著作权与邻接权，对于独创性较高的作品给予著作权的保护，其保护范围和保护力度较大；而给予独创性较低的制品给予邻接权的保护，其保护范围和力度较小。这样的设计平衡了著作权人、邻接权人与社会公众的利益，做到保护与创作相一致。其次是对作品公开程度的区分。由于著作权不以公开为要求，作品的公开对于著作权的保护也具有影响，比如书信、日记等作品，公众本身就是难以获得的，作者也很难获得收益，因此其保护是更加严格的；对于公开出版的作品，由于作者从中获得收益，那么自然公众也具有某种可以接近作品的合理需求。再次是合理使用制度。从法理权利义务对等原则和法律公平正义的价值目标来看，作品的使用者也有在一定的范围和限度内自由利用作品的权利，这种权利从本质上来讲是一种受法律保护的权利，是一种和著作权对等的权利。合理使用制度的产生提供了一种可行的方案，通过对著作权在范围、时间方面的限制从而使公众对作品利用相对拥有一定的自由来平衡二者之间的利益分歧，既不影响著作权法对创作行为的激励作用，又在一定程度上

---

① 滥用专利权，排除或者限制竞争，构成垄断行为的，依照《中华人民共和国反垄断法》处理。

② 参见《专利法》第20条以及《商标法》中恶意注册等条款。《著作权法草案》也有相关条款，最终由于争议删除了相关条款，也颇为遗憾。

满足了公众对作品的需求，实现二者利益的均衡，在 2021 年 6 月生效的《著作权法》中，为了满足《马拉喀什条约》的要求，规定向阅读障碍者提供无障碍作品为合理使用，更深刻诠释了公共利益和对弱者的关爱。最后是思想和表达二分法原则。这是著作权法中的一项基本原则，即在作品中仅保护思想的表达方式，而不保护思想本身。这一原则界定了不受审查的著作权与专利权之间的界限。该原则为平衡公众接近信息的需要和成本与鼓励作者创作的积极性提供了一个基础，其中特别表现为平衡作者或其他著作权人与广大作品使用者之间的利益。

（2）专利法中的体现。首先是对专利权客体的限制。我国 1984 年《专利法》第 25 条规定了七种不授予专利权的对象；1992 年《专利法》第一次修改条文删除了其中的两种，即“食品、饮料和调味品”和“药品和用化学方法获得的物质”，2000 年《专利法》肯定了 1992 年《专利法》第 25 条不授予专利权的对象；2008 年《专利法》第三次修改则增加了一种对象，即“对平面印刷品的图案、色彩或者二者的结合作出的主要起标识作用的设计”。目前的《专利法》中，科学发现、智力活动规则、疾病诊疗方法、动植物品种、原子核变换方法及物质和标识作用的设计不得授予专利权。纵观历史演变和现在的规定，专利权保护客体的限制就是利益平衡机制的体现，科学发现、疾病诊疗、动植物品种都应属于全人类共同的财富，不应由专利权加以限制，标识设计是专利权与商标法的区分，体现了不同知识产权专门法之间的利益划分。其次是专利权内容的限制。专利法中设计了不视为侵权的制度安排，保障专利产品的合理的市场流通，比如专利权用尽、专为科学和实验而使用专利、在先使用等。再次是专利无效制度安排。专利权具有国家授予的性质，但是在审查过程中难免存在一定的问题，导致部分不具有“创造性”的专利被授予专利权，因此各国专利法中均设置了宣告专利权无效的制度，通过该制度可以使得不“合法”的专利权自始无效，使得该专利权保护的内容回归公有领域。最后是特殊情况下的专利许可制度。比如强制许可制度，强制许可制度是一种典型的专利权限制制度。强制许可是公权力参与专利的利益纠纷机制，其实质是国家运用非司法的手段应对知识产权风险的响应机制，相比立法和司法具有高效率的特点，其核心是保护最大多数人的利益不受侵害，具有强烈的公益色彩。此外，还有一些特别的规定也体现出对私权扩张的限制和公共利益的考量，比如“捐献原则”和“禁止反悔原则”，以“禁止反悔原则”为例，在专利侵权判定中，设立“等同原则”是为了给予专利权人以公平保护，避免“字面解释”对专利权保护范围的过度限制。而

“禁止反悔原则”是对“等同原则”的必要限制，目的在于敦促当事人在诉讼活动中诚实守信，避免当事人在行政授权确权程序和侵权民事诉讼中对权利要求作出不一致的解释。通过适用“禁止反悔原则”对“等同原则”的辐射范围予以必要的限制，可以合理地确定专利权的保护范围，维持专利权人与被诉侵权人以及社会公众之间的利益平衡。[①] 在本次《专利法》修改中也体现出利益平衡的思想，比如第 20 条第 1 款的规定，[②] 一方面配合近期开展的打击“非正常专利申请”行动，使专利申请回归保护创新的初衷，另一方面也体现出专利权不得滥用，合理界定专属权利和公共利益界限的立法思维。

（3）商标法中的体现。首先是显著性制度。商标必须具有显著性，即其能够将商品与其他商品区分开来，并能标识商品的来源。必须给予商标与显著性相适应的保护力度，才能合理平衡商标权人利益与其他厂商利益及公共利益的关系。其次是通用名称不保护。商标法中还规定了通用化商标的保护终止制度，一旦商标沦为通用名称，将失去商标法的保护。再次是功能性特征不保护。商标不应具有功能性，如果一个商标尤其是立体商标是功能性的选择时，商标法不提供保护，因为这样商标法就跨越了本身的界限，不仅保护识别功能，而且保护技术设计，达到了专利权保护的范围，甚至超过了知识产权法保护的范围。最后是商标侵权豁免制度。这一制度包括在先使用，即保护在先使用人的合法权益，其能够在原有的范围内使用商标；还包括三年不使用抗辩，商标的生命在于使用，法律不保护“象征”商标，如果商标三年不使用，被控侵权人可以据此主张不承担赔偿责任。

2. 司法方面的平衡

进行法律解释时，必须进行利益衡量。利益法学认为，法官在审理案件时，要尽量按照立法者在法律中所表达的利益进行判断。如果对法律条文可能有多种不同的解释，法官应衡量各种利益，结合案件具体情况作出价值判断。可以从纵向和横向两个角度来分析公共利益之间的效力层次。从纵向上看，公共利益可以分为世界性公共利益、国家性公共利益和群体性公共利益。世界性公共利益属于全世界的共同利益，例如生态环境的保护、全球重大疾病的防治等；国家性公共利益属于国家等政体范围内的全体人民的共同利益，如一国的经济秩序、科技进步等；群体性公共利益属于某类社会群体的共同利益，如消费者利益等。从横向上看，公共利益可

① 最高人民法院（2018）最高法民再 387 号民事判决书。

② 申请专利和行使专利权应当遵循诚实信用原则，不得滥用专利权损害公共利益或者他人合法权益。

分为安全型公共利益，如公共安全、公共秩序、公共健康等；财产型公共利益，如公共设施；以及服务型公共利益，如教育。当同一类型的两个或多个公共利益同时出现，需要对它们进行优先选择的，"公共"范围广的公共利益效力高于"公共"范围窄的公共利益。不同类型的公共利益之间发生冲突时，一般安全型公共利益效力最高。①

法律中存在诸多不确定性，这样的价值概念就需要在司法中加以补充。知识产权法公共利益条款中的"公共利益"是一个抽象概念，构成要件不明确，内涵和外延不清晰，是典型的不确定法律概念。对于这一不确定概念的司法适用，采用特殊的适用方法，在个案中予以价值判断，使之具体化。公共利益具有不确定性和开放性的特征，因此在司法适用中需要尊重类型思维对相关概念进行补充，同时进行充分的说理。究竟何为公共利益，案件中涉及何种公共利益，都是需要明确说明的。仅仅是借用了某种学说，就将立法者事先安排好的责任形式架空，是不可取的。在实践中可能出现这种观点，某种责任的负担会导致侵权方投资的几千万元或者几亿元的财产被浪费掉，有损公共利益。这个逻辑如果成立的话，那么，在刑事案件的处理过程中，是否借助生命无价的理论，说明剥夺生命有损公共利益，从而免除罪大恶极的被告人的死刑。法官如果都这样适用法律，那无异于说，立法者根本不懂"公共利益"的含义，故应该由司法者自己来重新定义它，显然这等于是对法律秩序的破坏。知识产权作为专有权，停止侵权是应有之义，否则相当于知识产权成为获得报酬权，扩大公共利益的范围值得商榷，比如"星河湾案"的判决。② 在"微信案"中，③ 法院认为核准被异议商标"微信"，将会损害众多微信用户的利益，从而影响公共利益，幸而二审、再审改变了这种观点。④ 共同福利或公共福利不能被认为是个人欲望和要求的总和，⑤ 公共利益也不是个人利益在数量上的简单叠加。

在司法中产生的不同理解也值得关注。公共利益可能使得基本相同的案件产生差异甚至是截然不同的走向，典型的例子是关于产品说明书受著作权法保护的问题

---

① 沈成燕. 知识产权法公共利益条款司法适用研究［D］. 武汉：中南财经政法大学，2019：39.

② 最高人民法院（2013）民提字第102号民事判决书。在该案中，撤销了一审、二审认为不构成商标侵权的判决，笔者认为值得称赞。

③ 北京知识产权法院（2014）京知行初字第67号行政判决书。

④ 北京市高级人民法院（2015）高行（知）终字第1538号行政判决书，最高人民法院（2016）最高法行申3313号行政裁定书。

⑤ ［美］E. 博登海默. 法理学——法律哲学与法律方法［M］. 邓正来，译. 北京：中国政法大学出版社，2004：198.

上产生了相反的观点，普通的产品说明书完全可以构成作品受著作权法保护，① 而药品说明书被法院认定为不构成著作权法意义上的作品。② 产品说明书通常采用文字、图示、图表、照片等相结合的方式，当产品说明书的整体编排、文字表述以及表格的项目设置编排具有特点，即满足独创性的要求，体现出作者的智力成果，应当受到著作权法保护。但是在涉及药品说明书时，法院认定其不属于作品，药品说明书著作权纠纷表面上是说明书的法律性质的争议，实际上却是专利权保护与著作权保护的冲突，是药品生产企业在专利权届满之后通过著作权寻求某种垄断。③ 笔者认为通过药品和说明书构成主从物来推定药品说明书不构成著作权法意义上的作品的观点值得商榷，④ 是否构成作品仍然要回归著作权法的规定，考察要件是否满足，不能仅仅因为其表现形式是“药品说明书”而将其完全排除出法律的保护范围。不过考虑到更为重要的社会公共利益，在特定时期不给予保护是适合的，如果能够通过更加合理的方式暂时性排除保护似乎更为恰当。不过不可否认，这一裁判结果对于现在国情下仿制药合法走向市场仍然具有积极的意义，⑤ 体现出利益平衡在司法审判中的适用，此判决也不会完全阻断药品的知识产权保护，事实上药品的知识产权保护还有专利权和商标权等其他保护途径，通过合理划分知识产权的保护范围提升公众福利，是符合立法本意的一种司法选择。再试想一种场景，这种场景从正向解释了药品说明书的著作权保护问题，如果新冠疫苗专利权人将其专利许可给另一生产厂商，厂商在生产疫苗的同时在疫苗产品内附上药品说明书，这种情形下“默认”给予著作权的许可或者认定构成著作权法保护的例外似乎是完全符合逻辑的。

最后要坚持比例原则的适用。德国是比例原则的起源地。自“药房案”⑥ 后，德国法院在案件中开始大量运用比例原则。从那时候开始，法院在案件审理中就将“三阶段理论”（妥当性、必要性和均衡性）归进比例原则的内容之中。在知识产权法司法实践中，如何适用公共利益条款，如何界定公共利益，也需要运用比例原则。

---

① 山西省高级人民法院（2011）晋民终字第 70 号民事判决书，该案为 2011 年中国法院知识产权司法保护 50 件典型案例。

② 湖南省高级人民法院（2013）湘高法民再终字第 73 号民事判决书，佛山市中级人民法院（2013）佛中法知民终字第 14 号民事判决书。

③ 丁文严. 药品说明书著作权问题的成因及解决路径［J］. 法律适用，2012（6）：87.

④ 于晓白，李嵘. 药品说明书作品属性问题探究［J］. 中国版权，2014（6）：18.

⑤ 或许在原研药得以发展的未来，判决的结果又会改变。

⑥ *BVerfGE 7，377 – Apotheken – Urteil.*

比例原则实际上是价值判断的过程。停止侵权的适用是通常处理知识产权侵权案件的结果，在部分情况下，停止侵权却存在一定的问题，而阻却停止侵权适用的核心理由就是“公共利益”。主要法理基础就是停止侵权将给侵权产品的受众带来不便的社会成本。我国知识产权停止侵害例外中，专利侵权不停止的案件 100% 均是以“公共利益”为法理进行判决的，著作权不停止侵权案件中有 50% 的案件是以“公共利益”为理由进行判决。“公共利益”是知识产权不停止侵权中使用最多的考量因素。① 在关于雕塑著作权侵权的案件中，② 由于涉及红色经典作品的著作权纠纷，二审判决秉承尊重法律、尊重权利、尊重经典的原则，在判决不停止侵权的同时，通过提高侵权赔偿金和使用费的方式对权利人进行救济，既充分考虑了对权利的有效保护，也有力兼顾了经典传承，使裁判结果符合法律，又契合社情民意，实现法律效果、政治效果和社会效果的有机统一。当然，这种判断也要坚持个案判断的原则，对“公共利益”不可滥用。

3. 执法方面的平衡

我国知识产权保护实行的是双轨制，在司法保护之外，行政执法也发挥着重要的作用。同时，行政执法还具有速度快、效率高的特点。以海关执法为例，中国海关在进口环节和出口环节均采取知识产权保护执法措施，2019 年，全国海关共采取知识产权保护措施 5. 56 万次，实际扣留进出口侵权嫌疑货物 5. 16 万批次，同比增长 9. 32%；涉案货物数量 4678. 94 万件，同比增长 86. 41%，保护了涉及 38 个国家和地区权利人的 12 281 项知识产权，同比增长 96. 40%。全国海关共在进口环节查获侵权嫌疑货物 497 批次，在出口环节查获 5. 11 万批次，进出口环节查获批次之比约为 1：102。③

知识产权海关保护制度中体现的个人利益和公共利益的平衡，强调的是在进出口环节中对权利人的保护不能妨碍公共利益。在海关知识产权保护制度中，规定了权利人申请海关扣留涉嫌侵权的货物，必须提供相应担保。担保能够在权利人的申请带来货物收发货人的损失时补偿其损失，从而能够避免权利人的权利滥用，以维护合法的贸易秩序。我们也知道，海关作为国家行政机关，对于维护国

① 林嘉敏. 利益平衡视角下知识产权不停止侵权制度研究［D］. 广州：华南理工大学，2019：24.

② 贵州省高级人民法院（2019）黔民终 449 号民事判决书。

③ 2019 年全国海关采取知识产权保护措施 5. 56 万次［EB/OL］.［2021 - 02 - 17］. http://m. cnr. cn/news/20200426/t20200426_525068753. html.

家利益也负有责任，在出口贸易中，对“侵权”产品的查处同样有利于提升国家形象。

（三）知识产权利益平衡的完善建议

1. 细化知识产权公共利益条款

目前公共利益条款仍然存在规定过于笼统的情况，比如在《商标法》中规定了“其他不良影响”，但是如何细化则缺乏有效的规定。对此首先是完善《商标审查及审理标准》，该《标准》是商标局、原商评委进行商标审查和评审的重要指引。该标准可以对内容进行扩充，及时根据实践情况和时代发展对标准进行修订，以期更适合最新的商标申请注册情形。其他的知识产权专门法也是同样的情况。立法应当对公共利益进行分类。最高人民法院可以采取司法解释的方式列明主要的公共利益类型及其匹配的条款。

2. 确定公共利益的具体事由

目前对公共利益的具体事由的不确定导致存在适用的问题。比如，著作权制度的最佳状态是在保护著作权人权益的同时，又促进了作品的传播和文化的发展，这也是著作权保护一直追求达到的目标。在这两项利益中，文化发展等公共利益的维护是更高层次的追求，所以著作权法中的公共利益应当是文化事业发展。而结合本文开头所分析的两个案例，专利法的公共利益应当包括国家安全、市场秩序、环境保护以及社会健康及人权。商标法的公共利益则主要是消费者利益和市场秩序。但是目前专门法及司法解释中缺乏相关的规定，仍需要进一步明确。

3. 判断的原则

在坚持个案审判的同时，需要考虑到审判标准一致性的影响。把握好“同案同判”的正当性和相对性，确保一定时期内的标准统一与稳定，建立职业共同体的“平均理解”。避免侵犯到权利人或者社会公众的“信赖利益”。由此，可以建立公共利益条款的司法适用指导案例制度，尽可能实现司法标准的统一适用。

4. 启动的必要性和适用的谨慎性

对于仅侵犯特定民事权利的应当不属于“公共利益”规制。同时涉及公共利益和私人利益，应当对公共利益和公共秩序与个人利益进行权衡，如果此时实质上将产生消极、负面的影响，即公共利益高于私人利益时或具有某种紧迫性的时候，可以适用“公共利益”条款加以规制。应当避免把“公共利益”变成“箩筐”。需要严格界定公共秩序和公共利益的边界，明确其内涵和外延，从而避免将特定民事权利、管理秩序或者相关公众的权利等都纳入公共秩序和公共利益中。尤其是在有具体法律规则时，需要谨慎适用利益平衡原则，从而使得知识产权保护更加有效、有序、有益。

5. 利益平衡的时空特征

利益平衡原则中的公共利益依赖一定的空间和时间。每个国家都具有不同的国情，不同文化背景和社会制度影响着保护利益的选择以及不同利益的排序，这也与知识产权的地域性相契合。虽然全球化的浪潮已经席卷，但是不可否认的是各个国家之间在文化和传统方面仍然有着难以逾越的鸿沟。公共利益在不同的时期表现出不同的侧重内容，比如在疫情中受到重视的生命健康，又如在经济高速发展的时期公共利益又倾向于服务于经济大局的发展。

五、结　　语

利益平衡原则是认识知识产权法的一种重要视角，知识产权法中存在知识产权权利人专有权利和社会公众对只是产品合法需求之间的矛盾，这一矛盾需要借助利益平衡原则加以调和，从而实现知识产权法所追求的价值目标。知识产权法本身作为平衡知识产权人的垄断利益和社会公共利益所作出的制度设计，自然应当服务于二者之间的平衡。尤其是在同时强调知识产权保护和反垄断的当下，任意一方的利益都需要得到重视，这一平衡显得十分重要但又非常微妙。在合理确定个人利益和公共利益的问题上，必须坚持合理的平衡，使知识产权制度的优势得以充分展现。

（责任编辑：郑淑凤）

The Principle of Interest Balance of the Intellectual Property Rights: Jurisprudential Basis and Institutional Expression

Chen Pengwei

Abstract: The legislative purpose of intellectual property law is to encourage knowledge creation and promote scientific, technological, cultural, and economic development and social communication. While intellectual property law provides exclusive protection, it inevitably comes with a disguised monopoly, that is, the private right of intellectual property has a natural tendency to expand. In the context of the epidemic, it is all the more necessary to use the principle of balance of interests to reasonably limit the expansion of private rights in intellectual property in order to respond to the needs of human health and social welfare. The principle of balance of interests not only acts on the relationship between intellectual property law and other laws, but also embodies in all aspects of legislation, judicature and law enforcement. Finally, it is concluded that the public interest of IPR needs to be further expressed clearly in legislation, the balance of interests principle needs to be applied carefully and reasonably to limit private rights in the judiciary, and the interpretation of public interest should be placed in the context of socialism with Chinese characteristics, so as to play the role of the advantages of intellectual property system actively.

Key Words: Intellectual property; Balance of interest; Public interest; Value goal

《韩国知识产权基本法》：立法经验与可借鉴之处

白智妍*

【摘　要】《韩国知识产权基本法》带有公法属性，其形式上类似于“促进法”。其主要规定了总则、执行机制与知识产权的创造、保护和运用方面的内容。同时，这部法律为成立韩国知识产权委员会提供了法律依据，但是其运作过程中存在预算与决策两方面的问题。中国也在呼吁制定知识产权基础性法律，带动整个知识产权法律体系的发展。知识产权基本法的制定遵循中国“依法治国”的方针，有助于形成知识产权高效价值链。《韩国知识产权基本法》的几点特色可为制定中国知识产权基本法提供借鉴，进一步引导更有效的立法设计。

【关键词】知识产权基本法　立法经验　《韩国知识产权基本法》　依法治国　知识产权价值链

一、引　　言

知识产权日益成为国家发展的战略性资源和国际竞争力的核心要素，成为建设创新型国家的重要支撑和掌握发展主动权的关键。自 20 世纪 70 年代末美国开始提出知识产权战略以来，知识产权发展的方向发生了转向：它日益成为影响国家整体谋划的战略问题。2008 年，国务院颁布实施《国家知识产权战略纲要》（国发〔2008〕18 号），为实施国家知识产权战略提供了纲领性的文件。2012 年，党的十八大报告再次强调“实施知识产权战略”，将其作为创新驱动发展战略的重要支撑部分，对战略实施工作提出了新的更高要求。2014 年末，国务院审议通过《深入实

* 白智妍，北京大学法学院 2018 级博士研究生。

施国家知识产权战略行动计划（2014～2020）》，对知识产权战略提出更为具体的目标。直到2021年9月《知识产权强国建设纲要（2021～2035年）》发布，进一步揭示了知识产权发展在创新驱动发展、实现创新型国家建设方面中将起到至关重要的作用。

13年来，《国家知识产权战略纲要》政策运行带动了中国知识产权产业突飞猛进地发展，但这一时期主要依靠的是政府行政性文件，而不是法律条文。从而，学界一直在呼吁需要制定一部知识产权基础性法律。① 2014年党的第十八届四中全会通过的《中共中央关于全面推进依法治国若干重大问题的决定》明确提出了"编纂民法典"的规划。此时，未来知识产权法的前途就是"入典"和"成典"的选择，② 但是两者均未被采纳。

最终，2021年出台的《民法典》直接涉及知识产权的相关规定共计52条，而知识产权并未以独立成编的形式出现。纯粹的知识产权条款主要是第123条和第1185条。《民法典》关于知识产权的专门条款中，第123条为知识产权的概括性规定，第1185条惩罚性赔偿条款则是显示加强知识产权保护的态度。③ 第123条的规定把具体的知识产权权利—义务的规定都委任到各单行法中，而在其中涉及知识产权的其他条文中旨在规定知识产权领域中私人间的民事地位或者权利。对此，有学者评价为，《民法典》知识产权条款与知识产权单行法相结合形成"点—线—面"的法律规范布局，将形成"《民法典》总则编知识产权条款＋各分编知识产权条款＋知识产权单行法律"的知识产权立法体系，对原有的《民法通则》框架下知识产权立法的体系化路径进行了优化，并为知识产权法今后的发展提供了空间。④ 但是这种衔接式的立法体系与之前《民法总则》实施时的体系并没有产生根本性的变化，显然不足以规范错综复杂的知识产权法律关系。

很显然，目前我国需要一部担当补充《民法典》的角色的法律。有人认为，已有的《国家知识产权战略纲要》获得了一定的成功，新出台的2021年版《知识产权强国建设纲要（2021～2035年）》和《"十四五"国家知识产权保护和运用规划》

---

① 相关文献有：董涛，马一德．论统一知识产权基础性法律制定的构想［J］．江海学刊，2020（2）：165－172；张鹏，赵炜楠．《知识产权基本法》立法目的与基本原则研究［J］．知识产权，2018（12）：45－52；张鹏．知识产权基本法立法思路与总体内容研究［J］．专利法研究，2017；齐爱民．知识产权基本法之构建［J］．河北法学，2009（5）：57－60.

② 吴汉东，刘鑫．改革开放四十年的中国知识产权法［J］．山东大学学报，2018（3）：16－28.

③ 孔祥俊．民法典与知识产权法的适用关系［J］．知识产权，2021（1）：4.

④ 刘强，孙青山．《民法典》知识产权条款立法研究——兼论"民商知合一"立法体系的构建［J］．中南大学学报（社会科学版），2020（6）：62.

担任了相当的角色。可是，它们或是政策战略化的载体，或是政策措施性的安排，不应也不可能取代知识产权基本法的地位和作用。知识产权基本法对知识产权公共政策的制定和实施提供法律依据、法律活动准则和法律效力保障。①

《民法典》颁布实施，紧接着《知识产权强国建设纲要（2021～2035年）》出台，现在正是制定基本法的好时机。正如国家知识产权局条法司司长宋建华在2019年中国法学会知识产权法学研究会年会上所言：

> 研究制定知识产权基础性法律，是顺应我国知识产权制度发展的理性要求，是在编纂民法典背景下解决当前单行法立法模式缺陷的现实需要。我国已制定较为完备的知识产权各单行法、已制定并实施了一系列行之有效的政策措施，同时，国外立法及国际条约也为我国提供了可供借鉴的立法经验、各界对制定知识产权基础性法律具有共识，这都对我国制定知识产权基础性法律提供了可行性基础。②

日本和韩国均在21世纪初就开始施行《知识产权基本法》。其中，日本立法最早，在2000年相继出台《知识产权战略大纲》和《知识产权基本法》，将其“技术立国”的国策修改为“知识产权立国”，类似于中国推行的“知识产权强国”战略。③ 韩国的《知识产权基本法》（以下简称“《韩国基本法》”）在2012年与总统属下的“国家知识产权委员会”同时出台并实行，已经有了将近十年的运作经历。2008年的日本和2012年的韩国与当下中国的处境有相似之处，当时正是经济发展到瓶颈期，希望通过创新驱动技术升级促使产业转型从而实现可持续发展。④ 于是，梳理《韩国基本法》的主要内容与其“委员会”多年的运作绩效的确有助于中国知识产权基础性法律的构建，但不能只是由于日韩两国都有这样一部法律而盲目地呼吁中国也需要，首先要做到的是结合中国治理国家的理念与知识产权环境探讨其必要性。

---

① 吴汉东. 试论“民法典时代”的中国知识产权基本法［J］. 知识产权，2021（4）：7.

② 张维. 知识产权：《知识产权基本法》正在加紧制定中［EB/OL］.［2021－10－09］. https://www.sohu.com/a/318911814_100244589.

③ 有关日本的立法经验，国内已有些研究。参见：顾昕. 日本《知识产权基本法》的立法背景及其实施效果［J］. 科技中国，2020（5）：30－33；黄葆春，梁心新. 日本《知识产权推进计划》试析［J］. 知识产权，2011（3）：100－103；康洛奎. 日本《知识产权战略推进计划》的启示［J］. 电子知识产权，2004（4）：19－23.

④ 顾昕. 日本《知识产权基本法》的立法背景及其实施效果［J］. 科技中国，2020（5）：33；KIEP（Korea Institute for International Economic Policy），World Economy in 2012，World Economy Undate（2012）.

二、中国知识产权基本法立法之必要

（一）遵循依法治国的精神

依法治国为党治理国家的基本方略。依法治国的基本方略包括："五、立法机关要严格按照立法法制定法律，逐步建立起完备的法律体系，使国家各项事业有法可依。有法可依是实现依法治国的前提条件。六、行政机关要严格依法行政。依法行政就是要求各级政府及其工作人员严格依法行使其权力，依法处理国家各种事务。它是依法治国的重要环节。"① 通过这两条基本方略可知，办理国家事务必须依靠法律来执行，行政机关也需要法律为依据行使权力。

然而，国家的知识产权政策运行依靠《国家知识产权战略纲要》施行。2021年《知识产权强国建设战略纲要（2021～2035年）》颁布，在知识产权产业发展方面有显著的意义。它有利于加强我国自主创新能力，建设创新型国家；有利于增强企业市场竞争力和提高国家核心竞争力；同时，扩大了中国在国际经贸合作方面的地位。这些年来，知识产权领域只有单行法来支撑，而国家的知识产权战略方面缺少具体的法律依据。因此，制定知识产权基础性法律来支撑国家的知识产权战略的有效执行是中国应然的选择。

党中央也充分认识到了这一点。于是，2021年年初，中共中央印发《法治中国建设规划（2020～2025年）》。该"规划"强调建设法治体系，健全规范行政行为的法律法规体系，完成制定行政程序法。围绕加强社会主义文化建设，完善发展文化事业和文化产业保护知识产权等方面的法律法规。② 紧接着，最新的《知识产权强国建设战略纲要（2021～2035年）》第三部分"三、建设面向社会主义现代化的知识产权制度"中的第一项就是"（四）构建门类齐全、结构严密、内外协调的法律体系。开展知识产权基础性法律研究，做好专门法律法规之间的衔接，增强法律法规的适用性和统一性"。政府于2021年年初出台指导性文件，呼吁制定知识产权基础性法律，指明在一个领域制定基本法意义重大。

---

① 徐波．新16字方针开启依法治国新时代［EB/OL］．［2021－01－03］．http://www.chinapeace.gov.cn/chinapeace/c32766/2012－11/15/content_11944549.shtml.

② 中共中央印发《法制中国建设规划（2020～2025年）［EB/OL］．［2021－01－13］．https://baijiahao.baidu.com/s?id=1688496789294417116&wfr=spider&for=pc.

制定一部基本法，是为了通过规范指引国家行政与司法工作确立制度和政策的基本原则，促进相关法律和政策的有效实施。基本法的立法目的在于：第一，该领域的政策实行在国家行政管理方面有重大意义，需要制定基本法来重点推动发展；第二，它提出了在特定领域促进政府政策的方向和指导方针，并为未来政策提出了政策建议；第三，当行政部门管辖重复或没有适当的部门来协调冲突时，为组织一个综合性管理部门而提供法律依据，以弥补行政管理的空缺。在制定基本法的过程中考虑这三点意义而组织基本法的具体内容，可以防止基本法成为徒有虚名的宣言性法律，使得在制度实际运作的过程中更具执行力和效力、可被援引以解决相关问题，这是遵循依法治国方针的最佳方法。

（二）构建良性循环的知识产权价值链

知识产权价值链包含从知识产权的创造、保护到运用的一个循环性环节。知识产权的真正价值不仅在于创造了多少或保护到何种程度，而且在于如何运用。知识产权创造的数量本身对提高国家竞争力及产业发展的影响力较小。中国专利申请数量继续在全球领先。2018 年，中国受理专利申请数量为全球最多，达到创纪录的 154 万件，占全球总量的 46.4%，其数量相当于排名第二位至第十一位申请量之和。① 显然知识产权的数量飞速增长，但“建设知识产权强国”不能仅仅与知识财产的数量挂钩，以知识产品的质量为基础的数量提升才是真正的繁荣。并且，知识产权的质量取决于市场，不能由国家太多地介入。② 虽然国家不应该干预市场，但是其制度设计要内在支持形成一种亲市场的价值链。也就是说，制度设计时需要考虑市场，把市场放在优先地位。以此种制度为基础，并运用该制度，促进市场灵活发展。知识产权从其创造出发，通过依法保护，最终必须要联系到其有效运用，才能形成整套知识产权价值链，通过这些过程的良性循环，有助于国家竞争力与产业发展。

知识产权体系内已有单行法，并且这些单行法经过多次修改，已成为成熟的法律。这些单行法主要是规定权利的主体与客体，以及各权利的具体内容。从这些法律在性质方面为实体法的特征来看，就是规定“权利与义务”的法律。即使有了

---

① 杨海泉．中国专利申请数量继续在全球领先［EB/OL］．［2021－09－20］．https://baijiahao.baidu.com/s?id=1647609345539403638&wfr=spider&for=pc.

② 杨明．将知识产权政策作为公共产品需谨慎［J］．群言，2019（3）：33.

《国家知识产权战略纲要》和一系列的单行法，仅凭个别知识产权法律，实行综合性知识产权政策仍存在一定的局限性。首要的是，很难落实将知识产权的创造、保护、运用相结合的综合性政策。例如，《专利法》虽然规定了专利权的授予及受到侵害时的救济方案等内容，但是对于一个小发明未来如何能够成为一个高价值专利，或者将专利权的转让或商业化的运用，作为政策落实的根据，并没有作出这方面的规定。这种情况在著作权法上也同样存在。

目前的实践来看，知识产权创造、保护、运用价值链中，虽然有一些领域存在相关规定推动价值链，但从整体周期的角度看，推动政策的协调与调整所必需的政策方面缺乏法律依据。同时，由于单行法律独立实施，相关领域之间的政策联系困难，容易导致预算和制度的重复或冲突。基本法应确立在单行法共同体现的知识产权政策理念及基本方向，并以此为基础，追求知识产权领域多种法律和政策的协调运用。

三、解析与评估《韩国知识产权基本法》

自《日本知识产权基本法》制定以来，韩国试图完善知识产权领域的泛政府推进体系及制定基础性法律。2005 年由郑成湖议员及金映宣议员代表提出的知识产权法草案的立法目的上，没有采用从前以“保护”为中心的知识产权法律运行体系，而是以各部门分别运行的有关知识产权创造、保护、运用政策为核心。这部法案被评价为2011 年制定的《韩国基本法》的前身。[①] 但是，2005 年的草案由于条款的抽象性较强，接近《日本知识产权基本法》，与2011 年通过的《韩国基本法》有很大的不同。

2011 年制定的《韩国基本法》其形式和实质系基于三部草案，分别为 2009 年 11 月 4 日以李钟赫议员为代表提出的知识产权基本法草案、2010 年 9 月 1 日以金映宣议员为代表提出的知识产权基本法草案、2010 年 8 月 4 日由韩国政府提出的知识产权基本法草案。这三部草案分别提交到第 294 届国会第五次政务委员会（2010 年 9 月 29 日），但是政务委员会审议后决定将三部草案进行整合调整完成另一部草案，并在国会本会议上被复议。2011 年 4 月 29 日该草案通过制定为《韩国基本法》。

---

① Shin Jee－Youn. Intellectual Property Basic Law：Its Evaluation and Challenges［J］. Science，technology and law，2011（2）：94.

《韩国基本法》共分5章40条，可大致分为三部分：第一部分（第一章）总则中规定了立法目的、基本理念、主要概念的定义等适用于法律整体的事项；第二部分（第二章）规定了国家知识产权委员会（以下简称“委员会”）的组织等政策的决定和执行体系；第三部分（第三章和第四章）规定了知识产权的创造、保护、运用以及基础政策。第五章为附则。

（一）《韩国知识产权基本法》第一部分

1. 解析：适用于法律整体的总则

本法作为基本法的性质，在第1条和第2条已有体现。根据第1条“目的”，本法的立法目的是促进知识产权的创造、保护和运用，建立政府的知识产权基本政策和落实体系，以促进知识产权在社会中的价值得到最大的发挥。其基本理念是：为创造优秀的知识产权，促进知识产权的有效保护和合理运用，为促进知识产权的创造、保护和运用奠定基础，在知识产权领域实现国际化。因此，第1条和第2条的内容虽然是象征性、宣言性的条文，但从内容上看，可适用于知识产权整个领域的目的和基本理念来构成，明确显示出作为基本法的性质。

首先，本法中“知识财产”规定为“通过人的创造性活动或经验等创造或发现的知识、信息、技术、思想或感情的表现，营业或物的表示，生物的品种和遗传资源，除此之外，无形的，同时可以实现财产价值的”。其次，“新知识财产”被定义为“随着经济、社会或文化的变化或科学技术的发展，在新领域出现的知识产权”。① 另外，“知识产权”被界定为“指根据法律或条约等得到承认或保护的有关知识产权的权利”。由于本法对知识产权的定义是开放性的，通过人类的创造性活动或经验所创造出来的物质，并且是无形的，同时具有财产价值，满足这三个条件时，即使现在无法预测，但未来的新形式知识产权也可以被纳入《韩国基本法》中规定的“知识产权”的范围。尽管如此，第3条还另行规定了“新知识财产”。与其说这是从传统的知识产权类型中独立出来的新概念，不如说它确认了以后可以继续引入新类型的知识产权，即使其并非属于目前韩国司法范围内的知识产权类型。

在知识产权政策的落实方面，为了知识产权政策成功落实，国家、地方行政机关、研究机构等主体要承担职责，积极发挥各自的作用和功能。② 本法与其他法律

① 《韩国知识产权基本法》第3条。

② 《韩国知识产权基本法》第4条。

的关系来说，制定或修改有关知识产权的单行法时，应符合《基本法》的立法目的和基本理念。① 在一定程度上承认了《基本法》对有关知识产权的单行法具有基本法的地位。但是关于知识产权政策的落实，其他法律有特别的规定时，其他法律优先适用。因此，这一内容可以认为是在与基本法的立法目的和基本理念相符合的范围内，尤其是在政策实行方面，允许优先适用其他法律。

2. 评析：对“知识产权”重新下定义，但只不过是象征性宣言

第一章把以前“知识财产”“知的财产”“智慧财产”等混用词加以整理并统一，具有重要意义。其进一步区分了知识财产和知识产权，并分别下了定义，从而明确了某种知识财产具有经济财产的价值，则即使不包含在司法体系中受到保护的知识权范围，也不丧失其作为知识产权的属性。

同时，整体上《基本法》阐明知识产权政策构建时必须坚持的目的、基本理念及具体方向，并对知识产权基本政策赋予统一性和一贯性，但总则部分的内容过于抽象，其实质却接近于象征性宣言。这部法律中，关于处罚的唯一规定就是禁止委员会的委员等人泄露秘密及收受贿赂，证实了《基本法》并不侧重规定权利—义务关系。尽管《基本法》是知识产权政策落实与执行的法律基础，但正如韩国 2000 年后的立法趋势，② 通过制定基本法宣扬国家正在关注该领域。在某些情况下，“基本法”更主要是为了用作建立和保障政府行政部门的预算、人力和执行机构的手段。③ 本次知识产权领域的《基本法》尽管在行政与政策履行方面也没有作出具体的违法行为组织条款，正如下文所指出的，“基本计划”或“委员会”作为政府内部综合协调的结构并没有起到足够的改善问题的作用，它被视为冠冕堂皇的宣言。

（二）《韩国知识产权基本法》第二部分

1. 解析：执行机构担保政策的有效实施

为了审议和调整有关知识产权的主要政策和计划以及评估其落实情况，将成立

---

① 《韩国知识产权基本法》第 5 条。

② 2000 年前，韩国的“基本法”数量为 22 部。但 2001 ~ 2011 年韩国在各种领域制定了将近 60 部“基本法”。Park Young - do. A Study of Model Legislation [M]. Korean Legislation Research Institute, 2006: 16; Shin Jee - Youn. Intellectual Property Basic Law: Its Evaluation and Challenges [J]. Science, technology and law, 2011 (2): 86.

③ Park Young - do. A Study of Model Legislation [M]. Korean Legislation Research Institute, 2006: 16; Shin Jee - Youn. Intellectual Property Basic Law: Its Evaluation and Challenges [J]. Science, technology and law, 2011 (2): 16.

总统直属的委员会，委员会委员长由国务院总理和民间委员共同担任。为了协助委员会的工作，可以设立相关的办事机构。第 8～10 条规定对国家知识产权基本计划和实施计划的建立，并针对已建立的基本计划和实施计划的落实情况进行检查和评估。“基本计划”指每五年制定知识产权的中长期政策目标和基本方向。基本计划由委员会审议后确定。“实施计划”指由有关中央行政机关的负责人和市级、道级负责人按照基本计划提出具体的实施计划，并同样经过委员会的审议后确定。[①] 由于实施计划是以相关中央行政机关负责人和市级、道级负责人收集的内容为基础制定的，因此，即使通过委员会的审议，计划的具体内容也可能会反映各中央行政机关及地方行政机关的政策意志、构想、环境等方面的特殊性。

委员会在确立及实施知识产权基本计划的过程中，承担执行审议职能。因此，国家对知识产权政策的调整和统一，最终将通过委员会来完成。法律上规定委员会作为总统属下的一个咨询委员会，具有政策的审议、协调职能。更具体地说，其职能可分为五类：（1）基本计划及实施计划的建立和变更；（2）基本计划及实施计划落实情况的检查和评估；（3）知识产权相关资源的配置方向及有效运用的有关事项；（4）促进知识产权的创造、保护和运用并形成其基础的相关政策的有关事项；（5）为知识产权的创造、保护和运用促进及其基础的建立，委员会的委员长认为有必要，或者对相关中央行政机关的一把手或相关级别的负责人要求的事项具有审议、调整的权限。从咨询委员会这一性质本身的局限性，委员会能否对各行政部门实施的政策上施加影响力有质疑。委员会以负责中央行政部门执行的国务院总理为委员长，与知识产权有关的中央行政机关的代表作为委员。于是，参与委员会决议的行政机关负责人能够把各自行政机关决议的事项忠实地落实到决议事项中。也就是说，通过委员会的运行结构，充分体现了其实质性影响。为了有效地执行委员会对知识产权政策的调整和统一，需要建立一个发掘政策热点的同时将所需的基础资料提供给委员会的体系。《基本法》规定，委员会在执行其业务时，可以向有关机关请求协助的权限等。

2. 评析：初期视为亮点，但实践中有两大困难

虽然按照《基本法》落实有关政策的主体为政府，但提案与批准相关内容通过委员会的审议功能最终得以实现。从这一点看，即使说《基本法》的实质性作用通

---

① 《韩国知识产权基本法》第 6 条、第 7 条、第 11 条。

过委员会来体现也不为过。委员会担任重要角色，但该体制已运行10年，实践与预期设想并不一致，暴露出立法层面上的不足。

（1）知识产权委员会在预算方面没有影响力。

委员会的属性可分为“咨询性机构”，缺乏行政部门固有的独立执行预算的功能，而且不具备预算分配的权限。① 这种情况与韩国相关领域的其他机构相比，在实际运作的过程中有很大的差异。以2010年由《韩国科学技术基本法》为依据设立的“国家科学技术委员会”为例，② 它是以国家研究开发项目预算分配和调整等相关事项为其业务的行政委员会。它同时拥有审议和议决每年度国家研究开发项目的预算分配和调整的权限，即同样是依基本法为依据设立的委员会。国家科学技术委员会在预算方面有更大的影响力，然而知识产权委员会就没有权限作出有关预算的决议。③

在韩国，与科学技术相关的政策主要由“科学技术信息通信部”出台。然而，知识产权政策分散到各个部门，包括“产业通商资源部”“文化体育观光部”“农林畜产食品部”“专利局”“著作权委员会”等。考虑到需要统一并调整各种政策，为了使各行政部门的自主性和专业性得到尊重，委员会作为咨询委员会应发挥其作用。但问题在于，在知识产权政策的制定和实施过程中，委员会不能发挥关于“决议”的实际影响力。各部门的政策运行出现如同《基本法》制定前，不考虑整体效率、各部门独自运行的情况。此时《基本法》和委员会难以发挥立法时预期的作用。

委员会的影响力也可以说是取决于委员会对预算的影响力有多大，从委员会天生的“咨询”性质所导致的局限性来看，在预算决定过程中的影响力必然会受到限制。当然，成果不佳的项目必然会被缩小或废除，因此委员会的审议意见会产生相当大的影响。可是，这毕竟是消极的影响力，缺乏主动性权限。为此，有必要确保委员会能够独立运营的预算资源，如知识产权基金等。通过这种方式，使部门等政策实施主体积极地实施特定的政策。这并不是单纯为了确保委员会对各部门实施的影响力大小问题，而是为了在政策的空白处推行必要的政策，委员会有必要确保能

① 在韩国，目前该业务由“企划财政部”主管。

② 虽然该委员会在2013年解散，但是这是由于该业务被移管到其他部门。同样性质的组织“科学技术咨询会”依据《韩国国家科学技术咨询会议法》第1条设立而持续运行中，并且2021年修正的《韩国科学技术基本法》仍然规定该咨询会承担与从前的“国家科学技术委员会”相同的职务。

③ 根据《韩国知识产权基本法》第6条，委员会由审议和调整预算的资源分配和运行方式，但是没有“决定性”权利。

够独自决定的预算为基础，掌握其执行力量。

（2）知识产权委员会的决策与执行方面存在局限性。

如果韩国知识产权委员会在预算方面对个别部门实施的影响力是有限的，那么委员会的影响力就有必要在决策和执行方面得到更充分的保障。即委员会的决策结构是否能够实质上保证部门间的协调和统一，委员会决定的事项是否能够有效地传达到政策的实际执行单位（中央行政机关和地方行政机关），这两点是非常关键的。

一方面，从决策结构上看，委员会以案件形式接受知识产权基本规划或实施计划，并对此进行审议，案件的准备工作由知识产权战略计划团、分科专门委员会、事务运行委员会等承担。那么，由21个中央行政机关的代表①和民间委员组成的委员会审议和表决议案。由于知识产权相关的中央行政机关的代表是委员，因此可以期待参与委员会表决的行政机关的代表能够回到各自的行政机关，落实表决的事项。自然而然，在案件的提议阶段能够提供反映社会热点且有意义的议案，并提供充分的参考资料帮助决策，委员会才能作出优秀的决策。但是，知识产权战略计划团主要由循环任职的公务员组成。② 随着委员会运营年数的增加，人们对委员会工作效率的期待值日益提高。他们如何持续积累知识产权领域的专业性，有效地协助委员会的业务，值得商榷。

另一方面，在政策执行的层面上，委员会审议、表决的事项下放到中央行政机关及市级、道级行政机关实际执行的具体过程中，似乎存在一些不明确的地方。《基本法》及其《施行令》所规定的知识产权相关计划有基本计划、实施计划、落实计划三种，其中基本计划是五年计划，具有制定中长期政策目标和基本方向的性质，与中央行政机关及市级、道级行政机关落实的具体措施很少有直接冲突。但实施计划不一样，相关中央行政机关和市级、道级行政机关根据国务院制定的指针，每年制定并提交落实计划后，由国务院进行统一，由委员会审议后确定。③ 如果不是把国务院提交的落实计划单纯地在综合后提交给委员会，而委员会没有提出异议只进行确认，那么当初提交的落实计划和通过委员会审议确定的实施计划之间很有可能在很多方面出现差异。《基本法》虽然规定了落实情况的评估，④ 但是如果当初

① 21个中央行政机关包括企划财政部、教育部、外交部、法务部、科学技术信息部、行政安全部等。

② Song Seung - woo. The limitations and solutions of Korea's intellectual property governance system [Z]. IP Policy, KIIP: 40 - 41.

③ 《韩国知识产权基本法施行令》第9条。

④ 《韩国知识产权基本法》第10条。

施行计划和落实计划之间差异不能明确地体现出来的话，那么对落实计划的评估时作为标准的实施计划的内容，在评估者和被评估者之间可能会发生分歧。

（三）《韩国知识产权基本法》第三部分

1. 解析：形成知识产权创造、保护与运用全周期循环的价值链

对于多样化的知识产权，虽然不能将相关政策全部纳入一部法律中，但是《基本法》提出了在落实知识产权政策时应该坚持的方向。关于创造政策，政府规定应该全面支持知识产权和新知识产权的创造，并协助优秀的科研成果转化为优秀的知识产权，使知识产权的创造者能够得到相应的补偿。① 关于保护政策，政府规定知识产权应迅速、准确地被确定权利并给予有效的保护。同时，为了能够迅速、公正地解决知识产权纠纷，应完善纠纷解决制度，并努力使国内的知识产权在国外得到保护。② 关于保护政策，政府规定应该促进转化、交易、商业化等知识产权的商业运用，培养知识产权服务业，并针对公平分配共同研究成果的知识产权以及促进大企业和中小企业的同步增长等知识产权的合理、公平的利用而努力。③ 关于创造、保护、运用的基础政策，政府规定要形成知识产权得以尊重的社会环境，实现知识产权的国际标准化，保障知识产权信息的圆满流通，培养知识产权的专业人才和增加研究机构等。关于知识产权部门的对外合作，政府规定要加强知识产权相关规范的国际化和对发展中国家的援助，④ 并与朝鲜增进知识产权领域的相互交流。⑤

2. 评析：提升知识产权市场价值，带动知识经济发展

该部分被评价为《基本法》的最大亮点。《基本法》制定之前，虽然有局限于知识财产的创造、保护、运用价值创造中的部分领域的法律，但是对于为协调并调整所必需的政策推进，持整个周期性观点的法律依据不足。与此同时，由于个别法律的独立推行，相互相关的领域之间的政策很难联系在一起，因此很容易发生预算

---

① 《韩国知识产权基本法》第 17 ~ 19 条。

② 《韩国知识产权基本法》第 20 ~ 24 条。

③ 《韩国知识产权基本法》第 25 ~ 28 条。

④ 作为该项的具体实施计划，2018 年韩国特许厅推进“网络专利注册系统走进非洲”项目。项目具体内容为韩国特许厅派遣相关人员到非洲知识产权组织（OAPI）协助构建网络专利注册系统等先进的知识产权管理体系。参见：韩国特许厅. 非洲知识产权组织访韩［EB/OL］.［2021 - 07 - 12］. http://www. dt. co. kr/contents. html? article_no = 2018050102109960731001&ref = naver.

⑤ 《韩国知识产权基本法》第 36 ~ 38 条。

或制度的重复或冲突。①《基本法》提出了应该通过各个别法共同体现的知识财产政策的理念及基本方向，并以此为基础追求知识财产领域的多种法令和政策的协调适用。此前因立法依据不足而推迟实施的各种政策也可以以《基本法》为依据有力地推进。

为了促进知识产权转化为现实生产力，政府比以往更加重视知识产权运用。例如，为中小企业知识产权初期产业化提供融资支持和专利评估服务，为大学和公共研究机构知识产权产业化提供专家顾问团队、发掘有潜力的知识产权，并力促市场化，从而形成知识产权创造、运用、再创造、再运用的知识产权循环发展模式，推动知识经济发展。②

四、对中国的制度建设立法建议

（一）知识产权基本法需要“促进法”色彩，与已有的知识产权法律规范接轨

要制定知识产权基本法首先要考虑的就是应采取何种立法方式。探讨知识产权基本法的文章都注意到这一点，大体可以分为以下几种观点：一是私法说。该学说认为，知识产权基本法是“私法，属于形式意义上的知识产权法”。“而以调整平等主体间在知识财产的创造、保护和应用方面形成的横向知识产权关系的知识产权基本法为私法”。③ 二是公法说。该学说认为，“单纯私法意义上的知识产权法典其实并没有充分反映我国知识产权法制的实践，特别是公益导向型行政保护的实践”。④进一步，有学者将知识产权基本法的属性归纳为三种：基础性、统领性、综合性。即使它含有权利利用及相互冲突、权利保护及纠纷处理等规范，但这些并不会改变这一法律的公法主旨。⑤ 三是混合说。“法律规范编排在一起的综合性‘主题体之法典’。从属性上看，‘基本法’表现出混合的特性…… 在一定程度上，这一‘基本法’更接近于那种以问题为导向且公私法规范混合的‘综合法典’，也即‘中国版’

---

① Park Ji－hwan. Enforcement of the Framework Act on Intellectual Property and Changes in Policy：Focusing on major provisions［EB/OL］.［2021－10－08］. https://www.daraelaw.co.kr/kr/news/forum.do? SQ＝180.

② 付明星. 韩国知识产权政策及管理新动向研究［J］. 知识产权，2010（2）：93.

③ 齐爱民. 知识产权基本法之构建［J］. 河北法学，2009（5）：59.

④ 戚建刚. 论我国知识产权行政保护模式之变革［J］. 武汉大学学报（哲学社会科学版），2020（2）：166.

⑤ 吴汉东. 试论“民法典时代”的中国知识产权基本法［J］. 知识产权，2021（4）：10.

的统一知识产权法典。”①

按照部分学者主张的“私法说”作为基本法的立法模式，那么其内容主要由从现行的单行法提取共同的部分而构成，知识产权法律特征上各自权利的具体内容完全不同，享有那些权利的主体也有所不同。并且，目前的《民法典》与知识产权单行法律并非仅限于传统的衔接关系，而是在一定程度上进行了实质性融合。② 这两点正阻碍着基本法设置成私法属性的法律。

首先，从与《民法典》的关系上考虑，《民法典》制定前，关于如果调整《民法典》与知识产权法的关系也有过激烈的讨论。③ 但最终被采纳的方式为“衔接式”。目前的衔接式的最大特征为结合形成了“点—线—面”的法律规范体系布局。“点”为《总则编》第 123 条关于知识产权的基础性条款，对知识产权的民事权利属性作出原则性规定，也就是知识产权的客体范围的兜底性条款。“线”为各分编知识产权条款。“面”则为知识产权单行法律，规定各个类型知识产权领域的法律规则，并在“点”“线”基础上形成整体知识产权法律体系。④ 在这种情况下，基本法又采取私法说，就很难梳理以《民法典》带头的“点—线—面”衔接式模式与将来的基本法之间的关系，也可能出现重复之处，更糟糕的情形就是刚出台的《民法典》带来不安定性，面临刚出台就要修正的局面。

其次，针对从知识产权单行法上提取公因式的说法，知识产权不但需要设定详细繁杂的客体认定规则，而且各部门法如著作权法、专利法和商标法的客体都无法施以统一判定方法。三类法律在立法目的和客体属性上的差异，使其难以通过立法技术提取出通行于所有类型知识产权法的共同点，更无法在客体上与有体物统筹构建财产权通则或总则。⑤ 权利的具体内容来看，专利权以实施权为主、商标法以商标使用权为主，然而著作权法把权利分为财产权与人格权，其性质上与上述两个权利很难绑在一起。另外，将植物新品种权和集成电路布图设计权也归类为新型知识产权，将其明确置于知识产权的范畴。权利的取得方式来看，工业产权和著作权采

① 董涛，马一德．论统一知识产权基础性法律制定的构想［J］．江海学刊，2020（2）：165－172；吴汉东．试论“民法典时代”的中国知识产权基本法［J］．知识产权，2021（4）：10.

② 刘强，孙青山．《民法典》知识产权条款立法研究——兼论“民商知合一”立法体系的构建［J］．中南大学学报（社会科学版），2020（6）：64.

③ 相关方面讨论详见：宁立志，王宇．中国知识产权法治四十年：回顾与展望［J］．知识产权与市场竞争研究，2020（1）：40－43.

④ 威建刚．论我国知识产权行政保护模式之变革［J］．武汉大学学报（哲学社会科学版），2020（2）：63－64.

⑤ 熊琦．知识产权与民法的体系定位［J］．武汉大学学报（哲学社会科学版），2019（2）：134.

用完全不同的方式。专利权和商标权等工业产权实行申请在先原则，相反著作权自作品完成之日起产生，并且著作权实行自愿登记，作品不论是否登记，作者或其他著作权人依法取得的著作权不受影响。如果这些权利统称为“知识产权”而统一其权利与义务关系，则是没有考虑知识产权的多样性与特殊性的做法。

综上所述，知识产权基础性法律的立法模式中需要将私法性法律规范予以剥离，以有效避免基本法中的内容与《民法典》中司法性条款相冲突的问题。为了保持民事立法体系的纯粹性与系统性，同时达到科学与文化产业发展这一立法目的，基本法最初形象应是带有“公法”属性的“促进法”的角色，协助《强国战略》与已有的知识产权法律规范则较为妥当。

（二）知识产权基本法带动知识产权创造与运用，打造顺循环价值链

如基本法采取“促进法”的立法模式，则其目的应是促进科学与文化产业的发展，主要线索应是知识产权的创造、保护以及运用。关于知识产权的创造，需要设置两方面的内容。一是加强知识产权创造过程中的衔接。国家为将科研活动顺利延伸至知识产权创造提供辅助。这一过程中，知识产权创造者要灵活运用已有的知识产权的同时，需要打造知识产权创作者—需求者的相互互助的环境。二是塑造创作者得到合理补偿和知识产权增值的环境。补偿的主体包括个人和企业。国家主动形成知识产权创作者得到合理补偿的环境与机制，同时针对优秀知识产权通过免除申请时所需的费用以及维持费用等积极方式提供充分补偿。同时，企业也通过知识产权创造活动获得相应的税收减免优惠等。

关于知识产权的运用，需要添加三项内容。一是激活基于知识产权的创业活动，搭建知识产权移转与交易平台。知识产权运用中最主要的方向是提高已有知识产权的价值，成为新知识产权创造的基础。虽然目前在实践中有价值的知识产权掌握在大企业手里，但未来知识产权生态环境中需要培养以新知识产权为其动力的新型企业，同时要鼓励知识产权交易，提升知识产权原有的价值，才能塑造良好的生态环境。二是完善知识产权价值评估体系，开发知识产权金融项目。知识产权金融包含基于知识产权的投融资、保险等业务，也是近期充满活力的市场。但是健康的知识产权金融需要以准确的价值评估为基础得以实现。三是加强知识产权教育体制，培养知识产权专业人才。人才培养也是把握知识产权未来市场的必要事业。拥有良好的人力资源将促进国家知识产权资源的有效分配与利用。这三项内容并不是相互独

立的，而具有连续性，做好一项就自然而然服务于另一项工作，实现知识产权价值链的灵活运转。

五、结　语

论及知识产权法，一般情况下是指国家一切保护知识产权的法律规范。也就是说某种意义上，它是一个虚拟的法。[①] 中国现有的知识产权制度是由《专利法》《商标法》《著作权法》三大领域部门法与其他法律规范所组成。然而，任何法律制度，都是围绕一个中心法范畴而建立起来的，也是法律制度主要的外部标志。[②] 目前我国知识产权法没有中心法，只是由其各领域的单行法组成。中国正需要的就是在知识产权领域树立起一部“中心法”，所谓的知识产权基本法。

知识产权基本法的制定首要考虑的两点就是形式与内容。形式方面，从宏观角度需要考虑《民法典》与知识产权单行法之间的关系，同时考虑到中国走向“知识产权强国”的进路不能仅依靠行政文件，而需要基础性法律来支撑。同时，该基础性法律在内容方面也需要包含足以带动产业成长的具体举措。知识产权不仅要针对技术研发的成果，也要针对这些成果的实施与利用，因为激励创新的终极目标不是完成研发、取得知识产权，而是要将技术成果投入实际的市场竞争，从而促进社会公共福利的不断增长。[③] 2012 年制定的《韩国知识产权基本法》正好也是在韩国国家内部呼吁“知识产权法治立国”的口号时为了提高政策制定与运行效率而得以制定，并且第三部分有关知识产权的创造到运用的价值链被评价为该法最大的亮点。于是，在形式与内容两方面能为中国固有的知识产权基本法建设提供借鉴意义。

（责任编辑：王颖）

① 曹新明，张建华．知识产权制度法典化问题研究［M］．北京：北京大学出版社，2010：194－196.

② 姚建宗．法律制度构造论［J］．吉林大学社会科学学报，1996（5）：22－23.

③ 杨明．知识产权运营如何步入“快车道”［J］．人民论坛，2017（16）：96.

Framework Act on Intellectual Property in South Korea: Legrslative Experience and Enlightments

Baek Jiyeon

Abstract: The Basic Law of Intellectual Property Rights in South Korea has the nature of public law, and its form is like "promotion law". It mainly stipulates the general provisions, enforcement mechanism and the creation, protection, and application of intellectual property rights. At the same time, the law provides a legal basis for the establishment of the Intellectual Property Commission, but there are problems in its operation from two aspects: budget and decision making. Taking advantage of this opportunity, China is also calling for the formulation of basic laws on intellectual property to promote the development of the entire intellectual property legal system. The formulation of the basic law of intellectual property follows China's policy of "governing the country by law" and contributes to the formation of an efficient value chain of intellectual property. The characteristics of the Basic Law of Intellectual Property Rights in South Korea can be used for reference in the formulation of the basic law of intellectual property rights in China and further guide more effective legislative design.

Key Words: Basic Law of Intellectual Property; Legislation Experience; Korea Basic law of Intellectual Property; Law – Based Governance of the Country; Intellectual Property Value Chain

编后语：人生识字忧患始

人生识字忧患始，忧从何来？四十余万言的《北大知识产权评论》（2020～2021年卷），或可提供一个注解。

一忧学识浅薄，良莠不辨，编校无法，误人文章。《评论》筹备事宜于2019年下便已展开。从公告收稿、往来邮件、沟通交流、意见反馈，以及定稿校对，统稿出版，均在刘银良教授主持下，由笔者与郑淑凤、孙子涵、王颖三位博士生共同完成。尽管人财物力有限，编辑工作仍求做到细致负责。事无巨细，均仔细确认沟通，一一答复。这中过程，固然细碎繁复，但也不至于忧从中来。恰是作为执行编辑的笔者，常感诚惶诚恐。每收一稿，不论作者地位出身，必认真阅读并作关联检索，以求初筛客观公正，并舍用得当。余亦常事后思索，力图排除诸如格式、行文等细节失范的干扰，从文章整体审视，以便去瑕存瑜，发现字里行间的闪光表达。

二忧人文关怀，学术担当，社会发展，国家命运。过去的一年，知识产权法学界重大变化频现，这当中既有中国发展到特定阶段的内在动因，也受国际政经环境影响。从中国《民法典》诞生，到迁延日久的《专利法》第四次修正、《著作权法》第三次修正完成，中国知识产权法学研究与社会发展的联系日笃。《评论》作为这一历史时期的学术呈现，展现了中国知识产权研究者敏锐的社会关怀。无论是在功利主义知识产权观念大行其道之下，对知识产权利益平衡实现路径的探索；还是在知识产权正当性备受质疑的声浪中，借由理性经济人自利原理划定知识产权权利边界的尝试；抑或在新兴技术发展背景下，思考数字化孤儿作品、有声读物的版权保护，以及影视剧截图等“微量使用”是否构成著作权权利限制的法定情形，无一不凝聚着知识产权学人的忧患意识。

弃我去者，昨日之日不可留。从《商标法（1982）》《专利法（1984）》诞生以来，到最近著作权惩罚性赔偿、药品专利链接等一系列重大变革在中国知识产权立法体系中的引入，知识产权制度变革迅速。知识产权法学研究伴随改革开放的时代选择一路走来，跌跌撞撞。乱我心者，今日之日多烦忧。知识产权国家战略的制度定位、行政介入的限度，以及作为一种创新法治文化的普及和被认可程度，都存在巨大进步空间。处在百年变局之下的知识产权法学研究，亦必将在私权保护、创新促进、产业发展、竞争维持以及“卡脖子”问题解决等时代命题的缠绕交错中，继续求索。“蓬莱文章建安骨”，知识分子本就是民族和社会重任的承担者。但对这种历史和人生使命的探究，于国家和个人而言，又何尝不是一种幸运？以使得国家和个人面对未知的苦难，可具备临危不惧的勇气和处变不惊的冷静，以及静中生智的可能。希望《评论》的付梓，能为知识分子忧患意识的存续和发扬，储备些许智识，贡献微薄气力。

吴柯苇

2021年秋于燕园